普通高校"十二五"规划教材

大学语文

张冬梅　张玉敏　侯　洁　孙晓晖　编著

北京航空航天大学出版社

内 容 简 介

本教材分为五个单元，前三个单元属于“文学”部分，分别从“中国古代文学”“中国现当代文学”“外国文学”切入，第四单元是“口语交际”部分，第五单元是“应用写作”部分。“文学”部分选择典范性的中外作家的作品，通过对作品的“赏析”对学生进行引导，借助“思考与讨论”使学生拓宽视野、深化认识。“口语交际”部分包括气息、语音、态势等基本的口语训练常识和训练技巧，也包括朗读、演讲、论辩等实际应用篇章。这一部分设计了丰富多彩的训练内容，重在突出学生的参与性。“应用写作”部分具体讲、练学生当下学习和未来工作实际需要的文体，包括毕业设计论文、科技综述、调查报告与可行性研究报告、请示与报告、计划与总结、经济合同、个人简历等。以“讲”为辅、以“练”为主，让学生真正地动笔、动手，强调教学的实践性。

本教材适合理工科、农林医、经管法、外语艺术等专业选用。

图书在版编目(CIP)数据

大学语文 / 张冬梅等编著. -- 北京：北京航空航天大学出版社，2015.6

ISBN 978-7-5124-1809-7

Ⅰ. ①大… Ⅱ. ①张… Ⅲ. ①大学语文课－高等学校－教材 Ⅳ. ①H19

中国版本图书馆 CIP 数据核字(2015)第 139025 号

大学语文

张冬梅　张玉敏　侯　洁　孙晓晖　编著

责任编辑　刘永胜

*

北京航空航天大学出版社出版发行

北京市海淀区学院路 37 号(邮编 100191)　http://www.buaapress.com.cn

发行部电话：(010)82317024　传真：(010)82328026

读者信箱：emsbook@buaacm.com.cn　邮购电话：(010)82316936

北京建宏印刷有限公司印装　各地书店经销

*

开本：787×1 092　1/16　印张：18　字数：472 千字

2015 年 9 月第 1 版　2024 年 8 月第 5 次印刷　印数：5 801～6 100 册

ISBN 978-7-5124-1809-7　定价：36.00 元

前　言

《大学语文》是高校人文素质教育的基础课程，这门课程在培养和提高学生的阅读欣赏、写作和运用汉语表情达意等能力方面起到了重要的作用。结合理工科院校学生的人文素质现状和现实社会的实际需求，我校长期从事《大学语文》一线教学的专职老师一直在不断更新、完善教学内容，也一直努力编写出一部更接地气、更与时俱进的《大学语文》教材。本次编写以2010、2011版教材为基础。

首先，编者对前两版教材的选文进行了增删调整：删减了古代文学作品的篇目，增加了“外国文学”部分的篇幅。外国文学作品作为一种独特的文化资源，与我们民族的经典文学作品一样，蕴含着丰富的人文精神；这些作品，对于开阔学生的视野、帮助他们参与全球的文化交流有着十分重要的作用。因此，本次重新编写时，我们将“外国文学”纳入到教材体系中。这样，我们的选文兼顾古今中外，题材广泛，体裁多样；在内容上，要求所选文章文质兼美，既有深刻的思想内涵和文化意蕴，又能带给人丰厚的审美感受；使学生通过对作品的鉴赏与批评，不但提高文学、文化修养，而且可以进一步认识自己、认识社会和人生，更好地发挥“文学的力量”的推动作用。第二，从大学生亟待提高语言表达能力的角度入手，教材进一步完善了“口语交际”部分，增大训练幅度，力图通过丰富多彩的口头表达的实践训练，让更多的学生能够弥补自身存在的“敏于行而讷于言”的不足，进而增强人际交往自信。第三，写作能力是理工科学生必备的也是迫切需要加强的基本能力。根据学生的切实需求，教材重点选择与学生求学、求职、未来工作密切相关的文体，通过各种文体的写作训练不但可以提高学生书面表达能力，还可以帮助他们更好地完成学业，缩短与未来工作需求的距离。

基于上述编写原则，本教材分为五个单元，前三个单元属于“文学”部分，分别从“中国古代文学”“中国现当代文学”“外国文学”切入；第四单元是“口语交际”部分；第五单元是“应用写作”部分。“文学”部分选择典范性的中外作家的作品，通过对作品的“赏析”对学生进行引导，借助“思考与讨论”使学生拓宽视野、深化认识。“口语交际”部分包括气息、语音、态势等基本的口语训练常识和训练技巧，也包括朗读、演讲、论辩等实际应用篇章。这一部分设计了丰富多彩的训练内容，重在突出学生的参与性。“应用写作”部分具体讲、练学生当下学习和未来工作实际需要的文体，包括毕业设计论文、科技综述、调查报告与可行性研究报告、请示与报告、计划与总结、经济合同、个人简历等。以“讲”为辅、以“练”为主，让学生真正地动笔、动手，强调教学的实战性。

本教材与其他同类教材相比，力求有所区分，有所发展和突破。我们立足于学生的人文素质现状，立足于学生未来的职业需求和可持续发展，以提升他们的汉语言文字的实际运用能力、提升他们的专业素养和文化底蕴为目标，通过选取有针对性的文章和例文来增加教材的实用性，同时又给学生留有充分的思考空间，增加学生的学习兴趣。我们希望，在《大学语文》教材“遍地开花”的背景下，这本教材能以它自身的特色为学生的成长成才助一臂之力。

本教材由长春工程学院人文社科部大学语文教研室张冬梅、张玉敏老师总体策划，参加编写工作的还有教研室的侯洁、孙晓晖老师。具体编写分工为：张冬梅（副教授）负责前言、元明清文学、外国文学部分；张玉敏（副教授）负责中国现当代文学、应用写作部分；侯洁（副教授）负责隋唐五代文学、宋辽金文学和口语交际部分；孙晓晖（讲师）负责先秦文学、秦汉文学、魏晋南北朝文学部分。张冬梅、孙晓晖负责最后统稿。同时，各位教师相互帮助，互通有无，圆满和谐地完成了编写工作。

在编写本书过程中，我们参阅借鉴了大量同类教材及相关的书籍资料，并得到了具有丰富大学语文教学经验的教师和有关专家的帮助，得到了学校有关部门领导的支持与指导，在这里一并表示感谢！因作者水平有限，教材中难免存在疏漏和不足，恳请各位方家批评指正。

编　者

2015年6月

目　录

第一单元　中国古代文学

第二单元 中国现当代文学

第三单元 外国文学

第四单元　口语交际

第五单元　应用写作

第一单元
中国古代文学

滚滚长江东逝水，
浪花淘尽英雄。
是非成败转头空。
青山依旧在，
几度夕阳红。
白发渔樵江渚上，
惯看秋月春风。
一壶浊酒喜相逢。
古今多少事，
都付笑谈中。

——杨慎《临江仙·滚滚长江东逝水》

一、先秦文学

诗　经

《诗经》本名《诗》，是我国最早的一部古代乐歌总集，所辑多是周初至春秋中叶的作品（前11世纪—前5世纪）；春秋末期，经孔子整理删订，共收诗311篇，其中6篇为有题目而无文词的“笙诗”，实际收录诗歌共305篇，举其成数，故又称《诗三百》；至汉代，被列为儒家经典之一，尊之为“经”，始称《诗经》，列入“五经”之首。《诗经》中的诗当初都是配乐的歌词，按当初所配乐曲的性质，分成风、雅、颂三类。“风”的意思是土风、风谣，也就是各地方的民歌民谣。“风”包括了十五个诸侯国的民歌，即周南、召南、邶、鄘、卫、王、郑、齐、魏、唐、秦、陈、桧、曹、豳等十五国风，共160篇，占了《诗经》的一半以上。“雅”是正声雅乐，是正统的宫廷乐歌。“雅”用的是周朝王畿的乐调，根据音节律吕分为“大雅”和“小雅”，一共有105篇。“颂”是祭祀乐歌，用于宫廷宗庙祭祀祖先、祈祷赞颂神明，含商颂、周颂、鲁颂共40篇。这些诗题材广泛，内容丰富，从各个方面反映了当时社会的生活、社会各阶层的精神风貌及各地的风俗习尚，洋溢着浓厚的乡土风韵、人伦情感、人本意识，具有“美刺”的社会功能，奠定了我国诗歌现实主义的传统。

《诗经》句式以四言为主，章节复沓，反复咏叹，大量运用了赋、比、兴的表现手法，语言质朴优美，音韵自然和谐，章节严谨明快，写景抒情笔触生动真挚，形象鲜明，寓意深刻，富于艺术感染力，堪称我国古典诗歌的光辉起点，被誉为古代社会的人生百科全书。

王风[①]·黍离

彼黍离离[②]，彼稷之苗[③]。行迈靡靡[④]，中心摇摇[⑤]。知我者谓我心忧，不知我者谓我何求[⑥]。悠悠苍天！此何人哉[⑦]？

彼黍离离，彼稷之穗。行迈靡靡，中心如醉[⑧]。知我者谓我心忧，不知我者谓我何求。悠悠苍天！此何人哉？

彼黍离离，彼稷之实。行迈靡靡，中心如噎[⑨]。知我者谓我心忧，不知我者谓我何求。悠悠苍天！此何人哉？

---

① 周平王迁都洛邑，领土在今洛阳一带。东周王朝国境内的诗歌称为王风。

② 彼：那个地方。黍：就是黍子，北方称黄米，性黏，供食用或酿酒。离离：行列整齐的样子或言累累下垂的样子。

③ 稷：一年生谷物，别称穄、穄、糜。古今著录所述形态不同，汉以后误以粟为稷，唐以后又以黍为稷。实际就是俗称的糜子。由于它是最早的谷物，所以古代以稷为百谷之长，并奉为五谷之神。

④ 行迈：即行走。行、迈都含“步行”之意。靡靡：缓慢的样子。

⑤ 中心：就是心中。摇摇：心神不定的样子。

⑥ 求：寻求、寻找。

⑦ 此：指造成这种伤心的局面。

⑧ 醉：指心中忧愁如醉酒一样难受而不能自持。

⑨ 噎：喉咙塞住。这里指忧愤得心中堵塞。

【赏析】

本诗选自《诗经·王风》。周平王迁都洛邑后，王室衰微，天子位同列国诸侯，“王风”多乱离之作，特别是《黍离》一诗，历来被视为是悲悼故国的代表作。《毛诗小序》以为“闵宗周也。周大夫行役，至于宗周。过故宗庙宫室，尽为禾黍。闵宗周之颠覆，彷徨不忍去，而作是诗也。”今人多从此说。但也有人认为仅从诗中难以看出此说的依据，诗中的具体物象只有黍和稷，它们是北方随处可见的农作物，这就使诗中的环境变得具有普遍性与抽象性了，因而由此环境引起的感慨，也具有了不确定性。而且，若宫室毁弃，家园荒芜，一般以杂草丛生、野兽出没来形容，似不应以“彼黍离离”来描述。更为合理的解释是：虽然庄稼茂盛，但主人公由于某种原因而不能安居乐业。因此认为诗中难以看出是周大夫感伤西周的沦亡，倒是看到一个常年四处漂泊的流浪者形象，听到他因流离失所而发出的愤怒呼喊。

虽然对此诗写作背景的解释不尽相同，但并不影响对作品思想与情感的准确把握。全诗共分三章，每章八句，采用了重章叠句的形式，仅通过部分词语的变换，使诗之意境递进深化，这在《国风》中是一种最具代表性的章法结构。三章绝大部分语词完全相同，只以“苗、穗、实”、“摇摇、如醉、如噎”两组等位词加以递进：“苗”“穗”“实”，不仅起了分章换韵的作用，而且造成景致的转换，从“苗”到“穗”到“实”，时间跨度几乎是整整一个季节，但主人公却一直流浪而不能安居。随着时序的迁移，他的情感从“摇摇”之“心在颤抖”，到“如醉”之痴迷欲狂，到“如噎”之哽咽窒息，这逐渐加重的痛苦被层层生动地显示出来。三章的最后四句，则以旁人对“我”的态度来抒发感慨，烘托浪迹天涯的悲怆情怀，并以呼天抢地的形式，愤怒谴责给自己带来灾难的罪魁祸首。这种回环往复的咏叹，使强烈的情感倾吐得淋漓尽致。

后世据《诗序》所言，称故国之思、亡国之痛为“黍离之悲”。也正由于本诗的流传，“黍离之悲”在中国文化中成了一种深沉的民族心理沉淀，成为亡国遗民借以抒发爱国情愫的一种典型意象。在中国文学史上，抒发“黍离之悲”的诗、文、词、赋绵绵不绝。

【思考与讨论】

1. 通过对《王风·黍离》的学习，我们了解了“黍离之悲“的传统渊源，回顾过去，我们还学过哪些饱含“黍离之悲”的诗文作品？

2. 结合《诗经》的其他作品，谈谈重章叠句的章法对表情达意的艺术功效。

屈　原

屈原(约前 340—前 278)，名平，字原，战国后期楚国丹阳人。屈原出身于与楚王同姓的贵族家庭，受过很好的文化教育，有很高的文学才能和政治才能，最初颇得楚怀王的信任，任左徒和三闾大夫等职，“入则与王图议国事，以出号令；出则接遇宾客，应对诸侯”，参与重要的内政和外交活动。他具有远大的政治抱负，对内主张“美政”，即修明法度和举贤授能，对外主张联齐抗秦，遭到保守势力的反对、排挤和诬陷，先后两次被流放：第一次大约在楚怀王二十五年(公元前 304 年)被放逐于汉北；第二次大约在顷襄王十三年(公元前 286 年)被放逐于江南，他的大部分作品都作于两次流放中。公元前 278 年，秦兵攻陷楚郢都，愤怒绝望的他投汨罗江而死，传说时为农历五月初五。屈原留下的主要作品有：《离骚》《天问》《招魂》《九章》和《九歌》等约 23 篇。作品中表现出强烈的忧患意识和爱国情怀。屈原结合楚国的民歌和音乐，创造出了“楚辞”这一新的诗歌体裁，其作品句法参差，构思奇特，想象丰富，文辞华丽，具有浓厚的地方色彩和浪漫主义特色，是我国古代文学史上思想性和艺术性高度完美结合的典范。屈原的作品和人格影响了一代又一代的中国人。

哀　郢①

皇天之不纯命兮②，何百姓之震愆③？民离散而相失兮④，方仲春而东迁⑤。去故乡而就远兮⑥，遵江夏以流亡⑦。出国门而轸怀兮⑧，甲之鼂吾以行⑨。发郢都而去闾兮⑩，怊荒忽其焉极⑪。楫齐扬以容与兮⑫，哀见君而不再得⑬。望长楸而太息兮⑭，涕淫淫其若霰⑮。

---

① 《哀郢》选自《九章》，楚顷襄王二十一年(公元前 278 年)，秦将白起攻破郢都(在今湖北省江陵县)，国家迁都，百姓流亡，屈原写下了这首哀悼郢都沦亡的诗篇，抒写自己对故都的眷恋之情。

② 皇天：上天，老天，皇是“大”之意，皇天是对天的尊称。意思是说：天命不正常、天道失常。纯命：指天命有常，纯：正、常。

③ 百姓：在先秦时指百官，这里包括人民。震：震动，震惊，遭罪。愆(qiān)：过失，罪过。震愆：这里是“受苦、震惊、遭罪”的意思。

④ 相失：彼此失散。

⑤ 方：正当。仲春：夏历二月。迁：迁徙，指逃难。

⑥ 去：离开。故乡：指郢都。就：趋，往。

⑦ 遵：循，顺着，沿着。江夏：指长江和夏水。夏水又名沧浪水，是古水名，在今湖北省境内，今已不存。夏水当时是长江的分流，源出江陵东南之长江，在沔阳西北流入汉水，因夏季才有水流，故名夏水。

⑧ 国门：国都之门。轸(zhěn)：痛。怀：思。轸怀：悲痛地怀念。

⑨ 甲：古时以干支纪日，甲，指干支纪日的起字是甲的那一天。鼂(zhāo)：同“朝”，早晨。

⑩ 发郢都：从郢都出发。闾(lǘ)：本指里巷之门，代指里巷，里巷是居民区。去闾：离开家乡。

⑪ 怊(chāo)：悲伤、惆怅。荒忽：同“恍惚”，不明的样子，指心绪茫然。一说指行程遥远。焉极：何极，何处是尽头。一说，极，至也。

⑫ 楫：船桨。齐扬：一同举起。容与：舒缓的样子，这里指船缓慢地前行。

⑬ 哀：悲伤。君：指楚王。这两句的意思是：双桨齐举，船儿缓行，我哀伤再没有见君王的机会了。

⑭ 楸：树名，梓树，落叶乔木。长楸：高大的楸树，古人以高大的乔木(如桑、梓)作为家国的象征。太息：叹息。

⑮ 涕：泪。淫淫：泪流满面，流泪不止的样子。霰(xiàn)：小的冰粒、雪珠，这里比喻泪珠。

过夏首而西浮兮⑯,顾龙门而不见⑰。心婵媛而伤怀兮⑱,眇不知其所蹠⑲。顺风波以从流兮⑳,焉洋洋而为客㉑。凌阳侯之泛滥兮㉒,忽翱翔之焉薄㉓?心絓结而不解兮㉔,思蹇产而不释㉕。

将运舟而下浮兮㉖,上洞庭而下江㉗。去终古之所居兮㉘,今逍遥而来东㉙。羌灵魂之欲归兮㉚,何须臾而忘反㉛?背夏浦而西思兮㉜,哀故都之日远㉝。登大坟以远望兮㉞,聊以舒吾忧心㉟。哀州土之平乐兮㊱,悲江介之遗风㊲。

当陵阳之焉至兮㊳?淼南渡之焉如㊴?曾不知夏之为丘兮㊵,孰两东门之可芜㊶?心不怡之长久兮㊷,忧与愁其相接㊸。惟郢路之辽远兮㊹,江与夏之不可涉㊺。忽若不信兮㊻,至今九年而不复㊼。惨郁郁而不通兮㊽,蹇侘傺而含戚㊾。

---

⑯ 过:经过。夏首:地名,在今湖北省沙市附近,夏水的起点,是夏水连接长江的地方。屈原离开郢都后,先是东行,由于水道曲折,过夏首后便转向西,然后再折转向东向南,沅湘一带。西浮:船向西漂行。

⑰ 顾:回顾,回头看。龙门:郢都的东门。这两句的意思是:经过夏首,向西浮行,回顾龙门,已望不见了。

⑱ 婵媛(chán yuán):心绪牵引,绵绵不绝情思牵挂,依依不舍的样子。

⑲ 眇:同"渺",犹辽远,指前途渺茫。蹠(zhí):践踏,指落脚之处。

⑳ 顺风波:顺风随波。从流:顺流而下。

㉑ 焉:兼词,于是,于此。洋洋:飘飘不定,无所归的样子。客:作客异乡的漂泊者。这两句的意思是:顺水随波,从流飘荡,从此漂泊无归,作客异乡。

㉒ 凌:乘。阳侯:古代传说,凌阳国之侯,溺水而死,其神能作波涛,于是阳侯成为波涛之神。"阳侯"和"凌阳"均指大的波涛。泛滥:大水横流涨溢。

㉓ 翱翔:飞翔的样子,这里比喻船在波涛上漂流起伏的样子。焉:何。薄:止,迫近,指船的停靠。这两句的意思是:乘着起伏汹涌的波涛前进,恍惚如鸟儿飞翔于天,何处是栖止之所?

㉔ 絓(guà):悬挂,牵挂。结:郁结。解:解开。

㉕ 蹇产:结屈纠缠,迂回缠绕。释:解开,消除。

㉖ 运舟:行舟。下浮:向下游漂行。

㉗ 上洞庭:指入洞庭湖,按古礼,东西向之席,据以南方为上。洞庭湖在夏口之南,故云"上"。下江:下入长江。

㉘ 去:离开。终古之所居:祖先世世代代所居住的地方,指郢都。

㉙ 逍遥:无拘无束,自由自在的样子。这里指漂泊。

㉚ 羌(qiāng):发语词,楚方言,有"乃"之意。

㉛ 须臾:形容时间很短暂,犹言顷刻。反:同"返",指返回郢都。

㉜ 背:背对着,指离开。夏浦:地名,指夏口(在今湖北省武汉市)。西思:思念西方,指思念西面的郢都,与前文之"来东"对应。

㉝ 故都:指郢都。

㉞ 坟:指水边高地。一说指水边高堤。

㉟ 聊:姑且。舒:舒展,舒散。

㊱ 州土:这里指楚国州邑乡土。平乐:指和平快乐。或言指土地平阔,人民安乐。

㊲ 江介:江边,长江两岸。遗风:古代遗留下来的淳朴民风。

㊳ 当:值,面对。陵阳:即凌阳,指大的波涛,见注解㉒。一说"陵阳"为地名,在今安徽省青阳县或安庆市东南。焉至:至何处。

㊴ 淼(miǎo):大水茫茫无边际的样子。如:往。焉如:何往。(这两句的意思是:到了陵阳,还要到哪里去?南渡这茫茫大水,又往何方?)

㊵ 曾不知:怎不知。夏:同"厦",大屋,这里指楚都之宫殿。丘:丘墟。

㊶ 孰:谁。一作何。两东门:郢都东向有二门。芜:荒芜。

㊷ 怡:乐,愉快。

㊸ 相接:互相衔接。

㊹ 惟:思、想。一说,惟,发语词。郢路:通向郢都之路。辽远:遥远。

㊺ 江:长江。夏:夏水。涉:渡水。

㊻ 忽:指时间过得快。忽若:飘忽,恍惚。信:相信。一说不信是不被信任,下句的不复是不复被信任。

㊼ 九年:多年,言其多,非确数。复:返。指返回郢都。根据此句"九年"的计算,屈原在顷襄王时被流放是在顷襄王十三年(公元前286年),至白起破郢的顷襄王二十一年(公元前278年)首尾正是九年。

㊽ 惨:悲伤。郁郁:郁积的样子。不通:指心情不通畅。

㊾ 蹇:发语词,楚方言。侘傺(chà chì):怅然独立,形容失意者的茫无适从。戚:忧伤。

外承欢之汋约兮[①]，谌荏弱而难持[②]。忠湛湛而愿进兮[③]，妒被离而鄣之[④]。尧舜之抗行兮[⑤]，瞭杳杳而薄天[⑥]。众谗人之嫉妒兮，被以不慈之伪名[⑦]。憎愠惀之修美兮[⑧]，好夫人之慷慨[⑨]。众踥蹀而日进兮[⑩]，美超远而逾迈[⑪]。

乱曰[⑫]：曼余目以流观兮[⑬]，冀一反之何时[⑭]？鸟飞反故乡兮[⑮]，狐死必首丘[⑯]。信非吾罪而弃逐兮[⑰]，何日夜而忘之[⑱]！

【赏析】

《哀郢》选自《楚辞补注》卷四《九章》，据清人王夫之在《楚辞通释》中所说，本篇写作背景与郢都沦陷有关。顷襄王二十一年(公元前278年)，秦将白起攻破楚国首都郢(今湖北江陵)，楚迁都于陈(今河南淮阳)。郢都沦陷时，屈原先是东迁，然后南渡，流落沅湘之间。本篇写的就是这次流亡的过程以及途中的感受。

诗篇从描述百姓妻离子散逃难开始，写到自己杂在难民中"出国门"而乘舟南下。一路上，诗人一步三回头，他的视线仿佛从始至终没有离开郢都，对郢都的无限眷恋，对苦难人民的关怀同情，对楚国前途的忧虑，对献媚钻营的奸佞小人的无比痛恨，对楚王远贤亲佞的深深失望以及身遭流放的痛苦，这一切真情实感紧紧地交织成一个整体。可以说，《哀郢》既是和郢都诀别的一支哀歌，更是一篇沉痛悲愤的政治抒情诗。

《哀郢》全篇采用纪实笔法，写作上叙述与抒情的完美结合，设问、反语、疑问语句的综合运用，使诗的感情色彩大增；全诗章法谨严，浑然一体，反复歌咏，一唱三叹。

【思考与讨论】

1. 《哀郢》一文表达了屈原怎样的思想感情？
2. 简要比较《诗经》和楚辞有哪些不同。

---

① 外：外貌，表面。承欢：指承君主之欢。汋约：同"绰约"，姿态美好的样子，一说谄媚之态。

② 谌：诚，实在。荏弱：软弱。持：同"恃"。难持，靠不住。

③ 忠：指忠心耿耿的君子、贤臣。湛湛：忠厚稳重的样子。进：进用。

④ 妒：指嫉妒的小人。被：同"披"。被离，同"披离"，众多而纷乱的样子。鄣：同"障"，阻碍，遮蔽。

⑤ 尧舜：传说中上古的两位圣明的君主。抗行：高尚伟大的行为。

⑥ 瞭：目明，瞭望。杳杳：遥远的样子。薄：迫近。

⑦ 被：覆盖，加上，使……蒙受。这里犹言加在身上。不慈之伪名：不慈爱的虚假的恶名。不慈：不爱儿子。伪名：捏造出来的恶名。尧、舜传位于贤人，不传儿子，所以战国时有人说他们不慈。《庄子·盗跖》篇曰："尧不慈，舜不孝。"又曰："尧杀长子，舜流母弟。"

⑧ 憎：憎恶。愠惀(yùn lǔn)：内心忠厚诚朴而不擅言辞。修美：美德，高洁美好，指具有美德的君子、贤臣。

⑨ 好(hào)：爱好，喜欢。夫(fú)人：彼人，那些人。慷慨：这里指装腔作势地发表激昂慷慨之言辞。

⑩ 踥蹀(qiè dié)：小步行走的样子，这里指奔走钻营。日进：一天天进身于君前。

⑪ 美：美人，指君子、贤人。超远：远。逾迈：犹愈迈，越发远行。以上两句的意思是：小人奔走钻营，日益接近君王，贤人却越来越远离朝廷。

⑫ 乱：乐章最末叫乱，后来借用作为辞赋最后总结全篇内容的收尾。

⑬ 曼：引，长。曼余目：放开我的目光向远处看。流观：四处观望。

⑭ 冀：希望。一反：即一返，返回一次。

⑮ 反：同"返"。

⑯ 必：必定。首丘：头向着所居住生长的山丘。这两句的意思是：鸟总是要飞回自己的故乡，狐狸到死时，头也要朝着自己出生的山丘。

⑰ 信：确实。弃逐：指放逐。

⑱ 之：指故乡郢都。这两句的意思是：确实不是我的罪过而遭到放逐，日日夜夜，我何尝忘记过郢都！

老 子

老子(约前571—约前471),姓李,名耳,字聃,号伯阳,《史记·老子韩非列传》说,他是楚国苦县厉乡曲仁里(今河南鹿邑东,楚国吞并该地前,此乡里属陈国相县)人,曾任周王室守藏室史官。老子是道家学派创始人,他与孔子同时而稍年长,被孔子称为当时最洞达事理、通晓世务的人物。后因周王室衰落,他弃职而去,出关时,守关官员尹喜强邀其著述其思想,于是老子写成了一部哲学著作,阐述道德本意。因其为老子所著,故称《老子》,书分为上、下两篇,共81章,其中《道篇》37章,《德篇》44章,总计5000余言。《老子》也称《道德经》,是道家哲学思想的重要源泉,后来被尊为道教经典。该书用韵文写成,多排偶句式。其文简约而意丰,谈玄论道,意蕴深邃,宛若富有哲理的散文诗。其丰富深奥的哲学思想体系,在先秦诸子中独树一帜,一向为世所重。本教材所选的《老子》六章,反映了老子的基本思想和人生主张。

一章

道可道,非常道;名可名,非常名①。无,名天地之始;有,名万物之母②。故常无欲以观其妙;常有欲以观其徼③。

此两者,同出而异名,同谓之玄④。玄之又玄,众妙之门⑤。

二十二章

曲则全⑥,枉则直⑦,洼则盈⑧,敝则新⑨,少则得⑩,多则惑⑪。是以圣人抱一为天下式⑫。不自见,故明⑬;不自是,故彰⑭;不自伐,故有功⑮;不自矜,故长⑯。夫惟不争⑰,故天下莫能与

---

① 第一个和第三个道:是《老子》一书的专用名词,指宇宙万物的本原,也指宇宙万物运动变化的规律。第二个道:动词,指解说、表述,这里是可以言说的意思。第一和第三个名:名词,指道的形态;第二个名:动词,指命名。

② 无:可用以表述天地的原始状态。有:可用以表述万物的初生状态。母:本体,根源。

③ 妙:“微妙”的意思。徼(jiào):边际、边界,引申为端倪的意思。

④ 玄:深黑色,幽昧深远不可测知的意思,这里指运动变化。

⑤ 众妙:指万物一切运动变化的微妙。门:总门径,指关键所在,此处用来比喻宇宙万物的唯一原“道”的门径。

⑥ 曲则全:“曲”指柔软心,有柔软心的人不与人争,不与世争,对人谦和,遇事随顺大众和忍让。“全”是指德全,指德性圆满。“曲则全”就是人有柔软心则能德性圆满。

⑦ 枉:弯曲。

⑧ 盈:满。地势低洼,水便流向它而使之满;比喻人谦下,美德便归于他而使之丰满。

⑨ 敝:破败、破旧。

⑩ 少则得:因妄念少甚至没有才能离道近,才能得道。因为清净心即是道也。

⑪ 多则惑:念头太多,心里被各种知见、我执塞满了,心则惑乱了。

⑫ 抱:怀抱,指固守。一:老子使用的一个哲学概念,指“道”最初生成的浑然一体的混沌之气。抱一:守心灭念,也叫统万物以归一。式:法式,榜样。

⑬ 不自见,故明:没有主观的见解和看法,心不偏依,故明。佛教《金刚经》云:“无我见、人见、众生见、寿者见”。即为正见。正见当然明。不自见则是无我见。

⑭ 不自是,故彰:不自以为是,自然就彰明。

⑮ 不自伐,故有功:心里无我、无为就是不自伐,心里若有我、有为即自伐。有我,有为则无功,功为功德,非是有为法中的功劳功绩之功。功是德之能、德之用,有德就有功,有功就有德。道德、功、能本为一体,因功用不同而名称不同而已。伐:夸耀。

⑯ 不自矜,故长:不自尊自大因而自然为长。长为尊长,长者之长。矜:骄傲。长:君长,此用作动词,指当君长。

⑰ 不争:道本清净,无念、无我、无为。

之争[18]。古之所谓曲则全者，岂虚言也哉？诚全而归之[19]。

二十五章

有物混成[20]，先天地生。寂兮寥兮[21]，独立而不改[22]，周行而不殆[23]，可以为天地母[24]。吾不知其名，强字之曰道[25]，强为之名曰大大：形容“道”是无边无际的、力量无穷的。。大曰逝[26]，逝曰远，远曰反[27]。故道大，天大，地大，人亦大[28]。域中有四大[29]，而人居其一焉。人法地，地法天，天法道，道法自然[30]。

三十六章

将欲歙之[31]，必固张之[32]；将欲弱之，必固强之；将欲废之，必固兴之；将欲取之[33]，必固与之[34]。是谓微明[35]。柔弱胜刚强。鱼不可脱于渊[36]，国之利器不可以示人[37]。

四十二章

“道”生一[38]，一生二[39]，二生三[40]，三生万物。万物负阴而抱阳[41]，冲气以为和[42]。

人之所恶，唯孤、寡、不穀，而王公以为称[43]。故物或损之而益，或益之而损[44]。人之所教，

---

⑱ 故天下莫能与之争：因而天下没有谁能与之相争。

⑲ 诚全而归之：诚：确实。全：保全。归：归附。之：指“曲”而“不争”的“圣人”。

⑳ 物：指“道”。混成：混然而成，指浑朴的状态。

㉑ 寂兮寥兮：没有声音，没有形体。

㉒ 独立而不改：形容“道”的独立性和永恒性，它不靠任何外力而具有绝对性。

㉓ 周行：循环运行。不殆：不息之意。

㉔ 天地母：另一本作“天下母”。母，指“道”，天地万物由“道”而产生，故称“母”。

㉕ 强字之曰道：勉强命名它叫“道”。

㉖ 逝：指“道”的运行周流不息，永不停止的状态。

㉗ 反：另一本作“返”。意为返回到原点，返回到原状。

㉘ 人亦大：另一本作“王亦大”，意为人乃万物之灵，与天地并立而为三才，即天大、地大、人亦大。

㉙ 域中：即空间之中，宇宙之间。

㉚ 道法自然：“道”纯任自然，本来如此。

㉛ 歙：敛，合。

㉜ 固：暂且。

㉝ 取：另一本作“夺”。

㉞ 与：给，同“予”字。

㉟ 微明：微妙的先兆。

㊱ 脱：离开、脱离。

㊲ 国之利器不可以示人：利器，指国家的刑法等政教制度。示人，给人看，向人炫耀。

㊳ 一：指混沌的元气。这是老子用以代替“道”这一概念的数字表示，即道是绝对无偶的。

㊴ 二：指天、地或阴气、阳气。“道”的本身包含着对立的两方面。阴阳二气所含育的统一体即是“道”。因此，对立着的双方都包含在“一”中。

㊵ 三：指阴气、阳气及阴阳混合形成的气，即是由两个对立的方面相互矛盾冲突所产生的第三者，进而生成万物。

㊶ 负：背对。抱：面对。

㊷ 冲气以为和：冲，冲突、交融。冲气：各种气互相冲突交融。此句意为阴阳二气互相冲突交和而达到均匀和谐状态，从而形成新的统一体。

㊸ 不穀(gǔ)：不善、不美。为称：作为自己的称呼。孤、寡、不穀：这些都是古时候君主用以自称的谦词。

㊹ 损：减损。益：增加。

我亦教之。强梁者不得其死，吾将以为教父[45]。

七十八章

天下莫柔弱于水，而攻坚强者莫之能胜，以其无以易之[46]。弱之胜强，柔之胜刚，天下莫不知，莫能行。是以圣人云："受国之垢[47]，是谓社稷主；受国不祥[48]，是谓天下王。"正言若反[49]。

【赏析】

《老子》文字简约而充满智慧，善于通过比喻的方式将道理形象直观地表达出来。"道可道，非常道"，作为物之本源的"道"，往往难以言传，只能"强字之曰道"。"多言数穷，不如守中"，天地有它自然运行的规律，"道法自然"中自然无为是它的根本规律，这是老子对"道"的认识，也是他对"世界的本原或本性是什么"这一本体论根本问题的回答。

在事物的运动变化中，老子看重"柔弱"这一面，他将柔弱看成事物的新生状态，认为它有美好的发展前途，所以他"贵柔"，认为"柔弱胜刚强"。柔弱退守的处事原则正是老子辩证思想的体现。老子认为，"弱之胜强，柔之胜刚"，"曲"与"全"、"洼"与"盈"、"少"与"得"、"多"与"惑"、"歙"与"张"、"弱"与"强"、"废"与"兴"、"取"与"予"等，看似对立的矛盾双方之间，存在着相反相成的因果关系，谦退不争反而有益，只要尽心做自己该做的，凭借真实本领建立功业，那么功德自然就会显现出来。因此，老子说，"夫惟不争，故天下莫能与之争"。这正像老子非常推崇的水的道性，水虽天下至柔，"而攻坚强者莫之能胜"，所以他说"上善若水"。

道家思想影响深远，能深入到人的心灵深处，使人从自然中找到一条自我拯救的人生道路。道家思想的含蓄、严峻、朴实、空灵等成为后世有些文人的写作风格，其崇尚自然、超然处世、注重养生、齐物观照的思想也成为后世一些作品的主题。

【思考与讨论】

1. 现代科技日新月异，给人们的生活带来了巨大的便利，但使用不当的话，也可能给人类带来灾难，请你结合老子"道法自然"的思想，谈谈科技的利与弊。

2. 老子说"无为而无不为"是不是自相矛盾？

3. 现代社会竞争越来越激烈，道家"不争"的思想能给我们带来成功吗？

---

[45] 强梁者不得其死：蛮横或过于强硬的人不得善终。教父：父，有的学者解释为"始"，有的解释为"本"，有的解释为"规矩"，有"根本"和"指导思想"的意思，这里指教育的根本和开始。

[46] 无以易之：易，替代、取代。意为"没有什么能够代替它"。

[47] 受国之垢：垢，屈辱。意为承担全国的屈辱。

[48] 受国不祥：不祥，灾难，祸害。意为承担全国的祸难。

[49] 正言若反：正面的表达听上去就好像反话一样。

礼记·大学

《礼记》是战国至秦汉年间儒家学者解释说明经书《仪礼》的文章选集，是一部儒家思想的资料汇编。《礼记》的作者不止一人，写作时间也有先有后，其中多数篇章可能是孔子的七十二名关门弟子及其学生们的作品，还兼收先秦的其他典籍。《大学》原为《礼记》中的一篇，相传《大学》是曾子所作。后宋代的理学家选中《大学》、《中庸》、《论语》和《孟子》，把它们合称为“四书”，用来作为儒学的基础读物。《大学》继承和发展了孔子修身的思想，完整地提出了儒家学说的人格公式：格物、致和、诚意、正心、修身、齐家、治国、平天下。旧时被儒生视为“圭臬”，为天下学人必诵经典，对后世思想文化的影响深远。本文节选自《大学》中的第一节。

大学之道

大学之道①，在明明德②，在亲民③，在止于至善。知止而后有定④，定而后能静⑤，静而后能安⑥，安而后能虑⑦，虑而后能得⑧。物有本末，事有终始。知所先后，则近道矣。古之欲明明德于天下者，先治其国；欲治其国者，先齐其家；欲齐其家者，先修其身；欲修其身者，先正其心；欲正其心者，先诚其意；欲诚其意者，先致其知⑨；致知在格物⑩。物格而后知至，知至而后意诚，意诚而后心正，心正而后身修，身修而后家齐，家齐而后国治，国治而后天下平。自天子以至于庶人，壹是皆以修身为本⑪。其本乱而末治者，否矣⑫。其所厚者薄，而其所薄者厚，未之有也⑬。

【赏析】

本文开宗明义指出大学的宗旨就是彰显人的光明正大的品德。明德、亲民、至善，此三者被朱熹称为“大学之纲领”。儒家认为从君王到百姓都要以修身为根本，其目的就是培养有知识、有能力、有理想道德的人。其修身思想包括“内修”和“外治”两个方面：“内修”指自我人格的完善，要正其心，约其行，要能够以理性和谐来调整心态，具体内容就是格物、致知、诚意、正

---

① 大学：大，旧音“太”；大学，大人之学。大学的宗旨。“大学”一词在古代有两种含义：一是“博学”的意思；二是相对于小学而言的“大人之学”。古人八岁入小学，学习“洒扫应对进退、礼乐射御书数”等文化基础知识和礼节；十五岁入大学，学习伦理、政治、哲学等“穷理正心，修己治人”的学问。所以，后一种含义其实也和前一种含义有相通的地方，同样有“博学”的意思。“道”的本义是道路，引申为“规律、原则”等，在中国古代哲学、政治学里，也指宇宙万物的本原、个体及一定的政治观或思想体系等，在不同的上下文环境里有不同的意思。

② 明明德：第一个“明”有意动的意味，是“使彰明，即发扬、弘扬”的意思。全句指弘扬人的光明正大的品德。

③ 亲民：亲，同“新”，用作使动，“新民”，即促使人进步，面目一新。

④ 知止：知道目标所在。止：目标。知目标才能确定方向，从而心静神定、思虑得到收获。

⑤ 定：有确定的志向。静：心态平静。

⑥ 安：精神安宁。

⑦ 虑：思虑周到。

⑧ 得：有所收获。

⑨ 致其知：使自己获得知识。

⑩ 致知：获得知识。格物：认识、研究万事万物。此句指获得知识在于研究事物。

⑪ 壹是：都是。本：根本。

⑫ 本乱而末治：本根坏死而树梢完美；本：指“修身”。末：指身外的种种事物。否矣：是不可能的。

⑬ 其所厚者薄，而其所薄者厚，未之有也：指对厚爱的人淡漠，对淡漠的人厚爱是不会有的事。所厚者：指“本”。所薄者：指“末”。

心；"外治"包括齐家、治国、平天下。孔子对自己一生内修的总结是"吾十有五而志于学，三十而立，四十而不惑，五十而知天命，六十而耳顺，七十而从心所欲，不逾矩"(《论语·为政》)。孔子删《诗》、著《春秋》，延揽门生，宣扬其学说，孜孜不倦，不知老之将至，都是其外治的表现。

值得注意的是，儒家的修身是为了弘扬人性中的"至善"，将其充分调动起来，以达到由改造自身到改造社会的目标。修身思想从根本上铸就了儒学的社会使命感，所谓"位卑未敢忘忧国"，形成了中国知识分子忧国忧民的"忧患"意识，以及能够把个人命运和国家前途联系在一起的"家国"思想，即"国家兴亡，匹夫有责"。这样，儒家的修身理论与社会的进步、国家的富强密切相连，在长期的历史发展中，逐渐成为中华民族优秀文化的重要内容。

《大学》在语言表达上文约意丰，精警动人，以正面论述的方式，一气呵成，使人读之淋漓酣畅，有言已尽而意犹存之感。

【思考与讨论】

1. 本文所说的"大学之道"与今天的大学的宗旨是否一致？是否有不同之处？
2. 道德的修养与知识的探求之间是怎样的关系？

左　传

《左传》，原名《左氏春秋》，后人认为它是阐释孔子的《春秋》的，所以又将它称为《春秋左氏传》，简称《左传》。它是我国最早的一部编年体历史著作，保存了大量的古代史料，同时也是具有文学价值的散文名著。《左传》相传为鲁国史官左丘明所作，后代学者多倾向于认为它是战国初年的作品。后人对它进行了增删。

《左传》记叙了春秋时期自鲁隐公元年（公元前722年）到鲁哀公二十七年（公元前468年）约二百五十多年间各诸侯国的政治、军事、经济、外交等方面的历史事实，着重记叙当时各诸侯国之间的矛盾与斗争，生动地反映了那个时代的社会风貌，内容丰富。《左传》的文学成就也很突出，记叙线索分明，详略得当，尤其擅长描写战争。书中记载了许多重大战役，将战役的起因、过程、双方的谋划、战场内外的斗争和战役的结果都叙述得有条不紊，繁简相宜，脉络清楚，笔法又多变化。在叙事过程中，作者注重故事情节的生动性，善于用极少的笔墨刻画人物的内心活动和细微动作，突出人物的形象和性格，语言凝练生动；许多外交辞令也非常精彩动人。这些对后来《史记》等史传文学的写作，以及对我国叙事文学的发展都有很深远的影响。

郑伯克段于鄢[①]

初[②]，郑武公[③]娶于申[④]，曰武姜[⑤]。生庄公及共叔段[⑥]。庄公寤生[⑦]，惊姜氏，故名曰寤生，遂恶之[⑧]。爱共叔段，欲立之。亟请于武公[⑨]，公弗许[⑩]。

及庄公即位，为之请制[⑪]。公曰："制，岩邑也[⑫]，虢叔死焉[⑬]，佗邑唯命[⑭]。"请京[⑮]，使居之，

① 选自《左传·隐公元年》。"郑伯克段于鄢"在《春秋》中只有一句话，属于经文，意思是说郑伯在鄢地打败共叔段。郑伯，指郑庄公，名寤生。春秋时期周天子之下有五个等级的诸侯国，即公、侯、伯、子、男。郑国属于伯爵级诸侯国，所以称其国君为"伯"。郑国，姬姓诸侯国，区域的中心在今河南省新郑县一带，春秋初期属于强国。克：战胜。段：郑庄公之弟。鄢（yān）：郑地名，在现在河南省鄢陵县境内。

② 初：当初。《左传》追述以前的事情常用这个词，这里是追述本文所记之事发生的起因，指郑伯克段于鄢以前。

③ 郑武公：姓姬，名掘突，郑桓公的儿子，郑国第二代君主，"武"是其死后的谥号。

④ 娶于申：从申国娶妻。申，春秋时国名，姜姓诸侯国，在现在河南省南阳市北，后为楚所灭。

⑤ 武姜：郑武公之妻姜氏，当时国君夫人的称呼由国君的谥号和女子娘家的姓构成，"姜"是她娘家申国的姓，"武"是她丈夫武公的谥号，故称"武姜"。

⑥ 共（gōng）叔段：郑庄公的弟弟，名段。叔：原本指兄弟排行中的第三，这里表示段是庄公的弟弟，又因后来出奔共国，因此又称"共叔段"。共：春秋时国名，在现在河南省辉县。

⑦ 寤生：逆生，难产的一种，胎儿的脚先生出来。寤：通"牾"，逆，倒着。

⑧ 遂恶（wù）之：因此厌恶庄公。遂：连词，因而。恶：厌恶。之：代指庄公。

⑨ 亟（qì）请于武公：屡次向武公请求。亟：屡次。于：介词，向。

⑩ 公弗许：武公不答应她。弗，不。

⑪ 为之请制：（姜氏）替共叔段请求把制作为他的封地。春秋制度，国君死，世子即位，对其他兄弟要分封采邑。制：地名，即虎牢，形势险要，在现在河南省荥阳县西北。

⑫ 岩邑：险要的城镇。岩，多山而险要。邑，人所聚居的地方，大小不定。

⑬ 虢（guó）叔：虢，指东虢，古国名。虢叔：东虢国的国君，曾仗恃地势险要，不修德政，为郑武公所灭。

⑭ 佗邑唯命：别的地方，听从您的吩咐。佗，同"他"，指示代词，别的，另外的。唯命："唯命是从"的略语。

⑮ 京：地名，在现在河南省荥阳县东南，距离郑国都城新郑较近。

谓之京城大叔[16]。祭仲曰[17]:“都城过百雉[18],国之害也。先王之制:大都不过参国之一[19],中五之一,小九之一。今京不度,非制也,君将不堪[20]。”公曰:“姜氏欲之,焉辟害[21]?”对曰:“姜氏何厌之有[22]?不如早为之所,无使滋蔓[23],蔓难图[24]也。蔓草犹不可除,况君之宠弟乎?”公曰:“多行不义必自毙[25],子姑待之。”

既而[26]大叔命西鄙[27]、北鄙贰于己[28]。公子吕曰[29]:“国不堪贰,君将若之何[30]?欲与大叔[31],臣请事之[32];若弗与,则请除之。无生民心[33]。”公曰:“无庸[34],将自及[35]。”大叔又收贰以为己邑,至于廪延[36]。子封曰:“可矣,厚将得众[37]。”公曰:“不义不昵[38],厚将崩[39]。”

大叔完聚[40],缮甲兵[41],具卒乘[42],将袭郑。夫人将启之[43]。公闻其期[44],曰:“可矣!”命子封帅车二百乘[45]以伐京。京叛大叔段,段入于鄢[46],公伐诸鄢。五月辛丑[47],大叔出奔共[48]。

---

⑯ 大:同“太”。

⑰ 祭(zhài)仲:字足,郑国的大夫。

⑱ 雉(zhì):古代度量单位,长三丈、高一丈为“一雉”。当时制度规定:侯、伯一级诸侯国的国度规模只能方五里,径三百雉,下属城邑大的不能超过它的三分之一,就是不能超过一百雉;中等的不能超过五分之一;小的不能超过九分之一。

⑲ 大都不过参国之一:大的城不能超过国都城的三分之一。参,同“三”(因繁体作“叁”)。国,国都。

⑳ 不堪:受不了,意指“控制不住”。

㉑ 焉辟害:焉:怎能,疑问词。辟,通“避”。意指“怎能避免这个灾祸呢?”

㉒ 厌:同“餍”,满足。

㉓ 滋蔓:滋生,蔓延。这里指势力发展壮大。

㉔ 图:图谋,这里指想办法对付控制。

㉕ 毙:身体受伤或有病而自己倒下,这里指失败,走向灭亡。

㉖ 既而:不久。

㉗ 鄙:边疆,边远的地方。

㉘ 贰于己:贰属于自己。使西鄙、北鄙一方面属于庄公,一方面属于自己,即同时向双方纳贡赋。贰:两属,属二主。

㉙ 公子吕:字子封,郑国的大夫。

㉚ 若之何:奈何,怎么办?若:如。之:指“大叔命西鄙北鄙贰于己”这件事。

㉛ 欲与大叔:如果要把国君的位置交给太叔(共叔段)。与:给予。

㉜ 臣请事之:我请求去服侍他。事:动词,事奉,指当臣子。之:代指共叔段。

㉝ 无生民心:不要使民众(因为有两个政权并存而)生二心。无:同“毋”,不要。

㉞ 无庸:不用(管他)。庸:同“用”。指不用采取手段除掉共叔段。

㉟ 将自及:将要自己走到毁灭的地步。及:至,追上,赶上。

㊱ 至于廪延:扩张到了廪延。廪延:地名,在现在河南省延津县北。

㊲ 厚将得众:土地扩大了,将要得到百姓的拥护。厚:指所占的土地扩大,实力雄厚。众:指百姓。

㊳ 不义不昵:对君不义,对兄不亲。昵:亲近。

㊴ 崩:山塌,这里指垮台、崩溃。

㊵ 完聚:修治(城郭),聚集(百姓)。完:完成修葺城池的工作。

㊶ 缮甲兵:修整作战用的甲衣和兵器。缮:修缮,整治。甲:铠甲。兵:兵器。

㊷ 具卒乘(shèng):准备步兵和兵车。具:准备。卒:步兵。乘:四匹马拉的战车。

㊸ 夫人将启之:武姜将要为共叔段做内应,打开城门。夫人:指武姜。启之:为之启,给段开城门,即做内应。之:代指共叔段。

㊹ 其期:指段袭郑的日期。

㊺ 帅车二百乘:率领二百辆战车。帅:通“率”,率领。春秋时期车战,每辆战车配备甲士三人,后面跟随步卒七十二人。二百乘:二百辆战车,则甲士六百人,步卒一万四千四百人,总计一万五千人。

㊻ 入于鄢:进入鄢地,意思是“逃到鄢地”。

㊼ 五月辛丑:古时用天干地支纪日,鲁隐公元年五月辛丑是五月二十三日。

㊽ 出奔共:出逃到共国(避难)。出:指出国境。奔:逃亡。

书曰:“郑伯克段于鄢。”段不弟[49],故不言弟;如二君,故曰克[50];称郑伯,讥失教也[51];谓之郑志[52]。不言出奔,难之也。

遂置姜氏于城颍[53],而誓之曰:“不及黄泉[54],无相见也。”既而悔之。颍考叔为颍谷封人[55],闻之,有献于公,公赐之食,食舍肉。公问之,对曰:“小人有母,皆尝小人之食矣,未尝君之羹[56],请以遗[57]之。”公曰:“尔有母遗? 繄[58]我独无!”颍考叔曰:“敢问何谓也?”公语之故,且告之悔。对曰:“君何患焉? 若阙[59]地及泉,隧[60]而相见,其谁曰不然?”公从之。公入而赋[61]:“大隧之中,其乐也融融[62]!”姜出而赋:“大隧之外,其乐也泄泄。”遂为母子如初。

君子曰[63]:“颍考叔,纯孝也[64],爱其母,施及庄公[65]。《诗》曰:‘孝子不匮,永锡尔类[66]。’其是之谓乎[67]。”

【赏析】

本文选自《左传·鲁隐公元年》(公元前722年),是《左传》中的第一篇。春秋时期,周王室逐渐衰微,各诸侯国之间开始了互相兼并的战争,各国内部统治者之间争夺权势的斗争也加剧起来。《郑伯克段于鄢》即记叙了郑庄公同其胞弟共叔段之间为了争夺君位而进行的一场较量:武姜偏爱共叔段,厌恶郑庄公,企图帮助共叔段夺取君位,家庭内部矛盾最后发展成军事争斗,从而导致兄弟、母子之间骨肉相残。文章揭露了当时统治阶级内部权力争夺、互相倾轧和残酷奸诈的丑恶本质,讽刺了统治阶级伦理道德的虚伪卑劣。

本文写作上颇具特色。首先,人物个性鲜明。郑庄公老谋深算,阴险狡猾;共叔段恃宠恣肆,贪婪愚蠢;姜氏乖戾昏聩,毫无原则观念,任性偏心;祭仲老成持重;公子吕急躁直率;颍考叔机智善谏。对这些人物的个性特征,作品通过描写其典型的言行来刻画;第二,本文在剪裁上颇具匠心,《左传》以善于描写战争著称,本文也涉及战争,如郑伯到鄢地讨伐共叔段等,但仅用极其简略的笔墨一笔带过,而详细交代事情的起因、矛盾的发展以及不断深化的过程,这样便于刻画人物,揭示其内心世界,从而突出主题。另外,细节描写增加了故事的生动性和人物

---

[49] 不弟:不守为弟之道。与“父不父,子不子”用法相同。意思是共叔段不遵守做弟弟的本分。

[50] 如二君,故曰克:兄弟俩如同两个国君一样争斗,所以用“克”字;克,战胜。

[51] 称郑伯,讥失教也:称庄公为“郑伯”,是讥讽他对弟弟失教。讥,讽刺。失教,庄公本有教弟之责而未教。

[52] 谓之郑志:赶走共叔段是出于郑庄公的本意。志,意愿。

[53] 置姜氏于城颍:把姜氏安置在城颍。置:安置,放置,这里有放逐、驱逐软禁的意思。城颍,地名,郑国边境城邑,在现在河南省临颍县西北。

[54] 黄泉:古人以为天玄地黄,泉在地下,人死后埋入地下坟墓,故称死亡为赴黄泉路。

[55] 颍考叔为颍谷封人:颍考叔:郑国大夫。颍谷:地名,在今河南登封西南。封人:古代官名,管理边疆事务的官员。

[56] 羹(gēng):有汁的肉。

[57] 遗(wèi):赠,送给。

[58] 繄(yī):语气助词,用在句首,无义。

[59] 阙:同“掘”,挖。

[60] 隧而相见:挖隧道并在其中相见。隧,隧道,这里用作动词,指挖隧道。

[61] 入而赋:走进隧道,唱着诗。赋,歌吟,赋诗。

[62] 融融:同下文的“泄(yì)泄”都是形容和乐自得的心情。

[63] 君子曰:作者的假托,《左传》常用的发表议论的方式。

[64] 纯孝:纯粹真心的孝。

[65] 施(yì):延续,扩展,影响。

[66] “孝子”二句,出自《诗经·大雅·既醉》,意思是说:孝子的孝道永无穷尽,一直会将影响带给他的同类的人。匮:竭尽。锡:通“赐”。

[67] “其是”句:大概就是说的这种情况吧。

性格的丰富性，如对“庄公寤生”、颖考叔献礼和“食舍肉”、姜氏和庄公“隧而相见”等的描写都活灵活现，对于丰富人物形象、深化主题都起了相当的作用。

【思考与讨论】

1.《左传》生动地刻画了郑庄公这一历史人物。但对这一形象的评价，始终是个见仁见智的问题。有人说他冷酷狡猾，工于心计，有人说他顾全大局，顺应形势。你怎样分析这一人物形象？

2. 分析《郑伯克段于鄢》一文中所体现的老子的辩证思想。

二、秦汉文学

李　斯

李斯(？—前208)，秦著名政治家、文学家，楚上蔡(今属河南)人，曾与韩非同师事荀子。早年为楚小吏，后入秦，为秦相吕不韦舍人。公元前246年，秦王嬴政即位，李斯以帝王之业游说秦王，受重用，被拜为长史、客卿。公元前237年，秦王在宗室大臣鼓动下，下令驱逐客卿，李斯也在驱逐之列。于是他上书秦王，极力谏阻，被采纳，复官，后官至廷尉。公元前221年，李斯协助秦王统一六国，被拜为丞相。为了巩固中央集权制国家，李斯又协助秦王推行一系列加强封建君主专制的措施：削兵器，废诗书，明法度，定律令，修驰道，同文书，统一度量衡。公元前210年，秦始皇死，李斯与赵高定谋，矫诏杀始皇长子扶苏，立少子胡亥为帝。后来赵高诬陷李斯谋反，李斯被腰斩于咸阳。

秦代文坛冷落，唯李斯《谏逐客书》《论统一书》《行督责书》《自罪书》等对后世影响较为深远，他还另有一些石刻韵文传世，大多被收入《史记·李斯列传》，故鲁迅先生称"秦之文章，李斯一人而已"。《谏逐客书》全文辞藻丰富，比喻精警，语意深曲委婉，论述深入透彻，喜用排比对偶句式，音节铿锵，风格峭刻。

谏逐客书①

臣闻吏议逐客，窃以为过矣②。昔穆公求士③，西取由余于戎④，东得百里奚于宛⑤，迎蹇叔于宋⑥，来邳豹、公孙支于晋⑦。此五子者，不产于秦，而穆公用之，并国二十，遂霸西戎。孝公

① 本篇见于《史记·李斯列传》。战国末年，韩国怕秦国出兵来攻，便派水工郑国到秦国去，建议秦国在泾阳县西北开凿渠道，引泾水东流入洛水，称郑国渠，想用它来阻碍秦国向韩国进军。事情被发觉后，秦宗室大臣提出逐客的主张，李斯也在被逐之列，他因此写了这封《谏逐客书》。逐客：驱逐来自其他诸侯国而为秦所用之人。书：上书，古代一种向君王陈述意见的文体。

② 吏：指宗室大臣。客：指客卿，是当时各诸侯国授给外来人的高级官职。窃：私下，表示个人意见时的谦词。过：错误。

③ 穆公：秦穆公，名任好，春秋时秦国国君，公元前659年到公元前621年在位，是秦王政十九代祖，秦国自穆公时开始强大，成为春秋五霸之一。士：当时把以技能知识为统治阶级服务的人称为"士"，包括文士和武士。

④ 由余：戎王的臣子，是春秋时晋人的后裔，入秦后，受到秦穆公重用，帮助秦国攻灭西戎众多小国，并国二十，开地千里，称霸西戎。戎：古代中原人多称西方少数部族为"戎"。此处指秦国西北部的西戎，活动范围约在今陕西西南、甘肃东部、宁夏南部一带。

⑤ 百里奚：楚国宛(今河南省南阳)人，原为虞国大夫。晋灭虞被俘，以百里奚作为晋献公之女(秦穆公夫人)的陪嫁奴仆之一送往秦国，后逃亡回到宛地，被楚人所执，秦穆公听说他贤能，设计用五张黑公羊皮赎出，任大夫，故称"五羖大夫"，是辅佐秦穆公称霸的重臣。

⑥ 蹇叔：百里奚的好友，原是西戎岐(今陕西省岐山县)人，游于宋，经百里奚推荐入秦，秦穆公把他从宋国请来，委任为上大夫，与由余、百里奚等助秦穆公霸业。宋：国名，或称商、殷，子姓。

⑦ 来：招徕，使……到来。邳豹：晋国大夫邳郑之子。邳郑被晋惠公杀死后，邳豹投奔秦国，被秦穆公任为大将。公孙支：即秦大夫子桑，原为岐州人，寓居于晋，后至秦为穆公谋臣。

用商鞅之法⑧，移风易俗，民以殷盛⑨，国以富强，百姓乐用⑩，诸侯亲服，获楚、魏之师⑪，举地千里，至今治强。惠王用张仪之计⑫，拔三川之地⑬，西并巴、蜀⑭，北收上郡⑮，南取汉中⑯，包九夷⑰，制鄢、郢⑱，东据成皋之险⑲，割膏腴之壤，遂散六国之从⑳，使之西面事秦，功施到今㉑。昭王得范雎㉒，废穰侯㉓，逐华阳㉔，强公室，杜私门㉕，蚕食诸侯㉖，使秦成帝业。此四君者㉗，皆以客之功。由此观之，客何负于秦哉！向使四君却客而不内㉘，疏士而不用㉙，是使国无富利之实而秦无强大之名也。

---

⑧ 孝公：即秦孝公，名渠梁，秦国国君，秦穆公第十四代孙，公元前 361 年—公元前 338 年在位，任用商鞅实行变法，使秦国强盛。商鞅：卫国公族，氏公孙，亦称"公孙鞅"，初为魏相公叔座家臣，公叔座死后入秦，受到秦孝公重用，任左庶长、大良造，因功封于商(今山西商县东南)十五邑，号称商君。于公元前 356 年和公元前 350 年两次实行变法，奠定秦国富强的基础。公元前 338 年，秦孝公去世，被车裂身死。

⑨ 殷：众多。殷盛：指百姓众多而且富裕。

⑩ 乐用：乐于为国效力。

⑪ 获楚、魏之师：指战胜楚国、魏国的军队。公元前 340 年，商鞅设计诱杀魏军主将公子昂，大败魏军。同年又与楚战，战况不详，据此，当也是秦军获胜。获：俘获，这里指战胜。师：军队。

⑫ 惠王：即秦惠文王，名驷，秦国国君，秦孝公之子，公元前 337 年—公元前 311 年在位。于公元前 325 年称王。张仪：魏国人，西入秦，秦惠王时数次任秦相，主张"连横"策略破六国"合纵"，游说各国诸侯事奉秦国，辅佐秦惠文君称王，封武信君。秦武王即位，入魏为相，于公元前 310 年去世，是战国时代著名纵横家。

⑬ 拔：攻占，攻取。三川之地：指黄河、洛水、伊水三川之地，在今河南西北部黄河以南、灵宝以东的洛水、伊水流域一带，原属韩国地区。韩宣王在此设三川郡。公元前 308 年秦武王派兵攻取三川大县宜阳(今河南宜阳县西)。公元前 249 年秦灭东周，取得韩三川全郡，重设三川郡。

⑭ 巴：国名，周武王灭商后被封为子国，称"巴子国"，在今四川东部、湖北西部一带。战国中期建都于巴(今重庆市)。公元前 316 年秦惠王派张仪、司马错等领兵攻灭巴国，在其地设置巴郡。蜀：国名，周武王时曾参加灭商的盟会，在今四川中部偏西地区。战国中期建都于成都(今四川成都市)。公元前 316 年秦惠文王派张仪、司马错等领兵灭蜀，在其地设置蜀郡。

⑮ 上郡：郡名，战国时属魏，魏文侯时置，辖境有今陕西洛河以东，黄梁河以北，东北到子长县、延安市一带。公元前 328 年魏割上郡十五县给秦，公元前 312 年又将整个上郡献给秦。秦国于公元前 304 年于此设置上郡。

⑯ 汉中：郡名，战国时属楚，楚怀王时置，辖境有陕西东南和湖北西北的汉水流域。公元前 312 年，被秦将魏章领兵攻取，秦于此取汉中地六百里重置汉中郡。

⑰ 包：占领、吞并。九夷：此指楚国境内西北部的少数部族，在今陕西、湖北、四川三省交界地区。

⑱ 制：制服，控制。鄢：楚国别都，在今湖北宜城县东南。春秋时楚惠王曾定都于此。郢：楚国都城，在今湖北江陵市西北纪南城。公元前 279 年秦将白起攻取鄢，翌年又攻取郢。

⑲ 成皋：邑名，在今河南荥阳县汜水镇，地势险要，是著名的军事重地。春秋时属郑国，称"虎牢"，公元前 375 年韩国灭郑属韩，公元前 249 年被秦军攻取。

⑳ 六国之从：战国时齐、楚、赵、魏、韩、燕六国的抗秦联盟。从：通"纵"，即合纵。

㉑ 施(yì)：蔓延，延续。

㉒ 昭王：即秦昭王，名稷，一作"侧"或"则"，秦惠王之子，秦武王异母弟，公元前 306 年至公元前 251 年在位。范雎：一作"范且"，亦称"范叔"，战国时魏人，入秦后改名张禄，受到秦昭王信任，为秦相，对内力主废除外戚专权，建议昭王收回宣太后为首的贵族集团权力；对外采取远交近攻策略，使得秦国逐步歼灭诸侯力量。封于应(今河南宝丰县西南)，亦称"应侯"，死于公元前 255 年。

㉓ 穰：音 ráng。"穰侯"，即魏冉，楚人后裔，秦昭王母宣太后之异父弟，秦武王去世，在内乱中拥立秦昭王，任将军，多次为相，受封于穰(今河南邓县)，故称穰侯，后又加封陶(今山东定陶县西北)。因秦昭王听用范雎之言，被免去相职，终老于陶。

㉔ 华阳：即华阳君芈戎，楚昭王母宣太后之同父异母弟，曾任将军等职，与魏冉同掌国政，先受封于华阳(今河南新郑县北)，故称华阳君，后封于新城(今河南密县东南)，故又称"新城君"。他与魏冉专权三十多年，后昭王听范雎的意见，于公元前 266 年废太后，放逐华阳与魏冉，遣归封地。

㉕ 杜：杜塞。私门：指私家豪族。

㉖ 蚕食：比喻像蚕吃桑叶那样一点一点地削弱诸侯的力量，兼并他们的土地。

㉗ 四君：指秦穆公、孝公、惠王、昭王。

㉘ 向使：当初假使，倘若。内：同"纳"，接纳。

㉙ 疏士：指疏远外来的贤士。

今陛下致昆山之玉[30]，有随、和之宝[31]，垂明月之珠[32]，服太阿之剑[33]，乘纤离之马[34]，建翠凤之旗[35]，树灵鼍之鼓[36]。此数宝者，秦不生一焉，而陛下悦之，何也？必秦国之所生然后可，则是夜光之璧不饰朝廷，犀象之器不为玩好[37]，郑、卫之女不充后宫，而骏良駃騠不实外厩[38]，江南金锡不为用[39]，西蜀丹青不为采[40]。所以饰后宫充下陈娱心意说耳目者[41]，必出于秦然后可，则是宛珠之簪[42]，傅玑之珥[43]，阿缟之衣[44]，锦绣之饰不进于前，而随俗雅化佳冶窈窕赵女不立于侧也[45]。夫击瓮叩缶弹筝搏髀[46]，而歌呼呜呜快耳者，真秦之声也；《郑》、《卫》、《桑间》、《昭》、《虞》、《武》、《象》者[47]，异国之乐也。今弃击瓮叩缶而就郑卫，退弹筝而取《昭虞》，若是者何也？快意当前，适观而已矣[48]。今取人则不然。不问可否，不论曲直，非秦者去，为客者逐。然则是所重者在乎色乐珠玉，而所轻者在乎人民也。此非所以跨海内制诸侯之术也。

臣闻地广者粟多，国大者人众，兵强则士勇。是以太山不让土壤[49]，故能成其大；河海不择细流[50]，故能就其深；王者不却众庶[51]，故能明其德。是以地无四方，民无异国，四时充美，鬼神降福，此五帝、三王之所以无敌也[52]。今乃弃黔首以资敌国[53]，却宾客以业诸侯[54]，使天下之士退而不敢西向，裹足不入秦，此所谓"藉寇兵而赍盗粮"者也[55]。

---

[30] 陛下：秦始皇统一中国后所规定的对国君的敬称。致：得到，求得。昆山：即昆仑山，盛产美玉。

[31] 随、和之宝：即所谓"随侯珠"和"和氏璧"，传说中春秋时随侯所得的夜明珠和楚人卞和得的美玉，是当时认为最珍贵的宝物。

[32] 明月：一种宝珠名，《后汉书·西域传》说，罗马帝国产明月珠，一说指夜光珠。

[33] 太阿：亦称"泰阿"，宝剑名，相传为春秋著名工匠欧冶子、干将所铸。

[34] 纤离：古骏马名，产于北方。

[35] 建：设置，树立。翠凤之旗：用翠凤羽毛组合成凤凰形图案的旗子。

[36] 鼍(tuó)：即鼍龙，亦称扬子鳄，俗称猪龙婆，产于长江下游，皮可蒙鼓。

[37] 犀象之器：指用犀牛角和象牙制成的器具。

[38] 駃騠(jué tí)：北方所产之良马。外厩：宫外的马圈。

[39] 江南：长江以南地区。此处指长江以南的楚地，素以出产金、锡著名。

[40] 丹：丹砂，可以制成红色颜料。青：可以制成青黑色颜料。西蜀丹青：蜀地素以出产丹青矿石出名。

[41] 下陈：犹后列，指(侍妾之类)。此处指后宫中侍奉帝王的宫女行列。充下陈：此处泛指将财物、美女充买府库后宫。

[42] 宛珠之簪：指用宛(今河南南阳市)地出产的珍珠所做装饰的发簪。

[43] 傅：附着，镶嵌。玑：不圆的珠子。此处泛指珠子。珥：耳饰。

[44] 阿缟之衣：阿：细缯，一种轻细的丝织物。或以"阿"为地名，指齐国东阿(今山东东阿县)。缟：未经染色的白绢。

[45] 随俗雅化：追逐时尚，善于改变打扮。佳：美好，美丽。冶：妖冶，艳丽。窈窕：美好的样子。赵：国名，古人多以燕、赵为出美女之地。

[46] 瓮(wèng)：陶制的容器，古人用来打水。缶：一种口小腹大的陶器。秦人将瓮、缶作为打击乐器。搏：击打，拍打。搏髀：拍打大腿，以此掌握音乐、唱歌的节奏。

[47] 郑：指郑国故地的民间音乐。卫：指卫国故地的民间音乐。桑间：桑间为卫国濮水边上地名，在今河南濮阳县南，有男女聚会唱歌的风俗，此处指卫国桑林之间、濮水之上流行的音乐，此地民间音乐极优美动听，古人称为"桑间濮上之音"。昭虞：即"韶"乐，相传虞舜时的乐曲。武象：周武王的乐曲称"武"，乐舞称"象"。武象是表演作战的乐舞曲。

[48] 适观：适于欣赏。

[49] 太山：即泰山。让：辞让，拒绝。

[50] 择：通"释"，舍弃，抛弃。

[51] 却：推却，拒绝。

[52] 五帝：指黄帝、颛顼、帝喾、尧、舜。三王：指夏、商、周三代开国君主，即夏禹、商汤、周文王和周武王。另外古籍中关于五帝三王的说法很多，这里泛指古代圣贤的君主。

[53] 黔首：秦时称百姓为黔首。黔：黑。资：助，供给。

[54] 业：从事，侍奉。

[55] 藉：借给。赍(jī)：送，赠送。

夫物不产于秦，可宝者多；士不产于秦，而愿忠者众。今逐客以资敌国，损民以益仇[36]，内自虚而外树怨于诸侯[37]，求国无危，不可得也。

【赏析】

《谏逐客书》选自《史记》卷八十七《李斯列传》，是一篇李斯反驳逐客谬论、规劝改变成命的奏章，也是极富文学性的一篇政论文。

文章起笔开门见山提出论点，语词谦和而简明，切合日理万机的秦王的性格，紧接着展开讨论，围绕题旨以事实为据，层层推论。先铺陈四代秦王重用客卿而富国强兵的史实，证明客卿有功于秦，这是统一天下的基础。再列举大量生活事实，用物与人类比，说明重物轻人与统一天下的根本目标背道而驰。然后从理论上概括论述，阐明纳客与逐客的利害。最后得出结论，指出逐客必将造成秦国的危亡，回应总论点，把逐客之"过"提高到亡国的高度。文章始终正反并论，利害对举，驳立互补，观点十分鲜明。在分寸把握上，由轻（重物轻人）渐重（损己资敌），在材料安排上由远（昔）至近（今），再到将来（亡国），逐层推进，渐趋深入。这样十分符合人的接受心理规律，即使结论尖锐，对方也能欣然接受。

臣子向君主进谏，历代并不乏人，但大都因批"逆鳞"而遭惨败。李斯的这篇谏书却能为秦王接纳，使其收回成命，并恢复了李斯的官职，这在历史上却为凤毛麟角。其中应有多方面的原因：秦国逐客，本因韩国间谍郑国引起，但李斯此文不去议论这一具体事件的是非，也不为自己被逐而辩解，更不为客卿之利益作辩护，而是紧紧围绕着秦国的利害安危，站在跨海内制诸侯完成统一天下大业的高度，来分析阐明逐客的利害得失。在谏书中，他不为客说而专为秦谋，详述纳客之功而略论逐客之过，重于事实明理而轻于据理力争——李斯的成功劝谏也与他的论说方法有极大关系。李斯的卓越见识，体现了他顺应历史潮流的进步政治主张和用人路线。文章所表现的不分区域、任人唯贤的思想，在今天也有一定的借鉴意义。

全文摆事实设比喻重铺叙，文辞有力，说理透彻；结构上既曲折多变，又严谨有序；而且多用排比和对偶句造成文章雄浑奔放的气势。语言形式整齐错落，音节上抑扬顿挫，使全文增强了雄放不羁的气势。《谏逐客书》开散文辞赋化的风气之先，对后代汉的散文和辞赋产生了一定的影响。

【思考与讨论】

1. 这篇文章意在论逐客之过，但作者不直斥秦王逐客之非，不谈客卿的利益，你认为作者在劝谏的策略上有何高明之处？

2. 李斯的《谏逐客书》对现代社会人才的使用有何意义？

---

[36] 益：增益，增多。仇：仇敌。

[37] 内自虚：对内造成自己内部的空虚。外树怨于诸侯：指客卿被驱逐出外，必投奔其他诸侯且仇恨秦国，从而构树新怨。

司马迁

司马迁（约前145—约前87），字子长，西汉夏阳（今陕西韩城，一说山西河津）人，我国西汉伟大的史学家、思想家、文学家。二十岁时，从京师长安南下漫游，足迹遍及江淮流域和中原地区，所到之处考察风俗，采集传说。太初元年（公元前104年），他与唐都、落下闳等共同编订《太初历》，以代替由秦沿袭下来的《颛顼历》。此后，司马迁开始撰写《史记》。后因替投降匈奴的李陵辩护，获罪下狱，受腐刑。出狱后任中书令，发愤著书，完成了《史记》的撰写。

《史记》是中国第一部纪传体通史，记载了上自上古传说中的黄帝时代，下至汉武帝太初四年（公元前100年）共三千多年的历史。全书共一百三十篇，其中"本纪"十二篇，"世家"三十篇，"列传"七十篇，"书"八篇，"表"十篇，共五十二万多字。它的主体部分是"本纪"、"世家"和"列传"。

《史记》真实地反映了历史原貌，对统治阶级争权夺利和尔虞我诈的面目进行了揭露和批判，对被压迫者的不公正遭遇给予了关注与同情。《史记》又是一部形象鲜明、语言生动的文学作品，书中塑造了许多栩栩如生、具有强烈感染力的历史人物形象。因此鲁迅先生称之为"史家之绝唱，无韵之《离骚》"（《汉文史纲要》）。

司马迁还留有《报任安书》和《悲士不遇赋》两篇文章。

管晏列传

管仲夷吾者，颍上人也①。少时常与鲍叔牙游，鲍叔知其贤②。管仲贫困，常欺鲍叔，鲍叔终善遇之，不以为言③。已而鲍叔事齐公子小白，管仲事公子纠④。及小白立为桓公，公子纠死，管仲囚焉⑤。鲍叔遂进管仲⑥。管仲既用，任政于齐，齐桓公以霸，九合诸侯⑦，一匡天下⑧，管仲之谋也。

管仲曰："吾始困时，尝与鲍叔贾⑨，分财利多自与，鲍叔不以我为贪，知我贫也；吾尝为鲍叔谋事而更穷困，鲍叔不以我为愚，知时有利不利也⑩；吾尝三仕三见逐于君，鲍叔不以我为不肖，知我不遭时也⑪；吾尝三战三走，鲍叔不以我为怯，知我有老母也⑫；公子纠败，召忽死之，吾幽囚受辱，鲍叔不以我为无耻，知我不羞小节而耻功名不显于天下也⑬。生我者父母，知我者

① 管仲（？—前645）：名夷吾，字仲，谥敬，也叫管敬仲。颍（yǐng）上，今安徽颍上县南。颍是水名，颍上是地名。

② 鲍叔牙：也叫鲍叔，齐国大夫。贤：有杰出才能。

③ 不以为言：不以此为话柄，不因为这个而说坏话。

④ 公子小白：即后来的齐桓公，姓姜，名小白，齐襄公之弟。公子纠：齐襄公之弟。

⑤ 襄公无道，鲍叔奉小白奔莒，管仲、召忽二人奉纠奔鲁。襄公死后，小白抢先回齐，取得政权，称齐桓公，并使鲁国杀死企图争位的公子纠，把管、召二人押送回齐。召忽自杀，管仲请坐囚车回到齐国。

⑥ 进：推荐，保举。

⑦ 九合诸侯：指齐桓公多次以盟主的身份邀集各国诸侯开同盟大会。

⑧ 一匡天下：使天下都得到匡正。当时诸侯无视周天子，互相攻打，管仲辅助齐桓公制止了这种混乱局面。

⑨ 贾（gǔ）：坐地经商。

⑩ 谋事：谋划事情。穷困：窘迫，困窘。

⑪ 见逐于君：被国君免职逐退。不肖：没有才干。遭时：遇到好时机。

⑫ 走：逃跑。怯：胆小。

⑬ 死之：为之死。之：代公子纠。无耻：没有羞耻之心。羞小节：以小节为羞。小节：小的操守。耻：意动用法，认为……可耻。

鲍子也。”

鲍叔既进管仲，以身下之[14]。子孙世禄于齐，有封邑者十余世，常为名大夫。天下不多管仲之贤而多鲍叔能知人也[15]。

管仲既任政相齐，以区区之齐在海滨，通货积财，富国强兵，与俗同好恶[16]。故其称曰：“仓廪实而知礼节，衣食足而知荣辱，上服度则六亲固[17]。”“四维不张，国乃灭亡[18]。”“下令如流水之源，令顺民心。”故论卑而易行。俗之所欲，因而予之；俗之所否，因而去之[19]。

其为政也，善因祸而为福，转败而为功，贵轻重[20]，慎权衡[21]。桓公实怒少姬，南袭蔡，管仲因而伐楚，责包茅不入贡于周室[22]。桓公实北伐山戎[23]，而管仲因而令燕修召公之政[24]。于柯之会，桓公欲背曹沫之约，管仲因而信之，诸侯由是归齐[25]。故曰：“知与之为取，政之宝也[26]。”

管仲富拟于公室，有三归[27]、反坫[28]，齐人不以为侈。管仲卒，齐国遵其政，常强于诸侯。后百余年而有晏子焉。

晏平仲婴者[29]，莱之夷维人也[30]。事齐灵公、庄公、景公，以节俭力行重于齐[31]。既相齐，食不重肉[32]，妾不衣帛。其在朝，君语及之，即危言[33]；语不及之，即危行[34]。国有道，即顺命[35]；无

---

⑭ 以身下之：把自己的职位放在他的下面。

⑮ 多：称赞，颂扬。

⑯ 任政：执掌国政。以：凭借。通货积财：流通货物，积聚钱财。

⑰ 称：说。仓廪(lǐn)：谷仓叫仓，米仓叫廪，泛指粮食仓库。服度：遵守法度。六亲：父、母、兄、弟、妻、子。固：这儿指和睦安定，互相团结。

⑱ 四维：礼、义、廉、耻。维：本是大绳，此处引申指国家的纲纪。张：伸张，发扬。

⑲ 论：论述的道理。卑：浅显。俗：民俗，指老百姓。因：顺着。去：废除。

⑳ 轻重：指事情的轻重缓急。

㉑ 权衡：斟酌比较。

㉒ 实：事实上，实际上。怒少姬：因少姬之事而发怒。少姬，齐桓公的夫人，蔡国人。公元前657年，齐桓公曾与少姬在苑囿的鱼池中乘舟，少姬故意摇晃小舟，齐桓公很害怕，脸色都变了；桓公叫她不要摇，她不听。桓公大怒，就把她送回了蔡国，但没有断绝关系。蔡国却让少姬改嫁他人。齐桓公十分恼火，就在第二年发兵攻蔡。此事《左传·僖公三年、四年》有记载。因：乘机。包茅：成束的青茅，楚地特产，是周王室祭祀时的必需之物，一向是楚国所贡。管仲利用攻蔡的机会去攻打楚国，而以“包茅不入贡于周室”为理由，是为了表示齐国不是为了少姬之事、而是为了周王室的利益才用兵的(蔡国在今河南省，是楚国的盟国)，表现了管仲的智慧。

㉓ 山戎：又称“北戎”，在今河北北部。

㉔ 公元前663年，山戎伐燕(yān)，齐桓公救燕，北伐山戎。修：整治实施。召(shào)公：又称“召康公”，周文王的儿子，周武王的弟弟，姓姬，名奭(shì)，周成王时任太保，封于召，是燕的始祖。政：政令。

㉕ 于柯之会：公元前681年，齐桓公与鲁庄公在柯(今山东阳谷县东)会盟。曹沫(huì)之约，曹沫(又作曹刿)是鲁将，在柯之会上，他以剑劫持齐桓公，迫使桓公允诺归还被齐侵占的汶阳之田。《公羊传·庄公十三年》对此作了详尽描述。后来，桓公想背约，管仲劝他实践诺言以取信于世人，终于使“桓公之信，著于天下”。

㉖ 知与之为取：懂得给予是为了取得。

㉗ 三归：即管仲所筑的三归台，是供游览的台观。

㉘ 反坫(diàn)：反爵之坫。坫是放置酒杯的土台，在堂中两个柱子之间。互相敬酒后，把空爵反置在坫上，是周代诸侯宴会之礼。《论语·八佾》：“邦君为两君之好，有反坫；管氏(管仲)亦有反坫。”

㉙ 晏平(？—前500)：即晏婴，字仲，谥平。

㉚ 莱：古国名，在今山东省黄县东南，公元前567年被齐所灭。夷维：即今山东省高密县。

㉛ 力行：努力做事。重于齐：为齐所重，受齐国人敬重。

㉜ 重(chóng)肉：有重复的肉食，即有两种肉菜。

㉝ 危言：不畏危难而直言。

㉞ 危行：正直行事。

㉟ 顺命：遵命行事。

道，即衡命[36]。以此三世显名于诸侯。

越石父贤，在缧绁中[37]。晏子出，遭之途，解左骖赎之，载归。弗谢[38]，入闺久之[39]，越石父请绝[40]。晏子戄然[41]，摄衣冠谢曰[42]："婴虽不仁，免子于厄[43]，何子求绝之速也？"石父曰："不然。吾闻君子诎于不知己而信于知己者[44]。方吾在缧绁中，彼不知我也。夫子既已感寤而赎我[45]，是知己；知己而无礼，固不如在缧绁之中。"晏子于是延入为上客。

晏子为齐相，出，其御之妻从门间而窥其夫[46]。其夫为相御，拥大盖，策驷马，意气扬扬，甚自得也[47]。既而归，其妻请去。夫问其故。妻曰："晏子长不满六尺，身相齐国，名显诸侯。今者妾观其出，志念深矣，常有以自下者[48]。今子长八尺，乃为人仆御，然子之意自以为足，妾是以求去也[49]。"其后夫自抑损，晏子怪而问之，御以实对[50]。晏子荐以为大夫。

太史公曰：吾读管氏《牧民》、《山高》、《乘马》、《轻重》、《九府》，及《晏子春秋》[51]，详哉，其言之也！既见其著书，欲观其行事，故次其传[52]。至其书，世多有之，是以不论，论其轶事[53]。

管仲世所谓贤臣，然孔子小之[54]。岂以为周道衰微，桓公既贤，而不勉之至王，乃称霸哉[55]？语曰："将顺其美，匡救其恶，故上下能相亲也[56]。"岂管仲之谓乎？

方晏子伏庄公尸哭之，成礼然后去[57]，岂所谓"见义不为，无勇"者邪[58]？至其谏说，犯君之颜，此所谓"进思尽忠，退思补过"者哉[59]！假令晏子而在，余虽为之执鞭，所忻慕焉[60]。

【赏析】

《管晏列传》是春秋时期齐国政治家管仲和晏婴的合传。司马迁描写这两位春秋中后期齐

㊱ 衡命：权衡利弊斟酌办事。

㊲ 越石父：齐国的贤士。缧绁(léi xiè)：捆绑犯人的绳子。

㊳ 弗谢：没有告辞，主语"晏婴"省略。谢：告辞。

㊴ 闺(guī)：内室的小门。久之：很长时间。

㊵ 绝：断绝交往。

㊶ 戄(jué)然：惊异的样子。

㊷ 摄：整理。谢：道歉。

㊸ 厄(è)：危难。

㊹ 诎(qū)：屈。信：通"伸"。

㊺ 感寤：有所感而觉悟。寤：通"悟"。

㊻ 御：驾驭车马的人。门间：门缝。窥：从小孔或缝隙里偷看。

㊼ 拥，持。策：马鞭，用作动词，挥鞭赶车。

㊽ 志念：思虑。自下：使自己处于别人之下。

㊾ 乃：却。

㊿ 抑损：谦卑。怪：感到奇怪。

(51)《牧民》、《山高》、《乘马》、《轻重》、《九府》：都是《管子》中的篇名。《晏子春秋》：后人托名晏子作，内容是记载晏子的言行事迹。

(52) 其著书：即"其所著书"，他们所写的书。行事：所做的事情，事迹。次：编次，编写。

(53) 轶(yì)事：同"逸事"，不见于记载的事情。

(54) 孔子小之："小"用作意动，意即看不起。《论语·八佾》："子曰：'管仲之器小哉！'"

(55) 王：指王道，即以仁义治天下，与以武力征服天下的"霸道"相对。

(56) 这三句引言见《孝经·事君》，原文是："子曰：'君子之事上也，进思尽忠，退思补过，将顺其美，匡救其恶，故上下能相亲也。'"

(57) 晏子伏庄公尸哭之，成礼然后去：事见《左传·襄公二十五年》。齐庄公与齐大夫崔杼的妻子棠姜私通，崔杼杀了庄公。晏婴进了崔家之门，把庄公的尸体枕在自己的大腿上痛哭，然后站起身来，连踩了几次脚，尽了君臣之礼，才离开。

(58) 见义不为，无勇也：是《论语·为政》中孔子说的话。

(59) 犯君之颜：冒犯君主的威严。"进思尽忠，退思补过"是《孝经·事君》中的话。

(60) 虽：即使。执鞭：拿着马鞭子赶车，也就是做驾马车的车夫。

国国相，能抓住其特点，并选取典型细节加以生动地表现，如写管仲，着重写其同鲍叔牙的交往，以及任政相齐、助齐桓公九合诸侯一匡天下的谋略，写晏婴则通过对重用越石父和御者的典型事例的详细叙述来突出其“贤”。

本文详略得当，重点突出，比如对管、鲍之间的真挚友谊及晏子任用御者缘起的叙述极为详细，而对管仲生活的奢侈等不太重要的方面则一笔带过。

传记之末“太史公曰”以后的简短议论与评价更是深化了对管、晏二人的认识，同时也寄托了司马迁在现实中不遇知己的感慨。

【思考与讨论】

简要分析《管晏列传》中司马迁融入了自己怎样的思想感情？

张　衡

张衡(78—139)，字平子，南阳西鄂(今河南南召)人，是东汉时期伟大的天文学家、数学家、发明家、地理学家、文学家。为我国天文学、机械技术、地震学的发展做出了不可磨灭的贡献。曾任太史令、侍中、河间相等职。善作文，尤善辞赋，作品以《二京赋》最为著名。诗歌则以《四愁诗》、《同声歌》影响较大。明人辑有《张河间集》。

归田赋

游都邑以永久①，无明略以佐时②。徒临川以羡鱼③，俟河清乎未期④。感蔡子之慷慨⑤，从唐生以决疑⑥。谅天道之微昧⑦，追渔父以同嬉⑧。超埃尘以遐逝⑨，与世事乎长辞⑩。

于是仲春令月⑪，时和气清；原隰郁茂⑫，百草滋荣⑬。王雎鼓翼⑭，鸧鹒哀鸣⑮；交颈颉颃⑯，关关嘤嘤⑰。于焉逍遥⑱，聊以娱情。

尔乃龙吟方泽，虎啸山丘⑲。仰飞纤缴⑳，俯钓长流。触矢而毙，贪饵吞钩。落云间之逸禽㉑，悬渊沉之魦鰡㉒。

---

① 都邑：指东汉京都洛阳。永：长。久：滞。言久滞留于京都。

② 明略：明智的谋略。佐时：辅佐时政。

③ 徒临川以羡鱼：《淮南子·说林训》："临川流而羡鱼，不如归家织网。"表明自己空有佐时的愿望。徒：空，徒然。

④ 俟：等待。河清：黄河水清，传说黄河一千年清一次，古人认为河清是政治清明的标志。此句意思为等待政治清明未可预期。

⑤ 蔡子：指战国时燕人蔡泽。慷慨：心中不平。

⑥ 唐生：即唐举，战国时梁人。决疑：通过看相来解决自己对仕途命运的疑惑。蔡泽游学诸侯，未发迹时，曾请唐举看相，后入秦，为相。

⑦ 谅：信，实在是。微昧：幽隐不明。

⑧ 渔父：宋洪兴祖《楚辞补注》引王逸《渔父章句序》："渔父避世隐身，钓鱼江滨，欣然而乐。"嬉：乐。

⑨ 超埃尘：即游乎尘埃之外。埃尘：比喻纷浊的世俗社会。遐逝：远去。

⑩ 长辞：永别。由于政治昏乱，世路艰难，自己与时代不合，产生了归田隐居的念头。

⑪ 令月：吉日，好的时节。令：善。

⑫ 原：高的宽阔平坦之地。隰：低湿之地。郁茂：草木繁盛的样子。

⑬ 滋：增加，指生长茂盛。荣：草盛。

⑭ 王雎：鸟名。即雎鸠。

⑮ 鸧鹒：鸟名。即黄鹂。哀鸣：谓鸣声动听。

⑯ 颉颃(xié háng)：飞而上叫颉，飞而下叫颃。

⑰ 关关嘤嘤：指二鸟和鸣声，关关指王雎，嘤嘤指鸧鹒。

⑱ 逍遥：安闲自得。

⑲ 尔乃：于是。方泽：大泽。言自己从容吟啸于山泽间，类乎龙虎。

⑳ 纤缴：指箭。纤：细。缴：生丝缕，系在箭的尾部，用以射鸟。

㉑ 逸禽：云间高飞的鸟。

㉒ 悬：将鱼钓起。魦、鰡：皆鱼名。

于时曜灵俄景[23]，继以望舒[24]。极般游之至乐[25]，虽日夕而忘劬[26]。感老氏之遗诫[27]，将回驾乎蓬庐[28]。弹五弦之妙指[29]，咏周孔之图书[30]。挥翰墨以奋藻[31]，陈三皇之轨模[32]。苟纵心于物外[33]，安知荣辱之所如[34]！

【赏析】

《归田赋》的写作正值东汉王朝全面崩溃的前夕，政治极端黑暗，外戚、宦官争权夺利愈演愈烈；再加上连年灾害，弄得田园凋敝，民不聊生。面对这种局面，张衡既无力改变，又深恶痛绝，因而不得不进行人生的反思，寻求自我解脱的道路。这种思想情绪发而为文，便成了这篇《归田赋》。

这是一篇短小明畅的小赋，明明有怀才不遇、举世皆浊我独清的怨愤，本文却说得平淡谦和，极尽飘逸之致。作者超然世外，于风清气和之日，吟诗、读书、弹琴、挥墨、射飞鸟、钓游鱼，怡然自得，挥洒肆意，表达了作者对黑暗现实的厌恶之情和闲心淡远、纵心物外的情趣。

文中多用典故，词句短小而内蕴丰富，通俗易懂，平易清新。还用了叠韵、重复、双关的修辞方法，形象地描绘了田园山林和谐欢畅、自然清幽的景色。全篇对仗工整，音调谐美，是千百年来为人们所传诵的优秀篇章。此赋一向被看作汉赋由以铺陈夸张为特色的散体大赋向抒情小赋转变的标志。不过就全篇的整体结构而言，它依然保留着它所脱胎的那个母体的重要痕迹："曲终奏雅"。

【思考与讨论】

1. 作为汉代文学的代表形式，"赋"经历从"骚体赋"、"散体大赋"到"抒情小赋"的演变过程，试分析这种演变的原因。

2.《归田赋》是我国文学史上第一篇以田园为题材的杰作，试与后世的山水田园诗作进行对比阅读，赏析其异同之处。

---

[23] 曜灵：指太阳。俄：偏斜。景：同"影"，日光。

[24] 望舒：神话传说中为月亮驾车的仙人，这里代指月亮。

[25] 般游：游乐。"般"通"盘"。

[26] 劬(qú)：劳苦。

[27] 感老氏之遗诫：指老子《道德经》第十二章："驰骋畋猎，令人心发狂。"

[28] 回：返。驾：车驾。蓬庐：茅屋。

[29] 五弦：五弦琴，相传为舜所造，就是今天的古琴。指：同"旨"，意趣。

[30] 周孔之图书：周公、孔子所修的典籍。此句写其读书自娱。

[31] 翰：毛笔。奋：发。藻：辞藻，文采。此句写挥笔著文。

[32] 陈：陈述。三皇：上古圣皇，或谓天皇、地黄、人黄；或谓燧人氏、伏羲氏、神农氏；或谓伏羲、神农、女娲，传说不一。轨模：法则。

[33] 纵心于物外：放任自己的心神于世外，指超脱于污浊的现实社会之外。

[34] 如：往，到。以上两句说自己纵情物外，脱略形迹，不在乎荣辱得失所带来的结果。

古诗十九首

古诗十九首，最早见于《文选》，为南朝梁·昭明太子萧统从传世无名氏《古诗》中选录十九首编入，冠以此名，列在“杂诗”类之首，后世遂作为组诗看待。

关于《古诗十九首》的作者和时代有多种说法，《昭明文选·杂诗·古诗一十九首》题下注曾释之甚明：“并云古诗，盖不知作者”。曾有说法认为其中有枚乘、傅毅、曹植、王粲等人的创作。今人综合考察《古诗十九首》所表现的情感倾向、所折射的社会生活情状以及它纯熟的艺术技巧，它所产生的年代应当在东汉顺帝末到献帝前（约140—190之间）。一般认为它并不是一时一人之作，作者是东汉末年中下层文人，所写多为游子、思妇之辞，其间也反映出某些社会现实状况。

《古诗十九首》具有很高的艺术成就，语言浅近自然，风格平易淡远，感情曲折缠绵，是我国古代早期文人五言诗的典范作品，它的出现，标志着中国古代文人五言抒情诗的成熟。

行行重行行

行行重行行[①]，与君生别离。相去万余里，各在天一涯[②]；道路阻且长，会面安可知？胡马依北风[③]，越鸟巢南枝[④]。相去日已远[⑤]，衣带日已缓[⑥]；浮云蔽白日，游子不顾返[⑦]。思君令人老，岁月忽已晚。弃捐勿复道[⑧]，努力加餐饭！

【赏析】

《古诗十九首》除了游子之歌，便是思妇之词，抒发游子的羁旅情怀和思妇闺愁是它的基本内容。《行行重行行》是一首思夫诗，抒发了一个女子对远行在外的丈夫的深切思念。

“行行重行行”，用四个“行”字，非常特别。《古诗十九首》善于用叠字，但首句就用叠字回环，反复咏叹，营造缠绵气氛的，只有这一首。它比起汉乐府民歌来，可以说已经没有多少叙事成分了，整首诗充满了浓厚的抒情味道。诗中淳朴清新的民歌风格，内在节奏上重叠反复的形式，同一相思别离用或显，或寓，或直，或曲，或托物比兴的方法层层深入。

【思考与讨论】

《行行重行行》展示了思妇的复杂心态和人生体验，请具体分析这一人物形象。

① 行行重行行：走啊走，走个不停。两个“行行”相重叠是为了加重语气。“重”相当于“又”、“复”。

② 涯：边。

③ 胡马依北风：北方的马依恋着北方的风。胡：古代称西北边陲为“胡地”。

④ 越鸟巢南枝：南方的鸟将巢筑在朝南的枝头。越：古代称长江以南东南沿海直至现在越南一带为“百越”或“越”。

⑤ 已：同“以”

⑥ 缓：宽缓、宽松。

⑦ “浮云”句：意思是说怕游子在外面另有所爱国，以致不想回家，就像太阳被浮云遮住一样。顾：念。

⑧ 弃捐：丢到一边。捐：也是“弃”的意思。

三、魏晋南北朝文学

曹　操

曹操(155—220),魏武帝。字孟德,小字阿瞒,沛国谯县(今安徽亳州)人。东汉末年杰出的政治家、军事家、文学家,三国中曹魏政权的缔造者。年二十,举孝廉。初平元年(公元190年),起兵讨董卓。建安元年(公元196年),迎献帝都于许昌。曹操以汉天子的名义征讨四方,对内消灭二袁、吕布、刘表、马超、韩遂等割据势力,对外降服南匈奴、乌桓、鲜卑等,统一了中国北方,并实行一系列政策恢复经济生产和社会秩序,奠定了曹魏立国的基础。曹操在世时,担任东汉丞相,后为魏王,220年去世后谥号为武王。其子曹丕称帝后,追尊为武皇帝,庙号太祖。

曹操精兵法,善诗歌。其诗抒发自己的政治抱负,并反映汉末人民的苦难生活,气魄雄伟,慷慨悲凉;散文多切政事,清峻通脱,开启并繁荣了建安文学,给后人留下了宝贵的精神财富,鲁迅评价其为“改造文章的祖师”。今有《曹操集》传世。

蒿里行①

关东有义士②,兴兵讨群凶③。初期会盟津,乃心在咸阳④。军合力不齐⑤,踌躇而雁行⑥。势利使人争,嗣还自相戕⑦。淮南弟称号⑧,刻玺于北方⑨。铠甲生虮虱⑩,万姓以死亡⑪。白骨露于野,千里无鸡鸣。生民百遗一⑫,念之断人肠。

【赏析】

建安二年(公元197年),袁术称帝;九月,曹操东征袁术,术败。此诗当作于征袁术还许昌

---

①《蒿里行》,属汉乐府《相和歌辞·相和曲》,本为送葬唱的挽歌,曹操借旧题写时事。东汉末年,董卓专权乱政。初平元年(公元190年)春,函谷关以东诸州郡推举袁绍为盟主,起兵讨伐董卓。诸州郡首领各怀私心,踌躇观望,为扩大势力,甚至互相火并。此诗写汉末群雄争战,民遭涂炭,被赞为“汉末实录”。蒿里,传说人死后魂魄聚居的地方。

② 关东:函谷关以东。义士:指起兵讨伐董卓的诸州郡首领。

③ 群凶:指董卓一伙。

④ “初期”二句:本来期望同心合力,讨伐董卓,兴复王室。盟津,即“孟津”,今属河南洛阳。相传周武王伐纣时曾在此大会八百诸侯。乃心,其心,指“义士”之心。咸阳:秦京都,此借指汉长安皇室,当时献帝被挟持到长安。长安与咸阳都在关中,今属陕西。

⑤ 力不齐:指讨伐董卓的诸州郡首领各有打算,力量不集中。

⑥ “踌躇”句:踌躇,犹豫不前。雁行:阵名,横列队伍,如飞雁的行列。一说指飞雁的行列,形容诸军列阵观望的样子。

⑦ 嗣还(sì xuán):其后不久。戕:杀害。

⑧ “淮南”句:指袁绍的异母弟袁术于建安二年(公元197年)在淮南寿春(今安徽寿县)自称帝号。

⑨ “刻玺”句:指初平二年(公元191年)袁绍谋废献帝,想立刘虞为皇帝,并刻制印玺事。玺:印,秦以后专指皇帝用的印章。

⑩ “铠甲”句:由于久战不息,不脱战服,战服上都生了虱子。铠甲:古代的护身战服,金属制成的叫铠,皮革制成的叫甲。虮:虱卵。

⑪ 万姓:百姓。以:因此。

⑫ 生民:百姓。遗:剩下。

之后，也可能作于次年。

在这首诗中，曹操运用乐府旧题写时事，叙述了东汉末年讨伐董卓过程中，诸州郡首领互争权利、自相残杀的史实；尤其以精练的笔法对袁绍之流以讨逆为幌子、行面南称孤之实的卑鄙行为作了尖锐的揭露和无情的批判，显示了曹操非凡的胆识和气概。这首诗叙事简洁，层次分明，起、承、转、合，环环相扣。诗歌的感情充沛，格调沉郁，大悲大痛之情溢于言表。

前人在评价曹操诗时曾用“古直悲凉”四个字来形容，这首诗也具有这一特点。“古直”，即浑厚质朴，诗歌的语言不假雕琢；作诗虽然也讲章法（如本诗的先扬后抑），但更讲究整首诗的浑然一体。“悲凉”，一方面是“世积乱离”（刘勰语），即连年不断的战乱所造成的，另一方面则是诗人对百姓的同情心使然。“白骨露于野，千里无鸡鸣。生民百遗一，念之断人肠。”诗人的感情在此达到高潮，全诗在悲怆愤懑的情调中戛然而止。

《蒿里行》堪称汉末的“诗史”。

【思考与讨论】

人们说曹操的诗是反映汉末社会动乱的“诗史”，其诗风“古直悲凉”，试以《蒿里行》一诗加以说明。

蔡 琰

蔡琰(177—?),字文姬,陈留圉(今河南杞县)人。建安时期的女诗人。她是蔡邕的女儿,博学有才,通音律。初嫁卫氏,夫亡无子,归宁于家。兵乱中被虏,被胡兵辗转掳入南匈奴。身陷南匈奴十二年,生二子。后曹操遣使以金璧赎归,重嫁同郡董祀。今传《悲愤诗》二篇,另有琴曲歌词《胡笳十八拍》一篇(或被认为伪作)。

悲愤诗

汉季失权柄,董卓乱天常①。志欲图篡弑②,先害诸贤良③。逼迫迁旧邦,拥主以自强。海内兴义师④,欲共讨不祥。卓众来东下⑤,金甲耀日光。平土⑥人脆弱,来兵皆胡羌⑦。猎野围城邑,所向悉破亡。斩截无孑遗⑧,尸骸相撑拒⑨。马边悬男头,马后载妇女。长驱西入关⑩,迥⑪路险且阻。还顾邈冥冥,肝脾为烂腐。所略⑫有万计,不得令屯聚。或有骨肉俱⑬,欲言不敢语。失意几微间⑭,辄言毙降虏。要当以亭刃⑮,我曹不活汝。岂敢惜性命,不堪其詈骂。或便加棰杖,毒痛参并下⑯。旦则号泣行,夜则悲吟坐。欲死不能得,欲生无一可。彼苍者⑰何辜,乃遭此厄祸?

边荒⑱与华异,人俗少义理⑲。处所多霜雪,胡风春夏起。翩翩吹我衣,肃肃入我耳。感时念父母,哀叹无穷已。有客自外来,闻之常欢喜。迎问其消息,辄复非乡里。邂逅徼时愿⑳,骨

---

① 天常:天之常道,指君臣父子等封建秩序而言。

② 篡弑:言杀君夺位。

③ 诸贤良:指反对董卓挟汉献帝西迁长安而被杀的丁原、周珌、任琼等。

④ 兴义师:指起兵讨董卓。初平元年(公元190年)关东州郡皆起兵讨董,以袁绍为盟主。

⑤ 卓众:指董卓部下李榷、郭汜等所带的军队。初平三年(公元192年)李、郭等出兵关东,大掠陈留、颖川诸县。蔡琰于此时被掳。

⑥ 平土:平原,指中原。

⑦ 胡羌:指董卓军中的羌胡。董卓所部本多羌、氐族人(见《后汉书·董卓传》)。李榷军中杂有羌胡(见《后汉纪·献帝纪》记载)。

⑧ "斩截"句:截:斩断。孑:孤独。这句是说杀得不剩一个。

⑨ 相撑拒:互相支撑。这句是说尸体众多堆积杂乱。

⑩ 西入关:指董卓部下李榷、郭汜军杀掠后,又西入函谷关,回到陕县驻地。

⑪ 迥:遥远。

⑫ 所略:指被掳掠的人。

⑬ 骨肉俱:亲人一起被掳。

⑭ 几微:稍微。全句意思是只要被掳的人稍有不合他们的心意。

⑮ 亭:古通"停"。"停刃"犹言加刃,挨刀,杀害。

⑯ 毒:恨;痛,皮肉痛苦;参:兼。这句是说毒恨和痛苦交并。

⑰ 彼苍者:指天。《诗经·黄鸟》:"彼苍者天。"这句是呼天而问,问这些遭难者犯了什么罪。

⑱ 边荒:边远之地,指南匈奴,其地在河东平阳(今山西省临汾附近)。蔡琰如何入南匈奴人之手,本诗略而不叙,史传也不曾明载。《后汉书》本传只言其时在兴平二年(公元195年)。是年十一月李榷、郭汜等军为南匈奴左贤王所破,疑蔡琰就在这次战争中由李、郭军转入南匈奴军。

⑲ 少义理:言其地风俗野蛮。这句隐括自己被蹂躏被侮辱的种种遭遇。

⑳ 邂逅:不期而遇。徼:侥幸。这句是说平时所觊望的事情意外地实现了。

肉[21]来迎己。己得自解免，当复弃儿子。天属缀人心[22]，念别无会期。存亡永乖隔[23]，不忍与之辞。儿前抱我颈，问母欲何之。“人言母当去，岂复有还时？阿母常仁恻，今何更不慈？我尚未成人，奈何不顾思！”见此崩五内[24]，恍惚生狂痴。号泣手抚摩，当发复回疑[25]。兼有同时辈，相送告离别。慕我独得归，哀叫声摧裂。马为立踟蹰，车为不转辙。观者皆嘘唏[26]，行路[27]亦呜咽。

去去割情恋，遄征日遐迈[28]。悠悠三千里，何时复交会？念我出腹子，胸臆为摧败。既至家人尽，又复无中外[29]。城郭为山林，庭宇生荆艾。白骨不知谁，纵横莫覆盖。出门无人声，豺狼号且吠。茕茕对孤景[30]，怛咤糜肝肺[31]。登高远眺望，魂神忽飞逝。奄若寿命尽，旁人相宽大[32]。为复强视息，虽生何聊赖。托命于新人[33]，竭心自勖励[34]。流离成鄙贱，常恐复捐废[35]。人生几何时，怀忧终年岁。

【赏析】

《后汉书·董祀妻传》说蔡琰“感伤乱离，追怀悲愤，作诗二章”。第二章是骚体，凡三十八句。第一章是五言诗，凡一百零八句，就是本篇。本诗是蔡琰被赎归国再嫁后，追怀自身的悲惨遭遇写作的一首抒情兼叙事的长诗。诗人通过自己十几年遭遇的叙述，将社会动乱、人民苦难与个人命运完整地结合在一起，真实而形象地反映了东汉末年的社会现实和人民遭受的空前的灾难，诗人的悲剧命运正是那个悲剧时代的缩影。

这是我国诗歌史上文人创作的第一首自传体长篇叙事诗，它继承了汉乐府以典型事件入诗的传统，置个人命运于时代悲剧之中，题材真实而具有很强的概括性，艺术地再现了汉末的社会面貌，具有诗史的性质和悲剧的气氛，体现出鲜明的现实主义精神。

【思考与讨论】

1. 尼采说：“一切文学，吾爱以血书者。”文学史上的传世佳作，通常是作者用自己的整个生命来创作的。试以《悲愤诗》为例，分析作品动人心弦的悲剧意蕴。

2. 通过建安作家的创作分析建安文学的时代精神及其影响。

---

[21] 骨肉：喻至亲。作者苦念故乡，见使者来迎，如见亲人，所以称之为骨肉。或谓曹操遣使赎蔡琰或许假托其亲属的名义，所以诗中说“骨肉来迎”。

[22] 天属：天然的亲属，如父母、子女、兄弟、姐妹。

[23] 乖隔：分隔。

[24] 五内：五脏。

[25] 当发：当要出发。复回疑：又迟疑不决。

[26] 嘘唏：抽噎声。

[27] 行路：指过路的人。

[28] 遄（chuán）征：疾行。日遐迈：一天一天地走远了。

[29] 中外：犹中表，“中”指舅父的子女，为内兄弟，“外”指姑母的子女，为外兄弟。以上两句是说到家后才知道家属已死尽，又无中表近亲。

[30] 茕茕：孤独貌。景：同“影”。

[31] 怛（dá）咤：惊痛而发声。糜：碎。

[32] 相宽大：宽慰，劝解。

[33] 新人：指作者重嫁的丈夫董祀。

[34] 勖（xù）：勉励。

[35] 捐废：弃置不顾。以上两句是说自己经过一番流离，成为被人轻视的女人，常常怕被新人抛弃。

阮 籍

阮籍(210—263),字嗣宗,陈留尉氏(今河南省尉氏县)人,"建安七子"之一阮瑀的儿子,魏正始时期的著名诗人,他与嵇康齐名,为"竹林七贤"之一。阮籍好学博览,尤慕老、庄。他反对名教,向往自然,旷达不拘礼俗。他对于新起的司马氏政权不愿合作,故而纵酒谈玄,不问世事,作消极的反抗。阮籍的代表作是八十二首五言《咏怀诗》。在这些记录诗人政治感慨的诗中,阮籍用隐约曲折的形式表现了寓藏于内心的、无由发泄的痛苦与愤懑,其中有些作品也流露出人生无常、畏难避世的消极思想。

咏怀诗(八十二首选一)[①]

夜中不能寐,起坐弹鸣琴。薄帷鉴明月[②],清风吹我衿。孤鸿号外野[③],翔鸟鸣北林[④]。徘徊将何见?忧思独伤心。

【赏析】

魏晋易代之际,统治集团内部残酷的政治斗争,使许多仁人志士受到了牵连和杀害,弄得朝野上下忧心忡忡,惶惶不可终日。本有济世之志的阮籍身处于此,感到极度的苦闷、彷徨、不满,但是又不敢明白地表露自己的心迹,因而在诗中采用比兴、寄托、象征手法,使诗中的形象含蓄隽永,耐人寻味。因此,阮籍之诗大多隐晦曲折。"(阮籍)虽志在刺讥,而文多隐避,百代之下,难以猜测。"(《文选·咏怀诗注》)

本诗是《咏怀》的第一首,它典型地体现了上述诸特点,用现代的批评术语来说,它近乎一首朦胧诗,它写了"明月"、"清风"、"孤鸿"、"翔鸟",也写了自己不寐而弹琴,写了自己的"徘徊"、"忧思",但却没有指明或暗示其具体内容,只是通过这个月下弹琴人坐卧不安的举动,和他所处的孤独凄凉的环境,使读者感到这个人的内心充满了痛苦。"孤鸿"二句,好像是比喻,但它是自比还是比人,诗人也没有明确的暗示。这一切都让读者去体会,去联想。

纵观全诗,似是"反复零乱,兴寄无端"(沈德潜语),"如晴云出岫,舒卷无定质"(王夫之语),但如果把握了诗人"悲在衷心"的旨趣,就自可理解这首"旷世绝作"。"言在耳目之内,情寄八荒之表",钟嵘在《诗品》中对阮籍诗的评价,当是不易之论。

【思考与讨论】

阮籍的八十二首《咏怀》诗,第一首的位置不变,而其他篇章的顺序可以打乱,为什么?

---

① 《咏怀诗》是阮籍生平诗作的总题,不是一时所作。"其一"(夜中不能寐)一向被认为是八十二首《咏怀诗》的序曲。

② 鉴:照。这是个倒装句,意思是说月光照在薄帷上。

③ 号:鸣叫。

④ 翔鸟:飞翔盘旋着的鸟。意思是因为月明,所以鸟在夜里飞翔。

嵇　康

嵇康(223—262),字叔夜,谯郡铚县人,曾官中散大夫,故世称“嵇中散”。他与阮籍同为“竹林七贤”的领袖人物,后世并称“嵇阮”。他是曹魏宗室的女婿。嵇康学问渊博,而性格刚直,疾恶如仇。因拒绝与当时掌权的司马氏合作,对他们标榜的虚伪礼法加以讥讽和抨击,直接触犯了打着礼教幌子的谋夺曹氏政权的司马昭及其党羽,结果遭诬被处死。嵇康善文能诗。他的散文长于辩论,立论新颖,析理绵密,笔锋犀利,代表作是《与山巨源绝交书》;他的诗风格清俊,代表作是《赠秀才入军》和《幽愤诗》等。原有集十五卷,已佚。明人辑有《嵇中散集》,戴明扬注《嵇康集校注》较详备。

与山巨源绝交书

康白:足下昔称吾于颍川,吾尝谓之知言①。然经怪此意尚未熟悉于足下,何从便得之也②?前年从河东还,显宗、阿都说足下议以吾自代;事虽不行,知足下故不知之③。足下傍通,多可而少怪;吾直性狭中,多所不堪④,偶与足下相知耳。间闻足下迁,惕然不喜,恐足下羞庖人之独割,引尸祝以自助,手荐鸾刀,漫之膻腥⑤。故具为足下陈其可否⑥。

吾昔读书,得并介之人,或谓无之⑦,今乃信其真有耳。性有所不堪,真不可强⑧。今空语同知有达人,无所不堪,外不殊俗,而内不失正,与一世同其波流,而悔吝不生耳⑨。老子、庄周,吾之师也,亲居贱职⑩;柳下惠、东方朔,达人也,安乎卑位。吾岂敢短之哉⑪!又仲尼兼爱,不羞执鞭;子文无欲卿相,而三登令尹⑫。是乃君子思济物之意也⑬。所谓达能兼善而不渝⑭,

---

① 白:陈述。称:称赞。此处指称赞嵇康不愿出仕的意志。颍川:郡名,这里指曾为颍川太守的山嵚,山嵚是山涛族父。古代有以官职代称某人的习惯。知言:有识见、知己之言。

② 经:经常。何从:从何。

③ 前年:指公元260年。河东:郡名,今山西省南部黄河以东地区。显宗:公孙崇,字显宗,谯(今安徽省亳县)人,曾为尚书郎。阿都:吕安,字仲悌,小名阿都,东平(今山东东平县)人。二人均为嵇康好友。以吾自代:让我代替你自己。这里指山涛推荐嵇康代其职。故:原来。之:代指嵇康不愿出仕之志。

④ 旁通:善于应变交际。可:许可。怪:怪疑。多可而少怪:指山涛处事圆滑。狭中:心地狭隘。堪:忍受。

⑤ 间:最近。迁:升官,指山涛由曹郎升迁为大将军从事中郎。惕然:惧怕的样子。庖人:厨师。尸祝:尸谓神主,祝是祭祀的主持者,因对“尸”而祝祷,故称“尸祝”,犹今语之“祭师”。荐:进。鸾刀:装饰有鸾铃的刀。漫:玷污。

⑥ 具:想尽。

⑦ 并介之人:既能兼善天下,又孤僻不群之人。并:兼,指兼善天下。介:特、独。耿介孤独。这里讥刺山涛的原话。或:有时。

⑧ 性:本性。强:勉强。

⑨ 一世:同一时代。同其波流:谓同世俗沉浮。悔吝:灾祸。

⑩ 贱职:老子任过周朝柱下史(即守藏吏,管理图书),庄子曾任宋国蒙之漆园吏,官职均甚低贱。柳下惠:春秋鲁大夫展禽。据《论语·微子》载:柳下惠任士师(法官)时,被黜免三次。有人劝他离开鲁国,他不听,说:“直道而事人,焉往而不三黜,枉道而事人,何必去父母之邦!”东方朔:汉武帝时人,常任郎官一类小职,虽曾上书,亦不见用。

⑪ 短:批评,鄙视。

⑫ 仲尼:孔子字。兼爱:泛爱。羞:意动,以……为羞。执鞭:赶车人。子文:春秋时楚国人,曾三度任令尹,史称令尹子文。

⑬ 是:复指代词。济物:救济天下。

⑭ 此句化用《孟子·尽心上》:“穷则独善其身,达则兼济天下。”渝:改变。

穷则自得而无闷。以此观之，故尧、舜之君世，许由之岩栖，子房之佐汉，接舆之行歌，其揆一也⑮。仰瞻数君，可谓能遂其志者也⑯。故君子百行，殊途而同致，循性而动，各附所安⑰。故有处朝廷而不出，入山林而不反之论。且延陵高子臧之风，长卿慕相如之节⑱，志气所托，不可夺也。

吾每读尚子平、台孝威传，慨然慕之⑲，想其为人。少加孤露，母兄见骄⑳，不涉经学。性复疏懒，筋驽肉缓，头面常一月十五日不洗；不大闷痒，不能沐也㉑。每常小便而忍不起，令胞中略转乃起耳㉒。又纵逸来久，情意傲散，简与礼相背，懒与慢相成，而为侪类见宽㉓，不功其过。又读庄老，重增其放㉔。故使荣进之心日颓，任实之情转笃㉕。此由禽鹿，少见驯育，则服从教制；长而见羁，则狂顾顿缨，赴蹈汤火；虽饰以金镳，飨以嘉肴，逾思长林而志在丰草也㉖。

阮嗣宗口不论人过㉗，吾每师之，而未能及。至性过人，与物无伤，唯饮酒过差耳㉘。至为礼法之士所绳，疾之如仇，幸赖大将军保持之耳㉙。吾不如嗣宗之贤，而有慢驰之阙；又不识人情，暗于机宜；无万石之慎，而有好尽之累，久与事接，疵衅日兴㉚，虽欲无患，其可得乎？又人伦有礼，朝廷有法，自惟至熟㉛，有必不堪者七，甚不可者二。卧喜晚起，而当关呼之不置㉜，一不堪也。抱琴行吟，弋钓草野㉝，而吏卒守之，不得妄动，二不堪也。危坐一时，痹不得摇，性复多虱，把搔无已，而当裹以章服㉞，揖拜上官，三不堪也。素不便书，又不喜作书，而人间多事，堆案盈机，不相酬答，则犯教伤义，欲自勉强，则不能久㉟，四不堪也。不喜吊丧，而人道以此为

---

⑮ 君世：统治天下。君：名词作动词，做……的君王。许由：尧时隐士。尧曾致天下于许由，许由不受，隐居箕山。岩栖：栖居于山岩，即隐居。子房：张良，字子房，汉高祖刘邦的谋士。接舆：春秋时楚隐士。行歌：唱歌。其意在劝孔子归隐。揆：法度、原则。

⑯ 遂：达成、实现。

⑰ 殊途而同致：此句化用《易·系辞下》“天下同归而殊途，一致而百虑”。各附所安：各自依循自以为心安理得的行为。附：寄托；安：安身。

⑱ 延陵：名季札，春秋时吴国公子。居于延陵，人称延陵季子。子臧：一名欣时，曹国公子。曹宣公死后，曹人要立子臧为君，子臧拒不接受，离国而去。季札的父兄要立季札为嗣君，季札引子臧不为曹国君为例，拒不接受。风：风概，指高尚的情操。长卿：司马相如，字相如。

⑲ 尚子平：即向子平，名长，曾做过小官，后归隐以砍柴为生。台孝威：名佟，以出仕为苦，故隐居武安山中，凿穴为居，以采药为生。慨然：赞叹的样子。

⑳ 少：从小。孤露：指幼年丧父。

㉑ 驽：钝、笨拙。缓：松弛。大：十分。能：通“耐”，禁受。沐：洗头。

㉒ 胞：借作“脬”，膀胱。略转：略略转动到将胀出之时。

㉓ 简：简略。谓行止随便，不拘礼俗。侪类：同类人。宽：宽容。

㉔ 重：更加。放：放纵、放达。

㉕ 荣进：以致仕为荣。任实：放任本性。笃：厚，强烈。

㉖ 禽：通“擒”。禽鹿：被捕的鹿。狂顾：狂乱四顾。顿缨：挣脱绳索。镳：马龙头。飨：用酒食招待客人。长林：茂林。

㉗ 阮嗣宗：阮籍，字嗣宗，“竹林七贤”之一。不拘礼法，常醉酒，以“口不臧否人物”来避祸。

㉘ 至性：天性淳厚。过差：过分，失度。

㉙ 为礼法之士所绳：被重守礼法的人所责难。礼法之士：拘守礼法的人，此处指维护司马氏统治的何曾等人。绳：纠弹，纠正过失。大将军：指司马昭。保持：保全。

㉚ 阙：通“缺”，缺点。暗：昏昧不明。机宜：事理、时宜。万石：指汉代石奋。石奋与其四子俸禄皆为二千石，合为万石，故时号石奋为“万石君”。石奋一家皆以谨慎小心著称。好尽：喜欢尽情直言，不知避讳。事：人事。疵：毛病。衅：空隙，事端。

㉛ 惟：思考。至熟：极为熟悉。

㉜ 当关：守门人。汉始置当关一职，天刚亮时，即呼叫人起床。置：释，舍，停。

㉝ 弋：用带绳子的箭射，此处指射鸟。钓：钓鱼。

㉞ 危坐：端坐。性：此处指身体。章服：以纹饰为等级标志的礼服。

㉟ 便：善于。堆案盈机：公文堆满桌案。机：同“几”，几案。把搔：挠痒。不能久：不能长时间忍受。

重，已为未见恕者所怨，至欲见中伤者[36]；虽瞿然自责，然性不可化，欲降心顺俗，则诡故不情，亦终不能获无咎无誉[37]，如此五不堪也。不喜俗人，而当与之共事，或宾客盈坐，鸣声聒耳，嚣尘臭处[38]，千变百伎，在人目前，六不堪也。心不耐烦，而官事鞅掌[39]，机务缠其心，世故繁其虑，七不堪也。又每非汤武而薄周孔，在人间不止，此事会显，世教所不容[40]，此甚不可一也。刚肠疾恶，轻肆直言，遇事便发，此甚不可二也。以促中小心之性[41]，统此九患，不有外难，当有内病，宁可久处人间邪？又闻道士遗言，饵术黄精[42]，令人久寿，意甚信之。游山泽，观鱼鸟，心甚乐之。一行作吏，此事便废，安能舍其所乐而从其所惧哉！

夫人之相知，贵识其天性，因而济之[43]。禹不逼伯成子高[44]，全其节也。仲尼不假盖于子夏[45]，护其短也。近诸葛孔明不逼元直以入蜀，华子鱼不强幼安以卿相[46]。此可谓能相始终，真相知也。足下见直木必不可为轮，曲者不可为桷[47]，盖不欲以枉其天才，令得其所也。故四民有业，各以得志为乐，唯达者为能通之，此足下度内耳[48]。不可自见好章甫，强越人以文冕也；己嗜臭腐，养鸳雏以死鼠也[49]。吾顷学养生之术，方外荣华，去滋味，游心于寂寞，以无为为贵[50]，纵无九患，尚不顾足下所好者。又有心闷疾，顷转增笃，私意自试[51]，不能堪其所不乐。自卜已审，若道尽途穷则已耳[52]。足下无事冤之，令转于沟壑也[53]。

吾新失母兄之欢，意常凄切[54]。女年十三，男年八岁，未及成人，况复多病，顾此悢悢，如何可言[55]。今但愿守陋巷，教养子孙；时与亲旧叙离阔[56]，陈说平生。浊酒一杯，弹琴一曲，志愿毕矣。足下若嬲之不置，不过欲为官得人，以益时用耳[57]。足下旧知吾潦倒粗疏，不切事情[58]，自惟亦皆不如今日之贤能也。若以俗人皆喜荣华，独能离之，以此为快；此最近之，可得言耳。然

㊱ 已为未见恕者所怨，致欲见中伤者：我的这种行为已经被不肯原谅我的人所怨恨，甚至还有人想借此对我进行中伤。

㊲ 惧：一本作“瞿”，惊恐。降心：抑制心性。诡：违背。故：本愿。情：诚实。无咎无誉：指既不遭到罪责也得不到称赞。

㊳ 嚣尘臭处：喧嚣、灰尘、污臭之处。

㊴ 鞅掌：（官务）纷繁忙乱。

㊵ 非：否定。汤武：商汤和周武王。薄：轻视。周孔：周公和孔子。人间：相对隐居而言，指出仕。此事会显，世教所不容：世俗礼教所不容之事将会显露出来。会：将会。显：暴露。

㊶ 促中：狭隘的内心。与“小心”义同。

㊷ 饵：吞食。术、黄精：中药名，古人认为久服可以轻身延年。

㊸ 因而济之：根据他们的天性加以帮助。

㊹ 伯成子高：尧时诸侯。这里指禹不强迫他做诸侯。

㊺ 仲尼不假盖于子夏：子夏：卜商，字子夏，春秋时卫国人，孔子弟子，生性吝啬。盖：遮雨的工具。

㊻ 元直：徐庶，字元直，汉末人。据《三国志·蜀书·诸葛亮传》记载，曹操南征时，徐庶和诸葛亮都跟随刘备从樊城向南败逃。后因徐庶的母亲被曹军俘获，徐庶就辞别刘备归附曹操，诸葛亮并没有逼徐庶随刘备入蜀。华子鱼，华歆，字子鱼。幼安：管宁，字幼安。据《三国志·魏书·管宁传》载：华歆和管宁是同窗好友。后来华歆做了魏文帝的相国，举荐管宁为相，管宁不肯出仕，举家浮海而逃，华歆也不强留。

㊼ 桷：方形的椽子。

㊽ 四民：指士、农、工、商四种人。度：考虑。度内，戴明扬注：“为所素知者也。”

㊾ 章甫：礼帽。文：带有花纹的。鸳雏：鸟名，凤属。

㊿ 顷：近来。方：正在。外：疏远。滋味：丰美的食物，美味。无为：老庄哲学基本命题之　，顺应自然变化。

[51] 私意：私下思考。

[52] 卜：选择、抉择。审：明确。

[53] 无事：无缘无故。之：代“我”。令转于沟壑：让我陷入绝境。出自《孟子·梁惠王下》“老弱转乎沟壑”，指死无葬身之地。

[54] 新失母兄之欢：指母亲和兄长刚刚去世。

[55] 悢悢：悲伤的样子。

[56] 阔：阔别、分离。叙离阔：叙谈离别之情。

[57] 嬲：缠绕，纠缠。为官得人：为朝廷拉人做官。时用：当时的需要。

[58] 旧：以往。不切：不近、不合。

使长才广度，无所不淹，而能不营[59]，乃可贵耳。若吾多病困，欲离事自全，以保余年，此真所乏耳。岂可见黄门而称贞哉[60]！若趣欲共登王途，期于相致，时为欢益[61]，一旦迫之，必发其狂疾。自非重怨，不至于此也。

野人有快炙背而美芹子者，欲献之至尊，虽有区区之意，亦已疏矣[62]。愿足下勿似之。其意如此，既以解足下，并以为别[63]。嵇康白。

【赏析】

《与山巨源绝交书》，是嵇康写给旧友山涛（字巨源）的一封信，也是一篇名传千古的著名散文。山涛曾与嵇康、吕安等人为友，是当时著名的“竹林七贤”之一。在魏末统治集团内部激烈的斗争中，山涛投靠了阴谋篡位的司马氏集团，任选曹郎，不久又升任为大将军从事中郎。山涛既放弃了隐身自晦的初衷，又荐举嵇康出来做官，代自己的原职。这激起了嵇康的愤怒和不满，于是写了这封信。在这封信中嵇康不仅痛骂山涛不该纠缠自己出来做官，而且提出了自己做官“七必不堪”、“二甚不可”的理由，淋漓尽致地表达了他蔑视世俗礼法、“非汤武而薄周孔”的政治态度，这无疑是对司马氏利用礼法阴谋篡权的严厉打击。

司马氏原想通过山涛，以做官为诱饵收买嵇康，嵇康却写信要和山涛绝交，这无疑更是与司马氏集团的对抗。这种反传统的斗争精神，在当时是有着一定的进步性的。自然这也招来了杀身之祸。但信中宣扬老、庄的养生避世之论，流露出玩世不恭和委顺自然的消极情绪，也是应当指出的。嵇康在这封信中，处处蕴蓄着一股对投靠权门、热衷仕进的山涛的鄙夷不屑，于娓娓诉说中，时而引经据典，比况现实；时而嬉笑怒骂，冷嘲热讽；时而婉转譬喻，旁敲侧击。全篇文笔生动泼辣，妙语连珠，形象突出，意味深厚，充分显示出作者的思想和个性，刘勰称此书“志高而文伟”（《文心雕龙·书记》），是比较中肯的。

【思考与讨论】

1. 谈一谈时代政局与思潮对正始诗歌的影响。

2. 何谓魏晋风度？结合鲁迅的《魏晋风度及文章与药及酒之关系》加以认识。

---

[59] 使：假使。长才广度：优越的才能和宽宏的度量。淹：浸渍、贯通。营：营求，这里指求仕。

[60] 黄门：代指宦官。宦官因为阉割无性欲，用以比喻自己不能出仕也是由于天性缺失，而不是像“广才长度”之人那样不谋求出仕。

[61] 趣：同“趋”，急于。相致：共同招致入仕。时：时时，常常。

[62] 野人：农夫。至尊：君主。区区：诚恳的样子。疏：迂阔，不切实际。

[63] 别：离别，这里是“绝交”的意思。

干　宝

干宝(？—336)，字令升，河南新蔡人。东晋初史学家和文学家。曾以著作郎领国史，著《晋纪》，已佚。《晋书·干宝传》说他有感于生死之事，“遂撰集古今神祇灵异人物变化，名为《搜神记》。”《搜神记》原本已散失。今本系后人缀辑增益而成，20卷，共有大小故事454个。所记多为神灵怪异之事，也有一部分属于民间传说。其中《干将莫邪》、《李寄》、《韩凭夫妇》、《吴王小女》、《董永》等，暴露统治阶级的残酷，歌颂反抗者的斗争，常为后人称引。故事大多篇幅短小，情节简单，设想奇幻，极富于浪漫主义色彩。后有托名陶潜的《搜神后记》10卷和宋代章炳文的《搜神秘览》上下卷，都是《搜神记》的仿制品。《搜神记》对后世影响深远，如唐代传奇故事、蒲松龄的《聊斋志异》、神话戏《天仙配》及后世的许多小说、戏曲，都和它有着密切的联系。

搜神记·三王墓

楚干将莫邪为楚王作剑，三年乃成，王怒，欲杀之。剑有雌雄，其妻重身①，当产，夫语妻曰：“吾为王作剑，三年乃成；王怒，往，必杀我。汝若生子，是男，大，告之曰：‘出户，望南山，松生石上，剑在其背。’”于是即将雌剑往见楚王。王大怒，使相②之，剑有二，一雄一雌，雌来雄不来。王怒，即杀之。

莫邪子名赤，比后壮，乃问其母曰：“吾父所在？”母曰：“汝父为楚王作剑，三年乃成，王怒，杀之。去时嘱我：‘语汝子：出户，往南山，松生石上，剑在其背。’”于是子出户，南望，不见有山，但睹堂前松柱下石砥之上③，即以斧破其背，得剑。日夜思欲报楚王。

王梦见一儿，眉间广尺，言欲报仇。王即购之千金。儿闻之，亡去，入山，行歌。客有逢者。谓：“子年少。何哭之甚悲耶？”曰：“吾干将莫邪子也。楚王杀吾父，吾欲报之。”客曰：“闻王购子头千金，将子头与剑来，为子报之。”儿曰：“幸甚。”即自刎，两手捧头及剑奉之，立僵④。”客曰：“不负子也。”于是尸乃仆。

持头往见楚王，王大喜。客曰：“此乃勇士头也。当于汤镬⑤煮之。”王如其言。煮头三日三夕不烂。头踔⑥出汤中，踬目⑦大怒。客曰：“此儿头不烂，愿王自往临视之，是必烂也。”王即临之。客以剑拟⑧王，王头随堕汤中；客亦自拟己头，头复堕汤中。三首俱烂，不可识别。乃分其汤肉葬之。故通名三王墓。今在汝南北宜春县界。

【赏析】

《三王墓》，出自《搜神记》卷十一。此故事在《列士传》、《吴越春秋》、《越绝书》、《博物志》、

① 重身：即妇人怀孕。

② 相：察看。

③ 但睹堂前松柱下石砥之上：只看见堂前松木屋柱竖立在石砥之上。

④ 立僵：身躯直立不倒。

⑤ 汤镬：汤，热水。镬：一种无足的大鼎，类似于现代的大锅。汤镬：滚开的水锅或油锅，专指用滚汤水煮人的酷刑。

⑥ 踔(chuō)：跳，跳跃。

⑦ 踬目：瞪眼。

⑧ 拟：比划，作砍的样子。“拟”后有“于”省略。客用剑向楚王一比划，楚王的人头就落到开水里。

《列异传》等书中均有记载，文字各异。诸书记载中，以《搜神记》所记最详，文辞亦最佳。

此篇通过对莫邪的儿子赤为父报仇的故事，反映了统治阶级的残暴，表现了人民群众对统治者的深刻仇恨以及反抗精神。其中替赤报仇的山中客的形象尤为突出，他路见危难、拔刀相助，并甘愿与残暴的统治者同归于尽，表现了大无畏的精神和崇高的道德品质。这是一个描写得相当成功的古代侠士的形象。鲁迅的小说《铸剑》就是根据这个故事写成的。（见《故事新编》）

这篇小说叙事清晰，文字生动，故事曲折离奇，引人入胜，堪称六朝小说中的佳作。

【思考与讨论】

简析《三王墓》的叙事技巧和人物塑造特点。

四、隋唐五代文学

王　绩

王绩(585—644),字无功,自号东皋子,绛州龙门(今山西稷山县)人。隋末举孝悌廉洁科,授秘书省正字,出为六合县丞。因嗜酒被劾,时天下已乱,遂托病还乡。其后浪迹中原、吴越间。唐初,曾待诏门下省、任大乐丞。后弃官归田,躬耕东皋。其诗多写田园山水,淳朴自然,无齐梁雕琢之习,对唐诗的健康发展有一定影响。有《王无功集》五卷、《东皋子集》三卷。《全唐诗》存诗一卷。

野　望

东皋薄暮望[1],徙倚欲何依[2]。树树皆秋色,山山唯落晖。牧人驱犊返[3],猎马带禽归。相顾无相识,长歌怀采薇[4]。

【赏析】

这首诗的体裁是五言律诗。诗人先是以外界的"东皋"写起。"皋"是一片比较低平而且潮湿的地方。王绩出身世家,所以在"东皋"这里有一些田地,他曾给自己起了一个别号叫"东皋子"。这首诗写的是山野秋景,中国的诗歌有"悲秋"的传统,是人类的生命与大自然的生命之间的一种共感,是生命将要终了的悲哀。古人说"秋士易感",是指那些有理想的读书人到秋天的时候很容易伤感,感慨自己生命的落空。诗里说不管是猎人还是牧童,他们各自有他们的工作,各自有他们的劳动和收获,可诗人自己呢?诗歌引用了《史记》中《伯夷列传》的典故。"相顾无相识,长歌怀采薇"一句,意思是"每一个人都有他的收获,可是我的理想哪里去了?我为什么不幸生在这样一个乱世,而没有生在神农、虞、夏的时代呢?"这首诗在闲逸的情调中,带着几分彷徨和苦闷,是王绩的代表作,也是现存唐诗中最早的一首格律完整的五言律诗。读熟了唐诗的人,也许并不觉得这首诗有什么特别的好处。可是,沿着诗歌史的顺序,从南朝的宋、齐、梁、陈一路读下来,忽然读到这首《野望》,便会为它的朴素叫好。王绩的贡献主要在艺术上,他的诗没有沾染宫体诗的脂粉气,以朴素自然的语言表现自己的生活和感情,写得相当真切,这在初唐诗坛上是很难得的。

【思考与讨论】

1. 语言与情感的真切融合是这首诗的特点,请认真加以体会。

2. 如何理解古代读书人的"仕"与"隐"。

---

① 东皋(gāo):诗人隐居的地方。

② 徙倚(xǐ yǐ):徘徊。依:归依。

③ 犊:本来指小牛,在这里牛羊都包括在内。

④ 怀采薇:用伯夷、叔齐隐于首阳山采薇而食的典故,表达避世隐身之意。薇:是一种草本植物,种子可食。

陈子昂

陈子昂(659—702),字伯玉,梓州射洪(今四川省射洪县)人。豪族出身,少以侠知名。后入长安游太学。曾随军东征契丹,参谋军事。返京后,仍为右拾遗。谏议多不合,解官还乡。为县令诬陷入狱,被迫害致死。其诗主张继承汉魏风骨、正始之音。或讽谏朝政,或感怀身世,成为唐代诗歌革新的先驱。今存诗一百二十余首,有《陈子昂集》十卷,补遗一卷。

感遇[①]

兰若生春夏,芊蔚何青青[②]。幽独空林色,朱蕤冒紫茎[③]。迟迟白日晚,袅袅秋风生[④]。岁华尽摇落,芳意竟何成[⑤]!

【赏析】

陈子昂有《感遇》诗三十八首,这首诗是其中的第二首。在这三十八首诗之中,有的诗写不遇时的悲哀,有的是写遇了以后的不幸,还有的是写所遇何人的问题,所以把中国过去的读书人在遇与不遇、仕与隐之间的各种悲慨全写到了。此诗通篇用比兴寄托的手法,"兰"是兰花,"若"是杜若,二者都属于香草,是芬芳美好的植物,而用香草来代表美好的生命和理想,早在《楚辞》中就出现了。屈原在《离骚》中说:"余既滋兰之九畹兮,又树蕙之百亩。"在《湘夫人》中说:"搴汀洲兮杜若,将以遗兮远者。"用这些香草比喻品德美好的君子,是中国诗歌的一个传统。前四句用兰若压倒群芳,"幽独空林色"的风姿,比喻自己出众的才华。后四句以"白日晚"、"秋风生"写兰若枝衰叶败,芳华逝去,隐喻自己不被赏识,虚度青春。"岁华"和"芳意",借花草凋零,悲叹自己年华流逝,理想破灭,寓意凄婉。一个"竟"字,道出了诗人郁闷已久的悲愤和不平。所以就"岁华尽摇落,芳意竟何成?"一句,陈子昂毫无疑问地表现了一种不遇的悲哀。

【思考与讨论】

1. 古代知识分子的"知遇",现代人应如何理解?
2. 本诗通篇使用比兴寄托手法,请仔细加以赏析。

---

① 感遇:陈子昂所写的以感慨身世及时政为主旨的组诗,共三十八首,本篇为其中的第二首。诗中以兰若自比,寄托了个人的身世之感。

② 兰若:指兰花和杜若两种香草。芊(qiān)蔚:花叶茂密。青青:"菁菁"的借字,繁盛的样子。

③ 空林:没有人来往的山林,空寂的山林。色:一种品质和丰姿。蕤(ruí):草木花叶茂盛而且下垂的样子,此处指下垂的花。

④ 迟迟:慢慢。袅袅(niǎo niǎo):微弱细长的样子。

⑤ 岁华:草木一年一度荣枯,故曰岁华。摇落:凋零、脱落。

张若虚

张若虚(660—720),字号不详,扬州(今江苏扬州)人。曾任兖州兵曹。与贺知章、包融、张旭并称“吴中四士”。其作品大都散失,《全唐诗》仅存诗二首。

春江花月夜

春江潮水连海平,海上明月共潮生。滟滟随波千万里,何处春江无月明。江流宛转绕芳甸[①],月照花林皆似霰[②]。空里流光不觉飞,汀上白沙看不见。江天一色无纤尘,皎皎空中孤月轮。江畔何人初见月,江月何年初照人。人生代代无穷矣,江月年年只相似。不知江月待何人,但见长江送流水。白云一片去悠悠,青枫浦上不胜愁[③]。谁家今夜扁舟子[④],何处相思明月楼。可怜楼上月徘徊,应照离人妆镜台。玉户帘中卷不去,捣衣砧上复还来。此时相望不相闻,愿逐月华流照君。鸿雁长飞光不度,鱼龙潜跃水成纹。昨夜闲潭梦落花,可怜春半不还家。江水流春去欲尽,江潭落月复西斜。斜月沉沉藏海雾,碣石潇湘无限路[⑤]。不知乘月几人归,落月摇情满江树。

【赏析】

《春江花月夜》沿用陈隋乐府旧题来抒写真挚感人的离别情绪和富有哲理意味的人生感慨,语言清新优美,韵律婉转悠扬,完全洗去了宫体诗的浓脂艳粉,给人以澄澈空明、清丽自然的感觉,后人评价称“张若虚《春江花月夜》用《西洲》格调,孤篇横绝,竟为大家;李贺、商隐,挹其鲜润;宋词、元诗,尽其支流”,足见其非同凡响的崇高地位和悠悠不尽之深远影响。

【思考与讨论】

1. 闻一多称此诗为“孤篇压全唐”,你怎样理解本诗语言的特色?
2. 王夫之评价此诗“动古今人心脾,灵愚共感”,请从诗歌主题的角度加以分析。

---

① 芳甸:遍生花草的平野。
② 霰:细小的雪珠。
③ 青枫浦:一名双枫浦,在今湖南浏阳,此处应是泛指。
④ 扁舟子:指乘一叶小舟漂流在外的游子。扁舟:小舟。
⑤ 碣石:山名,在今河北省。

高 适

高适(702—765),字达夫,渤海蓨(今河北景县)人。少孤贫,爱交游,早年曾游历长安,后到过蓟门、梁宋一带,后为河西节度使哥舒翰幕,为掌书记。在唐代诗人中,高适是一个比较显达的人。他曾先后任淮南节度使、彭州刺史、蜀州刺史、剑南节度使等职,官至左散骑常侍,谥号忠。高适以边塞诗成就最高,与岑参并称"高岑"。笔力雄健,气势奔放,洋溢着盛唐时期所特有的奋发进取、蓬勃向上的时代精神,也有一些反映时事及民生疾苦的诗。有《高常侍集》十卷传世,存诗二百余首。

燕歌行

开元二十六年,客有从御史大夫张公出塞而还者①,作《燕歌行》以示适,感征戍之事,因而和焉。

汉家烟尘在东北,汉将辞家破残贼②。男儿本自重横行③,天子非常赐颜色④。摐金伐鼓下榆关⑤,旌旆逶迤碣石间⑥。校尉羽书飞瀚海⑦,单于猎火照狼山⑧。山川萧条极边土,胡骑凭陵杂风雨⑨。战士军前半死生,美人帐下犹歌舞。大漠穷秋塞草腓⑩,孤城落日斗兵稀。身当恩遇恒轻敌,力尽关山未解围。铁衣远戍辛勤久,玉箸应啼别离后⑪。少妇城南欲断肠⑫,征人蓟北空回首。边庭飘飖那可度,绝域苍茫更何有?杀气三时作阵云⑬,寒声一夜传刁斗。相看白刃血纷纷,死节从来岂顾勋?君不见沙场征战苦,至今犹忆李将军⑭!

【赏析】

《燕歌行》是一个乐府题目,是写征人远戍燕地与妻子互相思念。曹丕《燕歌行》也有两首,

---

① 御史大夫张公:指营州都督、河北节度副大使张守珪,后封辅国大将军、右羽林大将军,兼御史大夫。

② 残贼:开元十八年(公元730年),契丹大臣可突干弑其主李邵固叛唐,被信安王击败,后又卷土重来,杀幽州道副总管,张守珪奉调,于开元二十二年(公元734年)两次击败之,杀可突干。开元二十四年(公元736年)秋至次年春,再出兵击败其余党,故称残贼。

③ 横行:纵横驰骋,不可阻挡。这句话最早出于《史记》,汉代有个名将叫樊哙,他曾与吕后说:"臣愿将十万众,横行匈奴中。"意思是说,他希望能带领十万军队,去扫荡匈奴。因为当时和匈奴矛盾很深。这里高适是活用了樊哙的话意,表唐军将士同仇敌忾,杀敌的士气很高。

④ 赐颜色:给予荣宠及优礼。开元二十三年(公元735年),张守珪献俘长安,玄宗亲设宴,赐酒赐诗,封其二子为官,给予重赏。

⑤ 摐(chuāng):撞击。摐金伐鼓:鸣金击鼓。榆关:山海关。

⑥ 碣石:山名,碣石山,在今河北省昌黎县西北。也有人认为古代的碣石山在渤海边,六朝时没入海中。

⑦ 校尉:武官,低于将军。羽书:插有鸟羽的紧急文书。瀚海:沙漠。

⑧ 狼山:又称狼居胥山,在今内蒙古自治区克什克腾旗西北。一说白狼山,在白狼河畔,时为奚及契丹境内。此处未必是实指。

⑨ 凭陵:仗势侵凌。其《蓟门行》亦有"胡骑虽凭陵,汉兵不顾身"之句。

⑩ 腓(féi):衰萎。

⑪ 玉箸(zhù):喻思妇的眼泪。

⑫ 少妇城南:唐代长安城北为宫廷区,城南是住宅区,少妇城南指战士的妻子。

⑬ 三时:指晨、午、晚,即从早到夜。

⑭ 李将军:指李牧(战国时赵国将军)或李广(汉将),均为抗击匈奴的名将。李广一生与匈奴大小七十余战,却无尺寸之功可封侯,故有"冯唐易老,李广难封"之说。

是以思妇的口吻来说的。高适的《燕歌行》是写边塞将士生活，重点在征夫这一边，用燕歌行曲调写此题材高适是第一个。

唐朝在北方幽燕一带，主要是与奚和契丹作战。当契丹与奚族来侵犯的时候，高适曾经北上从军，非常理解前方征士作战时的心情。从诗的序文来看，高适《燕歌行》中的有关描写，可能与张守珪有一定关系。但该诗还包括了高适以前从军时对唐朝军队内部情况的一些看法。因此，不应当把这首诗的主题具体理解为针对某一个人、某一件事。而应当把它看成是当时对边塞战争、对唐军内部情况的概括看法。

【思考与讨论】

1. 高适的《燕歌行》是否讽刺张守珪，你持何种观点？
2. 最能体现盛唐特点的是边塞诗，请从语言和情感两方面来谈谈你对边塞诗的认识。

李 白

李白(701—762),字太白,号青莲居士,又号“谪仙人”(贺知章评李白,李白亦自诩),被后人尊称为“诗仙”,与杜甫并称为“李杜”。祖籍陇西成纪(今甘肃省秦安县)。一说生于中亚西域的碎叶城(在今吉尔吉斯斯坦首都附近,唐时属安西都护府)。五岁迁居四川绵州昌隆县(今四川省江油市)。一说生于四川省江油市青莲乡。二十岁时只身出川,开始了广泛漫游,拜谒社会名流,创作了大量优秀诗篇,诗名满天下。天宝元年(公元742年)因玄宗妹玉真公主推荐,应诏进京,供奉翰林。后弃官而去。安史乱中,感愤时艰,参加了永王李璘的幕府受牵累,流放夜郎(今贵州境内),途中遇赦。晚年漂泊东南一带,卒于当涂县令李阳冰(李白族叔)家。现存诗一千余首。

梁甫吟

长啸梁甫吟,何时见阳春①?君不见朝歌屠叟辞棘津,八十西来钓渭滨②。宁羞白发照清水,逢时壮气思经纶③。广张三千六百钓,风期暗与文王亲④。大贤虎变愚不测⑤,当年颇似寻常人。君不见高阳酒徒起草中,长揖山东隆准公⑥。入门不拜骋雄辩,两女辍洗来趋风。东下齐城七十二,指挥楚汉如旋蓬⑦。狂客落魄尚如此,何况壮士当群雄!我欲攀龙见明主,雷公砰訇震天鼓⑧,帝旁投壶多玉女⑨。三时大笑开电光,倏烁晦冥起风雨⑩。阊阖九门不可通,以额叩关阍者怒⑪。白日不照吾精诚,杞国无事忧天倾⑫。猰貐磨牙竞人肉,驺虞不折生草茎⑬。

---

①《梁甫吟》:是乐府旧题,属于古乐府的相和歌辞。三国时诸葛亮就“好为梁甫吟”。一种认为梁甫是山名,梁父山,泰山下的小山,是古人的墓地。所以《梁甫吟》是感慨人生苦短、生命无常之作。另一种认为,后汉张衡写过《四愁诗》,开头一句“我所思兮在太山,欲往从之梁父艰”,寄托了张衡的政治理想受到小人的谗阻。李白的这首《梁甫吟》有这两层意思。阳春:阳光明媚的春天,这里指知遇之恩。

② 朝歌屠叟:指吕尚,即姜子牙,还被称为太公望。有一本书《韩诗外传》说:“太公望少为人婿,老而见去,屠牛朝歌,赁于棘津,钓于磻溪。文王举而用之,封于齐。”

③ 经纶:指治理国家。

④ 三千六百钓:指姜太公垂钓十年。风期,“风”是指人格,“期”是指人的理想。意思是说姜太公的人格和理想正是文王所需要的,因此他们相遇的时候才如此投缘。

⑤ 大贤虎变:老虎刚生下来跟猫差不多,而虎长大了突然就变成一只美丽的吊额金睛斑斓猛虎,这就是《易经》“革”卦所说的“大人虎变”。喻指人政治上有起色,开始得志。

⑥ 高阳酒徒:指郦食其(lì yì jī),是陈留高阳(今河南省杞县)人,喜欢喝酒。隆准公:指刘邦。这里指郦食其辅佐刘邦。

⑦ 这两句的意思是,楚汉相争的时候,齐国降汉还是降楚是举足轻重的。郦食其只凭三寸不烂之舌,没用上一兵一卒就使齐王田广以七十二城降汉,改变了楚汉之间的力量对比。李白说他改变天下形势就像风吹蓬转一样容易。郦食其为此把命也都送掉了。

⑧ 攀龙:古人将追随君子比作“攀龙鳞,附凤翼”。(《后汉书·光武帝本纪》)砰訇(pēng hōng):大声。天鼓:《史记·天官书》:“天鼓,有音如雷非雷。”

⑨ 投壶:宴饮时投箭于壶的一种游戏。

⑩《神异经·东荒经》载:东王公与玉女投壶,投不中的,天就发笑(古时称不下雨的闪电为“天笑”)。三时:古时指春、夏、秋三季为三时。倏(shū)烁:电光迅速闪烁。

⑪ 阊阖(chāng hé):神话传说中的天门。九门:九重天门。阍:守门者。

⑫《列子·天瑞》:“杞国有人忧天地崩坠,身亡(无)所寄,废寝食者。”

⑬ 猰貐(yà yǔ):一种食人怪兽,喻指凶恶之人。驺(zōu)虞:传说之义兽,不食生物,不踏生草,常象征仁政。

手接飞猱搏雕虎，侧足焦原未言苦⑭。智者可卷愚者豪，世人见我轻鸿毛⑮。力排南山三壮士，齐相杀之费二桃⑯。吴楚弄兵无剧孟，亚夫咍尔为徒劳⑰。梁甫吟，声正悲。张公两龙剑，神物合有时⑱。风云感会起屠钓，大人岘屼当安之⑲。

【赏析】

本诗大概写在李白"赐金放还"，刚离开长安之后。诗中抒写遭受挫折以后的痛苦和对理想的期待，写诗人求仕的狂想与悲哀，是一首求仕狂想曲，李白代表作之一。开头两句"长啸梁甫吟，何时见阳春"单刀直入，显示诗人此时心情极不平静，为全诗定下了感情的基调。接着，连用两组"君不见"，诗人引用两个历史故事，实际上寄寓着自己的理想与抱负，他不相信自己会长期沦落，毫无作为，所以这里声调高亢昂扬，语言节奏也较爽利明快。"我欲攀龙见明主"句起，诗人在这段描写中，感情表现得强烈，旋涡四起，奔腾湍急，不可抑止。诗人在天国的遭遇，实际上就是在现实生活中的遭遇，他借助于幻设的神话境界，尽情倾诉了胸中的愤懑与不平。自"白日不照吾精诚"以下十二句又另作一段。这一段行文的显著特点是句子的排列突破了常规。例如在"手接飞猱"两句之后，如果按正常语序，应接写"力排南山"两句；"智者可卷"两句之后，应接写"吴楚弄兵"两句。可是诗人却故意把它们作上下错落的排列，避免了平铺直叙。这段的语气节奏也随着感情发展而跌宕起伏，忽而急促，忽而舒展，短短十二句竟三易其韵，极尽变化。最后一段开头，"梁甫吟，声正悲"，直接呼应篇首两句，语气沉痛而悲怆。突然，诗人又笔锋一折，"张公两龙剑"以下四句仍是信心百倍地回答了"何时见阳春"这一设问，显示了典型的浪漫主义精神。

【思考与讨论】

1. 结合台湾诗人余光中的《寻李白》，回顾李白的人生与诗歌成就。
2. 结合《梁甫吟》，谈谈李白诗歌结构与音节的跳跃性。

---

⑭ 猱(náo)：猕猴。雕虎：皮毛斑斓之虎。焦原：传说中春秋时莒国的一块大石头。它宽五十步，下面是百丈深渊，无人敢近。

⑮ 卷：将才智隐藏起来。《论语·卫灵公》："邦有道则仕，邦无道则可卷而怀之。"

⑯ 据《晏子春秋》记载：春秋时齐景公手下有公孙接、田开疆、古冶子三壮士，均以勇武著称。齐相晏婴因其未向自己行礼，就让景公赏三人两个桃子，使三人自述其功后食桃。公孙接、田开疆先得桃，古冶子认为自己功劳更大，要二人退回桃子，二人惭愧自杀，古冶子觉得对不起二人也自杀。这就是"二桃杀三士"的故事。

⑰ 剧孟：西汉初，吴楚七国叛乱，汉景帝派窦婴、周亚夫前去讨伐。周亚夫在将到河南时，遇到侠士剧孟，笑吴楚不用剧孟而起兵，必败无疑。咍(hāi)尔：嗤笑。

⑱ 张公：指西晋张华。据《晋书·张华传》载：西晋时丰城(今江西省丰城)县令雷焕掘地得双剑，即古代名剑龙泉和太阿。雷将其中一剑送给张华，自己留下另一剑。"八王之乱"后张华被杀，剑失落。雷焕死后，他的儿子雷华有一天佩带宝剑经过延平律(今福建南平市东)，突然，剑从腰间跳进水中，与早已在水中的另一剑会合，化作两条蛟龙。这两句用典，意谓总有一天自己会得到明君赏识。

⑲ 风云感会：云从龙，风从虎，常以风云际会形容君臣相得，成就大业。岘屼(nì wù)：有才能的人应安于困厄，等待时机。

杜甫

杜甫(712—770),字子美,河南巩县(今河南巩义市)人。因远祖杜预为京兆杜陵(今陕西西安东南)人,遂自称杜陵布衣、杜陵野老。青年时期曾漫游郇瑕(今山西境内)、吴越、齐赵等地。追求功名,入京应试不第。天宝九载(公元750年)冬,献《三大礼赋》,得到唐玄宗赏识。十四载,授河西尉,不就,改右卫率府兵曹参军。困守长安十年,曾居城南少陵附近,自称少陵野老,世因称杜少陵。安史乱起,曾陷贼中。肃宗至德二载(公元757年)四月,冒险由长安奔赴凤翔行在,授左拾遗,故世称杜拾遗。乾元元年(公元758年)六月,被贬华州司功参军。后弃官流寓陇、蜀、荆、湘等地,所谓"漂泊西南天地间"。代宗广德二年(公元764年)六月,剑南节度使严武表荐为节度参谋、检校工部员外郎,世称杜工部。杜甫生当李唐王朝由盛转衰的历史时期,他的诗广泛而深刻地反映了安史之乱前后的现实生活和社会矛盾,被誉为"诗史"。他是我国古典诗歌艺术的集大成者,诸体兼擅,无体不工,沉郁顿挫,使诗歌艺术达到了出神入化的完美境地,被后世尊为"诗圣"。现存诗1450余首。有《杜工部集》行世。

哀江头

少陵野老吞声哭①,春日潜行曲江曲②。江头宫殿锁千门③,细柳新蒲为谁绿④?忆昔霓旌下南苑⑤,苑中万物生颜色⑥。昭阳殿里第一人⑦,同辇随君侍君侧⑧。辇前才人带弓箭⑨,白马嚼啮黄金勒⑩。翻身向天仰射云,一笑正坠双飞翼⑪。明眸皓齿今何在?血污游魂归不得⑫。

---

① 少陵:为汉宣帝许皇后陵墓,在宣帝杜陵东南。杜甫曾住家于此,故自称"少陵野老"。吞声:不敢出声。

② 潜行:秘密行走。曲江:在长安城东南,是一个大池,故又名曲江池。据说这里是汉武帝开辟的一个风景区,池中种满了荷花,隋文帝改名为芙蓉苑。唐玄宗也喜欢这里的景致,开元年间,曾大加修治,玄宗常和贵妃来此游玩。长安百姓也以此为游乐之处。现在曲江遗址已在西安城外,只剩一块洼地。曲江曲:指曲江深曲隐僻之地。

③ 江头宫殿:指曲江边紫云楼、芙蓉苑、杏园、慈恩寺等建筑物。长安陷落,无人居住,曲江一片荒凉,故曰"锁千门"。

④ 细柳新蒲:据康骈《剧谈录》卷下载,曲江"花卉环周,烟水明媚","入夏则菰蒲葱翠,柳阴四合,碧波红蕖,湛然可爱。"时当春日,蒲新生,柳丝绿,故曰:"细柳新蒲"。国破无主,无人欣赏,故曰:"为谁绿",三字沉痛。

⑤ 霓旌:云霓般的彩色旗帜,指天子仪仗。南苑:指芙蓉苑,在曲江之南。

⑥ 生颜色:指皇帝游幸,万物增辉。

⑦ 昭阳殿:汉代宫殿名,汉成帝皇后赵飞燕居昭阳殿,甚得宠幸。王昌龄的《长信秋词》里有"玉颜不及寒鸦色,犹带昭阳日影来"的诗句。此以赵飞燕比杨贵妃。

⑧ 辇:皇帝乘坐的车子。同辇随君,《汉书·外戚传》载:"成帝游于后庭,尝欲与(班)婕妤同辇载,婕妤辞曰:'观古图画,圣贤之君皆有名臣在侧,三代末主乃有嬖女,今欲同辇,得无近似之乎?'上善其言而止。"此暗用班婕妤事以讽玄宗和贵妃。

⑨ 才人:宫中女官名。(内官)才人七人,正四品。

⑩ 啮(niè):咬。黄金勒:以黄金为饰的马嚼头。古人向来把凡是金属做成的东西都说是"金"。真正的黄金太软,是不能用来做马笼头的。

⑪ 仰射云:仰射空中飞鸟。一笑:指杨贵妃因才人射中飞鸟而为之一笑,系用如皋射雉事。《左传·昭公二十八年》:"贾大夫恶(指貌丑),娶妻而美,三年不言不笑,御以如皋,射雉获之,其妻始笑而言。"正坠双飞翼:暗含玄宗、杨贵妃马嵬死别之事。

⑫ 明眸皓齿:指杨贵妃。马嵬坡:在今陕西兴平县北,西距长安百余里。归不得:一是杨贵妃已死,二是长安沦陷,故云。

清渭东流剑阁深[13]，去住彼此无消息[14]。人生有情泪沾臆[15]，江水江花岂终极[16]！黄昏胡骑尘满城[17]，欲往城南望城北[18]。

【赏析】

《哀江头》是至德二载(公元 757 年)春天，杜甫经过曲江时有感而作。潼关失守，安禄山军队逼近长安，玄宗仓皇逃难。太子李亨在灵武即皇帝位，改元至德，历史上称为肃宗。杜甫听到消息，就奔向灵武。可是在中途被安禄山军队截获，押回长安。被拘在长安的时候，杜甫看安禄山占领下的京都，一片荒芜杂乱的景象。诗人身陷贼中，旧地重游，抚今追昔，哀思有感，遂作《哀江头》。

全诗以“哀”字为核心，这种“哀”情，是复杂的，深沉的。诗人在表达出真诚的爱国激情的同时，也流露了对蒙难君王的伤悼。因此，我们说全诗是对国破家亡的深切巨恸、是李唐盛世的挽歌，也是国势衰微的悲歌。其词婉而雅，其意微而有礼，真可谓哀婉敦厚也。

【思考与讨论】

1. 结合《哀江头》谈谈杜甫诗歌的忧国忧民思想。

2. “沉郁顿挫”是人们对杜甫诗风的高度概括，结合本诗谈一谈你对这一点的理解与认识。

---

⑬ 清渭：就是渭水。长安城外的泾水和渭水，习惯上认为泾水是浑浊的，渭水是清澈的，所以是“清渭”。剑阁：在今四川剑阁县北，为唐玄宗西行入蜀所经之地。

⑭ 去住：去指死者，住指生者。现代词人乔大壮有两句“君去骨成尘，我住头如雪”，说的就是这个意思。也有人认为，去指唐玄宗幸蜀西去，住指杨贵妃死葬渭滨。总之，彼去此住，生死相隔，故曰：“无消息”。

⑮ 臆：胸膛。

⑯ 岂终极：哪有尽头。是指水自流，花自开，无知无情，年年依旧，永无尽期。

⑰ 胡骑：指安禄山叛军。

⑱ 城南：“甫家居城南。”时已黄昏，应回住处，故欲往城南。望城北者，是指盼望官军由北来收复长安。时肃宗在灵武，地处长安之北。

白居易

白居易(772—846),字乐天,晚年号香山居士,又号醉吟先生,卒谥文。下邽(今陕西渭南县附近)人,先世太原(今山西太原)人。贞元进士,授秘书省校书郎。元和年间,为翰林学士、左拾遗,屡上奏章指摘弊政。后贬为江州(今江西九江)司马,迁忠州(今重庆忠县)刺史,还朝任中书舍人。历迁杭、苏二州刺史,后任太子少傅。晚年居洛阳,以刑部尚书致仕。白居易文章精切,尤工诗,作品平易近人,老妪能解,是新乐府运动的倡导者。与元稹并称"元白",又与刘禹锡并称"刘白"。著有《白氏长庆集》等。

长恨歌

汉皇重色思倾国①,御宇多年求不得②。杨家有女初长成,养在深闺人未识。天生丽质难自弃,一朝选在君王侧③。回眸一笑百媚生④,六宫粉黛无颜色⑤。春寒赐浴华清池⑥,温泉水滑洗凝脂⑦。侍儿扶起娇无力⑧,始是新承恩泽时。云鬓花颜金步摇⑨,芙蓉帐暖度春宵⑩。春宵苦短日高起,从此君王不早朝。承欢侍宴无闲暇,春从春游夜专夜⑪。后宫佳丽三千人,三千宠爱在一身。金屋妆成娇侍夜⑫,玉楼宴罢醉和春⑬。姊妹弟兄皆列土⑭,可怜光彩生门户⑮。遂令天下父母心,不重生男重生女⑯。骊宫高处入青云⑰,仙乐风飘处处闻。缓歌慢舞凝丝竹⑱,尽日君王看不足。渔阳鼙鼓动地来⑲,惊破霓裳羽衣曲⑳。九重城阙烟尘生㉑,千乘万

---

① 汉皇:唐代诗人好以汉武帝代借指唐玄宗。倾国:汉武帝时,乐师李延年咏歌赞美其妹,歌词是:"北方有佳人,绝世而独立。一顾倾人城,再顾倾人国。宁不知倾城与倾国,佳人难再得。"见《汉书·外戚传》。后以倾国倾城比美女。

② 御宇:皇帝统治天下。

③ "杨家有女"四句:杨贵妃小名玉环,先被册封为寿王(玄宗之子李瑁)妃。开元二十八年(公元740年),玄宗安排她为女道士,道号太真。到天宝四载(公元745年),纳进宫,封贵妃。诗句为玄宗隐讳事实。

④ 回眸:回头顾盼。眸:眼珠。

⑤ 六宫:古代宫廷中后宫有六,后妃等居住。粉黛:妇女的化妆品。用白粉擦脸,用青黑色矿物颜料画眉。常借喻美女。

⑥ 华清池:骊山(在今陕西西安临潼)上行宫华清宫的温泉。唐玄宗每年冬季或春初到华清宫居住。

⑦ 凝脂:形容皮肤洁白光润。《诗经·卫风·硕人》:"肤如凝脂。"

⑧ 侍儿:婢女。

⑨ 云鬓:妇女浓密如云的黑发。金步摇:黄金制成的一种头饰,上面有垂挂的珠子,行步时随着摇动。

⑩ 芙蓉帐:绣有莲花的床帐。

⑪ 专夜:此处指后妃中一人独占与皇帝寝宿的恩宠。

⑫ 金屋:汉武帝小时,曾经说,如能娶姑母之女阿娇为妻,"当做金屋贮之"。见《汉武故事》。这里指杨贵妃的居室。

⑬ 玉楼:指宫中华贵的建筑。

⑭ "姊妹"句:唐玄宗宠幸杨贵妃,三个姐姐封为韩、虢、秦三国夫人,族兄铦为鸿胪卿,锜为侍御史,钊(即杨国忠)为右丞相。列土,分封土地。这里指杨氏一家官高势大。

⑮ 可怜:可羡慕。

⑯ "遂令"二句:陈鸿《长恨歌传》记载当时歌谣说:"生女勿悲酸,生男勿喜欢。"又说:"男不封侯女作妃,看女却为门上楣。"

⑰ 骊宫:骊山上的宫殿,指华清宫。

⑱ 缓歌慢舞:舒缓的歌声与轻盈的舞姿。凝丝竹:徐徐奏乐。丝竹:指管弦乐器。

⑲ "渔阳"句:指天宝十四载(公元755年)十一月,平卢、范阳、河东三镇节度使安禄山起兵叛唐。渔阳:郡名,在今天津蓟县一带,属范阳节度使辖区。这里暗用东汉时彭宠据渔阳反汉的典故。鼙(pí)鼓:军队用的一种小鼓。

⑳ 霓裳羽衣曲:大型舞曲名。传为开元年间西凉节度使杨敬述所进,经唐玄宗润色。

㉑ 九重:多重。皇宫有很多门,称为九重或千门。

骑西南行[22]。翠华摇摇行复止[23]，西出都门百余里[24]。六军不发无奈何，宛转蛾眉马前死[25]。花钿委地无人收[26]，翠翘金雀玉搔头[27]。君王掩面救不得，回看血泪相和流。黄埃散漫风萧索[28]，云栈萦纡登剑阁[29]。峨嵋山下少人行[30]，旌旗无光日色薄[31]。蜀江水碧蜀山青，圣主朝朝暮暮情。行宫见月伤心色[32]，夜雨闻铃肠断声[33]。天旋日转回龙驭[34]，到此踌躇不能去[35]。马嵬坡下泥土中，不见玉颜空死处[36]。君臣相顾尽沾衣[37]，东望都门信马归[38]。归来池苑皆依旧，太液芙蓉未央柳[39]。芙蓉如面柳如眉，对此如何不泪垂。春风桃李花开日，秋雨梧桐叶落时。西宫南苑多秋草[40]，落叶满阶红不扫。梨园弟子白发新[41]，椒房阿监青娥老[42]。夕殿萤飞思悄然[43]，孤灯挑尽未成眠[44]。迟迟钟鼓初长夜[45]，耿耿星河欲曙天[46]。鸳鸯瓦冷霜华重[47]，翡翠衾寒谁与共[48]。悠悠生死别经年，魂魄不曾来入梦。临邛道士鸿都客[49]，能以精诚致魂魄。为感君王展

㉒ 乘：四匹马拉的车叫做一乘。骑：一人乘一马叫一骑。

㉓ 翠华：指皇帝仪仗中用翠鸟羽毛装饰的旗子。

㉔ "西出"句：指唐玄宗逃至长安西南的马嵬驿（在今陕西兴平境）。

㉕ "六军"二句：指禁卫军哗变，杀杨国忠，又请杀杨贵妃，玄宗不得已，下令缢死杨贵妃。六军：周制，天子六军。后泛指皇帝的扈从部队。宛转：缠绵的样子。蛾眉：美女代称，此处指杨贵妃。

㉖ 花钿(diàn)：镶嵌珠宝的首饰。委：丢弃。

㉗ 翠翘：翠鸟尾上的长毛叫"翘"。此处指形似"翠翘"的头饰。金雀：雀形的金钗。玉搔头：玉簪。这句说各种各样的首饰和花钿都丢在地上。

㉘ 萧索：风声。

㉙ 云栈：高入云端的栈道。萦纡：回环曲折。剑阁：即剑门关，在今四川省剑阁县北。

㉚ 峨嵋山：在今四川省西南部，今作"峨眉山"。唐玄宗到蜀中，未过峨嵋山，这里只是泛指蜀地的高山而言。

㉛ 日色薄：阳光暗淡。

㉜ 行宫：皇帝外出时的住所。

㉝ "夜雨"句：据唐人郑处诲《明皇杂录》："明皇既幸蜀，西南行，初入斜谷，属霖雨涉旬，于栈道雨中闻铃音，隔山相应。上（指玄宗）既悼念贵妃，采其声为《雨霖铃》以寄恨焉。"

㉞ 天旋日转：比喻国家从倾覆后得到恢复。回龙驭：指玄宗由蜀中回到长安。

㉟ 此：指杨贵妃自尽处。踌躇：徘徊不前。

㊱ 马嵬坡：在今陕西省兴平县西。即前"西出都门百余里"所指之地。空死处：空见死处。

㊲ 沾衣：眼泪落在衣服上。

㊳ 信马：让马随意走。

㊴ 太液：池名，在长安城东北面的大明宫内。未央：宫名，在长安县西北。两者都是汉朝就有的旧名称。此处借指唐朝的池苑和宫庭。

㊵ 西宫：指太极宫，即"西内"。南苑：指兴庆宫。《新唐书·宦官传》载，李辅国胁迫太上皇（唐玄宗）从兴庆宫（南苑）迁"西内"。

㊶ 梨园弟子：唐玄宗通晓音律，曾选教坊中坐部伎三百人，在宫中梨园教习，称为皇帝梨园弟子。又有宫女数百人习艺，也称梨园弟子。

㊷ 椒房：宫殿名称，后妃所居。以椒（花椒）和泥涂壁，取其温暖而芳香。阿监：宫廷中的近侍，唐代女官名。青娥：指年轻貌美的宫女。"青娥老"和上句"白发新"对举。

㊸ 悄然：忧愁的样子。

㊹ 孤灯挑尽：古时用灯草点油灯，过一会儿就要把灯草往前挑一挑，让它好燃烧。挑尽：是说夜已深，灯草也将挑尽。这里是夸张的描写。

㊺ 迟迟：缓缓的样子。钟鼓：古代城镇夜晚打钟击鼓以报时。

㊻ 耿耿：明亮。星河：银河。欲曙天：天快要亮的时候。

㊼ 鸳鸯瓦：屋瓦一俯一仰扣合在一起叫"鸳鸯瓦"。霜华：即霜花。重：指霜厚。

㊽ 翡翠衾：绣着翡翠鸟的被子。

㊾ 临邛(qióng)：今四川省邛崃县。鸿都：洛阳北宫门名。鸿都客：是说这位四川方士曾在洛阳住过。一说"鸿都客"是说临邛道士来京都为客。

转思[50]，遂教方士殷勤觅[51]。排空驭气奔如电，升天入地求之遍。上穷碧落下黄泉[52]，两处茫茫皆不见。忽闻海上有仙山，山在虚无缥缈间。楼阁玲珑五云起[53]，其中绰约多仙子[54]。中有一人字太真，雪肤花貌参差是[55]。金阙西厢叩玉扃[56]，转教小玉报双成[57]。闻道汉家天子使，九华帐里梦魂惊[58]。揽衣推枕起徘徊，珠箔银屏逦迤开[59]。云鬓半偏新睡觉[60]，花冠不整下堂来。风吹仙袂飘飖举[61]，犹似霓裳羽衣舞。玉容寂寞泪阑干[62]，梨花一枝春带雨。含情凝睇谢君王[63]，一别音容两眇茫[64]。昭阳殿里恩爱绝[65]，蓬莱宫中日月长[66]。回头下望人寰处，不见长安见尘雾。唯将旧物表深情，钿合金钗寄将去[67]。钗留一股合一扇，钗擘黄金合分钿[68]。但令心似金钿坚，天上人间会相见。临别殷勤重寄词，词中有誓两心知。七月七日长生殿[69]，夜半无人私语时。在天愿作比翼鸟[70]，在地愿为连理枝[71]。天长地久有时尽，此恨绵绵无绝期[72]。

【赏析】

全诗可分四层。从开头到“尽日君王看不足”为第一层，写唐玄宗宠爱杨贵妃，荒淫失政。“汉皇重色思倾国”七个字总领全段，具有讽刺性。紧接着，诗人反复渲染唐玄宗得贵妃以后在宫中如何纵欲，如何行乐，如何终日沉湎于歌舞酒色之中。所有这些，就酿成了安史之乱。从“渔阳鼙鼓动地来”到“夜雨闻铃肠断声”是第二层。写杨贵妃之死和唐玄宗在流亡途中的悲伤。这一部分描写细腻，情节凄惨，诗人充满同情，从此诗歌的感情基调起了变化。这也使得全诗的主题思想复杂起来。从“天旋日转回龙驭”到“魂魄不曾来入梦”是第三层。写唐玄宗返回京城后对杨贵妃的深切怀念。从“临邛道士鸿都客”到结尾是第四层，写方士寻觅杨贵妃亡魂，重申盟誓，富于浪漫主义色彩。最后两句点明“长恨”，收束全篇，余味无穷。《长恨歌》主题随着叙事的进程，感情呈流动性变化。既有对唐玄宗晚年贪欢误国的尖锐讽刺，又有对唐玄宗和杨贵妃的悲剧表示同情。“一篇长恨有风情”是诗人的自我评价。

全诗结构井然有序而又曲折多变，情节婉转动人，成功地塑造了唐玄宗和杨贵妃两个鲜明

---

[50] 展转思：反复思念。
[51] 方士：这里指临邛道士。
[52] 碧落：天的代称。道书说东方第一重天叫做碧落。黄泉：地下的代称。
[53] 五云：五色彩云。
[54] 绰约：体态柔美的样子。
[55] 参差：仿佛。
[56] 金阙：道教所说的仙境上清宫有两阙，一名金阙，一名玉阙。阙：门上楼观。扃(jiōng)：门。
[57] 小玉：吴王夫差女小玉，传说中的仙女。双成：姓董，传说中的仙女。这里指杨贵妃。
[58] 九华帐：指华丽多彩的帐子。
[59] 珠箔：用珠子编成的帘子。迤逦：曲折相连。
[60] 睡觉：睡醒的意思。
[61] 袂(mèi)：衣袖。
[62] 阑干：纵横的样子。
[63] 凝睇：注目，出神地看。
[64] 眇茫：同“渺茫”。
[65] 昭阳殿：汉宫殿名。借指唐宫。
[66] 蓬莱：传说中的海上三仙山之一。
[67] 钿合：用金丝珠宝等镶嵌的盒子。
[68] 擘(bò)：分开。
[69] 七月七日：民间传说，每年农历七月七日，天上的牛郎织女在鹊桥上相会。
[70] 比翼鸟：传说中的鸟名，两鸟并翅而飞。
[71] 连理枝：两树不同根，而树干结合在一起。
[72] 绵绵：长久不断。

的艺术形象。王国维曾经赞美白居易的《长恨歌》，说只有“小玉双成”这一句用的是典故，其他的就是直接地写故事。后来清朝诗人吴梅村曾经写了一首模仿《长恨歌》的长诗《圆圆曲》，王国维说吴梅村用的就都是典故了，是堆砌而成，而白居易光用白描就写得这么好。诗歌在叙事过程中，还与抒情、写景紧密融合，缠绵感人。诗中韵律优美，词采绚丽，读来流畅悦耳。

【思考与讨论】

白居易的《长恨歌》有一个非常浪漫的结尾，这对于诗歌主题有无影响？

李商隐

李商隐(813—858),字义山,号玉溪生,又号樊南生,怀州河内(今河南沁阳县人)。晚唐著名诗人,与杜牧齐名,两人并称“小李杜”。唐代后期,统制集团内部党派斗争激烈,而李商隐与当时牛党、李党都有关系,他年轻时受牛党令狐楚赏识而中进士,后来又被李党王茂元招为女婿,因此牛党认为他背恩负德。牛党掌权后,他一直在政治上受到压抑,郁郁不得志。李商隐的诗歌,有的抒发自己政治失意的痛苦心情,有的反映晚唐的政治生活,有的是托古讽今的咏史之作,还有一类描写爱情生活的无题诗,最为后代读者所喜爱。他的诗有独特的艺术成就,构思新巧,善用比兴,词藻华美,想象丰富,格律严整,风格婉转缠绵。有《李义山诗集》、《樊南文集》和《樊南文集补编》。现存诗约600首。

隋　宫[①]

紫泉宫殿锁烟霞,欲取芜城作帝家[②]。玉玺不缘归日角[③],锦帆应是到天涯。于今腐草无萤火,终古垂杨有暮鸦[④]。地下若逢陈后主,岂宜重问后庭花[⑤]!

【赏析】

常常被人们提起的是李商隐的《无题》诗,写的大多是香艳哀伤的爱情,如果以为这就是义山诗的全部,就很片面了。

这是一首咏史诗,反映出诗人此类诗作感慨讽喻、尖锐辛辣、寓意深广的特点。此诗写隋炀帝穷奢极欲,荒淫亡国,通过他多次乘龙舟南游江都的事实,并且以陈后主这个荒淫失国的昏君作陪衬,讽刺性更强,具有警诫作用。

【思考与讨论】

1. 李商隐撑起了晚唐诗歌的大局,我们如何欣赏李商隐的诗歌?
2. 结合本诗谈谈李商隐咏史诗的特点。

---

① 隋宫:指隋炀帝在扬州附近所造的行宫。

② 紫泉宫:指长安紫渊宫,因避唐高祖李渊之讳改为紫泉宫。芜城:隋朝时称江都,唐时称广陵,即今天的扬州。

③ 日角:人的颧骨饱满突起像太阳一样,称为日角。旧时附会为帝王之相。这里代指李渊。

④ “于今”句:隋炀帝曾遍搜萤火虫,夜间放出以代烛光。《礼记·月令》:“腐草为萤”。古人以为萤火虫是腐草变化出来的,而此时腐草都不生萤了。这里是夸张的手法。

⑤ 陈后主:指南朝陈末代国君陈叔宝,以荒淫亡国闻名。他宠爱后妃张丽华,整天听歌看舞,喝酒作乐。《玉树后庭花》就是他自制的宫廷舞曲,被后人斥之为“亡国之音”。据《隋遗录》记载,隋炀帝在扬州曾梦遇陈后主,一同赏《玉树后庭花》。

韩　愈

韩愈(768—824),字退之,河阳(今河南孟州)人,郡望昌黎,世称“韩昌黎”;唐德宗贞元时进士,任监察御史、国子博士等职;因谏阻唐宪宗迎佛骨,被贬为潮州(今属广东)刺史。后官至兵部、吏部侍郎;卒谥文;有《昌黎先生集》。

送孟东野序

大凡物不得其平则鸣:草木之无声,风挠之鸣①;水之无声,风荡之鸣。其跃也或激之②,其趋也或梗之③,其沸也或炙之;金石之无声④,或击之鸣。人之于言也亦然:有不得已者而后言,其歌也有思,其哭也有怀,凡出乎口而为声者,其皆有弗平者乎!

乐也者,郁于中而泄于外者也,择其善鸣者而假之鸣。金石丝竹匏土革木八者⑤,物之善鸣者也。维天之于时也亦然,择其善鸣者而假之鸣。是故以鸟鸣春,以雷鸣夏,以虫鸣秋,以风鸣冬,四时之相推敚⑥,其必有不得其平者乎!

其于人也亦然:人声之精者为言,文辞之于言,又其精也,尤择其善鸣者而假之鸣。其在唐虞,皋陶、禹其善鸣者也⑦,而假以鸣。夔弗能以文辞鸣,又自假于韶以鸣⑧。夏之时,五子以其歌鸣⑨。伊尹鸣殷,周公鸣周⑩。凡载于《诗》、《书》六艺,皆鸣之善者也。周之衰,孔子之徒鸣之,其声大而远。传曰:“天将以夫子为木铎⑪。”其弗信矣乎?其末也,庄周以其荒唐之辞鸣⑫。楚,大国也,其亡也,以屈原鸣。臧孙辰、孟轲、荀卿,以道鸣者也⑬。杨朱、墨翟、管夷吾、

---

① 挠:搅动。

② 激:阻碍水势,使之激扬。

③ 趋:水流很快。梗:阻塞。

④ 金石:指钟、磬等用金属或石制成的乐器。

⑤ 古时主要用这八种材料制成各种乐器,总称“八音”。丝:丝弦乐器,如琴、瑟等。竹:竹制乐器,如箫、管等。匏(páo):用葫芦制成的管簧乐器,如笙、竽等。土:用陶土制成的乐器,如埙(xūn)等。革:指用皮革制成的乐器,如鼓等。木:指用木制成的乐器,如柷(zhù)、敔(yǔ)等。

⑥ 推敚(duó):推移。

⑦ 皋陶(gāo yáo):相传为虞舜的臣。

⑧ 夔:相传为虞舜时的乐官。韶:相传为舜时的乐曲名。

⑨ 五子:夏王太康的五个弟弟。太康荒淫丧国,五子作歌,以示警诫。

⑩ 伊尹:名挚,商的贤臣。相传他曾作《伊训》、《太甲》、《咸有一德》等文。周公鸣周:指周公曾作《大诰》、《嘉禾》、《康诰》等文。

⑪ 此语见《论语·八佾》。意思是说将由孔子为天下制定法度。木铎:以木为舌的大铃。

⑫ 荒唐:广大无边、浑无涯涘的样子。

⑬ 臧孙辰:即臧文仲,春秋时鲁国大夫,《国语》、《左传》等记载有他的言论。孟轲:即孟子,战国时邹人,著有《孟子》。荀卿:即荀况,战国时赵人,著有《荀子》。道:指儒家之道。

晏婴、老聃、申不害、韩非、眘到、田骈、邹衍、尸佼、孙武、张仪、苏秦之属，皆以其术鸣[14]。秦之兴，李斯鸣之[15]。汉之时，司马迁、相如、扬雄最其善鸣者也[16]。其下魏晋氏，鸣者不及于古，然亦未尝绝也。就其善鸣者，其声清以浮，其节数以急[17]，其辞淫以哀[18]，其志弛以肆[19]，其为言也，乱杂而无章。将天丑其德莫之顾邪[20]？何为乎不鸣其善鸣者也？

唐之有天下，陈子昂、苏源明、元结、李白、杜甫、李观皆以其所能鸣[21]。其存而在下者，孟郊东野，始以其诗鸣。其高出魏晋，不懈而及于古，其他浸淫乎汉氏矣[22]。从吾游者，李翱、张籍其尤也[23]。三子者之鸣信善矣。抑不知天将和其声，而使鸣国家之盛邪？抑将穷饿其身、思愁其心肠，而使自鸣其不幸邪？三子者之命，则悬乎天矣。其在上也奚以喜？其在下也奚以悲？

东野之役于江南也[24]，有若不释然者[25]，故吾道其命于天者以解之。

【赏析】

本文脉络清晰，论点的提出，都是由物及人，以推理的方式展开论述。文章以“大凡物不得其平则鸣”起笔，由草木、水、金石之鸣，推知人的言语也往往出于不平之气。次举音乐、天时为例，说明事物通常“择其善鸣者而假之鸣”，由此再推及人。以下则概举历代所谓“善鸣者”，指出他们都是不同时代、不同环境下，不平现实所造就的特殊人物。孟郊、李翱、张籍，“三子者之鸣信善矣”，由其“善鸣”，自然可反推知其“不平”，文气一贯而下，顺势而出，酣畅淋漓。同时，作者对孟郊的欣赏、理解、宽慰之情，也尽在其中。

【思考与讨论】

韩愈是唐朝使儒家思想得以继承与发扬的最主要人物，在本篇中有何体现？

---

⑭ 杨朱：战国时魏国人，字子居，创立杨朱学派，其学说散见于《孟子》、《庄子》、《列子》等书。墨翟：春秋时宋国人，墨家，著有《墨子》。管夷吾：即管仲，春秋时齐国贤相，其言论集《管子》。晏婴：春秋时齐国大夫，谥平，字仲，其言论见于《晏子春秋》。老聃：即老子，春秋时楚人，道家，著有《道德经》。申不害：战国时郑国人，韩昭侯之相，法家，著有《申子》，已失传。韩非：战国时韩国人，法家，著有《韩非子》。眘到：即慎到，战国时赵国人，法家，著有《慎子》，已失传。田骈：道家，战国时齐国人，齐宣王时为上大夫，著有《田子》，已失传。邹衍：战国时齐国人，为燕昭王之师，阴阳家，著有《邹子》，已失传。尸佼(jiǎo)：战国时鲁人，法家，著有《尸子》，已失传。孙武：即孙子，字长卿，春秋时齐国人，军事学家，著有《孙子兵法》。张仪：战国时魏国人，纵横家。苏秦：战国时东周洛阳人，纵横家。

⑮ 李斯：上蔡(今属河南)人，秦始皇、秦二世的丞相，有《谏逐客书》等传世。

⑯ 司马迁：字子长，夏阳(今陕西韩城)人，西汉著名历史学家，著有《史记》。相如：即司马相如，字长卿，西汉辞赋家，作有《子虚赋》、《上林赋》等。扬雄：即杨雄，字子云，西汉辞赋家、哲学家，著有《长杨赋》、《甘泉赋》、《法言》等。

⑰ 节：节奏。数(shuò)：密集。

⑱ 淫：放荡。

⑲ 驰：松弛，懈怠。肆：肆意，放纵。

⑳ 将：副词，大概，或者。

㉑ 陈子昂：字伯玉，梓州射洪(今属四川)人，有《陈伯玉集》。苏源明：字弱夫，京兆武功(今属陕西)人，诗人。元结：字次山，河南(今河南洛阳)人，唐代文学家。李观：字元宾，赵州赞皇(今河北临城县北)人，擅长古文，有《李元宾集》。

㉒ 浸淫：逐渐渗透。

㉓ 李翱：字习之，赵郡(今河北赵县)人，一说成纪(今甘肃秦安县东)人，有《李文公集》。张籍：字文昌，苏州人，有《张司业集》。尤：突出。

㉔ 役：指任职。此句指孟郊做溧阳县尉之事，溧阳唐朝时属江南东道。

㉕ 不释然：闷闷不乐。

温庭筠

温庭筠(812—约870),本名岐,字飞卿,排行十六,太原祁(今山西祁县)人,唐初宰相温彦博之后裔。其诗与李商隐齐名,世称"温李",又精通音乐,能逐弦吹之音,为侧艳之词。是晚唐致力于填词的第一人。其词多以秾艳绮丽之语,写惝恍惆怅之情,是传统香软词风的重要奠基者,为花间词派的鼻祖。《花间集》收录其词六十六首,《全唐诗》收录五十九首。

菩萨蛮

小山重叠金明灭[1],鬓云欲度香腮雪[2]。懒起画蛾眉,弄妆梳洗迟。　照花前后镜,花面交相映。新帖绣罗襦,双双金鹧鸪[3]。

【赏析】

温庭筠有十四首《菩萨蛮》,这是其中的一首。温词有几点特色:一是标举精美的名物,"其志洁,故其称物芳"(《史记·屈贾列传》),读者可以反过来由物芳联想到志洁,自然而然产生丰富的有寄托有寓意的联想,从内容方面提升了诗词的境界。"小山重叠金明灭"、"水精帘里玻璃枕"(另一首《菩萨蛮》)都属此类。二是与托喻之作的传统有暗合之处。温词之所以给读者以深远的联想,也就是因为这一缘故,在这首词中就有所体现。三是常用突然的跳接,留下许多空白的地方而不连贯,使读者用自己的想象去填补,给读者回味的余地。

这首词不仅形象美好,叙写的口吻也富有充沛的力量,倾注了作者自己丰富的情感。作者对"小山"、"绣罗襦"、"金鹧鸪"这些名物并未作详细的叙述,可是读者却能联系到作者精微美好的思想感情。"双双金鹧鸪"反衬的是自己的孤独和寂寞,仅仅是儿女情长吗?这正是词本来是歌筵酒席之间毫无深义的歌曲,后来竟可以引申出深广寄托含义的主要原因,也是后人推尊温词的原因所在。

【思考与讨论】

1. 词与诗歌在本质上的区别是什么?
2. 透过对女子梳妆打扮的描写,我们还能品味出作品蕴含着何种感情?

---

① 小山:这里指古代屋子里或床边的山屏,即折叠的屏风,高低起伏像山的形状。金:指唐时妇女眉际妆饰之"额黄"。明灭:隐现隐灭的样子。

② 鬓云:即云鬓,像乌云一般的鬓发。鬓云是感性的说法。

③ 鹧鸪:贴绣上去的鹧鸪图,是当时的衣饰。反衬自己的孤独和寂寞。

李煜

李煜(937—978),初名从嘉,字重光,号钟山隐士,史称南唐后主。他精通书画,熟谙音律,尤擅长诗词。开宝八年(公元975年),国亡于宋,被押至宋都汴京。在四十二岁生日之时,宋太宗赐牵机酒将他毒死。追封吴王,葬洛阳邙山。前期词风格绮丽萎靡,后期词追忆往事,沉郁苍凉。他扩大了词的题材范围,丰富了词的表现艺术,在词史上具有里程碑式的意义。今传有《南唐二主词》。

浪淘沙

往事只堪哀,对景难排。秋风庭院藓侵阶①。一任珠帘闲不卷,终日谁来? 金锁已沉埋②,壮气蒿莱③。晚凉天净月华开。想得玉楼瑶殿影,空照秦淮④!

【赏析】

《浪淘沙》是李煜的后期词作之一,为入宋后抒写幽闭时心情。这首词就是在个人情绪的低徊倾诉中,表现了对南唐故土怀念的一种哀痛心情。王国维在《人间词话》中对李煜的词有几句评说:"词至李后主而眼界始大,感慨遂深"、"后主俨然有释迦基督担荷人类罪恶之意"。与其说这首词是帝王之伤别,还不如说它写尽了离别中人们的各种遭遇和苦难。李煜词大多是四五十字的小令,调短字少,然内涵丰富,寄慨极深,没有高度的艺术概括力是做不到的。

明朝灭亡以后,孔尚任曾写过一部《桃花扇》,感慨明朝的灭亡,最后有一段唱词:"眼看他起朱楼,眼看他宴宾客,眼看他楼塌了。这青苔绿瓦堆,俺曾睡风流觉,将五十年兴衰看饱……"同样的亡国之痛,李后主也以他最直接最单纯的语言,传达出他全心沉入的哀痛。真乃"情动于中而形于言",情味切。

【思考与讨论】

1. 花间词(西蜀词)与南唐词的主要区别是什么?
2. 结合你所熟悉的李煜的其他作品,谈谈李煜在词的发展史上的地位及影响。

---

① 藓侵阶:语本唐刘禹锡《陋室铭》:"苔痕上阶绿。"此谓青苔向台阶上蔓延,极言无人行走。

② 金锁:即铁锁。

③ 壮气蒿莱:言早年的壮志消磨,没于野草丛中。蒿莱:野草。

④ 秦淮:河名,在南唐故都金陵(今江苏南京)。

五、宋辽金文学

晏　殊

晏殊(991—1055)，字同叔，抚州临川(今江西抚州)人。十四岁以神童入试，赐同进士出身。出仕真宗、仁宗两朝，官至同平章事，兼枢密使。谥号元献，世称晏元献。晏殊历任要职，更兼提拔后进，如范仲淹、富弼、欧阳修、张先等，皆出其门。他以词著于文坛，尤擅小令，风格含蓄宛丽，有《珠玉词》传世。

浣溪沙

一向年光有限身[1]，等闲离别易销魂[2]，酒筵歌席莫辞频。　　满目山河空念远，落花风雨更伤春，不如怜取眼前人[3]。

【赏析】

晏殊是一个仕途显达的人，有种观点就以此认为他的词是“富贵显达之人的无病呻吟”。在晏殊的词中确实很难找到牢骚感慨和抑郁悲愤。他的词集叫《珠玉词》，他的词表现得像玉一样的温润，珠一样的圆洁，没有激言烈响，所流露和抒发的乃是他珠圆玉润的诗人的本质。

这是作者的一首代表作，上片三句一气呵成而又笔意曲折，表现了人生短暂、及时行乐的主题。下片紧随承上，“满目”句承“离别”，“落花”句承“一向年光”，使全词统一完整，更突出了主题。词作取景大，笔力重，格调道上，抒写伤春念远的情怀，明快而不显凄厉哀伤，又有一种富贵温婉气，使得颇为颓靡的主题表现得旷达、爽朗，表现出作者面对人生襟怀豁达的一面。

【思考与讨论】

仔细体会晏殊词中的哲理。

---

① 一向：一晌，片刻，短暂。有限身：意思是人生短暂。
② 等闲：平常，一般，轻易。
③ 怜：珍惜，怜爱。

欧阳修

欧阳修(1007—1072),字永叔,号醉翁,晚号六一居士。庐陵(今江西吉安)人。仁宗天圣八年进士。政治上曾支持范仲淹的“庆历革新”,屡遭打击贬谪;晚年官至枢密副使、参知政事;王安石执政后,辞官退隐,死后追赐为太师,谥文忠。文学上力主“明道”、“致用”、“事信”、“言文”,反对艰涩险怪的时文和风靡诗坛的“西昆体”,是北宋诗文革新运动的领袖。散文、诗、词均有成就。著有《新五代史》、《集古录》、《欧阳文忠集》、《六一词》等。

踏莎行

候馆梅残[1],溪桥柳细,草薰风暖摇征辔[2]。离愁渐远渐无穷,迢迢不断如春水。　寸寸柔肠,盈盈粉泪[3],楼高莫近危栏倚。平芜尽处是春山[4],行人更在春山外。

【赏析】

此词抒写离愁别恨。上片先写梅柳争春、草熏风暖的美丽春景,以反衬凄恻的离别之情。与李煜的“问君能有几多愁,恰似一江春水向东流”有异曲同工之妙。下片变换了抒写角度,用想象的手法,着力描绘思念对象的痛苦之情。

【思考与讨论】

同样写相思与离别,欧词少有脂粉气,提升了词的境界,请仔细体会。

---

① 候馆:迎候接待旅客的馆舍。

② 草熏风暖:江淹《别赋》中的“闺中风暖,陌上草熏”。此处意为“草香袭人,春风送暖”。

③ 盈盈:泪水充溢的样子。

④ 平芜:平阔的原野。

柳　永

柳永(约984—约1053),原名三变,字景庄,后因病改名"永",字耆卿,排行第七,故称柳七,崇安(今福建武夷山市)人。为举子时,浪迹市井坊陌,为乐工、歌姬作词。为此而受到统治者的罢黜。景祐元年(公元1034年)方及第。始授睦州团练推官,历任晓峰盐场监官、泗州判官,改著作郎、灵台令、太常博士、屯田员外郎。平生颇具风流才调,能诗文,尤善度曲填词。由于他精通音律,第一个大量创制慢词长调,工于铺叙,善于提炼民间习语,开辟了倚声填词的新途径,对宋词的发展产生了巨大的影响。有《乐章集》传世。

八声甘州

对潇潇暮雨洒江天[①],一番洗清秋。渐霜风凄紧[②],关河冷落,残照当楼。是处红衰翠减[③],苒苒物华休[④]。惟有长江水,无语东流。　　不忍登高临远,望故乡渺邈,归思难收[⑤]。叹年来踪迹,何事苦淹留[⑥]。想佳人、妆楼颙望[⑦],误几回、天际识归舟[⑧]。争知我[⑨],倚栏干处,正恁凝愁[⑩]。

【赏析】

这是柳永写秋士易感最好的一首词。在柳永抒写自己怀抱的雅词当中,有两个特色:一是工于写羁旅行役,一是音律谐婉,叙事详尽。在这首词里两个特色全有了。

钟嵘曾说:"气之动物,物之感人,故摇荡性情,形诸舞咏。"柳永的词除了写"悲秋"之外,还有一个值得注意的特点,就是常常写雨。因为大自然的变化会引起人内心的一种感动,词人把秋士易感的悲慨与大自然的景物完全融合在一起。本词还有一个特点在"争知我,倚栏干处,正恁凝愁"句。柳永善为乐章,长于慢词,语多俚俗,这一句俚语更加深了他的这种悲慨。他的俚词对于金元曲的形成可称开风气之先,对后世词人也有重要的影响,故柳词在词史上占有重要的地位。

【思考与讨论】

1. 柳永在词的发展史上占有非常重要的地位,在柳词中有哪些创新?
2. 请认真体会柳永《八声甘州》中情感叙述者和景物描写的明显变化。

---

① 潇潇:形容风雨急骤。

② 霜风:深秋的风。凄紧:寒意逼人。

③ 是处:处处,到处。红衰翠减:红花和绿叶都凋谢枯萎。

④ 苒苒:渐渐地。物华休:美好的景物消逝。

⑤ 归思:思归之情。

⑥ 何事:为何。淹留:久留。

⑦ 颙(yóng)望:引颈而望。

⑧ 此句引用谢朓《之宣城郡出新林浦向板桥》中的"天际识归舟,云中辨江树",并化用温庭筠的《梦江南》:"梳洗罢,独倚望江楼。过尽千帆皆不是,斜晖脉脉水悠悠,肠断白蘋州。"

⑨ 争知:怎知。

⑩ 恁:如此。凝愁:愁苦凝结,难以化解。

苏 轼

苏轼(1036—1101),字子瞻,号东坡居士,四川眉山人。嘉祐二年(公元1057年)进士。在王安石变法高潮中,先后任凤翔签判、开封推官、杭州通判和密州、徐州、湖州等地行政长官;后陷入“乌台诗案”,贬谪黄州四年许。元祐中任中书舍人、翰林学士、知制诰等职,后又任杭州、颍州、扬州、定州等地知州,晚年又被远贬广州、海南,九死一生,北返中原,病逝于常州。苏轼是文学史上少见的兼擅诗、词、文、书法、绘画的文豪,在历史上产生了深远的影响。中华书局已经整理出版《苏轼诗集》八册、《苏轼文集》六册,《东坡词》见《宋六十名家词》(上海古籍出版社影印明版)。

定风波

三月七日,沙湖道中遇雨[①],雨具先去,同行皆狼狈,余独不觉,已而遂晴,故作此。

莫听穿林打叶声,何妨吟啸且徐行[②]。竹杖芒鞋轻胜马[③],谁怕?一蓑烟雨任平生[④]。料峭春风吹酒醒,微冷,山头斜照却相迎。回首向来萧瑟处[⑤],归去,也无风雨也无晴。

【赏析】

这首词作于黄州,以道中遇雨这件生活小事,展示自己的人生态度。词人在自然怀抱里任情而动,不管风吹雨打,依然安详自得。其中“一蓑烟雨任平生”和“也无风雨也无晴”两句,不是麻木和无奈,而是洒脱,很有哲理。人无论在大自然的风雨之中,还是人生的风雨之中,都需要有一份定力和持守。风雨是外来的,我还是我;晴朗也是外来的,我也还是我。词人胸中有这样一种超人的旷达,在晚年写出了“云散月明谁点缀,天容海色本澄清”的诗句来。《定风波》虽然只是一首小词,但是写出了很丰富的人生体会。

【思考与讨论】

1. 词从苏轼开始又是一个飞跃,请谈一谈苏词的创新。
2. 这首词如何体现了苏轼的旷达与乐观的人生态度?

---

① 沙湖:在黄州东南三十里。

② 吟啸:吟诗、长啸,表示读书人的意态闲适。

③ 芒鞋:草鞋。

④ 一蓑烟雨任平生:在烟雨中,披一件蓑衣,处之泰然。

⑤ 萧瑟:风雨吹打树林的声音。

秦 观

秦观(1049—1100),字太虚,后改字少游,高邮人。元丰八年进士。元祐初,经苏轼举荐,先后任太子博士等职,与黄庭坚、晁补之、张耒并称“苏门四学士”。后受苏轼影响,被贬到郴州等地。词风婉约清丽,情韵兼胜,内容多写柔情,亦多身世之感。

千秋岁

水边沙外,城郭春寒退[1]。花影乱,莺声碎。飘零疏酒盏,离别宽衣带。人不见,碧云暮合空相对。 忆昔西池会[2],鹓鹭同飞盖[3]。携手处,今谁在?日边清梦断,镜里朱颜改。春去也,飞红万点愁如海。

【赏析】

此词是秦观晚年所写的寄慨身世的作品。政海波澜,诗人遭遇贬谪,心情惆怅忧伤。“花影乱,莺声碎”的美景,在诗人眼里,自其可悲哀者而观之,万物莫不可悲哀。“忆昔西池会”、“携手处,今何在”,抚今追昔,日见消瘦。接下来的“日边清梦”有个典故,当年伊尹没有遇到商汤的时候,有一次做梦梦见自己在天上游,经过日月的旁边,后来果真得到汤王的召见与赏识,辅佐成汤,实现了他用世的志向。秦观被贬以后越来越觉得自己的政治理想已然没有机会了。“春去也”三个字是非常绝望的,诗人的哀愁像大海一样无边无际。当时这首词传诵一时,很多人都知道这首词。在这首词中,诗人的性格和词风尽收眼底。

【思考与讨论】

1. 最能体现词的美质特点的词人就是秦观,为什么?
2. 本词如何体现词之“要眇宜修”的特质?

---

① 城郭:这里指处州(今浙江丽水县)。诗人谪监处州的酒税。

② 西池会:诗人在秘书省作正字时,皇帝召集大臣赴宴,赏给他们花和酒。西池会就指那次盛会,秦观很怀念那个宴会。

③ 鹓鹭:是两种鸟,据说这两种鸟飞的时候总是有次序的。后来指朝廷百官。

周邦彦

周邦彦(1056—1121),字美成,号清真居士,钱塘(今浙江杭州)人。徽宗时派他提举大晟府。精通音律,曾创作不少新词调。作品多写闺情、羁旅,也有咏物之作。格律谨严,语言富艳精工,典丽清雅,长调尤善铺叙。在词的发展史上,他是一个"集北宋之大成,开南宋之先声"的重要人物。著有《清真词》。

兰陵王[①]

柳阴直,烟里丝丝弄碧。隋堤上、曾见几番,拂水飘绵送行色。登临望故国[②],谁识,京华倦客[③]？长亭路,年去岁来,应折柔条过千尺。　　闲寻旧踪迹。又酒趁哀弦,灯照离席。梨花榆火催寒食[④]。愁一箭风快,半篙波暖,回头迢递便数驿[⑤]。望人在天北。　　凄恻,恨堆积!渐别浦萦回,津堠岑寂[⑥],斜阳冉冉春无极。念月榭携手[⑦],露桥闻笛。沉思前事,似梦里,泪暗滴。

【赏析】

这是周邦彦非常有名的一篇代表作。写的是离别之词,在南宋初年也是传唱一时,所以人们就把它比作唐朝王维的"阳关三叠"。相传,这是周邦彦得罪了宋徽宗被贬出京,李师师给他送行时所写。周邦彦懂音律,而且善于写赋,用写赋的笔法来填词,就需要铺陈,所以在句法和结构上就有一定的勾勒和安排,这是清真词的特点。

在这首离别之词中,使人看不出是居者的口吻还是行者的口吻。从第一段的内容来看是居者之词;从后两段的口吻来看就是行者之词了,这正是词人的感慨之所在。是一种怎样的感慨？盛衰穷达,仕途起伏,是一种政海波澜的悲慨涵盖其中。

【思考与讨论】

1. 词在周邦彦手中又有了变化,请结合本词谈一谈句法与结构上的特点。
2. 请分析本词结构安排的特色。

---

① 兰陵王:相传由南北朝北齐旧乐《兰陵王入阵乐》改编而来。
② 故国:这里指国都。
③ 京华倦客:指在宦海沉浮的生活中厌倦的自己。
④ 榆火:古代钻榆木取火。
⑤ 篙(gāo):撑船用的竹篙。迢递:很远的意思。
⑥ 津堠:渡口和车站。
⑦ 榭:土高为台,台前有花木叫做榭。

李清照

李清照(1084—1155),自号易安居士,山东章丘县明水镇人(旧说山东济南人)。父亲李格非是当时著名学者,是“苏门后四学士”之一。十八岁嫁赵明诚,赵是宰相赵挺之的幼子,后成为著名的金石学家。南渡不久,赵明诚病死,她亲历变乱,颠沛流离,在寂寞中度过晚年。其词今存者仅四十五首(不含存疑之作)。工于造语,创意出奇,长于白描,形象鲜明。

永遇乐

落日熔金,暮云合璧,人在何处?染柳烟浓,吹梅笛怨,春意知几许?元宵佳节,融和天气,次第岂无风雨[①]?来相召,香车宝马,谢他酒朋诗侣。　中州盛日[②],闺门多暇,记得偏重三五。铺翠冠儿[③],捻金雪柳[④],簇带争济楚[⑤]。如今憔悴,风鬟霜鬓,怕见夜间出去。不如向,帘儿底下,听人笑语。

【赏析】

此作是李清照晚年写于临安。词人选择元宵节为题写南渡之悲,颇有深意。在她四十四岁以后,既遭到国破家亡之痛,又身受颠沛流离之苦。这就使得她后期的作品渗透了深沉的故国之思和悲凉之情。

这首词写在哪一年,已不可考,但是可以肯定,此时宋金双方都已暂停交战,南宋首都出现一片歌舞升平的景象,在过节的日子里,人们又可以热闹地玩乐了。在这里写的不是她的不幸遭遇,而是述说在元宵节,她不愿与来邀的朋友到外游玩,事情本来琐碎,可是通过词人的手笔,十分深沉地勾画出晚年的悲凉心情。

【思考与讨论】

1. 在词史上,李清照的“易安体”独具一格。结合所学过的其他易安词,谈一谈你对“易安体”的理解。

2. 结合李清照的词谈谈国家命运与文学的关系。

---

① 次第:转眼。

② 中州:今河南省,指北宋汴京(今河南开封)。

③ 铺翠:以翡翠羽毛为妆饰。

④ 雪柳:绢或纸花。

⑤ 簇带:宋时方言,插戴满头。济楚:齐整。

陆 游

陆游(1125—1210),字务观,号放翁,晚号龟堂老人。南宋山阴(今浙江绍兴)人。十二岁即能诗文。一生著述丰富,有《剑南诗稿》、《渭南文集》、《南唐书》等存世。陆游具有多方面文学才能,尤以诗的成就为最。自言"六十年间万首诗",今尚存九千三百余首。其中许多诗篇抒写了抗金杀敌救国的豪情,风格雄奇奔放,沉郁悲壮。

关山月①

和戎诏下十五年②,将军不战空临边③。朱门沉沉按歌舞④,厩马肥死弓断弦。戍楼刁斗催落月,三十从军今白发。笛里谁知壮士心⑤,沙头空照征人骨。中原干戈古亦闻,岂有逆胡传子孙⑥!遗民忍死望恢复⑦,几处今宵垂泪痕。

【赏析】

《关山月》原是汉乐府鼓角横吹曲名,是乐府旧题。此诗平实中见真情,忠愤填膺,借戍边战士之口,痛斥统治者屈辱投降的政策,表达了诗人报国无门的怨愤和渴望江山恢复的心情。

陆游的《关山月》诗不仅有着深刻的思想,而且也有着充沛的感情,丰满的形象,生动的描写。他创造性地运用了《关山月》这个汉魏古乐府的旧题。第一,诗人在诗中所表现的并不停留于征夫的怀人思乡;第二,这怀人思乡的情感又是同痛斥南宋王朝的软弱投降、盼望恢复中原的爱国愿望结合在一起的。对于《关山月》乐府旧题来说,陆游这首诗使它内容丰富了,境界扩展了。

【思考与讨论】

1. 谈谈陆游爱国诗词与社会背景和个人经历的紧密关系。
2. 作品高度概括了南宋历史的基本面貌,请仔细体会。

---

① 关山月:乐府旧题,属汉乐府《横吹曲辞》。横吹曲原为西域军乐。

② 和戎诏:宋孝宗隆兴元年(公元1163年)宋与金议和,定金、宋为叔侄之国。到陆游作此诗历时十五年。和戎:与敌人妥协媾和。

③ 空临边:枉自戍守边关。临:到。

④ 朱门:指豪家贵僚的府第。沉沉:屋宇深邃的样子。按歌舞:指歌舞演奏。按:依着音乐的节拍。

⑤ "笛里"句:古代横吹曲的演奏乐器中有笛。王昌龄《从军行》其一:"更吹羌笛《关山月》。"

⑥ 逆胡传子孙:金朝自太祖阿骨打建国,其后侵灭北宋,盘踞中原,至南宋孝宗时已传国五世。逆胡:指女真族统治者。此句谓将讨逆、收复失地的任务传给子孙去完成。

⑦ 遗民:金兵占领区的汉族百姓。

辛弃疾

辛弃疾(1140—1207),字幼安,号稼轩,历城(今山东济南)人。出生时,山东已为金兵所占,二十一岁参加抗金义军。入南宋后,历任签判、通判、知州、参议官、提点刑狱、转运副使、安抚使等职。任职期间,招集流亡,训练军队,一生坚决主张抗金,遭到主和派的打击,曾长期落职闲居。后两度起用,不久病卒。其词抒写力图恢复国家统一的爱国热情,倾诉壮志难酬的悲愤;也有不少吟咏祖国河山的作品。艺术风格多样,而以豪放为主。慷慨悲壮,笔力雄厚,与苏轼并称为"苏辛"。其词今存六百二十余首,为两宋之最。

摸鱼儿

淳熙己亥[①],自湖北漕移湖南[②],同官王正之置酒小山亭[③],为赋。

更能消、几番风雨[④],匆匆春又归去。惜春长怕花开早[⑤],何况落红无数[⑥]。春且住,见说道、天涯芳草无归路[⑦]。怨春不语[⑧]。算只有殷勤画檐蛛网,尽日惹飞絮[⑨]。　长门事,准拟佳期又误,蛾眉曾有人妒[⑩]。千金纵买相如赋,脉脉此情谁诉[⑪]?君莫舞,君不见、玉环飞燕皆尘土!闲愁最苦[⑫]。休去倚危栏[⑬],斜阳正在、烟柳断肠处。

【赏析】

在写这首词的时候,辛弃疾南来已近二十年,但始终不为偏安的南宋王朝所重用,他的抗敌主张不被采纳,甚至经常遭到贬谪。这首词是辛词中具有代表性的,为历代人们所传诵。

词是在他的政治理想落空之后所写,但完全摆脱了离愁别绪的传统题材,用其才笔以匡国事,寄托自己对国家的忧虑与痛心。稼轩是豪放派词的重要作家,但他所写婉约风格的篇目也往往脍炙人口,且具有个人独特的风格,与宋代任何婉约派著名词人相比,都绝无逊色之处。

---

① 淳熙己亥:宋孝宗淳熙六年(公元1179年)为己亥年。

② 湖北:荆湖北路。漕:漕司,水上运输粮食的官职。宋代漕司长官转运使掌管一路(宋代大行政区划)或数路军需粮饷,其后又兼军事、刑名、巡视地方之职,为府州以上行政长官,权任甚重。因有兵权,故亦称"漕帅"。是年三月,作者由荆湖北路转运副使改任荆湖南路转运副使。

③ 王正之:名正己,字正之。曾任右司郎官及太府卿等职,作者旧交。淳熙六年(公元1179年)任湖北转运判官,故称"同官"。小山亭:在东漕衙之乖崖堂。

④ 消:经受得住。

⑤ 长:总是。

⑥ 落红:泛指落花。

⑦ 见说道:听说道。"天涯"句:芳草连天,已遮蔽了春的归路。此言春天已到尽头。

⑧ 怨春不语:埋怨春天默不作声。

⑨ "算只有"两句:数来数去,只有那画檐下热情的蜘蛛还在整天努力结网,企图粘住一些飞舞的柳絮,留下少许春色。此暗喻国家还有少许繁华景象。

⑩ "长门事":指陈皇后失宠后被汉武帝送到长门宫中幽居之事。"准拟佳期又误":约定了好日子相会却又延误(取消)了。蛾眉:借指美女。此作者自喻。

⑪ "千金"两句:传为司马相如所写的《长门赋·序》云:"孝武皇帝陈皇后,时得幸,颇妒。别在长门宫,愁闷悲思。闻蜀郡成都司马相如,天下工为文,奉黄金百斤,为相如、(卓)文君(夫妇)取酒,因于解悲愁之辞;而相如为文,以悟主上,陈皇后复得亲幸。"按此赋序并非出于司马相如之手,陈皇后复得亲幸之事亦不见史传。

⑫ 闲愁:寂寞孤苦的愁思。

⑬ 危栏:高楼上的栏杆。

这首词就是作者婉约词章中颇具代表性的一篇，婉约中见豪放，回肠荡气，至于此极。

【思考与讨论】

1. “肝肠似火，色貌如花”是近代学者夏承焘先生为这首《摸鱼儿》所作的评语，你怎样理解这句评语？

2. 辛词与苏词相比较，苏词旷达，辛词豪放。请谈谈辛词的豪放。

王沂孙

王沂孙（约 1232—约 1306），字圣与，号碧山，又号中仙，会稽人。与姜夔、吴文英一样，在正史中没有传记。南宋最晚的一个词人。经历了南宋灭亡的惨痛，一直到元朝才死去。擅长写咏物词。有《碧山乐府》二卷，又名《花外集》。

天香·龙涎香[①]

孤峤蟠烟[②]，层涛蜕月[③]，骊宫夜采铅水[④]。汛远槎风[⑤]，梦深薇露，化作断魂心字。红瓷候火[⑥]，还乍识、冰环玉指。一缕萦帘翠影，依稀海天云气。　　几回殢娇半醉[⑦]。剪春灯、夜寒花碎。更好故溪飞雪，小窗深闭。荀令如今顿老[⑧]，总忘却、尊前旧风味。谩惜余薰，空篝素被[⑨]。

【赏析】

这是一首典型的咏物词，里边却寄托着词人怀念故国的情怀。读王沂孙的词，需要仔细地思索，词中有典故的安排。"骊宫夜采铅水"一句，暗含一个典故和历史。南宋后期的词大都不带给读者直接的感动，用王国维的话说就是"隔"，即"夫必借物言志，其不敢明言之隐衷可知也。"这也是南宋咏物词隐语性质的特点。

【思考与讨论】

1. 结合王沂孙的词谈谈南宋爱国词的特点及对晚清爱国词的影响。
2. 结合南宋灭亡的历史，请认真思考本词中典故的深意。

① 龙涎香：古代熏香的一种。《岭南杂记》上说："龙涎于香品中最贵重。"
② 孤峤：海上的孤岛。蟠烟：云雾萦绕。这一句交代了龙涎香的产地。
③ "层涛"句：是指采龙涎香的时间。据说采龙涎香的人都是趁着夜晚涨潮时采香。
④ 骊宫：龙宫。产龙涎的动物所在的地方。铅水：指龙涎。
⑤ 槎：是用木排编在一起的筏，采香时乘坐的工具。
⑥ "红瓷"句：制作龙涎香的过程。在红瓷坛里，用文火焙烤出来。
⑦ 殢（tì）：女子娇慵的样子。
⑧ 荀令：指荀彧，据说他爱好熏香，到别人家去做客，走后三天之内，身上的香气都不会散去。
⑨ 谩惜：徒然地爱惜。篝：熏香的竹笼。

元好问

元好问(1190—1257),字裕之,号遗山,太原府秀容(今山西忻州)人,系出拓跋氏。七岁能诗,金宣宗兴定五年(公元1221年)进士。先后任内乡(今河南内乡)、南阳(今河南南阳)等地县令。正大八年(公元1231年)入都,任尚书省掾、左司都事。金亡之后,弃官归隐,致力于金代文献的搜集编辑和整理。富豪侠之气,又逢乱世,饱经忧患,所以他的诗苍凉沉郁、悲壮雄健,多感伤时事之作。真实生动地反映了当时尖锐的民族矛盾与人民苦难,堪称史诗。著有《金源君臣言行录》,还编有《中州集》、《中州乐府》、《唐诗鼓吹》等。

迈陂塘·雁丘[1]

泰和五年乙丑岁,赴试并州,道逢捕雁者云:"今旦获一雁,杀之矣。其脱网者,悲鸣不能去,竟自投于地而死。"予因买得之,葬之汾水之上,累石为识,号曰"雁丘"。时同行者多为赋诗,予亦有《雁丘辞》。旧所作无宫商[2],今改定之。

问世间、情是何物,直教生死相许。天南地北双飞客,老翅几回寒暑。欢乐趣,离别苦。就中更有痴儿女[3]。君应有语[4]。渺万里层云,千山暮雪,只影向谁去。　横汾路[5]、寂寞当年箫鼓,荒烟依旧平楚[6]。招魂楚些何嗟及[7],山鬼暗啼风雨。天也妒。未信与、莺儿燕子俱黄土。千秋万古。为留待骚人,狂歌痛饮,来访雁丘处。

【赏析】

这首词名为咏物,实在抒情。词人为雁殉情而死的事所感动,才挥笔写下了这首词,寄托自己对殉情者的哀思。"问世间情是何物,直教生死相许?"一个"问"字破空而来,为殉情者发问 ,实际上是对大雁的赞美。"直教生死相许"是对"情是何物"的一个震撼人心的回答,"生死相许"是对至情至爱的一种无以言说的盛赞,这"直教"二字,声如巨雷 ,惊天地,泣鬼神。形孤影单,再无爱侣同趣共苦,生有何乐呢?开篇就使读者的热血不由得沸腾起来。飞禽都如此,何况人乎?情绪稍微平稳之后,在下阕词人借助对自然景物的描绘,衬托大雁殉情后的凄苦。最后"为留待骚人,狂歌痛饮,来访雁丘处",词人展开想象,"千秋万古"后,也会有像他和他的朋友们一样的"钟于情"的骚人墨客,来寻访这小小的雁丘,来祭奠这一对爱侣的亡灵。"狂歌痛饮"生动地写出了人们的感动之深。全词结尾,寄寓了词人对殉情者的深切哀思,寓缠绵之情于豪宕之中,寄人生哲理于情语之外,清丽淳朴、温婉蕴藉,具有很高的艺术价值。

【思考与讨论】

1. 该词运用了哪些文学典故使作品充满醇厚感人的韵味?
2. 该词如何发扬了词的抒情美质?

---

① 迈陂塘:词牌名。来自唐教坊曲《摸鱼子》,应是民间捕鱼时所歌。又名《摸鱼儿》。
② 宫商:古代五音宫、商、角、徵、羽。
③ 就中:于此,在这里面。
④ 君:指殉情的大雁。
⑤ 横汾路:指当年汉武帝巡幸处。
⑥ 平楚:就是平林。
⑦ 些:句末象声词。《楚辞·招魂》句尾均用"些"字,所以称"楚些"。

六、元明清文学

关汉卿

关汉卿(约1225—约1300),号已斋叟,元大都人,我国伟大的戏剧家,与马致远、郑光祖、白朴并称为“元曲四大家”,曾出任过太医院的院尹(一本作“院户”)。因不屑仕进,他长期生活在市井青楼勾栏之中,与倡优为伍,以编撰杂剧为业,曾领导过玉京书会。明初贾仲明说他是“驱梨园领袖,总编修帅首,捻杂剧班头”;著有杂剧60多种,今存18种,以《窦娥冤》、《单刀会》、《救风尘》、《拜月亭》等最著名。其散曲作品现存小令40余首,套曲10余套。王国维评他:“一空依傍,自铸伟词,而其言曲尽人情,字字本色,故当为元人第一。”(《宋元戏曲考》)1958年,值关汉卿戏曲创作700周年纪念,世界和平理事会推荐他为受纪念的世界文化名人之一。

单刀会·第四折

(鲁肃上,云)欢来不似今朝,喜来那逢今日。小官鲁子敬是也。我使黄文持书去请关公,欣喜许今日赴会。荆襄地合归还俺江东。英雄甲士已暗藏壁衣之后。令人江上相候,见船到便来报我知道。

(正末关公引周仓上[①],云)周仓,将到哪里也?(周云)来到大江中流也。(正云)看了这大江,是好一派江水也呵!(唱)

【双调新水令】[②]大江东去浪千叠,引着这数十人,驾着这小舟一叶。又不比九重龙凤阙,可正是千丈虎狼穴。大丈夫心别[③],我觑这单刀会似赛村社[④]。

(云)好一派江景也呵!(唱)

【驻马听】水涌山叠,年少周郎何处也?不觉的灰飞烟灭,可怜黄盖转伤嗟。破曹的樯橹一时绝,鏖兵的江水犹然热,好教我情惨切!(云)这也不是江水,(唱)二十年流不尽的英雄血!

(云)却早来到也,报伏去[⑤]。(卒报科,做相见科)(鲁云)江下小会,酒非洞里之长春[⑥],乐乃尘中之菲艺。猥劳君侯屈高就下[⑦],降尊临卑,实乃鲁肃之万幸也。(正云)量某有何德能,着大夫置酒张筵?既请必至。(鲁云)黄文,将酒来。二公子满饮一杯。(正云)大夫饮此杯。(把盏科)(正云)想古今,咱这人过日月好疾也呵!(鲁云)过日月是好疾也。光阴似骏马加鞭,浮世似落花流水。(正唱)

---

① 正末:杂剧角色名。元杂剧角色分末、旦、净、杂四大类,末为男角,犹京剧中的“生”,内分正末、副末、冲末、外末、小末等。正末为剧中的男主角。

② 双调新水令:此为宫调名加曲牌名。元杂剧三、四折惯用双调,且[新水令]多紧接[驻马听]。九重龙凤阙:指帝王住的宫殿。

③ 心别:别有胸怀。别,特别、特殊。

④ 赛村社:即“赛社”,周代蜡祭的遗俗。宋以后每年农历十月农事完毕后,乡村里巷举行祭田神的祭祀活动,村民相聚饮酒作乐日进行演出竞赛,谓之“赛社”。此处乃是关羽轻视对方本领的一种比喻,谓与东吴在这番较量中必获胜利。

⑤ 报伏:回报。

⑥ 长春:神话传说中仙人酿的酒。

⑦ 猥劳:即辱劳之意。猥:自谦之词。君侯:汉献帝曾封关羽为汉寿亭侯,故鲁肃称其为“君侯”。

【胡十八】想古今立勋业，那里也舜五人、汉三杰[⑧]，两朝相隔数年别，不付能见者[⑨]，却又早老也！开怀的饮数杯。(云)将酒来，(唱)尽心儿待醉一夜。

(把盏科)(正云)你知"以德报德，以直报怨"么[⑩]？(鲁云)既然将军言"以德报德，以直报怨"，借物不还者谓之怨。想君侯文武全才，通练兵书，习《春秋》、《左传》，济拔颠危，匡扶社稷，可不谓之仁乎？待玄德如骨肉，觑曹操若仇雠，可不谓之义乎？辞曹归汉，弃印封金[⑪]，可不谓之礼乎？坐服于禁，水淹七军[⑫]，可不谓之智乎？且将军仁、义、礼、智俱足，惜乎止少个信字，欠缺未完。若再得全个信字，无出君侯之右也[⑬]。(正云)我怎生失信？(鲁云)非将军失信，皆因令兄玄德公失信。(正云)我哥哥怎生失信来？(鲁云)想昔日玄德公败于当阳之上，身无所归，因鲁肃之故，屯军三江夏口。鲁肃又与孔明同见我主公，即日兴师拜将，破曹兵于赤壁之间。江东所费巨万，又折了首将黄盖。因将军贤昆玉[⑭]，无尺寸地，暂借荆州，以为养军之资，数年不还。今日鲁肃低情曲意，暂取荆州，以为救民之急；待仓廪丰盈，然后再献与将军掌领。鲁肃不敢自专，君侯台鉴不错[⑮]。(正云)你请我吃筵席来那是索荆州来？(鲁云)没、没、没，我则这般道：孙、刘结亲，以为唇齿，两国正好和谐。(正唱)

【庆东原】你把我真心儿待，将筵宴设，你这般攀今览古，分甚枝叶[⑯]？我跟前使不着你"之乎者也"、"诗云子曰"，早该豁口截舌[⑰]！有意说孙刘，你休目下番成吴、越！

(鲁云)将军原来傲物轻信！(正云)我怎么傲物轻信？(鲁云)当日孔明亲言：破曹之后，荆州即还江东。肃鲁亲为代保。不思旧日之恩，今日恩变为仇，犹自说"以德报德，以直报怨"。圣人道："信近于义，言可复也[⑱]。"去食去兵，不可去信[⑲]。"大车无輗，小车无軏，其何以行之哉[⑳]？"今将军全无仁义之心，枉作英雄之辈。荆州久借不还，却不道"人无信不立"！(正云)鲁子敬，你听的这剑戛么[㉑]？(鲁云)剑戛怎么？(正云)我这剑戛，头一遭诛了文丑，第二遭斩了蔡阳[㉒]，鲁肃呵，莫不第三遭到你也？(鲁云)没、没，我则这般道来。(正云)这荆州是谁的？(鲁云)这荆州是俺的。(正云)你不知，听我说。(唱)

---

⑧ 舜五人：相传舜手下有五位贤臣：禹(司马，掌平治水土)、皋陶(士官，掌刑法)、后姜(乐正，掌制诏乐)、弃(后稷，掌教种五谷)和契(司徒，掌教育百姓)。汉三杰：指辅佐刘邦治天下的张良、萧何、韩信。

⑨ 不付能：一作"不甫能"，才能够，好不容易。

⑩ 以德报德，以直报怨：语出《论语·宪问》。意为别人有恩德于我，我当以恩德报答他；别人与我有仇怨，我也应该用公正的态度去对待他。

⑪ 弃印封金：三国故事。关羽在许昌得到刘备的消息后，便将曹操所授"汉寿亭侯"之印留在原处，并将曹操所赠之金银封存好，然后离去，以表清白。

⑫ "坐服"二句：此处指曹操派于禁统领七支部队攻打樊城，庞德为先锋。结果为关羽决襄江之水所淹，庞德被擒事。坐服，轻易制服，形容毫不费力。服，顺服。

⑬ 之右：之上，古时以右为上。

⑭ 贤昆玉：对他人兄弟的敬称。喻其一门兄弟才德兼备，美如玉石。

⑮ 台鉴：阁下明察之意。台：旧时对人的一种敬称，如"兄台"、"台甫"。

⑯ 分甚枝叶：意谓一棵树还分什么枝和叶，比喻不要将吴蜀的亲密关系搞坏了。

⑰ 豁口截舌：割开嘴，割断舌头。意谓鲁肃说了不该说的话，真应该割嘴断舌。

⑱ "信近"二句：语出《论语·学而》。意谓守信用和"义"是接近的，而守信之言是可用行动来验证的。

⑲ "去食"二句：语出《论语·颜渊》。意谓即使舍弃粮食和武装力量，也不能无信。孔子认为，"民无信不立"，因此在食、兵、信三者中强调守信为最重要。

⑳ "大车"三句：语出《论语·为政》。意谓大车上没有輗，小车上没有軏，车如何能行走呢？此处用以比喻人不守信用便难以自立和处世。

㉑ 剑戛：一作"剑界"，剑响，剑鸣。

㉒ "头一遭"二句：文丑：袁绍手下名将。蔡阳：曹操部下的将军。关羽杀文丑、蔡阳事，与史实记载不符，而与元代的《全相三国志平话》相合。

【沉醉东风】想着俺汉高皇图王霸业，汉光武秉正除邪，汉献帝将董卓诛，汉皇叔把温侯灭[23]。俺哥哥合承受汉家基业。则你这东吴国的孙权，和俺刘家是甚枝叶？请你个不克己的先生自说[24]！

（鲁云）那里甚么响？（正云）这剑戛二次也。（鲁云）却怎么说？（正云）这剑按天地之灵，金火之精，阴阳之气，日月之形；藏之则鬼神遁迹，出之则魑魅潜踪[25]；喜则恋鞘沉沉而不动，怒则跃匣铮铮而有声。今朝席上，倘有争锋，恐君不信，拔剑施呈。吾当摄剑[26]，鲁肃休惊。这剑果有神威不可当，庙堂之器岂寻常；今朝索取荆州事，一剑先教鲁肃亡。（唱）

【雁儿落】则为你三寸不烂舌，恼犯我三尺无情铁。这剑，饥餐上将头，渴饮仇人血。

【得胜令】这是条龙向鞘中蛰[27]，虎在座间蛰。今日故友每才相见，休着俺弟兄每相间别。鲁子敬听者：你心内休乔怯[28]，畅好是随邪[29]，吾当酒醉也。

（鲁云）臧宫动乐[30]。（臧宫上，云）天有五星，地攒五岳，人有五德，乐按五音。五星者：金、木、水、火、土。五岳者：常、恒、泰、华、嵩。五德者：温、良、恭、俭、让。五音者：宫、商、角、徵、羽。（甲士拥上科）（鲁云）埋伏了者。（正击案，怒云）有埋伏也无埋伏？（鲁云）并无埋伏。（正云）若有埋伏，一剑挥之两段！（做击案科）（鲁云）你击碎菱花[31]。（正云）我特来破镜[32]！（唱）

【搅筝琶】却怎生闹炒炒军兵列，上来的休遮当，莫拦截！（云）当着我的，呵呵！（唱）我着他剑下身亡，目前流血。便有那张仪口、蒯通舌[33]，休那里躲闪藏遮。好生地送我到船上者，我和你慢慢地相别。

（鲁云）你去了，倒是一场伶俐[34]。（黄文云）将军，有埋伏哩！（鲁云）迟了我的也。（关平领众将上，云）请父亲上船，孩儿每来迎接哩。（正云）鲁肃，休惜殿后。（唱）

【离亭宴带歇指煞】我则见紫袍银带公人列[35]，晚天凉风冷芦花谢，我心中喜悦。昏惨惨晚霞收，冷飕飕江风起，急飐飐云帆扯[36]。承管待、承管待，多承谢、多承谢。唤梢工慢者，解缆开岸边龙，船分开波中浪，棹搅碎江心月。正欢娱有甚进退，且谈笑不分明夜[37]。说与你两件事，先生记者：百忙里趁不了老兄心[38]，急且里倒不了俺汉家节[39]。

㉓ 温侯：吕布，字奉先，东汉九原人。曾官奋威将军，封温侯。

㉔ 不克己：不能克制自己的私欲。

㉕ 魑魅（chī mèi）：古代传说中伤害人的精怪。

㉖ 摄剑：拔剑。

㉗ 龙向鞘中蛰（zhé）：指宝剑像龙一样在剑鞘里潜藏着。蛰，虫类冬眠。

㉘ 乔怯：畏惧，害怕。

㉙ 畅好是：正好是，真好是。随邪：元杂剧中常用以指男女之间的关系不正经，轻浮浪荡。此处有“放浪”、“疯魔”之意。

㉚ 臧宫：鲁肃军中负责音乐的官员。

㉛ 菱花：古代镜子的代称，因铜镜背面的装饰图案多用菱花之故。

㉜ 破镜：象征决裂与分离，“镜”与“子敬”之“敬”谐音，语意双关。

㉝ 张仪口，蒯通舌：像张仪和蒯通那样的善辩才能。此处暗喻鲁肃。张仪：战国时魏人，相于秦，曾游说齐楚燕韩赵魏六国连横事秦，被封为武信君。蒯通，秦汉间齐人，曾游说范阳令徐公归降武臣（陈胜将领），使武臣不战而下燕赵三十余城，又游说韩信而平定齐地。二人皆为历史上的著名辩士。

㉞ 伶俐：干净利落。

㉟ 紫袍银带：皆古代官员服饰，此处用来比喻高级官员。公人，指官员。

㊱ 急飐飐（zhǎn）：形容帆动船飞顺风疾行的样子。

㊲ 明夜：白昼和黑夜。

㊳ 趁：同“称”。遂。

㊴ 急且里：匆忙急迫之中。汉家节：节乃是古代使臣所持之信物，有代表国家的意义。此处的“汉家节”可理解为汉家的天威。

【赏析】

《单刀会》是一部历史剧，全剧共四折。全剧写鲁肃为索取荆州，约请关羽过江赴会，想在席间挟持关羽。前两折借东吴乔国老和隐士司马徽之口，历数关羽的盖世威名和赫赫战功，侧面衬托关羽形象。第三折主要通过关羽对关平等人诉说创业的艰辛，充分表现了他无所畏惧的英雄气概。第四折则写关羽应邀过江单刀赴会的具体情节。

本折戏既是全剧的最后一折，也是全剧的高潮。关羽明知鲁肃宴请有诈，却仍单刀驾舟赴会；宴席上，严词拒绝鲁肃索还荆州的要求，并先发制人，慑服对手鲁肃，安全返回驻地，表现了关羽雄阔的胸怀、超群的胆略和过人的智慧。剧中多次出现的"汉家基业"、"俺汉家节"等一类唱词，借历史人物之口，对激起汉族人民的民族情感，鼓舞他们积极从事反抗蒙古族残酷压迫的斗争，无疑具有重要作用。

此折戏在关羽形象的刻画上独具匠心。采用欲急先缓、欲张先弛的方法，用两支曲子来写景抒情，巧妙地将叙事融于其间，使景、情、事达到有机的统一，充分展示了关羽藐视强敌、处惊不慌的豪迈气概。在整个"赴会"过程中，剧作者凭借对壮阔景色的描绘和英雄性格的摹写以及对英雄豪迈情怀的抒发，将三者交织在一起，刻画出一个勇武非凡、胆略超群、智慧过人的关羽形象。

【思考与讨论】

1. 分析元曲繁荣兴盛的主要原因。
2. 分析《单刀会》中表现关羽英雄形象的手法。

白　朴

白朴(1226—1306)，字仁甫，后改为太素，号兰谷。祖籍隩州(今山西曲沃县)，后徙居真定(今河北正定县)，晚岁寓居金陵(今南京市)，终身未仕。他是元代著名的文学家、杂剧家，其诗词俱佳，尤工于曲，元曲四大家之一。其一生创作各种题材的杂剧共十六种，今存三种:《梧桐雨》、《东墙记》、《墙头马上》;诗文有《天籁集》。

双调·沉醉东风·渔夫

黄芦岸白蘋渡口[①]，绿杨堤红蓼滩头[②]。虽无刎颈交[③]，却有忘机友[④]。　点秋江白鹭沙鸥。傲杀人间万户侯[⑤]，不识字烟波钓叟。

【赏析】

渔父(或“渔夫”)是中国古代文学重要的原型形象，自先秦以来，这一形象在历代的文学作品中不断出现，成为隐逸情感表达的重要载体。

白朴的这首小令即塑造了一个与“白鹭沙鸥”为友的洒脱出尘的渔夫形象。元代社会中的渔夫不可能那样悠闲自在，也未必敢于傲视统治他的“万户侯”，不难看出，这只曲子所写的“渔夫”是理想化了的。作者白朴对元代的统治异常反感，终生不仕，却仍然找不到一片避世的净土。因此，他把理想投射到“渔夫”身上，通过对他自由自在的垂钓生活的描写，表现了作者不与达官贵人为伍、甘心淡泊宁静生活的情怀。

这首小令因其语言清丽、风格俊逸，又表达了备受压抑的知识分子所追求的理想，因而就赢得了人们的喜爱。

【思考与讨论】

“渔父”形象的文学渊源在哪里?我们学过或了解哪些渔父诗词作品?

---

① 白蘋(pín):一种在浅水中多年生的植物。

② 红蓼(liǎo):一种水边生的草本植物，开白色或浅红色的小花。

③ 刎颈交:生死朋友的意思。

④ 忘机友:机，机巧、机心。忘机友即相互不设机心、无所顾忌的朋友。

⑤ 万户侯:本意是汉代具有万户食邑的侯爵，在此泛指高官显贵。

杨 慎

杨慎(1488—1559),明代文学家。字用修,号升庵。新都(今属四川)人。少年时聪颖,11岁能诗。正德六年(公元1511年),殿试第一,曾任翰林院修撰,经筵讲官。嘉靖三年(公元1524年),因“大礼仪”廷杖削籍,谪戍云南永昌卫,居云南30余年,死于戍地。天启朝追谥“文宪”。

杨慎博文广识,《明史》本传称其著述之富,明代第一。后人辑有《升庵集》。另有《丹铅录》、《升庵诗话》、《词林万选》等,于学术、诗文、词曲方面均有建树。存诗约2300首。

临江仙[①]

滚滚长江东逝水,浪花淘尽英雄。是非成败转头空[②]。青山依旧在,几度夕阳红。　白发渔樵江渚上[③],惯看秋月春风。一壶浊酒喜相逢。古今多少事,都付笑谈中。

【赏析】

这首词已为诗词选家和广大读者熟悉与喜爱,并获得广泛的共鸣。清初毛宗岗父子置于《三国演义》卷首,因而流传久远。后《三国演义》电视剧将之作为主题曲,也绝非偶然。

词的上片,词人由古至今,屈指数英才,而烜赫一时的英雄人物,却如过眼云烟,早成历史陈迹。词人纵观古人,反思历史,发现历史上的是非成败,到头来都转眼成空,而“青山依旧”,宇宙永恒;英雄功业恰如夕阳,虽然美好却极短暂。“空”中有“悟”,寄托深沉。下片是白发渔樵在秋月春风中的自画像,特写镜头是“笑”。词人的睿智与博学,使他能从容不迫地指点江山,评说是非。历史上多少人曾经轰轰烈烈,最终无不化为尘埃,自己则超越是非,听命自然,以秋月春风为伴,在江渚之上过着寄情诗酒的生活,笑谈古今。

这首词篇幅虽短,却高度概括了词人对世事沧桑的感悟,深刻地渗透着某种人生哲理。但全词并未抽象地讲说道理,而是把永恒的宇宙与短暂的人生作对比,从历史的经验和个人的经历中看透了人生,逐渐摆脱了荣辱得失的羁绊,以渔父、樵夫自居,抒发了超然物外的旷达之情。

【思考与讨论】

杨慎《临江仙》词被毛宗岗父子置于《三国演义》一书开头,请谈一谈这样安排的意义。

---

① 此词为杨慎晚年作品。选自他的《廿一史弹词》第三段《说秦汉》的开场词,后毛宗岗父子评刻《三国演义》时将其放在卷首。

② 转头:犹言转脸、转眼,喻时间极短。

③ 渔樵:钓鱼和砍柴。古代诗文中渔翁、樵夫多指隐士。渚:水中的小块陆地。

顾炎武

顾炎武(1613—1682)，本名绛，字宁人，江苏昆山亭林镇人，学者尊为亭林先生，明末清初的杰出爱国学者、思想家、文学家，与黄宗羲、王夫之并称为明末清初“三大儒”。明亡后志存复明，他因仰慕文天祥学生王炎午的为人，改名炎武。顾炎武少年参加“复社”反宦官权贵斗争，清兵南下后参加抗清起义，失败后十谒明陵，遍游华北，所至访问风俗，搜集材料，尤致力于边防和地理的研究。顾炎武学问渊博，于国家典制、郡邑掌故、天文仪象、河漕、兵农以及经史百家、音韵训诂之学都有很深造诣。他提倡学问当经世致用，“明道”、“救世”，反对唯心空谈，开清代朴学风气；康熙时诏举博学宏词科，荐修《明史》，皆被严词拒绝。顾炎武著述宏富，主要有《日知录》、《天下郡国利病书》、《亭林诗文集》等。

廉　耻[①]

《五代史·冯道传·论》曰[②]：“礼义廉耻，国之四维；四维不张，国乃灭亡[③]。善乎管生之能言也[④]。礼义，治人之大法；廉耻，立人之大节。盖不廉则无所不取，不耻则无所不为，人而如此，则祸败乱亡亦无所不至。况为大臣而无所不取，无所不为，则天下其有不乱，国家其有不亡者乎[⑤]！”然而四者之中，耻尤为要。故夫子之论士曰：“行己有耻。[⑥]”孟子曰：“人不可以无耻。无耻之耻，无耻矣[⑦]！”又曰：“耻之于人大矣，为机变之巧者，无所用耻焉[⑧]！”所以然者，人之不廉，而至于悖礼犯义，其原皆生于无耻也。故士大夫之无耻，是谓国耻[⑨]。

吾观三代以下[⑩]，世衰道微，弃礼义，捐廉耻，非一朝一夕之故。然而松柏后凋于岁寒[⑪]，鸡鸣不已于风雨[⑫]，彼昏之日，固未尝无独醒之人也[⑬]。顷读《颜氏家训》[⑭]有云：“齐朝一士夫[⑮]，尝谓吾曰：‘我有一儿，年已十七，颇晓书疏[⑯]，教其鲜卑语[⑰]，及弹琵琶，稍欲通解，以此伏事公

① 本文节选自《日知录》卷十三《廉耻》。

② 《五代史》：此指《新五代史》，欧阳修撰，共75卷。《冯道传》列入第54卷中。冯道(公元882年—公元954年)，五代景城(今河北交河)人，字可道，历事唐、晋、汉、周四朝，官皆将相，自号长乐老。

③ 礼义廉耻四句：语见《管子·牧民》。维，系物之绳，准则。管仲以礼义廉耻四者比喻维系国家之纲。

④ 管生：即管仲，春秋时期齐国杰出的政治家，辅佐齐桓公实施政治改革，使齐国称霸于诸侯。相传《管子》就是他的著作。

⑤ 其：通“岂”。

⑥ 夫子：即孔子。《论语·子路》云：“子贡问曰：‘何如斯可谓之士矣？’子曰：‘行己有耻。使于四方，不辱君命，可谓士矣！’”行己有耻，指为士者处世行事能知耻而有所不为。

⑦ 三句语出《孟子·尽心上》。言人不可以没有羞耻，不知羞耻的那种羞耻，真是不知羞耻。

⑧ 三句语出《孟子·尽心上》。机变：巧伪变诈。无所用耻：意思是不把廉耻放在心上。

⑨ 国耻：指国家所蒙受的耻辱。

⑩ 三代：指夏、商、周。

⑪ 全句出自《论语·子罕》：“岁寒，然后知松柏之后凋也”。

⑫ 全句出自《诗经·郑风·风雨》：“风雨如晦，鸡鸣不已。”已：止。

⑬ 独醒：比喻不随波逐流。屈原《渔父》曰：“举世皆浊我独清，众人皆醉我独醒。”

⑭ 《颜氏家训》：北朝颜之推作，共七卷，分二十篇，内容多叙述立身治家之法，文笔朴实平易。颜之推(公元531年—公元595年)，字介，琅邪临沂(今山东临沂)人，南北朝时文学家。

⑮ 齐朝：指北齐(公元550年—公元577年)。

⑯ 疏：为注文作注释称疏。

⑰ 鲜卑，我国古代的少数民族，居住在今东北、内蒙古一带。

卿，无不宠爱。'吾时俯而不答。异哉此人之教子也！若由此业，自致卿相，亦不愿汝曹为之[18]！"嗟乎！之推不得已而仕于乱世，犹为此言，尚有《小宛》诗人之意[19]，彼阉然媚于世者[20]，能无愧哉！

【赏析】

礼义廉耻，是中华民族可贵的道德传统。这篇短文分为两大段。第一段开篇即以《五代史·冯道传》所引管仲名言为全文张本，开宗明义，直接揭示中心论点。作者认为，礼义乃治人之大法，廉耻乃立人之大节，若不廉无耻，则祸败乱亡会无所不至。而国家大臣若不讲廉耻，则将导致亡国。继而指出：礼义廉耻四者之中，"耻尤为要"，并用孔子"行己有耻"及孟子"人不可以无耻"的名言为例证，推断出"士大夫之无耻，是谓国耻"的结论。顾炎武目睹明亡后，士大夫们纷纷屈节仕清，所谓"蓟门朝士多狐鼠，旧日须眉化儿女。生女须教出塞装，生男要学鲜卑语。"（顾炎武《蓟门送子德归关中》）对这种不讲廉耻、士风败坏之丑行深恶痛绝，并称之为"国耻"。第二段中，顾炎武以《颜氏家训》为例，赞扬了颜之推遭时之乱而保持气节的义行，鞭挞了北齐士大夫丧失气节、奴颜婢膝、卖身求荣的无耻行径，并由此对明清易代之际那些"阉然媚于世"的大臣们，表示了愤怒的谴责，强调要做"独醒之人"。

顾炎武忠于明朝，反清复明之志至死不渝，故对士大夫们的仕清之举谴责鞭挞，这在今天看来，无疑有其时代与民族的局限。但他提倡"行己有耻"却绝对是正确的。越王勾践卧薪尝胆，终于灭吴雪耻；苏武冰天雪地持节牧羊，不辱使命，名扬青史。"知耻"已成为中华民族的一种优良道德传统，成为爱国主义的重要心理基础。那些卖国投敌、认贼作父、伤天害理、奴颜卑膝者，自当为国人所不齿。今天，《廉耻》一文仍有现实意义，它将激励我们自觉加强自身修养，成为"行己有耻"的人。

【思考与讨论】

作为中华民族道德传统的核心内容之一，礼义廉耻，自古以来就为人所重视。你认为《廉耻》一文有何现实意义？请结合社会现实谈一谈你的看法。

---

⑱ 以上见《颜氏家训·教子》。

⑲《小宛》：《诗经·小雅》篇名；朱熹《诗集传》认为是大夫遭时之乱，兄弟相戒以免祸的诗。

⑳ 阉然：昏暗闭塞貌。

蒲松龄

蒲松龄(1640—1715),字留仙,一字剑臣,别号柳泉居士,世称聊斋先生,山东淄川(今淄博)人。从小随父读书,十九岁时以县、府、道试三个第一补博士弟子生员,深为施闰章、王士禛所重;后屡应省试,皆落第,年七十一岁始成贡生。除中年一度作幕于宝应,居乡以塾师终老。他家境贫困,故能接触底层人民生活,能诗文,善作俚曲。他曾以数十年时间,写成短篇小说集《聊斋志异》,并不断修改增补。其书运用唐传奇小说文体,通过谈狐说鬼方式,对当时的社会、政治多所批判。除《聊斋志异》外,蒲松龄还写有相当数量的诗、词、文、俚曲,今人编有《聊斋文集》。

聊斋志异·小翠

王太常[①],越人。总角时[②],昼卧榻上。忽阴晦,巨霆暴作,一物大于猫,来伏身下,展转不离。移时晴霁,物即径出。视之,非猫,始怖,隔房呼兄。兄闻,喜曰:“弟必大贵,此狐来避雷霆劫也。”后果少年登进士,以县令入为侍御[③]。生一子,名元丰,绝痴,十六岁不能知牝牡[④],因而乡党无与为婚。王忧之。适有妇人率少女登门,自请为妇。视其女,嫣然展笑,真仙品也。喜问姓名。自言:“虞氏。女小翠,年二八矣。”与议聘金。曰:“是从我糠核不得饱[⑤],一旦置身广厦,役婢仆,厌膏粱[⑥],彼意适,我愿慰矣,岂卖菜也而索直乎!”夫人大悦,优厚之。妇即命女拜王及夫人,嘱曰:“此尔翁姑,奉侍宜谨。我大忙,且去,三数日当复来。”王命仆马送之。妇言:“里巷不远,无烦多事。”遂出门去。小翠殊不悲恋,便即奁中翻取花样。夫人亦爱乐之。数日,妇不至。以居里问女,女亦憨然不能言其道路,遂治别院,使夫妇成礼。诸戚闻拾得贫家儿作新妇,共笑姗之[⑦];见女皆惊,群议始息。

女又甚慧,能窥翁姑喜怒。王公夫妇,宠惜过于常情,然惕惕焉,惟恐其憎子痴;而女殊欢笑,不为嫌。第善谑,刺布作圆[⑧],蹋蹴为笑。着小皮靴,蹴去数十步,绐公子奔拾之,公子及婢恒流汗相属。一日,王偶过,圆訇然来,直中面目。女与婢俱敛迹去[⑨],公子犹踊跃奔逐之。王怒,投之以石,始伏而啼。王以告夫人;夫人往责女,女俯首微笑,以手刓床[⑩]。既退,憨跳如故,以脂粉涂公子,作花面如鬼。夫人见之,怒甚,呼女垢骂。女倚几弄带,不惧,亦不言。夫人无奈之,因杖其子。元丰大号,女始色变,屈膝乞宥。夫人怒顿解,释杖去。女笑拉公子入室,代扑衣上尘,拭眼泪,摩掌杖痕,饵以枣栗。公子乃收涕以欣。女阖庭户,复装公子作霸王,作

① 太常:官名,即太常寺卿,掌管宫廷祭祀礼乐等事。

② 总角时:幼年时。古时男女未成年时将头发束起,扎成两个角,叫做“总角”。

③ 侍御:即明、清时都察院中的御史。掌管对中央官员及地方行政官员的监察、检举。

④ 牝牡:雌雄,指男女性别。鸟兽雌性叫“牝”,雄性叫“牡”。

⑤ 糠核:粗粮。核:没有磨碎的麦子。

⑥ 膏粱:肥肉细粮,指美食。

⑦ 笑姗:嘲笑。

⑧ 刺布作圆:缝布作球。刺:缝制。圆:球。

⑨ 敛迹:躲藏,藏身。

⑩ 刓(wǎn):划刻。

沙漠人⑪；己乃艳服，束细腰，婆娑作帐下舞；或髻插雉尾，拨琵琶，丁丁缕缕然⑫，喧笑一室，日以为常。王公以子痴，不忍过责妇；即微闻焉，亦若置之。

同巷有王给谏者⑬，相隔十余户，然素不相能⑭。时值三年大计吏，忌公握河南道篆⑮，思中伤之。公知其谋，忧虑无所为计。一夕，早寝。女冠带，饰冢宰状⑯，剪素丝作侬髭，又以青衣饰两婢为虞候⑰，窃跨厩马而出，戏云："将谒王先生。"驰至给谏之门，即又鞭挞从人，大言曰："我谒侍御王，宁谒给谏王耶！"回辔而归。比至家门，门者误以为真，奔白王公。公急起承迎，方知为子妇之戏。怒甚，谓夫人曰："人方蹈我之瑕⑱，反以闺阁之丑，登门而告之。余祸不远矣！"夫人怒，奔女室，诟让之。女惟憨笑，并不一置词。挞之，不忍；出之，则无家；夫妻懊怨，终夜不寝。时冢宰某公赫甚⑲，其仪采服从⑳，与女伪装无少殊别，王给谏亦误为真。屡侦公门，中夜而客未出，疑冢宰与公有阴谋㉑。次日早朝，见而问曰："昨夜相公至君家耶？"公疑其相讥，惭言唯唯，不甚响答。给谏愈疑，谋遂寝㉒，由此益交欢公。公探知其情，窃喜，而阴嘱夫人，劝女改行；女笑应之。

逾岁，首相免，适有以私函致公者，误投给谏。给谏大喜，先托善公者往假万金，公拒之。给谏自诣公所。公觅巾袍，并不可得；给谏伺候久，怒公慢㉓，愤将行。忽见公子衮衣旒冕，有女子自门内推之以出。大骇；已而笑抚之，脱其服冕而去。公急出，则客去远。闻其故，惊颜如土，大哭曰，"此祸水㉔也！指日赤㉕吾族矣！"与夫人操杖往。女已知之，阖扉任其诟厉。公怒，斧㉖其门。女在内含笑而告之曰："翁无烦怒。有新妇在，刀锯斧钺，妇自受之，必不令贻害双亲。翁若此，是欲杀妇以灭口耶？"公乃止。给谏归，果抗疏㉗揭王不轨，衮冕作据。上惊验之，其旒冕乃粱秸心所制，袍则败布黄袱也。上怒其诬。又召元丰至，见其憨状可掬，笑曰："此可以作天子耶？"乃下之法司，给谏又讼公家有妖人，法司严诘臧获㉘，并言无他，惟颠妇痴儿，日事戏笑；邻里亦无异词。案乃定，以给谏充云南军。王由是奇女。又以母久不至，意其非人。使夫人探诘之，女但笑不言。再复穷问，则掩口曰："儿玉皇女，母不知耶？"

---

⑪ 沙漠人：指匈奴人。

⑫ 丁丁缕缕然：形容弹奏琵琶所发出的连续不断的声响。丁丁，形容声音响亮。缕缕，形容声细不绝。

⑬ 给谏：官名，给事中的别称。明代给事中分吏、户、礼、兵、刑、工六科，掌侍从规谏、稽察六部弊误等事。请代隶属都察院。

⑭ 不相能：不相容。

⑮ 握河南道篆：做河南道监察御史。篆：官印，因官印多用篆字刻写，故称。明代都察院下设十三道监察御史，给予印篆，分区负责考察各该地区刑名吏治情况。

⑯ 冢宰：周代官员，为六卿之首。明代以内阁大学士为相，中叶起多兼吏部尚书，故又称吏部尚书为冢宰。

⑰ 虞候：宋时贵官雇用的侍从。此处指侍卫、随员。

⑱ 蹈我之瑕：寻找我的过错。

⑲ 赫：声势显赫。

⑳ 服从：侍从。

㉑ 阴谋：私下的策划。和今天的"阴谋"概念不同。

㉒ 寝：停止、中止，打消。

㉓ 慢：怠慢。

㉔ 祸水：汉成帝宠赵飞燕的妹妹合德。披香博士淖方成唾曰："此祸水也，灭火必矣。"见《飞燕外传》。照五行家的说法，汉朝得火德而兴，因而说赵合德祸害汉室，如同水之灭火。后因称败坏国家的女性为"祸水"。

㉕ 赤：作动词，屠杀。

㉖ 斧：这里作动词用，砍。

㉗ 抗疏：上疏直陈，直言上奏给皇帝。

㉘ 臧获：奴婢。《荀子・王霸》："如是则虽臧获不肯与天子易势业。"《注》："臧获，奴婢也。《方言》谓荆淮海岱之间，骂奴曰臧，骂婢为获。或曰，取货谓之臧，擒得谓获。皆谓有罪为奴隶者。"

无何，公擢京卿。五十余，每患无孙。女居三年。夜夜与公子异寝，似未尝有所私。夫人异榻去，嘱公子与妇同寝。过数日，公子告母曰："借榻去，悍不还！小翠夜夜以足股加腹上，喘气不得；又惯掐人股里。"婢妪无不粲然。夫人呵拍令去。一日，女浴于室，公子见之，欲与偕；女笑止之，谕使姑待。既出，乃更泻热汤于瓮，解其袍裤，与婢扶之入。公子觉蒸闷，大呼欲出。女不听，以衾蒙之。少时，无声，启视，已绝。女坦笑不惊，曳置床上，拭体干洁，加复被焉。夫人闻之，哭而入，骂曰："狂婢何杀吾儿！"女辴然[29]曰："如此痴儿，不如勿有。"夫人益恚，以首触女；婢辈争曳劝之。方纷噪间，一婢告曰："公子呻矣！"辍涕抚之，则气息休休，而大汗浸淫[30]，沾浃[31]裀褥。食顷，汗已，忽开目四顾，遍视家人，似不相识，曰："我今回忆往昔，都如梦寐，何也？"夫人以其言语不痴，大异之。携参其父，屡试之，果不痴。大喜，如获异宝。至晚，还榻敝处，更设衾枕以觇之。公子入室，尽遣婢去。早窥之，则塌虚设。自此痴颠皆不复作，而琴瑟静好，如形影焉。

年余，公为给谏之党奏劾免官，小有挂误。旧有广西中丞[32]所赠玉瓶，价累千金，将出以贿当路。女爱而把玩之，失手堕碎，惭而自投[33]。公夫妇方以免官不快，闻之，怒，交口呵骂。女忿而出，谓公子曰："我在汝家，所保全者不止一瓶，何遂不少存面目？实与君言：我非人也。以母遭雷霆之劫，深受而翁庇翼；又以我两人有五年夙分，故以我来报恩、了夙愿耳。身受唾骂，擢发不足以数[34]，所以不即行者，五年之爱未盈。今何可以暂止乎！"盛气而出，追之已杳。公爽然自失[35]，而悔无及矣。

公子入室，睹其剩粉遗钩，恸哭欲死；寝食不甘，日就羸瘁。公大忧，急为胶续以解之[36]，而公子不乐。惟求良工画小翠像，日夜浇祷其下[37]，几二年。偶以故自他里归，明月已皎，村外有公家亭园，骑马墙外过，闻笑语声，停辔，使厩卒[38]捉鞚；登鞍一望，则二女郎游戏其中。云月昏蒙，不甚可辨，但闻一翠衣者曰："婢子当逐出门！"一红衣者曰："汝在吾家园亭，反逐阿谁？"翠衣人曰："婢子不羞，不能作妇，被人驱遣，犹冒认物产也？"红衣者曰："索胜老大婢无主顾者！"听其音，酷类小翠，疾呼之。翠衣人去曰："姑不与若争，汝汉子来矣。"既而红衣人来，果小翠。喜极。女令登垣承接而下之，曰："二年不见，骨瘦一把矣！"公子握手泣下，具道相思。女言："妾亦知之，但无颜复见家人。今与大姊游戏，又相邂逅，足知前因不可逃也。"请与同归，不可；请止园中，许之。公子遣仆奔白夫人。夫人惊起，驾肩舆而往，启钥入亭。女即趋下迎拜；夫人捉臂流涕，力白前过，几不自容，曰："若不少记榛梗[39]，请偕归，慰我迟暮[40]。"女峻辞不可。夫人虑野亭荒寂，谋以多人服役。女曰："我诸人悉不愿见，惟前两婢朝夕相从，不能无眷注耳；外惟一老仆应门，馀都无所复须。"夫人悉如其言。托公子养疴园中，日供食用而已。

---

[29] 辴(chǎn)然：笑的样子。

[30] 浸淫：渗渍。

[31] 沾浃：湿透。

[32] 中丞：巡抚的别称。明清时，巡抚兼带副都御史衔，相当于前代的御史中丞，故称之为"中丞"。

[33] 自投：自己去承认错误或者过失，自首。

[34] 擢发不足以数：拔卜头发来都数不完。

[35] 爽然自失：语出《史记·屈原贾生列传》，意谓深为内疚。爽然：茫然。自失：内心空虚。

[36] 胶续：指续娶。旧时以琴瑟谐和比喻夫妇，因此俗谓丧妻为断弦，再娶曰续弦。《十洲记》谓海上凤麟洲，多仙人，以凤喙麟角合煎作膏，名"续弦胶"，能续弓弩的断弦。后来因称男子续娶为"胶续"或"鸾胶再续"。

[37] 浇祷：酹酒祈祷，即以酒浇地，祭奠祷告。

[38] 厩卒：马夫。

[39] 榛梗：草木丛生，阻塞不通；喻隔阂，前嫌，芥蒂。

[40] 迟暮：喻晚年。迟：晚。

女每劝公子别婚，公子不从。后年余，女眉目音声，惭与曩异，出像质之，迥若两人。大怪之。女曰："视妾今日，何如畴昔[41]美？"公子曰，"二十余岁，何得速老。"女笑而焚图，救之已烬。一日，谓公子曰："昔在家时，阿翁谓妾抵死不作茧[42]。今亲老君孤，妾实不能产，恐误君宗嗣。请娶妇于家，旦晚侍奉公姑，君往来于两间，亦无所不便。"公子然之，纳币[43]于钟太史之家。吉期将近，女为新人制衣履，赍送母所。及新人入门，则言貌举止，与小翠无毫发之异。大奇之。往至园亭，则女亦不知所在。问婢，婢出红近巾曰："娘子暂归宁，留此贻公子。"展中，则结玉玦一枚，心知其不返，遂携婢俱归。虽顷刻不忘小翠，幸而对新人如觌旧好焉。始悟钟氏之姻，女预知之，故先化其貌，以慰他日之思云。

异史氏曰："一狐也，以无心之德，而犹思所报；而身受再造之福者，顾失声于破甑[44]，何其鄙哉！月缺重圆，从容而去，始知仙人之情，亦更深于流俗也！"

【赏析】

狐精化人的故事中国古已有之。后魏时，"妇人着彩衣者，人指为狐魅"（《洛阳伽蓝记》），"唐初以来，百姓多事狐神。房中祭祀以乞恩，食饮与之同之，事者非一主。当时有谚曰：无狐魅，不成村"（《朝野佥载》）。唐宋时，狐女故事日益增多。从狐怪小说来看，多数作品内容都荒诞怪异，情节粗陋，狐精形象也大都是作为否定形象出现的，极易使读者产生恐惧之感。唐人沈既济的《任氏传》、宋人刘斧《青琐高议》后集卷三的《小莲记》以及明人李昌祺的《胡媚娘传》是狐精形象逐渐向人性化发展的重要标志。到了清代《聊斋志异》才出现了成熟的狐女形象。

《小翠》就是其中的重要代表。蒲松龄的高明之处在于善于把握狐的特点和人的特点，并将两者巧妙自然地融汇在一起，从而使得狐中有人，人中见狐，难解难分。小翠就是一个集人与狐于一身的独特又可爱的狐女形象。小翠是狐精，她有许多不同于人的神异之处，在日常生活中，小翠又是那样富于人情味。借狐仙说世情，揭露上层社会尔虞我诈的种种情状以及流俗的污浊，才是小说的价值所在。

【思考与讨论】

蒲松龄创作小翠形象的用意何在？试分析"异史氏曰"在《聊斋志异》每篇文章的篇末所起的作用。

---

[41] 畴昔：从前，往日。

[42] 抵死：到老死；终究。不作茧：以蚕不作茧比喻妇女不能生育。

[43] 纳币：下聘礼。也称"纳征"。

[44] 失声于破甑：东汉孟敏荷甑而行，甑堕地破裂，孟敏不顾而去，认为"甑已破矣，视之何益"。见《后汉书·郭泰传》。这里反用其意，借以指责王太常毫无涵养，竟然惋惜已碎的玉瓶，诟骂对王家有再造之德的小翠。失声：不自禁而出声。甑：陶甑，古代炊器。

纳兰性德

纳兰性德(1655—1685),叶赫那拉氏,原名成德,避太子保成讳改名为性德;字容若,号楞伽山人,满洲正黄旗人,清朝著名词人。父亲纳兰明珠是康熙朝武英殿大学士,权倾朝野。纳兰性德自幼饱读诗书,文武兼修,十七岁入国子监,十八岁考中举人。十九岁参加会试中第,成为贡士。康熙十二(公元1673年)年因病错过殿试。康熙十五(公元1675年)年补殿试,考中第二甲第七名,赐进士出身,初授三等侍卫,后升至一等侍卫,经常随清圣祖巡幸远近。但他无意功名,酷爱读书,多结交知名文士。纳兰性德很有文学天赋,工诗文,而尤以填词著称,其词清丽婉约,哀感顽艳,格高韵远,独具特色。纳兰性德与阳羡派领袖陈维崧、浙西词派领袖朱彝尊鼎足清初词坛,然30岁即英年早逝,著有《通志堂集》、《饮水词》等。

木兰辞·拟古决绝词柬友[①]

人生若只如初见,何事秋风悲画扇[②]。等闲变却故人心,却道故人心易变[③]。　骊山语罢清宵半,泪雨霖铃终不怨[④]。何如薄幸锦衣郎,比翼连枝当日愿[⑤]。

【赏析】

此调原为唐教坊曲,后用为词牌。词题说这是一首拟古之作,其所拟之《决绝词》本是古诗中的一种,是以女子的口吻控诉男子的薄情,从而表态与之决绝。如古辞《白头吟》(“闻君有两意,故来相决绝”)、唐元稹《古决绝词》三首等。

这里的拟作是借用汉唐典故而抒发“闺怨”之情。词以一个女子的口吻,抒写了被丈夫抛弃的幽怨之情:“秋风悲画扇”即是悲叹自己遭弃的命运;“骊山”之语暗指原来浓情蜜意的时刻;“夜雨霖铃”写像唐玄宗和杨贵妃那样的亲密爱人也最终肠断马嵬坡;“比翼连枝”则写曾经的爱情誓言已成为遥远的过去。整首词词情哀怨凄婉,屈曲缠绵。然而,汪刻本于词题“拟古决绝词”后有“柬友”二字,由此而论,则这“闺怨”便是一种假托了,这怨情的背后,似乎更有着深层的痛楚,“闺怨”只是一种假托。故有人认为此篇别有隐情,词人是用男女间的爱情为喻,表达对人与人聚散离合的感慨和对朋友的不舍,说明与朋友也应该始终如一,生死不渝。

【思考与讨论】

“人生若只如初见”,纳兰性德的这句词历来为后人所称道、所喜爱,它似乎总能唤起人们的情感共鸣。结合你的人生体验,谈一谈你对这句词的理解。

---

① 柬:给……信札。

② 秋风悲画扇:此用汉班婕妤被弃典故。班婕妤为汉成帝妃,被赵飞燕谗害,退居冷宫,后有诗《怨歌行》,以秋扇闲置为喻抒发被弃之怨情。南北朝梁刘孝绰《班婕妤怨》诗又点明“妾身似秋扇”,后遂以秋扇见捐喻女子被弃。这里是说本应当相亲相爱,但却成了相离相弃。唐代诗人王昌龄作《长信秋词五首》来怜惜她。

③ 故人:指情人。却道故人心易变(出自娱园本),一作“却道故心人易变”。看似白话,其为用典,出处为南朝齐国山水诗人谢朓的《同王主簿怨情》后两句“故人心尚永,故心人不见”。汪元治本《纳兰词》误刻后句“故心人”为“故人心”,这一错误常被现代选本沿袭。

④ “骊山”二句:用唐明皇与杨玉环的爱情典故。《太真外传》载,唐明皇与杨玉环曾于七月七日夜,在骊山华清宫长生殿里盟誓,愿世世为夫妻。白居易《长恨歌》:“在天愿作比翼鸟,在地愿为连理枝。”对此作了生动的描写。后安史乱起,明皇入蜀,于马嵬坡赐死杨玉环。杨死前云:“妾诚负国恩,死无恨矣。”又,明皇此后于途中闻雨声、铃声而悲伤,遂作《雨霖铃》曲以寄哀思。这里理解成李杨二人当初发愿立誓,后来虽然一方为一方而死,也不生怨。比喻感情忠贞,至死不渝。

⑤ “何如”二句:化用唐李商隐《马嵬》诗中“如何四纪为天子,不及卢家有莫愁”之句意。薄幸:薄情。锦衣郎:指唐明皇。

曹雪芹

曹雪芹(1715—1763),名霑,字梦阮,雪芹是其号,又号芹圃、芹溪。祖籍辽阳,先世原是汉族,后为满洲正白旗"包衣"。他的上祖曹振彦是跟随清朝皇帝入关的功臣,属多尔衮部。曾祖曹玺做过江宁府织造,曾祖母做过康熙皇帝的乳母。祖父曹寅,做过康熙伴读,又继曹玺任苏州织造、江宁织造、两淮盐御史等职。康熙六次南巡,有四次曾住在江宁织造府。曹寅病故后,儿子曹颙继任江宁织造。曹颙病故,康熙又命曹寅之弟荃将其子曹頫过继给曹寅,并继任江宁织造之职。曹雪芹即为曹颙或曹頫之子。曹雪芹幼时曾在江宁织造所14年(一说四年),以后迁至北京。雍正五年(公元1727年),由于政治和经济上的双重原因,曹家被抄,开始败落;乾隆间,曹家似乎再一次遭查抄,从此便彻底地败落下去了。大约在乾隆十六七年的时候,曹雪芹迁居到北京西郊,已穷到"举家食粥酒常赊"的地步。《红楼梦》一书,便是他迁居到西郊后开始写的。在穷愁潦倒之余,曹雪芹将一生所见闻,以血泪写成《红楼梦》。费力十年,初名《石头记》,又名为《风月宝鉴》。

红楼梦·游幻境指迷十二钗　饮仙醪[①]曲演红楼梦

第四回中既将薛家母子在荣府内寄居等事略已表明,此回则暂不能写矣。

如今且说林黛玉自在荣府以来,贾母万般怜爱,寝食起居,一如宝玉,迎春、探春、惜春三个亲孙女倒且靠后。便是宝玉和黛玉二人之亲密友爱,亦自较别个不同,日则同行同坐,夜则同息同止,真是言和意顺,略无参商[②]。不想如今忽然来了一个薛宝钗,年岁虽大不多,然品格端方,容貌丰美,人多谓黛玉所不及。而且宝钗行为豁达,随分从时,不比黛玉孤高自许,目无下尘,故比黛玉大得下人之心。便是那些小丫头子们,亦多喜与宝钗去玩笑。因此黛玉心中便有些悒郁不忿之意,宝钗却浑然不觉。那宝玉亦在孩提之间,况自天性所禀来的一片愚拙偏僻,视姊妹弟兄皆出一体,并无亲疏远近之别。其中因与黛玉同随贾母一处坐卧,故略比别个姊妹熟惯些。既熟惯,则更觉亲密;既亲密,则不免一时有求全之毁,不虞之隙[③]。这日不知为何,他二人言语有些不合起来,黛玉又气的独在房中垂泪,宝玉又自悔言语冒撞,前去俯就,那黛玉方渐渐的回转来。

因东边宁府中花园内梅花盛开,贾珍之妻尤氏乃治酒,请贾母、邢夫人、王夫人等赏花。是日,先携了贾蓉之妻二人来面请。贾母等于早饭后过来,就在会芳园游玩,先茶后酒,不过皆是宁、荣二府女眷家宴小集,并无别样新文趣事可记。

一时宝玉倦怠,欲睡中觉。贾母命人好生哄着,歇息一回再来。贾蓉之妻秦氏便忙笑回道:"我们这里有给宝叔收拾下的屋子,老祖宗放心,只管交与我就是了。"又向宝玉的奶娘、丫鬟等道:"嬷嬷、姐姐们,请宝叔随我这里来!"贾母素知秦氏是个极妥当的人,生的袅娜纤巧,行事又温柔和平,乃重孙媳中第一个得意之人,见她去安置宝玉,自是安稳的。

---

① 仙醪(láo):仙酒。醪,本指发酵后未经过滤的原酿,是一种带滓酒,后代指美酒。

② 略无参商:指彼此感情融洽,没有一点隔阂、矛盾。"参"和"商"都是星宿名,属二十八宿。因两星此出彼没,故常比喻两人分离不得见面。又据《左传》昭公元年,传说帝喾高辛氏二子阏伯与实沈不和,刀戎相向,帝喾只好把他们分离开来,派阏伯去商丘掌管商星,实沈去大夏掌管参星。故参商也用以比喻人与人之间感情不和。

③ 求全之毁,不虞之隙:因为要求完美反而常有诋毁,因为相处亲密反而会有意料不到的矛盾。

当下秦氏引了一簇人来至上房内间。宝玉抬头看见一幅画贴在上面，画的人物固好，其故事乃是《燃藜图》④，也不看系何人所画，心中便有些不快。又有一幅对联，写的是：

世事洞明皆学问，人情练达即文章。

及看了这两句，纵然室宇精美，铺陈华丽，亦断断不肯在这里了。忙说："快出去！快出去！"秦氏听了笑道："这里还不好，可往那里去呢？不然，往我屋里去吧。"宝玉点头微笑。有一个嬷嬷说道："那里有个叔叔往侄儿房里睡觉的礼？"秦氏笑道："嗳哟哟！不怕他恼。他能多大了，就忌讳这些个？上月你没看见我那个兄弟来了，虽然与宝叔同年，两个人若站在一处，只怕那个还高些呢。"宝玉道："我怎么没见过？你带他来我瞧瞧。"众人笑道："隔着二三十里，哪里带去？见的日子有呢。"说着，大家来至秦氏房中。刚至房门，便有一股细细的甜香袭了人来。宝玉便觉得眼饧⑤骨软，连说："好香！"入房向壁上看时，有唐伯虎画的《海棠春睡图》，两边有宋学士秦太虚写的一副对联，其联云：

嫩寒锁梦因春冷，芳气笼人是酒香。

案上设着武则天当日镜室中设的宝镜，一边摆着飞燕立着舞过的金盘，盘内盛着安禄山掷过，伤了太真乳的木瓜。上面设着寿阳公主于含章殿下卧的榻，悬的是同昌公主制的涟珠帐。宝玉含笑连说："这里好！"秦氏笑道："我这屋子，大约神仙也可以住得了。"说着亲自展开了西子浣过的纱衾，移了红娘抱过的鸳枕。于是，众奶母伏侍宝玉卧好，款款散了，只留袭人、媚人、晴雯、麝月四个丫鬟为伴。秦氏便吩咐小丫鬟们，好生在廊檐下看着猫儿狗儿打架。

那宝玉刚合上眼，便惚惚的睡去，犹似秦氏在前，遂悠悠荡荡，随了秦氏至一所在。但见朱栏白石，绿树清溪，真是人迹稀逢，飞尘不到。宝玉在梦中欢喜，想道："这个去处有趣！我就在这里过一生，纵然失了家也愿意，强如天天被父母、师傅打呢！"正胡思之间，忽听山后有人作歌曰：

春梦随云散，飞花逐水流；寄言众儿女，何必觅闲愁！

宝玉听了，是女子的声音。歌音未息，早见那边走出一个人来，蹁跹袅娜，端的与人不同。有赋为证：

方离柳坞⑥，乍出花房。但行处，鸟惊庭树；将到时，影度回廊。仙袂乍飘兮，闻麝兰之馥郁；荷衣欲动兮，听环佩之铿锵。靥笑春桃兮，云堆翠髻；唇绽樱颗兮，榴齿含香。纤腰之楚楚兮，回风舞雪；珠翠之辉辉兮，满额鹅黄⑦。出没花间兮，宜嗔宜喜；徘徊池上兮，若飞若扬。蛾眉颦笑兮，将言而未语；莲步乍移兮，待止而欲行。羡彼之良质兮，冰清玉润；羡彼之华服兮，闪灼文章⑧。爱彼之貌容兮，香培玉琢；美彼之态度兮，凤翥龙翔⑨。其素若何？春梅绽雪。其洁若何？秋菊被霜。其静若何？松生空谷。其艳若何？霞映澄塘。其文若何？龙游曲沼。其神若何？月射寒江。应惭西子，实愧王嫱。奇矣哉！生于孰地，来自何方？信矣乎！瑶池不二，

---

④《燃藜图》：这是劝人勤学苦读的画。取材于六朝无名氏《三辅黄图・阁部》所载故事："刘向于成帝之末，校书天禄阁，专精覃思。夜有老人著黄衣，拄藜杖，叩阁而进，见向暗中独坐诵书，老人乃吹杖端烟然（燃），因以见面。授'五行洪范'之文……至曙而去。请问姓名，云，我是太乙之精。"（晋王嘉《拾遗记》卷六所载略同。）藜：一年生草本植物，茎高数尺，老可为杖；燃时光亮耐久，可以当烛。

⑤ 眼饧（xíng）：眼睛上像粘着糖稀似的睁不开。饧：糖稀。

⑥ 柳坞：种植柳树作为屏障的地方。

⑦ 满额鹅黄：妇女在额上涂嫩黄色作妆饰的习俗。或谓始于汉代，或谓始于六朝。李商隐《蝶》：寿阳公主嫁时妆，八字宫眉捧额黄。鹅黄：嫩黄，黄色之娇美者，如幼鹅的毛色。

⑧ 闪灼文章：花纹鲜明灿烂。文章，这里指花纹错杂相间。

⑨ 凤翥（zhù）龙翔：形容体态风度飘逸超脱，像是龙飞凤舞。翥：鸟飞。

紫府无双。果何人哉？如斯之美也！

宝玉见是一个仙姑，喜得忙上来作揖，笑问道："神仙姐姐不知从那里来，如今要往那里去？也我不知这里是何处，望乞携带携带！"那仙姑笑道："吾居离恨天之上，灌愁海之中，乃放春山遣香洞太虚幻境警幻仙姑是也：司人间之风情月债，掌尘世之女怨男痴。因近来风流冤孽，缠绵于此处，是以前来访察机会，布散相思。今忽与你相逢，亦非偶然。此离吾境不远，别无他物，仅有自采仙茗一盏，亲酿美酒一瓮，素练魔舞歌姬数人，新填《红楼梦》仙曲十二支，试随吾一游否？"宝玉听了喜跃非常，便忘了秦氏在何处，竟随了仙姑，至一所在。有石牌横建，上书"太虚幻境"四个大字，两边一副对联，乃是：

假作真时真亦假，无为有处有还无。

转过牌坊，便是一座宫门，上面横书四个大字，道是："孽海情天"。又有一副对联，大书云：

厚地高天，堪叹古今情不尽；痴男怨女，可怜风月债难偿。

宝玉看了，心下自思道："原来如此！但不知何为'古今之情'，又何为'风月之债'？从今倒要领略领略。"宝玉只顾如此一想，不料早把些邪魔招入膏肓了。当下随了仙姑进入二层门内，只见两边配殿皆有匾额对联，一时看不尽许多，惟见有几处写的是："痴情司"、"结怨司"、"朝啼司"、"夜哭司"、"春感司"、"秋悲司"。看了，因向仙姑道："敢烦仙姑引我到那各司中游玩游玩，不知可使得？"仙姑道："此各司中皆贮的是普天之下所有的女子过去未来的簿册，你凡眼尘躯，未便先知的。"宝玉听了，那里肯依，复央之再四。仙姑无奈，说："也罢！就在此司内略随喜随喜[⑩]罢了！"宝玉喜不自胜，抬头看这司的匾上，乃是"薄命司"三字，两边对联写的是：

春恨秋悲皆自惹，花容月貌为谁妍？

宝玉看了，便知感叹。进入门来，只见有十数个大橱，皆用封条封着。看那封条上，皆是各省的地名。宝玉一心只拣自己的家乡封条看，遂无心看别省的了。只见那边橱上封条上大书七字云："金陵十二钗正册"。宝玉问道："何为'金陵十二钗正册'？"警幻道："即贵省中十二冠首女子之册，故为'正册'。"宝玉道："常听人说，金陵极大，怎么只十二个女子？如今单我家里，上上下下，就有几百女孩子呢。"警幻冷笑道："贵省女子固多，不过择其紧要者录之。下边二橱则又次之。余者庸常之辈，则无册可录矣。"宝玉听说，再看下首二橱上，果然写一个着"金陵十二钗副册"，又一个写着"金陵十二钗又副册"。宝玉便伸手先将"又副册"橱门开了，拿出一本册来，揭开一看，只见这首页上画着一幅画，又非人物，也无山水，不过是水墨滃染的满纸乌云浊雾而已。后有几行字迹，写的是：

霁月难逢，彩云易散。心比天高，身为下贱。

风流灵巧招人怨。寿夭多因毁谤生，多情公子空牵念。

宝玉看了，又见后面画着一簇鲜花，一床破席，也有几句言词，写道是：

枉自温柔和顺，空云似桂如兰。

堪羡优伶有福，谁知公子无缘！

宝玉看了不解。遂掷下这个，又去开了副册橱门，拿起一本册来，揭开看时，只见画着一株桂花，下面有一池沼，其中水涸泥干，莲枯藕败，后面书云：

根并荷花一茎香，平生遭际实堪伤。

自从两地生孤木，致使香魂返故乡。

宝玉看了仍不解。便又掷了，再去取"正册"看，只见头一页上便画着两株枯木，木上悬着

---

⑩ 随喜：佛教用语，本指随着别人做善事，后引申为到寺庙参观游览。

一围玉带；又有一堆雪，雪下一股金簪。也有四句言词，道是：

可叹停机德，堪怜咏絮才。

玉带林中挂，金簪雪里埋。

宝玉看了仍不解。待要问时，情知她必不肯泄漏；待要丢下，又不舍。遂又往后看时，只见画着一张弓，弓上挂着香橼。也有一首歌词云：

二十年来辨是非，榴花开处照宫闱。

三春争及初春景？虎兕相逢大梦归。

后面又画着两人放风筝，一片大海，一只大船，船中有一女子掩面泣涕之状。也有四句写云：

才自精明志自高，生于末世运偏消。

清明涕送江边望，千里东风一梦遥。

后面又画几缕飞云，一湾逝水。其词曰：

富贵又何为，襁褓之间父母违。

展眼吊斜晖，湘江水逝楚云飞。

后面又画着一块美玉，落在泥垢之中。其断语云：

欲洁何曾洁，云空未必空。

可怜金玉质，终陷淖泥中。

后面忽见画着个恶狼，追扑一美女，欲啖之意。其书云：

子系中山狼，得志便猖狂。

金闺花柳质，一载赴黄粱。

后面便是一所古庙，里面有一美人在内看经独坐。其判云：

勘破三春景不长，缁衣顿改昔年妆。

可怜绣户侯门女，独卧青灯古佛旁。

后面便是一片冰山，上面有一只雌凤。其判曰：

凡鸟偏从末世来，都知爱慕此生才。

一从二令三人木，哭向金陵事更哀。

后面又是一座荒村野店，有一美人在那里纺绩。其判云：

势败休云贵，家亡莫论亲。

偶因济刘氏，巧得遇恩人。

后面又画着一盆茂兰，旁有一位凤冠霞帔的美人。也有判云：

桃李春风结子完，到头谁似一盆兰。

如冰水好空相妒，枉与他人作笑谈。

后面又画着高楼大厦，有一美人悬梁自缢。其判云：

情天情海幻情身，情既相逢必主淫。

漫言不肖皆荣出，造衅开端实在宁。

宝玉还欲看时，那仙姑知他天分高明，性情颖慧，恐把仙机泄漏，遂掩了卷册，笑向宝玉道："且随我去游玩奇景，何必在此打这闷葫芦！"

宝玉恍恍惚惚，不觉弃了卷册，又随了警幻来至后面。但见珠帘绣幕，画栋雕檐，说不尽那光摇朱户金铺地，雪照琼窗玉作宫。更见仙花馥郁，异草芬芳，真好个所在。又听警幻笑道："你们快出来迎接贵客！"一语未了，只见房中又走出几个仙子来，皆是荷袂蹁跹，羽衣飘舞，娇若春花，媚如秋月。一见了宝玉，都怨谤警幻道：“我们不知系何贵客，忙的接了出来。姐姐曾说今日今时必有绛珠妹子的生魂前来游玩，故我等久待。何故反引这浊物来污染这清净女儿之境？”

宝玉听如此说，便唬得欲退不能退，果觉自形污秽不堪。警幻忙携住宝玉的手，向众姊妹道：“你等不知原委：今日原欲往荣府去接绛珠，适从宁府所过，偶遇宁、荣二公之灵，嘱吾云：‘吾家自国朝定鼎[11]以来，功名奕世[12]，富贵传流，虽历百年，奈运终数尽，不可挽回。故遗之子孙虽多，竟无一可以继业。其中惟嫡孙宝玉一人，禀性乖张，生情怪谲，虽聪明灵慧，略可望成，无奈吾家运数合终，恐无人规引入正。幸仙姑偶来，万望先以情欲声色等事警其痴顽，或能使彼跳出迷人圈子，然后入于正路，亦吾兄弟之幸矣。’如此嘱吾，故发慈心，引彼至此，先以彼家上、中、下三等女子之终身册籍，令彼熟玩，尚未觉悟。故引彼再至此处，令其再历饮馔声色之幻，或冀将来一悟，亦未可知也。”

说毕，携了宝玉入室。但闻一缕幽香，竟不知其所焚何物。宝玉遂不禁相问。警幻冷笑道：“此香尘世中既无，尔何能知！此香乃系诸名山胜境内初生异卉之精，合各种宝林珠树之油所制，名‘群芳髓’。”宝玉听了，自是羡慕。而已，大家入座，小鬟捧上茶来。宝玉自觉清香味异，纯美非常，因又问何名。警幻道：“此茶出在放春山遣香洞，又以仙花灵叶上所带之宿露而烹，此茶名曰‘千红一窟’。”宝玉听了，点头称赏。因看房内，瑶琴、宝鼎、古画、新诗，无所不有；更喜窗下亦有唾绒[13]，奁间时渍粉污。壁上也见悬着一副对联，书云：

幽微灵秀地，无可奈何天。

宝玉看毕，无不羡慕。因又请问众仙姑姓名：一名痴梦仙姑，一名钟情大士[14]，一名引愁金女，一名度恨菩提[15]，各各道号不一。少刻，有小鬟来调桌安椅，设摆酒馔，真是：琼浆满泛玻璃盏，玉液浓斟琥珀杯。更不用再说那肴馔之盛。宝玉因闻得此酒清香甘冽，异乎寻常，又不禁相问。警幻道：“此酒乃以百花之蕊、万木之汁，加以麟髓之醅、凤乳之麯[16]酿成，因名为‘万艳同杯’。”宝玉称赏不迭。

饮酒间，又有十二个舞女上来，请问演何词曲。警幻道：“就将新制《红楼梦》十二支演上来。”舞女们答应了，便轻敲檀板，款按银筝，听他歌道是：

开辟鸿蒙……

方歌了一句，警幻便说道：“此曲不比尘世中所填传奇[17]之曲，必有生、旦、净、末之别，又有南北九宫[18]之限。此或咏叹一人，或感怀一事，偶成一曲，即可谱入管弦。若非个中人[19]，不知其中之妙，料尔亦未必深明此调。若不先阅其稿，后听其歌，反成嚼蜡矣！”说毕，回头命小丫鬟

---

⑪ 定鼎：国朝，古时人们称本朝为“国朝”。定鼎：建国定都，传说夏禹铸九鼎以象征九州，夏商周三朝把鼎作为传国宝器，置于国都。

⑫ 奕世：代代相传。奕：连绵不断。

⑬ 唾绒：古代女子刺绣时，每当换线停针，习惯用牙咬断绣线，口中粘留的线头则随口吐出，即“唾绒”。

⑭ 大士：佛教称佛和菩萨为大士。

⑮ 菩提：佛教名词。梵文音译，意译为“觉悟”、“成佛”。释迦在毕钵罗树下觉悟成佛，佛家遂称该处为菩提场，该树为菩提树。

⑯ 麟髓之醅(pēi)、凤乳之麯(qū)：醅，未经过滤的酒。麯：酿酒用的发酵物。此二句极言酿造仙酒的原料珍异。

⑰ 传奇之曲：明代以后通称南戏为传奇。曲：曲词。

⑱ 南北九宫之限：南北九宫，指古代戏曲的宫调(即调式)。南，指南曲(传奇)；北，指北曲(杂剧)；九宫，即九个宫调(正宫、中吕、南吕、仙吕、黄钟五宫、大石调、双调、商调、越调四调，合为九宫调)。戏剧的曲牌，是受宫调限制的，某一曲牌属于某一宫调之内，不能放入其他宫调来用。有的曲牌可以兼入两宫，但要按曲谱规定。所以戏剧的宫调限制是很严的。

⑲ 个中人：指处在局中，洞悉内情的人。在这里作“行家”解。

取了《红楼梦》原稿来，递与宝玉。宝玉接来，一面目视其文，一面耳聆其歌，曰：

〔红楼梦·引子〕开辟鸿蒙，谁为情种？都只为风月情浓。趁着这奈何天、伤怀日、寂寥时，试遣愚衷。因此上演出这怀金悼玉的《红楼梦》。

〔终身误〕都道是金玉良姻，俺只念木石前盟。空对着、山中高士晶莹雪；终不忘、世外仙姝寂寞林。叹人间、美中不足今方信。纵然是齐眉举案，到底意难平！

〔枉凝眉〕一个是阆苑仙葩，一个是美玉无瑕。若说没奇缘，今生偏又遇着他；若说有奇缘，如何心事终虚化？一个枉自嗟呀，一个空劳牵挂。一个是水中月，一个是镜中花。想眼中能有多少泪珠儿，怎禁得秋流到冬尽、春流到夏！

宝玉听了此曲，散漫无稽，不见得好处；但其声韵凄惋，竟能销魂醉魄。因此也不察其原委，问其来历，就暂以此释闷而已。因又看下道：

〔恨无常〕喜荣华正好，恨无常又到。眼睁睁、把万事全抛。荡悠悠、把芳魂消耗。望家乡，路远山高。故向爹娘梦里相寻告：儿命已入黄泉，天伦呵，须要退步抽身早！

〔分骨肉〕一帆风雨路三千，把骨肉家园齐来抛闪。恐哭损残年，告爹娘，休把儿悬念。自古穷通皆有定，离合岂无缘？从今分两地，各自保平安。奴去也，莫牵连！

〔乐中悲〕襁褓中父母叹双亡。纵居那绮罗丛，谁知娇养？幸生来英豪阔大宽宏量，从未将儿女私情略萦心上。好一似、霁月光风耀玉堂。厮配得才貌仙郎，博得个地久天长，准折得幼年时坎坷形状。终久是云散高唐，水涸湘江。这是尘寰中消长数应当，何必枉悲伤！

〔世难容〕气质美如兰，才华阜比仙。天生成孤癖人皆罕。你道是、啖肉食腥膻，视绮罗俗厌。却不知、太高人愈妒，过洁世同嫌。可叹这、青灯古殿人将老；辜负了、红粉朱楼春色阑。到头来、依旧是风尘肮脏违心愿。好一似、无瑕白玉遭泥陷；又何须，王孙公子叹无缘！

〔喜冤家〕中山狼，无情兽，全不念当日根由。一味的骄奢淫荡贪欢媾。觑着那，侯门艳质同蒲柳；作践得，公府千金似下流。叹芳魂艳魄，一载荡悠悠！

〔虚花悟〕将那三春看破，桃红柳绿待如何？把这韶华打灭，觅那清淡天和。说什么，天上夭桃盛，云中杏蕊多。到头来，谁把秋捱过？则看那，白杨村里人呜咽，青枫林下鬼吟哦。更兼着，连天衰草遮坟墓。这的是，昨贫今富人劳碌，春荣秋谢花折磨。似这般，生关死劫谁能躲？闻说道，西方宝树唤婆娑，上结着长生果。

〔聪明累〕机关算尽太聪明，反算了卿卿性命。生前心已碎，死后性空灵。家富人宁，终有个家亡人散各奔腾。枉费了、意悬悬半世心，好一似、荡悠悠三更梦。忽喇喇似大厦倾，昏惨惨似灯将尽。呀！一场欢喜忽悲辛。叹人世，终难定！

〔留余庆〕留余庆，留余庆，忽遇恩人；幸娘亲，幸娘亲，积得阴功。劝人生，济困扶穷，休似俺那爱银钱、忘骨肉的狠舅奸兄！正是乘除加减，上有苍穹！

〔晚韶华〕镜里恩情，更那堪梦里功名！那美韶华去之何迅！再休提绣帐鸳衾。只这带珠冠，披凤袄，也抵不了无常性命。虽说是、人生莫受老来贫，也须要阴骘积儿孙。气昂昂头戴簪缨，气昂昂头戴簪缨，光灿灿胸悬金印；威赫赫爵禄高登，威赫赫爵禄高登，昏惨惨黄泉路近。问古来将相可还存？也只是，虚名儿与后人钦敬。

〔好事终〕画梁春尽落香尘。擅风情，秉月貌，便是败家的根本。箕裘颓堕皆从敬，家事消亡首罪宁。宿孽总因情。

〔收尾·飞鸟各投林〕为官的，家业凋零；富贵的，金银散尽；有恩的，死里逃生；无情的，分明报应；欠命的，命已还；欠泪的，泪已尽。冤冤相报实非轻，分离聚合皆前定。欲知命短问前生，老来富贵也真侥幸。看破的，遁入空门；痴迷的，枉送了性命。好一似食尽鸟投林，落了片白茫茫大地真干净！

歌毕，还要歌副曲。警幻见宝玉甚无趣味，因叹："痴儿！竟尚未悟！"那宝玉忙止歌姬不必再唱，自觉朦胧恍惚，告醉求卧。警幻便命撤去残席，送宝玉至一香闺绣阁之中，其间铺陈之盛，乃素所未见之物。更可骇者，早有一位女子在内，其鲜艳妩媚，有似乎宝钗，风流袅娜，则又如黛玉。正不知何意，忽警幻道："尘世中多少富贵之家，那些绿窗风月，绣阁烟霞，皆被淫污纨绔与那些流荡女子悉皆玷辱。更可恨者，自古来多少轻薄浪子，皆以'好色不淫'为饰，又以'情而不淫'[20]作案，此皆饰非掩丑之语也。好色即淫，知情更淫。是以巫山之会，云雨之欢，皆由既悦其色，复恋其情所致也。吾所爱汝者，乃天下古今第一淫人也！"

宝玉听了，唬得忙答道："仙姑错了！我因懒于读书，家父母尚每垂训饬，岂敢再冒'淫'字？况且年纪尚小，不知'淫'字为何物。"警幻道："非也！淫虽一理，意则有别。如世之好淫者，不过悦容貌，喜歌舞，调笑无厌，云雨无时，恨不能尽天下之美女，供我片时之趣兴，此皆皮肤淫滥之蠢物耳！如尔则天分中生成一段痴情，吾辈推之为'意淫'。'意淫'二字，惟心会而不可口传，可神通而不可语达。汝今独得此二字，在闺阁中，固可为良友，然于世道中，未免迂阔怪诡，百口嘲谤，万目睚眦。今既遇令祖宁、荣二公剖腹深嘱，吾不忍君独为我闺阁增光，见弃于世道。是以特引前来，醉以灵酒，沁以仙茗，警以妙曲，再将吾妹一人，乳名兼美字、可卿者，许配于汝。今夕良时，即可成姻。不过令汝领略此仙闺幻境之风光尚然如此，何况尘境之情景哉！而今后万万解释[21]，改悟前情，将谨勤有用的工夫，置身于经济之道[22]。"说毕，便秘授以云雨之事，推宝玉入帐，将门掩上自去。

那宝玉恍恍惚惚，依警幻所嘱之言，未免有儿女之事，难以尽述。至次日，便柔情缱绻[23]，软语温存，与可卿难解难分。因二人携手出去游玩之时，忽至一个所在，但见荆榛遍地，狼虎同群，迎面一道黑溪阻路，并无桥梁可通。正在犹豫之间，忽见警幻后面追来，告道："快休前进，作速回头要紧！"宝玉忙止步问道："此系何处？"警幻道："此即迷津[24]也。深有万丈，遥亘千里，中无舟楫可通，只有一个木筏，乃木居士掌舵，灰侍者撑篙，不受金银之谢，但遇有缘者渡之。尔今偶游至此，如堕落其中，则深负我从前一番以情悟道、守理衷情之言矣！"宝玉方欲回言，只听迷津内水响如雷，竟有一夜叉般怪物窜出，直扑而来。吓得宝玉汗下如雨，一面失声喊叫："可卿救我！可卿救我！"慌得袭人、媚人等上来扶起，拉手说："宝玉别怕，我们在这里！"

秦氏在外听见，连忙进来，一面说："丫鬟们，好生看着猫儿狗儿打架！"又闻宝玉口中连叫："可卿救我"，因纳闷道："我的小名这里没人知道，他如何从梦里叫出来？"正是：

一场幽梦同谁近，千古情人独我痴。

【赏析】

《红楼梦》第五回是全书总纲，也是作者深藏寓意的重要回目。通过贾宝玉梦游太虚幻境，利用画册、判词及歌曲的形式，隐喻含蓄地将《红楼梦》众多主要人物和次要人物的发展和结局交代出来。对书中主要人物的结局及全书宗旨作了各种暗示。至此，全书的主要人物、环境背

---

⑳ 情而不淫：意思是感情志趣相投，却不流于淫乱。

㉑ 解释：这里是"领悟"、"不受困惑"的意思。

㉒ 经济之道：指封建社会的治国理民、经邦济世之道。

㉓ 缱绻：缠绵，情投意合，难分难舍。

㉔ 迷津：佛家谓三界（欲界、色界、无色界）六道（天道、人道、阿修罗道、生道、饿鬼道、地狱道）都是迷误虚妄的境界，故称"迷津"；世间众生，都陷溺于"迷津"之中，须赖佛家教义，觉迷情海，慈航普渡。后用"迷津"比喻人沉溺于迷途之中。津：江河的渡口。

景、发展脉络、人物命运基本上交代出来。

曹雪芹将前五回的篇幅主要用于勾勒轮廓、交代人物、点染背景。通过前四回描述，已初步把握了贾府的全貌、重要的人物及其相互关系，而第五回贾宝玉在太虚幻境观看的十二钗“薄册”、聆听《红楼梦曲》，则从纵横两方面强化了全书结构的整体性。就“横”的方面而言，它扩展了前几回介绍的主要人物范围，补充了湘云、妙玉、巧姐等人物，并突出了这些人物的性格、身世、命运，形成一份主要人物表。再从“纵”的方面看，它以宝、黛、钗悲剧和贾府衰亡这两条全书的基本线索和强烈的暗示揭开了悲剧的序幕，并与书中人物命运的隐喻征兆互相映照，成了整部作品悲剧主题的基本旋律。

《红楼梦曲》在表现人物形象方面，也是颇具匠心的，可谓是一组极具特色的悲剧抒情诗。它以十四首曲组成一套完整的传奇套曲，曲谱不袭旧调，自度创新，格调灵活、曲目醒豁，感情饱满酣畅，叙述的角度变换自如，可见曹雪芹多方面的造诣。

【思考与讨论】

1.《游幻境指迷十二钗　饮仙醪曲演红楼梦》(第五回)是《红楼梦》全书的总纲，也是作者深藏寓意的重要回目。结合“太虚幻境”的画册、判词及歌曲，分析其对应人物的性格特点及命运走向，并试着对高鹗续书中的人物最终结局进行评价。

2. 与《水浒传》、《三国演义》、《西游记》相比，《红楼梦》的故事性并不强，作者所写大多是生活琐事，而《红楼梦》的艺术成就远非前者可比，为什么？如不同意此观点，也可以谈谈相反的意见。

龚自珍

龚自珍(1792—1841),字璱人,号定庵,浙江仁和(今杭州)人,清著名学者,近代思想家、文学家及改良主义的先驱,出身于世代官宦学者家庭。祖父官至内阁中书军机处行走,著有《吟朦山房诗》。父官至江南苏松太兵备道,署江苏按察使,著有《国语注补》、《三礼图考》、《两汉书质疑》、《楚辞名物考》等书。母段驯,著名小学家段玉裁之女,著有《绿华吟榭诗草》。龚自珍从小勤奋好学,15岁开始写诗,但屡试不第,38岁中进士,历官宗人府主事、礼部主客司主事。龚自珍主张改革弊政,抵御外侮,后因对清朝的思想统治不满,不愿和统治者合作,终于在鸦片战争前一年辞官回家。他的诗文主张"更法"、"改图",揭露清统治者的腐朽,洋溢着爱国热情。著有《龚自珍全集》。

咏 史

金粉东南十五州①,万重恩怨属名流。牢盆狎客操全算②,团扇才人踞上游③。避席畏闻文字狱,著书都为稻粱谋④。田横五百人安在,难道归来尽列侯⑤?

【赏析】

这首诗作于道光五年(1825年)冬。这时作者因母亲去世,在杭州居丧期满,客居昆山。诗的题目虽为"咏史",实际上却是针对现实而写,所谓"咏史",只是一种假托。诗的内容主要是揭露当时政治的黑暗和士族、官吏的腐朽,教人不要醉心于功名利禄,不要对清朝统治者存有幻想。

首联揭露社会上层人士的糜烂生活方式。他们寄居在江南繁华地区,醉心声色,不顾国事,只是沉溺于恩怨私情之中。第二联写权贵豪富豢养的善于阿谀奉承、巧言令色的帮闲门客,为权贵豪富们操纵盐业大权出谋划策,作奸犯科,营私舞弊,稳操胜算。第三联写士人在文字狱威胁下,埋头著书,以便谋取官职俸禄。最后两句,借用田横五百士守节不辱的历史故事,表达了对坚持气节者的赞赏,同时,对热衷于功名的人提出讽劝,抒发了义士难觅的悲凉。

咏史诗一般是述史事来借古讽今,以古鉴今,结构上也多是先叙史事或人物,再发感慨议论。但此诗却不落窠臼,独抒机杼,前三联都直刺现实,而结尾才引历史典故,如黄钟大吕,如横截众流,将叙史与议论融为一体,使今与古形成强烈的对比反衬,立意、章法都新颖别致。此外,笔锋凝重而犀利,意境阔大而深邃,结构巧妙而严谨,也是这首律诗的不同凡响之处。

【思考与讨论】

"避席畏闻文字狱,著书都为稻粱谋"两句,后人视为警句。请你谈谈对这两句诗的理解。

---

① 金粉东南十五州:泛指江南繁华富庶地区。金粉:古时女性化妆用的铅粉,引申为"繁华绮丽"之义。

② 牢盆:煮盐的器具。古代盐业官营,故多代指权贵。狎客:依附亲贵之门的帮闲清客。操全算:操有全权。

③ 团扇才人:指手摇羽扇、清谈误国的贵族子弟。

④ 稻粱谋:为生计打算。语出杜甫《同诸公登慈恩寺塔》。

⑤ 田横五百人安在,难道归来尽在侯:《史记·田儋列传》载,秦末汉初人田横贤而得士,尝自立为齐王。刘邦称帝后,田横率五百死士入海,刘邦招降之,曰:"田横来,大者王,小者乃侯耳!"田横遂往洛阳投降,行至距三十里处,田横深感事汉之耻辱,乃自刎。海上五百死士闻之,亦皆自杀。此处对刘邦的欺骗伎俩进行了质疑和揭示,是说"难道田横及其五百死士投降了汉朝,会真的被封王封侯吗?"

梁启超

梁启超(1873—1929),字卓如,号任公,别署饮冰室主人,广东省新会县人。中国近代著名的政治活动家、启蒙思想家、史学家和文学家。十七岁中举,会试不第,师事康有为,从事维新运动,为戊戌维新的主要领袖之一。戊戌变法失败后,流亡日本,与康有为组织保皇派,创办《清议报》、《新民丛报》,宣扬君主立宪,反对资产阶级民主革命。在文学上,梁启超倡导“诗界革命”、“小说界革命”,提倡“新文体”。所作诗歌感伤时事,艺术上多能突破传统,融入新思想、新名词。他的新体散文流利畅达,感情丰富,独成一体,影响巨大。著有《饮冰室合集》。

敬业与乐业[①]

我这题目,是把《礼记》[②]里头“敬业乐群”[③]和《老子》里头“安其居,乐其业”那两句话,断章取义造出来的。我所说的是否与《礼记》、《老子》原意相合,不必深求;但我确信“敬业乐业”四个字,是人类生活的不二法门[④]。

本题主眼[⑤],自然是在“敬”字、“乐”字。但必先有业,才有可敬、可乐的主体,理至易明。所以在讲演正文以前,先要说说有业之必要。

孔子说:“饱食终日,无所用心,难矣哉!”又说:“群居终日,言不及义,好行小慧,难矣哉!”孔子是一位教育大家,他心目中没有什么人不可教诲,独独对于这两种人便摇头叹气说道:“难!难!”可见人生一切毛病都有药可医,惟有无业游民,虽大圣人碰着他,也没有办法。

唐朝有一位名僧百丈禅师,他常常用两句格言教训弟子,说道:“一日不做事,一日不吃饭。”他每日除上堂说法之外,还要自己扫地、擦桌子、洗衣服,直到八十岁,日日如此。有一回,他的门生想替他服务,把他这天应做的工悄悄地都做了,这位言行相顾的老禅师,老实不客气,那一天便绝对地不肯吃饭。

我征引儒门、佛门这两段话,不外证明人人都要有正当职业,人人都要不断地劳作。倘若有人问我:“百行什么为先?万恶什么为首?”我便一点不迟疑答道:“百行业为先,万恶懒为首。”没有职业的懒人,简直是社会上的蛀米虫,简直是“掠夺别人勤劳结果”的盗贼。我们对于这种人,是要彻底讨伐,万不能容赦的。今日所讲,专为在职业及正在做职业上预备的人——学生——说法,告诉他们对于自己现有的职业应采何种态度。

第一要敬业。敬字为古圣贤教人做人最简易直捷的法门,可惜被后来有些人说得太精微,

① 本文是作者1922年8月14日在上海中华职业学校为即将就业的学生所作的演讲词,略有改动。

②《礼记》:战国至秦、汉时期儒家论说或解释礼制的文章汇编,是儒家学派的经典著作。

③ 敬业乐群:专心致志于学业或事业,与人相处得很好。

④ 不二法门:佛家用语,意为直接入道、不可言传的法门;后比喻最好的或独一无二的方法。“不二”指不是两极端,“法门”指修行入道的门径。

⑤ 主眼:主要的着眼点,意即文章的主要内容、主要观点。

倒变了不适实用了。惟有朱子[6]解得最好，他说："主一无适[7]便是敬。"用现在的话讲，凡做一件事，便忠于一件事，将全副精力集中到这事上头，一点不旁骛，便是敬。业有什么可敬呢？为什么该敬呢？人类一面为生活而劳动，一面也是为劳动而生活。人类既不是上帝特地制来充当消化面包的机器，自然该各人因自己的地位和才力，认定一件事去做。凡可以名为一件事的，其性质都是可敬。当大总统是一件事，拉黄包车也是一件事。事的名称，从俗人眼里看来，有高下；事的性质，从学理上解剖起来，并没有高下。只要当大总统的人，信得过我可以当大总统才去当，实实在在把总统当作一件正经事来做；拉黄包车的人，信得过我可以拉黄包车才去拉，实实在在把拉车当作一件正经事来做，便是人生合理的生活。这叫做职业的神圣。凡职业没有不是神圣的，所以凡职业没有不是可敬的。惟其如此，所以我们对于各种职业，没有什么分别拣择。总之，人生在世，是要天天劳作的。劳作便是功德，不劳作便是罪恶。至于我该做哪一种劳作呢？全看我的才能何如、境地何如。因自己的才能、境地，做一种劳作做到圆满，便是天地间第一等人。

怎样才能把一种劳作做到圆满呢？唯一的秘诀就是忠实，忠实从心理上发出来的便是敬。《庄子》记佝偻丈人承蜩的故事，说道："虽天地之大，万物之多，而惟吾蜩翼之知[8]。"凡做一件事，便把这件事看作我的生命，无论别的什么好处，到底不肯牺牲我现做的事来和他交换。我信得过我当木匠的做成一张好桌子，和你们当政治家的建设成一个共和国家同一价值；我信得过我当挑粪的把马桶收拾得干净，和你们当军人的打胜一支压境的敌军同一价值。大家同是替社会做事，你不必羡慕我，我不必羡慕你。怕的是我这件事做得不妥当，便对不起这一天里头所吃的饭。所以我做这事的时候，丝毫不肯分心到事外。曾文正[9]说："坐这山，望那山，一事无成。"我从前看见一位法国学者著的书，比较英法两国国民性质，他说："到英国人公事房里头，只看见他们埋头执笔做他们的事；到法国人公事房里头，只看见他们衔着烟卷像在那里出神。英国人走路，眼注地下，像用全副精神注在走路上；法国人走路，总是东张西望，像不把走路当一回事。"这些话比较得是否确切，姑且不论；但很可以为敬业两个字下注脚。若果如他所说，英国人便是敬，法国人便是不敬。一个人对于自己的职业不敬，从学理方面说，便亵渎职业之神圣；从事实方面说，一定把事情做糟了，结果自己害自己。所以敬业主义，于人生最为必要，又于人生最为有利。庄子说："用志不分，乃凝于神。"孔子说："素其位而行，不愿乎其外[10]。"所说的敬业，不外这些道理。

第二要乐业。"做工好苦呀！"这种叹气的声音，无论何人都会常在口边流露出来。但我要

---

⑥ 朱子：即朱熹（1130—1200），南宋著名理学家、文学家，儒学集大成者。字元晦，后改仲晦，号晦庵，又号晦翁，祖籍徽州婺源县（今属江西），生于南剑州尤溪（今属福建），曾寓居建州崇安和建阳（今皆属福建）两县。宋高宗绍兴十八年（公元1148年）中进士，曾任秘阁修撰、湖南安抚使、焕章阁待制等职；后被反动派弹劾，落职罢官，归建阳讲学著述。庆元六年（公元1200年）病逝，嘉定元年（公元1208年）谥"文"，世称"朱文公"。朱熹生前在政治上并未取得较高的权位，但在社会上讲学授徒，著书立说，影响广泛，世尊称"朱子"。主要著作有《四书章句集注》、《楚辞集注》、《诗集传》、《资治通鉴纲目》以及由门人编撰而成的《朱子语类》、《朱文公文集》等。朱熹死后，他的学说和著作得到宋理宗的推崇。从此，朱熹学说成为理学的正统，理学成为官方哲学，朱熹也被后代统治者尊为"大贤"，其学说对后世产生深远影响。

⑦ 主一无适：专心于一件事，一点也不向别处分心。适，指朝别的路上去。

⑧ 佝偻（gōu lóu）丈人承蜩（tiáo）的故事：驼背老人捕蝉的故事。出自《庄子·达生》。佝偻：驼背；承蜩，粘取蝉，捕蝉。虽天地之大，万物之多，而惟吾蜩翼之知：虽然天地这样大，万物这样多，但是我只注意蝉的翅膀。这是驼背老人对孔子说的话。

⑨ 曾文正：即曾国藩（1811—1872），字居武，号涤生，谥号"文正"，湖南湘乡（今双峰）人，晚清重臣，湘军创立者和统帅。他毕生信奉程朱理学，主张以理学经世；于古文、诗词也很有造诣，被奉为桐城派后期领袖。其著作后人辑为《曾文正公集》。

⑩ 素其位而行，不愿乎其外：语出《礼记·中庸》。意思是：按与他平素所处的地位，做他所当做的事，而且不祈求本分以外的事情。

问他："做工苦，难道不做工就不苦吗？"今日大热天气，我在这里喊破喉咙来讲，诸君扯直耳朵来听，有些人看着我们好苦；反过来，倘若我们去赌钱去吃酒，还不是一样在淘神、费力？难道又不苦？须知苦乐全在主观的心，不在客观的事。人生从出胎的那一秒钟起到绝气的那一秒钟止，除了睡觉以外，总不能把四肢、五官都搁起不用。只要一用，不是淘神，便是费力，劳苦总是免不掉的。会打算盘的人，只有从劳苦中找出快乐来。我想天下第一等苦人，莫过于无业游民，终日闲游浪荡，不知把自己的身子和心子摆在哪里才好，他们的日子真难过。第二等苦人，便是厌恶自己本业的人，这件事分明不能不做，却满肚子里不愿意做。不愿意做逃得了吗？到底不能。结果还是皱着眉头，哭丧着脸去做。这不是专门自己替自己开玩笑吗？

我老实告诉你一句话："凡职业都是有趣味的，只要你肯继续做下去，趣味自然会发生。"为什么呢？第一，因为凡一件职业，总有许多层累曲折，倘能身入其中，看它变化、进展的状态，最为亲切有味。第二，因为每一职业之成就，离不了奋斗；一步一步的奋斗前去，从刻苦中将快乐的分量加增。第三，职业性质，常常要和同业的人比较骈进，好像赛球一般，因竞胜而得快感。第四，专心做一职业时，把许多游思、妄想杜绝了，省却无限闲烦闷。孔子说："知之者不如好之者，好之者不如乐之者。"人生能从自己职业中领略出趣味，生活才有价值。孔子自述生平，说道："其为人也，发愤忘食，乐以忘忧，不知老之将至云尔。"这种生活，真算得人类理想的生活了。

我生平最受用的有两句话：一是"责任心"，二是"趣味"。我自己常常力求这两句话之实现与调和，又常常把这两句话向我的朋友强聒不舍。今天所讲，敬业即是责任心，乐业即是趣味。我深信人类合理的生活应该如此，我望诸君和我一同受用！

【赏析】

《敬业与乐业》是一篇宣讲人生与事业关系的演讲词，文章首先引用了人们熟悉的儒家经典《礼记》里的格言"敬业乐群"和道家经典《老子》中的格言"安其居，乐其业"，开宗明义地提出了"敬业乐业"的主旨。这里的"业"并不局限于狭义上的职业，可以指生活中任何一件有价值的事情；也不局限于成人的工作，也可以包括学生的学习。接着分别谈论了"有业"、"敬业"、"乐业"在人生中的重要性，通过孔子的言论和百丈禅师的例子来谈"有业"是做人之根本；又用事实和道理告诉人们只有对所做的事生出敬意，并全神贯注、心无旁骛、忠实地把它做好才是"敬业"；还要从专心做事中发现乐趣，达到"乐以忘忧"的境界，做到"乐业"。最后，又用"责任心"和"趣味"总结全文旨意，强调"人类合理的生活总该如此"，并"盼望诸君和我一同受用"。

敬业是每个行业都提倡的精神，因此，梁启超一文提倡"敬业与乐业"有其良苦用心。中国传统文化是一种有着等级色彩的文化，中国人的职业观向来是"万般皆下品，唯有读书高"，人们的读书目的又是"学而优则仕"、"朝为田舍郎，暮登天子堂"。这种官本位的文化，极度蔑视普通职业，尤其是体力劳动，人们纷纷以出人头地、显亲扬名为人生价值的实现。因此，梁氏的"敬业"、"乐业"说，有着矫正世风、改良国民性的积极作用。

【思考与讨论】

梁启超认为，"因自己的才能、境地，做一种劳作做到圆满，便是天地间第一等人"。联系社会生活，谈一谈你对这句话的理解。

第二单元
中国现当代文学

黑夜给了我黑色的眼睛，
我却用它寻找光明。

——顾城《黑眼睛》

鲁　迅

鲁迅(1881—1936),原名周树人,浙江绍兴人。中国近现代最伟大的文学家、思想家和革命家,中国现代文学的奠基人。“鲁迅”是他1918年时发表中国现代文学史上第一篇白话小说《狂人日记》时首次用的笔名,从此成为世人最崇敬的笔名。主要作品有小说集《呐喊》、《彷徨》、杂文集《华盖集》、《华盖集续编》、散文诗集《野草》、《朝花夕拾》等。

伤　逝

如果我能够,我要写下我的悔恨和悲哀,为子君,为自己。

会馆里的被遗忘在偏僻里的破屋是这样地寂静和空虚。时光过得真快,我爱子君,仗着她逃出这寂静和空虚,已经满一年了。事情又这么不凑巧,我重来时,偏偏空着的又只有这一间屋。依然是这样的破窗,这样的窗外的半枯的槐树和老紫藤,这样的窗前的方桌,这样的败壁,这样的靠壁的板床。深夜中独自躺在床上,就如我未曾和子君同居以前一般,过去一年中的时光全被消灭,全未有过,我并没有曾经从这破屋子搬出,在吉兆胡同创立了满怀希望的小小的家庭。

不但如此。在一年之前,这寂静和空虚是并不这样的,常常含着期待;期待子君的到来。在久待的焦躁中,一听到皮鞋的高底尖触着砖路的清响,是怎样地使我骤然生动起来呵!于是就看见带着笑涡的苍白的圆脸,苍白的瘦的臂膊,布的有条纹的衫子,玄色的裙。她又带了窗外的半枯的槐树的新叶来,使我看见,还有挂在铁似的老干上的一房一房的紫白的藤花。

然而现在呢,只有寂静和空虚依旧,子君却决不再来了,而且永远,永远地!……

子君不在我这破屋里时,我什么也看不见。在百无聊赖中,顺手抓过一本书来,科学也好,文学也好,横竖什么都一样;看下去,看下去,忽而自己觉得,已经翻了十多页了,但是毫不记得书上所说的事。只是耳朵却分外地灵,仿佛听到大门外一切往来的履声,从中便有子君的,而且橐橐地逐渐临近,——但是,往往又逐渐渺茫,终于消失在别的步声的杂沓中了。我憎恶那不像子君鞋声的穿布底鞋的长班的儿子,我憎恶那太像子君鞋声的常常穿着新皮鞋的邻院的搽雪花膏的小东西!

莫非她翻了车么?莫非她被电车撞伤了么?……

我便要取了帽子去看她,然而她的胞叔就曾经当面骂过我。

蓦然,她的鞋声近来了,一步响于一步,迎出去时,却已经走过紫藤棚下,脸上带着微笑的酒窝。她在她叔子的家里大约并未受气;我的心宁帖了,默默地相视片时之后,破屋里便渐渐充满了我的语声,谈家庭专制,谈打破旧习惯,谈男女平等,谈伊孛生,谈泰戈尔,谈雪莱……她总是微笑点头,两眼里弥漫着稚气的好奇的光泽。壁上就钉着一张铜板的雪莱半身像,是从杂志上裁下来的,是他的最美的一张像。当我指给她看时,她却只草草一看,便低了头,似乎不好意思了。这些地方,子君就大概还未脱尽旧思想的束缚,——我后来也想,倒不如换一张雪莱淹死在海里的记念像或是伊孛生的罢;但也终于没有换,现在是连这一张也不知那里去了。

“我是我自己的,他们谁也没有干涉我的权利!”

这是我们交际了半年,又谈起她在这里的胞叔和在家的父亲时,她默想了一会之后,分明地,坚决地,沉静地说了出来的话。其时是我已经说尽了我的意见,我的身世,我的缺点,很少隐瞒；她也完全了解的了。这几句话很震动了我的灵魂，此后许多天还在耳中发响，而且说不出的狂喜，知道中国女性，并不如厌世家所说那样的无法可施，在不远的将来，便要看见辉煌的曙色的。

送她出门，照例是相离十多步远；照例是那鲇鱼须的老东西的脸又紧帖在脏的窗玻璃上了，连鼻尖都挤成一个小平面；到外院，照例又是明晃晃的玻璃窗里的那小东西的脸，加厚的雪花膏。她目不邪视地骄傲地走了，没有看见；我骄傲地回来。

“我是我自己的，他们谁也没有干涉我的权利！”这彻底的思想就在她的脑里，比我还透澈，坚强得多。半瓶雪花膏和鼻尖的小平面，于她能算什么东西呢？

我已经记不清那时怎样地将我的纯真热烈的爱表示给她。岂但现在，那时的事后便已模糊，夜间回想，早只剩了一些断片了；同居以后一两月，便连这些断片也化作无可追踪的梦影。我只记得那时以前的十几天，曾经很仔细地研究过表示的态度，排列过措辞的先后，以及倘或遭了拒绝以后的情形。可是临时似乎都无用，在慌张中，身不由己地竟用了在电影上见过的方法了。后来一想到，就使我很愧恧，但在记忆上却偏只有这一点永远留遗，至今还如暗室的孤灯一般，照见我含泪握着她的手，一条腿跪了下去……

不但我自己的，便是子君的言语举动，我那时就没有看得分明；仅知道她已经允许我了。但也还仿佛记得她脸色变成青白，后来又渐渐转作绯红，——没有见过，也没有再见的绯红；孩子似的眼里射出悲喜，但是夹着惊疑的光，虽然力避我的视线，张皇地似乎要破窗飞去。然而我知道她已经允许我了，没有知道她怎样说或是没有说。

她却是什么都记得：我的言辞，竟至于读熟了的一般，能够滔滔背诵；我的举动，就如有一张我所看不见的影片挂在眼下，叙述得如生，很细微，自然连那使我不愿再想的浅薄的电影的一闪。夜阑人静，是相对温习的时候了，我常是被质问，被考验，并且被命复述当时的言语，然而常须由她补足，由她纠正，像一个丁等的学生。

这温习后来也渐渐稀疏起来。但我只要看见她两眼注视空中，出神似的凝想着，于是神色越加柔和，笑窝也深下去，便知道她又在自修旧课了，只是我很怕她看到我那可笑的电影的一闪。但我又知道，她一定要看见，而且也非看不可的。

然而她并不觉得可笑。即使我自己以为可笑，甚而至于可鄙的，她也毫不以为可笑。这事我知道得很清楚，因为她爱我，是这样地热烈，这样地纯真。

去年的暮春是最为幸福，也是最为忙碌的时光。我的心平静下去了，但又有别一部分和身体一同忙碌起来。我们这时才在路上同行，也到过几回公园，最多的是寻住所。我觉得在路上时时遇到探索，讥笑，猥亵和轻蔑的眼光，一不小心，便使我的全身有些瑟缩，只得即刻提起我的骄傲和反抗来支持。她却是大无畏的，对于这些全不关心，只是镇静地缓缓前行，坦然如入无人之境。

寻住所实在不是容易事，大半是被托辞拒绝，小半是我们以为不相宜。起先我们选择得很苛酷，——也非苛酷，因为看去大抵不像是我们的安身之所；后来，便只要他们能相容了。看了二十多处，这才得到可以暂且敷衍的处所，是吉兆胡同一所小屋里的两间南屋；主人是一个小官，然而倒是明白人，自住着正屋和厢房。他只有夫人和一个不到周岁的女孩子，雇一个乡下的女工，只要孩子不啼哭，是极其安闲幽静的。

我们的家具很简单，但已经用去了我的筹来的款子的大半；子君还卖掉了她唯一的金戒指和耳环。我拦阻她，还是定要卖，我也就不再坚持下去了；我知道不给她加入一点股分去，她是住不舒服的。

和她的叔子，她早经闹开，至于使他气愤到不再认她做侄女；我也陆续和几个自以为忠告，其实是替我胆怯，或者竟是嫉妒的朋友绝了交。然而这倒很清静。每日办公散后，虽然已近黄昏，车夫又一定走得这样慢，但究竟还有二人相对的时候。我们先是沉默的相视，接着是放怀而亲密的交谈，后来又是沉默。大家低头沉思着，却并未想着什么事。我也渐渐清醒地读遍了她的身体，她的灵魂，不过三星期，我似乎于她已经更加了解，揭去许多先前以为了解而现在看来却是隔膜，即所谓真的隔膜了。

子君也逐日活泼起来。但她并不爱花，我在庙会时买来的两盆小草花，四天不浇，枯死在壁角了，我又没有照顾一切的闲暇。然而她爱动物，也许是从官太太那里传染的罢，不一月，我们的眷属便骤然加得很多，四只小油鸡，在小院子里和房主人的十多只在一同走。但她们却认识鸡的相貌，各知道那一只是自家的。还有一只花白的叭儿狗，从庙会买来，记得似乎原有名字，子君却给它另起了一个，叫作阿随。我就叫它阿随，但我不喜欢这名字。

这是真的，爱情必须时时更新，生长，创造。我和子君说起这，她也领会地点点头。

唉唉，那是怎样的宁静而幸福的夜呵！

安宁和幸福是要凝固的，永久是这样的安宁和幸福。我们在会馆里时，还偶有议论的冲突和意思的误会，自从到吉兆胡同以来，连这一点也没有了；我们只在灯下对坐的怀旧谭中，回味那时冲突以后的和解的重生一般的乐趣。

子君竟胖了起来，脸色也红活了；可惜的是忙。管了家务便连谈天的工夫也没有，何况读书和散步。我们常说，我们总还得雇一个女工。

这就使我也一样地不快活，傍晚回来，常见她包藏着不快活的颜色，尤其使我不乐的是她要装作勉强的笑容。幸而探听出来了，也还是和那小官太太的暗斗，导火线便是两家的小油鸡。但又何必硬不告诉我呢？人总该有一个独立的家庭。这样的处所，是不能居住的。

我的路也铸定了，每星期中的六天，是由家到局，又由局到家。在局里便坐在办公桌前钞，钞，钞些公文和信件；在家里是和她相对或帮她生白炉子，煮饭，蒸馒头。我的学会了煮饭，就在这时候。

但我的食品却比在会馆里时好得多了。做菜虽不是子君的特长，然而她于此却倾注着全力；对于她的日夜的操心，使我也不能不一同操心，来算作分甘共苦。况且她又这样地终日汗流满面，短发都粘在脑额上；两只手又只是这样地粗糙起来。

况且还要饲阿随，饲油鸡，……都是非她不可的工作。我曾经忠告她：我不吃，倒也罢了；却万不可这样地操劳。她只看了我一眼，不开口，神色却似乎有点凄然；我也只好不开口。然而她还是这样地操劳。

我所预期的打击果然到来。双十节的前一晚，我呆坐着，她在洗碗。听到打门声，我去开门时，是局里的信差，交给我一张油印的纸条。我就有些料到了，到灯下去一看，果然，印着的就是：

奉局长谕史涓生着毋庸到局办事

秘书处启

十月九号。

这在会馆里时，我就早已料到了；那雪花膏便是局长的儿子的赌友，一定要去添些谣言，设法报告的。到现在才发生效验，已经要算是很晚的了。其实这在我不能算是一个打击，因为我早就决定，可以给别人去钞写，或者教读，或者虽然费力，也还可以译点书，况且《自由之友》的总编辑便是见过几次的熟人，两月前还通过信。但我的心却跳跃着。那么一个无畏的子君也变了色，尤其使我痛心；她近来似乎也较为怯弱了。

“那算什么。哼，我们干新的。我们……”她说。

她的话没有说完；不知怎地，那声音在我听去却只是浮浮的；灯光也觉得格外黯淡。人们真是可笑的动物，一点极微末的小事情，便会受着很深的影响。我们先是默默地相视，逐渐商量起来，终于决定将现有的钱竭力节省，一面登“小广告”去寻求钞写和教读，一面写信给《自由之友》的总编辑，说明我目下的遭遇，请他收用我的译本，给我帮一点艰辛时候的忙。

“说做，就做罢！来开一条新的路！”

我立刻转身向了书案，推开盛香油的瓶子和醋碟，子君便送过那黯淡的灯来。我先拟广告；其次是选定可译的书，迁移以来未曾翻阅过，每本的头上都满漫着灰尘了；最后才写信。

我很费踌躇，不知道怎样措辞好，当停笔凝思的时候，转眼去一瞥她的脸，在昏暗的灯光下，又很见得凄然。我真不料这样微细的小事情，竟会给坚决的，无畏的子君以这么显著的变化。她近来实在变得很怯弱了，但也并不是今夜才开始的。我的心因此更缭乱，忽然有安宁的生活的影像——会馆里的破屋的寂静，在眼前一闪，刚刚想定睛凝视，却又看见了昏暗的灯光。

许久之后，信也写成了，是一封颇长的信；很觉得疲劳，仿佛近来自己也较为怯弱了。于是我们决定，广告和发信，就在明日一同实行。大家不约而同地伸直了腰肢，在无言中，似乎又都感到彼此的坚忍崛强的精神，还看见从新萌芽起来的将来的希望。

外来的打击其实倒是振作了我们的新精神。局里的生活，原如鸟贩子手里的禽鸟一般，仅有一点小米维系残生，决不会肥胖；日子一久，只落得麻痹了翅子，即使放出笼外，早已不能奋飞。现在总算脱出这牢笼了，我从此要在新的开阔的天空中翱翔，趁我还未忘却了我的翅子的扇动。

小广告是一时自然不会发生效力的；但译书也不是容易事，先前看过，以为已经懂得的，一动手，却疑难百出了，进行得很慢。然而我决计努力地做，一本半新的字典，不到半月，边上便有了一大片乌黑的指痕，这就证明着我的工作的切实。《自由之友》的总编辑曾经说过，他的刊物是决不会埋没好稿子的。

可惜的是我没有一间静室，子君又没有先前那么幽静，善于体帖了，屋子里总是散乱着碗碟，弥漫着煤烟，使人不能安心做事，但是这自然还只能怨我自己无力置一间书斋。然而又加以阿随，加以油鸡们。加以油鸡们又大起来了，更容易成为两家争吵的引线。

加以每日的“川流不息”的吃饭；子君的功业，仿佛就完全建立在这吃饭中。吃了筹钱，筹来吃饭，还要喂阿随，饲油鸡；她似乎将先前所知道的全都忘掉了，也不想到我的构思就常常为了这催促吃饭而打断。即使在坐中给看一点怒色，她总是不改变，仍然毫无感触似的大嚼起来。

使她明白了我的作工不能受规定的吃饭的束缚，就费去五星期。她明白之后，大约很不高兴罢，可是没有说。我的工作果然从此较为迅速地进行，不久就共译了五万言，只要润色一回，便可以和做好的两篇小品，一同寄给《自由之友》去。只是吃饭却依然给我苦恼。菜冷，是无妨的，然而竟不够；有时连饭也不够，虽然我因为终日坐在家里用脑，饭量已经比先前要减少得多。这是先去喂了阿随了，有时还并那近来连自己也轻易不吃的羊肉。她说，阿随实在瘦得太可怜，房东太太还因此嗤笑我们了，她受不住这样的奚落。

于是吃我残饭的便只有油鸡们。这是我积久才看出来的，但同时也如赫胥黎的论定“人类在宇宙间的位置”一般，自觉了我在这里的位置：不过是叭儿狗和油鸡之间。

后来，经多次的抗争和催逼，油鸡们也逐渐成为肴馔，我们和阿随都享用了十多日的鲜肥；

可是其实都很瘦，因为它们早已每日只能得到几粒高粱了。从此便清静得多。只有子君很颓唐，似乎常觉得凄苦和无聊，至于不大愿意开口。我想，人是多么容易改变呵！

但是阿随也将留不住了。我们已经不能再希望从什么地方会有来信，子君也早没有一点食物可以引它打拱或直立起来。冬季又逼近得这么快，火炉就要成为很大的问题；它的食量，在我们其实早是一个极易觉得的很重的负担。于是连它也留不住了。

倘使插了草标到庙市去出卖，也许能得几文钱罢，然而我们都不能，也不愿这样做。终于是用包袱蒙着头，由我带到西郊去放掉了，还要追上来，便推在一个并不很深的土坑里。

我一回寓，觉得又清静得多多了；但子君的凄惨的神色，却使我很吃惊。那是没有见过的神色，自然是为阿随。但又何至于此呢？我还没有说起推在土坑里的事。

到夜间，在她的凄惨的神色中，加上冰冷的分子了。

"奇怪。——子君，你怎么今天这样儿了？"我忍不住问。

"什么？"她连看也不看我。

"你的脸色……"

"没有什么，——什么也没有。"

我终于从她言动上看出，她大概已经认定我是一个忍心的人。其实，我一个人，是容易生活的，虽然因为骄傲，向来不与世交来往，迁居以后，也疏远了所有旧识的人，然而只要能远走高飞，生路还宽广得很。现在忍受着这生活压迫的苦痛，大半倒是为她，便是放掉阿随，也何尝不如此。但子君的识见却似乎只是浅薄起来，竟至于连这一点也想不到了。

我拣了一个机会，将这些道理暗示她；她领会似的点头。然而看她后来的情形，她是没有懂，或者是并不相信的。

天气的冷和神情的冷，逼迫我不能在家庭中安身。但是，往那里去呢？大道上，公园里，虽然没有冰冷的神情，冷风究竟也刺得人皮肤欲裂。我终于在通俗图书馆里觅得了我的天堂。

那里无须买票；阅书室里又装着两个铁火炉。纵使不过是烧着不死不活的煤的火炉，但单是看见装着它，精神上也就总觉得有些温暖。书却无可看：旧的陈腐，新的是几乎没有的。

好在我到那里去也并非为看书。另外时常还有几个人，多则十余人，都是单薄衣裳，正如我，各人看各人的书，作为取暖的口实。这于我尤为合式。道路上容易遇见熟人，得到轻蔑的一瞥，但此地却决无那样的横祸，因为他们是永远围在别的铁炉旁，或者靠在自家的白炉边的。

那里虽然没有书给我看，却还有安闲容得我想。待到孤身枯坐，回忆从前，这才觉得大半年来，只为了爱，——盲目的爱，——而将别的人生的要义全盘疏忽了。第一，便是生活。人必生活着，爱才有所附丽。世界上并非没有为了奋斗者而开的活路；我也还未忘却翅子的扇动，虽然比先前已经颓唐得多……

屋子和读者渐渐消失了，我看见怒涛中的渔夫，战壕中的兵士，摩托车中的贵人，洋场上的投机家，深山密林中的豪杰，讲台上的教授，昏夜的运动者和深夜的偷儿……子君，——不在近旁。她的勇气都失掉了，只为着阿随悲愤，为着做饭出神；然而奇怪的是倒也并不怎样瘦损……

冷了起来，火炉里的不死不活的几片硬煤，也终于烧尽了，已是闭馆的时候。又须回到吉兆胡同，领略冰冷的颜色去了。近来也间或遇到温暖的神情，但这却反而增加我的苦痛。记得有一夜，子君的眼里忽而又发出久已不见的稚气的光来，笑着和我谈到还在会馆时候的情形，时时又很带些恐怖的神色。我知道我近来的超过她的冷漠，已经引起她的忧疑来，只得也勉力谈笑，想给她一点慰藉。然而我的笑貌一上脸，我的话一出口，却即刻变为空虚，这空虚又即刻发生反响，回向我的耳目里，给我一个难堪的恶毒的冷嘲。子君似乎也觉得的，从此便失掉了她往常的麻木似的镇静，虽然竭力掩饰，总还是时时露出忧疑的神色来，但对我却温和得多了。

我要明告她，但我还没有敢，当决心要说的时候，看见她孩子一般的眼色，就使我只得暂且改作勉强的欢容。但是这又即刻来冷嘲我，并使我失却那冷漠的镇静。

她从此又开始了往事的温习和新的考验，逼我做出许多虚伪的温存的答案来，将温存示给她，虚伪的草稿便写在自己的心上。我的心渐被这些草稿填满了，常觉得难于呼吸。我在苦恼中常常想，说真实自然须有极大的勇气的；假如没有这勇气，而苟安于虚伪，那也便是不能开辟新的生路的人。不独不是这个，连这人也未尝有！

子君有怨色，在早晨，极冷的早晨，这是从未见过的，但也许是从我看来的怨色。我那时冷冷地气愤和暗笑了；她所磨练的思想和豁达无畏的言论，到底也还是一个空虚，而对于这空虚却并未自觉。她早已什么书也不看，已不知道人的生活的第一着是求生，向着这求生的道路，是必须携手同行，或奋身孤往的了，倘使只知道捶着一个人的衣角，那便是虽战士也难于战斗，只得一同灭亡。

我觉得新的希望就只在我们的分离；她应该决然舍去，——我也突然想到她的死，然而立刻自责，忏悔了。幸而是早晨，时间正多，我可以说我的真实。我们的新的道路的开辟，便在这一遭。

我和她闲谈，故意地引起我们的往事，提到文艺，于是涉及外国的文人，文人的作品：《诺拉》，《海的女人》。称扬诺拉的果决……也还是去年在会馆的破屋里讲过的那些话，但现在已经变成空虚，从我的嘴传入自己的耳中，时时疑心有一个隐形的坏孩子，在背后恶意地刻毒地学舌。

她还是点头答应着倾听，后来沉默了。我也就断续地说完了我的话，连余音都消失在虚空中了。

"是的。"她又沉默了一会，说，"但是，……涓生，我觉得你近来很两样了。可是的？你，——你老实告诉我。"

我觉得这似乎给了我当头一击，但也立即定了神，说出我的意见和主张来：新的路的开辟，新的生活的再造，为的是免得一同灭亡。

临末，我用了十分的决心，加上这几句话：

"……况且你已经可以无须顾虑，勇往直前了。你要我老实说；是的，人是不该虚伪的。我老实说罢：因为，因为我已经不爱你了！但这于你倒好得多，因为你更可以毫无挂念地做事……"

我同时豫期着大的变故的到来，然而只有沉默。她脸色陡然变成灰黄，死了似的；瞬间便又苏生，眼里也发了稚气的闪闪的光泽。这眼光射向四处，正如孩子在饥渴中寻求着慈爱的母亲，但只在空中寻求，恐怖地回避着我的眼。

我不能看下去了，幸而是早晨，我冒着寒风径奔通俗图书馆。

在那里看见《自由之友》，我的小品文都登出了。这使我一惊，仿佛得了一点生气。我想，生活的路还很多，——但是，现在这样也还是不行的。

我开始去访问久已不相闻问的熟人，但这也不过一两次；他们的屋子自然是暖和的，我在骨髓中却觉得寒冽。夜间，便蜷伏在比冰还冷的冷屋中。

冰的针刺着我的灵魂，使我永远苦于麻木的疼痛。生活的路还很多，我也还没有忘却翅子的扇动，我想。——我突然想到她的死，然而立刻自责，忏悔了。

在通俗图书馆里往往瞥见一闪的光明，新的生路横在前面。她勇猛地觉悟了，毅然走出这冰冷的家，而且，——毫无怨恨的神色。我便轻如行云，漂浮空际，上有蔚蓝的天，下是深山大海，广厦高楼，战场，摩托车，洋场，公馆，晴明的闹市，黑暗的夜……

而且，真的，我豫感得这新生面便要来到了。

我们总算度过了极难忍受的冬天，这北京的冬天；就如蜻蜓落在恶作剧的坏孩子的手里一般，被系着细线，尽情玩弄，虐待，虽然幸而没有送掉性命，结果也还是躺在地上，只争着一个迟早之间。

写给《自由之友》的总编辑已经有三封信，这才得到回信，信封里只有两张书券：两角的和三角的。我却单是催，就用了九分的邮票，一天的饥饿，又都白挨给于己一无所得的空虚了。

然而觉得要来的事，却终于来到了。

这是冬春之交的事，风已没有这么冷，我也更久地在外面徘徊；待到回家，大概已经昏黑。就在这样一个昏黑的晚上，我照常没精打采地回来，一看见寓所的门，也照常更加丧气，使脚步放得更缓。但终于走进自己的屋子里了，没有灯火；摸火柴点起来时，是异样的寂寞和空虚！

正在错愕中，官太太便到窗外来叫我出去。

"今天子君的父亲来到这里，将她接回去了。"她很简单地说。

这似乎又不是意料中的事，我便如脑后受了一击，无言地站着。

"她去了么？"过了些时，我只问出这样一句话。

"她去了。"

"她，——她可说什么？"

"没说什么。单是托我见你回来时告诉你，说她去了。"

我不信；但是屋子里是异样的寂寞和空虚。我遍看各处，寻觅子君；只见几件破旧而黯淡的家具，都显得极其清疏，在证明着它们毫无隐匿一人一物的能力。我转念寻信或她留下的字迹，也没有；只是盐和干辣椒，面粉，半株白菜，却聚集在一处了，旁边还有几十枚铜元。这是我们两人生活材料的全副，现在她就郑重地将这留给我一个人，在不言中，教我借此去维持较久的生活。

我似乎被周围所排挤，奔到院子中间，有昏黑在我的周围；正屋的纸窗上映出明亮的灯光，他们正在逗着孩子推笑。我的心也沉静下来，觉得在沉重的迫压中，渐渐隐约地现出脱走的路径：深山大泽，洋场，电灯下的盛筵；壕沟，最黑最黑的深夜，利刃的一击，毫无声响的脚步……

心地有些轻松，舒展了，想到旅费，并且嘘一口气。

躺着，在合着的眼前经过的豫想的前途，不到半夜已经现尽；暗中忽然仿佛看见一堆食物，这之后，便浮出一个子君的灰黄的脸来，睁了孩子气的眼睛，恳托似的看着我。我一定神，什么也没有了。

但我的心却又觉得沉重。我为什么偏不忍耐几天，要这样急急地告诉她真话的呢？现在她知道，她以后所有的只是她父亲——儿女的债主——的烈日一般的严威和旁人的赛过冰霜的冷眼。此外便是虚空。负着虚空的重担，在严威和冷眼中走着所谓人生的路，这是怎么可怕的事呵！而况这路的尽头，又不过是——连墓碑也没有的坟墓。

我不应该将真实说给子君，我们相爱过，我应该永久奉献她我的说谎。如果真实可以宝贵，这在子君就不该是一个沉重的空虚。谎语当然也是一个空虚，然而临末，至多也不过这样地沉重。

我以为将真实说给子君，她便可以毫无顾虑，坚决地毅然前行，一如我们将要同居时那样。

但这恐怕是我错误了。她当时的勇敢和无畏是因为爱。

我没有负着虚伪的重担的勇气，却将真实的重担卸给她了。她爱我之后，就要负了这重担，在严威和冷眼中走着所谓人生的路。

我想到她的死……我看见我是一个卑怯者，应该被摈于强有力的人们，无论是真实者，虚伪者。然而她却自始至终，还希望我维持较久的生活……

我要离开吉兆胡同，在这里是异样的空虚和寂寞。我想，只要离开这里，子君便如还在我的身边；至少，也如还在城中，有一天，将要出乎意表地访我，像住在会馆时候似的。

然而一切请托和书信，都是一无反响；我不得已，只好访问一个久不问候的世交去了。他是我伯父的幼年的同窗，以正经出名的拔贡，寓京很久，交游也广阔的。

大概因为衣服的破旧罢，一登门便很遭门房的白眼。好容易才相见，也还相识，但是很冷落。我们的往事，他全都知道了。

"自然，你也不能在这里了，"他听了我托他在别处觅事之后，冷冷地说，"但那里去呢？很难。——你那，什么呢，你的朋友罢，子君，你可知道，她死了。"

我惊得没有话。

"真的？"我终于不自觉地问。

"哈哈。自然真的。我家的王升的家，就和她家同村。"

"但是，——不知道是怎么死的？"

"谁知道呢。总之是死了就是了。"

我已经忘却了怎样辞别他，回到自己的寓所。我知道他是不说谎话的；子君总不会再来的了，像去年那样。她虽是想在严威和冷眼中负着虚空的重担来走所谓人生的路，也已经不能。她的命运，已经决定她在我所给与的真实——无爱的人间死灭了！

自然，我不能在这里了；但是，"那里去呢？"

四围是广大的空虚，还有死的寂静。死于无爱的人们的眼前的黑暗，我仿佛一一看见，还听得一切苦闷和绝望的挣扎的声音。

我还期待着新的东西到来，无名的，意外的。但一天一天，无非是死的寂静。

我比先前已经不大出门，只坐卧在广大的空虚里，一任这死的寂静侵蚀着我的灵魂。死的寂静有时也自己战栗，自己退藏，于是在这绝续之交，便闪出无名的，意外的，新的期待。

一天是阴沉的上午，太阳还不能从云里面挣扎出来；连空气都疲乏着。耳中听到细碎的步声和咻咻的鼻息，使我睁开眼。大致一看，屋子里还是空虚；但偶然看到地面，却盘旋着一匹小小的动物，瘦弱的，半死的，满身灰土的……

我一细看，我的心就一停，接着便直跳起来。

那是阿随。它回来了。

我的离开吉兆胡同，也不单是为了房主人们和他家女工的冷眼，大半就为着这阿随。但是，"那里去呢？"新的生路自然还很多，我约略知道，也间或依稀看见，觉得就在我面前，然而我还没有知道跨进那里去的第一步的方法。

经过许多回的思量和比较，也还只有会馆是还能相容的地方。依然是这样的破屋，这样的板床，这样的半枯的槐树和紫藤，但那时使我希望，欢欣，爱，生活的，却全都逝去了，只有一个虚空，我用真实去换来的虚空存在。

新的生路还很多，我必须跨进去，因为我还活着。但我还不知道怎样跨出那第一步。有时，仿佛看见那生路就像一条灰白的长蛇，自己蜿蜒地向我奔来，我等着，等着，看看临近，但忽然便消失在黑暗里了。

初春的夜，还是那么长。长久的枯坐中记起上午在街头所见的葬式，前面是纸人纸马，后面是唱歌一般的哭声。我现在已经知道他们的聪明了，这是多么轻松简截的事。

然而子君的葬式却又在我的眼前，是独自负着虚空的重担，在灰白的长路上前行，而又即刻消失在周围的严威和冷眼里了。

我愿意真有所谓鬼魂，真有所谓地狱，那么，即使在孽风怒吼之中，我也将寻觅子君，当面说出我的悔恨和悲哀，祈求她的饶恕；否则，地狱的毒焰将围绕我，猛烈地烧尽我的悔恨和悲哀。

我将在孽风和毒焰中拥抱子君，乞她宽容，或者使她快意……

但是，这却更虚空于新的生路；现在所有的只是初春的夜，竟还是那么长。我活着，我总得向着新的生路跨出去，那第一步，——却不过是写下我的悔恨和悲哀，为子君，为自己。

我仍然只有唱歌一般的哭声，给子君送葬，葬在遗忘中。

我要遗忘；我为自己，并且要不再想到这用了遗忘给子君送葬。

我要向着新的生路跨进第一步去，我要将真实深深地藏在心的创伤中，默默地前行，用遗忘和说谎做我的前导……

【赏析】

《伤逝》选自鲁迅小说集《彷徨》，是鲁迅的一部短篇小说，也可以说是唯一一部以爱情为主题的小说。恋爱自由、婚姻自主是“五四”以后青年所普遍关心的一个问题。《伤逝》以独特角度，描写了涓生和子君的恋爱及其破灭过程。作者以一般作为追求目标的自主婚姻的完成的喜剧性结局，作为自己所揭示的一出社会悲剧的出发点。小说从正面着力刻画的不是黑暗势力的破坏和迫害，而是作品主人公涓生和子君本身的思想弱点。从涓生和子君冲破阻力争得了自主婚姻，婚后社会迫害的继续存在及由此产生的矛盾，到最后这自主婚姻的破灭的整个过程。深刻地指出了在黑暗社会里，恋爱和婚姻问题不可能是一个孤立的问题，它的最终解决，不能仅靠着个性的解放。它只能是整个社会解放的一个组成部分。

这篇小说是以作品中的男主人公——涓生的手记的形式来写的。从形式上看，是一篇关于个人爱情生活的自叙传和忏悔录。《伤逝》它所讲述的是两个觉醒的知识分子涓生和子君的爱情故事。作为鲁迅的唯一爱情小说，却以涓生和子君他们爱情的破裂为结局，可以说是一个悲剧，涓生和子君在追求自己爱情和婚姻的自由的时候，便触动了“仁义道德”者们。封建的伦理道德沉重地压在每一位生活在“铁屋子”里面的人们身上，他们一旦脱离了这些准则，在社会上就难以走动。所以，她有那么大的勇气去反抗。但封建的权威也深深地伤害着她，总的来说，封建社会就是一个吃人的社会，它吃掉你的思想，你的灵魂！当然涓生和子君的“微不足道”的爱情更加不用说了。

【思考与讨论】

1. 怎样理解鲁迅的接受与教育的问题？

2. 涓生和子君爱情悲剧的原因和意义是什么？

张爱玲

张爱玲(1920—1995),出生于上海,中国现代作家,海派作家。张爱玲从四十年代初开始文学创作生涯。创作了许多小说和散文作品,代表作有《半生缘》、《怨女》、《童言无忌》、《金锁记》、《白玫瑰与红玫瑰》、《花凋》、《倾城之恋》、《爱》等。在中国现代文学史上,张爱玲占有一席重要位置。她的作品,不论是小说还是散文,几乎都是以上海、香港等大都市作为背景的,社会内容不够宽广,却开拓了现代文学的题材领域。这些作品,既以中国古典小说为根柢,又突出运用了西方现代派心理描写技巧,并将两者融合于一体,形成颇具特色的个人风格。她特别敏感都市生活的大雅大俗,一份独特的见解,一种越轨的笔致,十分耐人玩味。

花　凋

她父母小小地发了点财,将她坟上加工修葺了一下,坟前添了个白大理石的天使,垂着头,合着手,脚底下环绕着一群小天使。上上下下十来双白色的石头眼睛。在石头的缝里,翻飞着白石的头发,白石的裙褶子,露出一身健壮的肉,乳白的肉冻子,冰凉的。是像电影里看见的美满的坟墓,芳草斜阳中献花的人应当感到最美满的悲哀。天使背后藏着个小小的碑,题着"爱女郑川嫦之墓"。碑阴还有托人撰制的新式的行述:

"……川嫦是一个稀有的美丽的女孩子……十九岁毕业于宏济女中,二十一岁死于肺病。……爱音乐,爱静,爱父母……无限的爱,无限的依依,无限的惋惜……回忆上的一朵花,永生的玫瑰……安息罢,在爱你的人的心底下。知道你的人没有一个不爱你的。"

全然不是这回事。的确,她是美丽的,她喜欢静,她是生肺病死的,她的死是大家同声惋惜的,可是……全然不是那回事。

川嫦从前有过极其丰美的肉体,尤其美的是那一双华泽的白肩膀。然而,出人意料之外地,身体上的脸庞却偏于瘦削,峻整的,小小的鼻峰,薄薄的红嘴唇,清炯炯的大眼睛,长睫毛,满脸的"颤抖的灵魂",充满了深邃洋溢的热情与智慧,像《魂归离恨天》的作者爱米丽·勃朗蒂。实际上川嫦并不聪明,毫无出众之点。她是没点灯的灯塔。

在姊妹中也轮不着她算美,因为上面还有几个绝色的姊姊。郑家一家都是出奇地相貌好。从她父亲起,郑先生长得像广告画上喝乐口福抽香烟的标准上海青年绅士,圆脸,眉目开展,嘴角向上兜兜着,穿上短裤子就变了吃婴儿药片的小男孩,加上两撇八字须就代表了即时进补的老太爷,胡子一白就可以权充圣诞老人。

郑先生是个遗少,因为不承认民国,自从民国纪元起他就没长过岁数。虽然也知道醇酒妇人和鸦片,心还是孩子的心。他是酒精缸里泡着的孩尸。

郑夫人自以为比他看上去还要年青,时常得意地向人说:"我真怕跟他一块儿出去——人家瞧着我比他小得多,都拿我当他的姨太太!"俊俏的郑夫人领着俊俏的女儿们在喜庆集会里总是最出风头的一群。虽然不懂英文,郑夫人也会遥遥地隔着一间偌大的礼堂向那边叫喊:"你们过来,兰西!露西!沙丽!宝丽!"在家里她们变成了大毛头,二毛头,三毛头,四毛头。底下还有三个是儿子,最小的儿子是一个下堂妾所生。

孩子多,负担重,郑先生常弄得一屁股的债,他夫人一肚子的心事。可是郑先生究竟是个带点名士派的人,看得开,有钱的时候在外面生孩子,没钱的时候在家里生孩子。没钱的时候居多，因此家里的儿女生之不已，生下来也还是一样的疼。逢着手头活便，不能说郑先生不慷慨，要什么给买什么。在鸦片炕上躺着，孩子们一面给捶腿，一面就去掏摸他口袋里的钱；要是不叫拿，她们就捏起拳头一阵乱捶，捶得父亲又是笑，又是叫唤："嗳哟，嗳哟，打死了，这下子真打死了！"过年的时候他领着头要钱，做庄推牌九，不把两百元换来的铜子儿输光了不让他歇手。然而玩笑归玩笑，发起脾气来他也是翻脸不认人的。

郑先生是连演四十年的一出闹剧，他夫人则是一出冗长的单调的悲剧。她恨他不负责任；她恨他要生那么些孩子；她恨他不讲卫生，床前放着痰盂而他偏要将痰吐到拖鞋里。她总是仰着脸摇摇摆摆在屋里走过来，走过去，凄冷地磕着瓜子——一个美丽苍白的，绝望的妇人。

难怪郑夫人灰心，她初嫁过来，家里还富裕些的时候，她也会积下一点私房，可是郑家的财政系统是最使人捉摸不定的东西，不知怎么一卷就把她那点积蓄给卷得荡然无余。郑夫人毕竟不脱妇人习性，明知是留不住的，也还要继续地积，家事虽是乱麻一般，乘乱里她也捞了点钱，这点钱就给了她无穷的烦恼，因为她丈夫是哄钱用的一等好手。

说不上来郑家是穷还是阔。呼奴使婢的一大家子人，住了一幢洋房，床只有两只，小姐们每晚抱了铺盖到客室里打地铺。客室里稀稀朗朗几件家具也是借来的，只有一架无线电是自己置的，留声机屉子里有最新的流行唱片。他们不断地吃零食，全家坐了汽车看电影去。

孩子蛀了牙齿没钱补，在学校里买不起钢笔头。佣人们因为积欠工资过多，不得不做下去。下人在厨房里开一桌饭，全巷堂的底下人都来分享，八仙桌四周的长板凳上挤满了人。厨子的远房本家上城来的时候，向来是耽搁在郑公馆里。

小姐们穿不起丝质线质的新式衬衫，布褂子又嫌累赘，索性穿一件空心的棉袍夹袍，几个月之后，脱下来塞在箱子里，第二年生了霉，另做新的。丝袜还没上脚已经被别人拖去穿了，重新发现的时候，袜子上的洞比袜子大。不停地嘀嘀咕咕，明争暗斗。在这弱肉强食的情形下，几位姑娘虽然是在锦绣丛中长大的，其实跟捡煤核的孩子一般泼辣有为。

这都是背地里。当着人，没有比她们更为温柔知礼的女儿，勾肩搭背友爱的姊妹。她们不是不会敷衍。从小的剧烈的生活竞争把她们造成了能干人。川嫦是姊妹中最老实的一个，言语迟慢，又有点脾气，她是最小的一个女儿，天生要被大的欺负，下面又有弟弟，占去了爹娘的疼爱，因此她在家里不免受委屈，可是她的家对于她实在是再好没有的严格的训练。为门第所限，郑家的女儿不能当女店员，女打字员，做"女结婚员"是她们唯一的出路。在家里虽学不到什么专门技术，能够有个立脚地，却非得有点本领不可。郑川嫦可以说一下地就进了"新娘学校"。

可是在修饰方面她很少发展的余地。她姊姊们对于美容学研究有素，她们异口同声地断定："小妹适于学生派的打扮。小妹这一路的脸，头发还是不烫好看。小妹穿衣服越素净越好。难得有人配穿蓝布褂子，小妹倒是穿蓝布长衫顶俏皮。"于是川嫦终年穿着蓝布长衫，夏天浅蓝，冬天深蓝，从来不和姊姊们为了同时看中一件衣料而争吵。姊姊们又说："现在时行的这种红黄色的丝袜，小妹穿了，一双腿更显胖，像德国香肠。还是穿短袜子登样，或是赤脚。"又道："小妹不能穿皮子，显老。"可是三妹不要了的那件呢大衣，领口上虽缀着一些腐旧的青种羊皮，小妹穿着倒不难看，因为大衣袖子太短了，露出两三寸手腕，穿着像个正在长高的小孩，天真可爱。

好容易熬到了这一天，姊姊们一个个都出嫁了，川嫦这才突然地漂亮了起来。可是她不忙着找对象。她痴心想等爹有了钱，送她进大学，好好地玩两年，从容地找个合式的人。等爹有钱……非得有很多的钱，多得满了出来，才肯花在女儿的学费上——女儿的大学文凭原是最狂妄的奢侈品。

郑先生也不忙着替川嫦定亲。他道:"实在经不起这样年年嫁女儿。说省,说省,也把我们这点家私鼓捣光了。再嫁出一个,我们老两口子只好跟过去做陪房了。"

然而郑夫人的话也有理(郑家没有一个人说话没有理的,就连小弟弟在裤子上溺了尿,也还说得出一篇道理来),她道:"现在的事,你不给她介绍朋友,她来个自我介绍。碰上个好人呢,是她自己找来的,她不承你的情。碰上个坏人,你再反对,已经晚了,以后大家总是亲戚,徒然伤了感情。"

郑夫人对于选择女婿很感兴趣。那是她死灰的生命中的一星微红的炭火。虽然她为她丈夫生了许多孩子,而且还在继续生着,她缺乏罗曼蒂克的爱。同时她又是一个好妇人,既没有这胆子,又没有机会在其他方面取得满足。于是,她一样地找男人,可是找了来作女婿。她知道这美丽而忧伤的岳母在女婿们的感情上是占点地位的。

二小姐三小姐结婚之后都跟了姑爷上内地去了,郑夫人把川嫦的事托了大小姐。嫁女儿,向来是第一个最麻菇,以后,一个拉扯着一个,就容易了。大姑爷有个同学新从维也纳回来。乍回国的留学生,据说是嘴馋眼花,最易捕捉。这人习医,名唤章云藩,家里也很过得去。

川嫦见了章云藩,起初觉得他不够高,不够黑。她的理想的第一先决条件是体育化的身量。他说话也不够爽利的,一个字一个字谨慎地吐出来,像隆重的宴会里吃洋枣,把核子徐徐吐在小银匙里,然后偷偷倾在盘子的一边,一个不小心,核子从嘴里直接滑到盘子里,叮当一声,就失仪了。措词也过分留神了些,"好"是"好","坏"是"不怎么太好"。恨"是"不怎么太喜欢"。川嫦对于他的最初印象是纯粹消极的,"不够"这个,"不够"那个,然而几次一见面,她却为了同样的理由爱上他了。

他不但家里有点底子,人也是个有点底子的人。而且他齐整干净,和她家里的人大不相同。她喜欢他头发上的花尖,他的微微伸出的下嘴唇;有时候他戴着深色边的眼镜。也许为来为去不过是因为他是她眼前的第一个有可能性的男人。可是她没有比较的机会,她始终没来得及接近第二个人。

最开头是她大姊请客跳舞,第二次是章云藩还请,接着是郑夫人请客,也是在馆子里。

各方面已经有了"大事定矣"的感觉。郑夫人道:"等他们订了婚,我要到云藩的医院里去照照爱克司光——老疑心我的肺不大结实。若不是心疼这笔检查费,早去照了,也不至于这些年来心上留着个疑影儿。还有我这胃气疼毛病,问他可有什么现成的药水打两针。以后几个小的吹了风,闹肚子,也用不着求教别人了,现放着个姊夫。"郑先生笑道:"你要买药厂的股票,有人做顾问了,倒可以放手大做一下。"郑夫人变色道:"你几时见我买股票来?我哪儿来的钱?是你左手交给我的,还是右手交给我的?"

过中秋节,章云藩单身在上海,因此郑夫人邀他来家吃晚饭。不凑巧,郑先生先一日把郑夫人一只戒指押掉了,郑夫人和他争吵之下,第二天过节,气得脸色黄黄的,推胃气疼不起床,上灯时分方才坐在枕头上吃稀饭,床上架着红木炕几,放了几色咸菜。楼下磕头祭祖,来客入席,佣人几次三番催请,郑夫人只是不肯下去。郑先生笑嘻嘻地举起筷子来让章云藩,道:"我们先吃罢,别等她了。"云藩只得在冷盆里夹了些菜吃着。川嫦笑道:"我上去瞧瞧就来。"她走下席来,先到厨房里嘱咐他们且慢上鱼翅,然后上楼。郑夫人坐在床上,绷着脸,奋拉着眼皮子,一只手扶着筷子,一只手在枕头边摸着了满垫着草纸的香烟筒,一口气吊上一大串痰来,吐在里面。吐完了,又去吃粥。川嫦连忙将手按住了碗口,劝道:"娘,下去大家一块儿吃罢。一年一次的事,我们也团团圆圆的。况且今天还来了人。人家客客气气的,又不知道里头的底细。爹有不是的地方,咱们过了今天再跟他说话!"左劝右劝,硬行替她梳头净脸,换了衣裳,郑夫人方才委委屈屈下楼来了,和云藩点头寒暄既毕,把儿子从桌子那面唤过来,坐在身边,摸索着他道:"叫了章大哥没有?瞧你弄得这么黑眉乌眼的,亏你怎么见人来着?上哪儿玩过了,新鞋上糊了这些泥?还不到门口的棕垫子上塌掉它!"那孩子只顾把酒席上的杏仁抓来吃,不肯走开,只吹了一声口哨,把家里养的大狗唤了来,将鞋在狗背上塌来塌去,刷去了泥污。郑家这样的大黄狗有两三只,老而疏懒,身上生癣处皮毛脱落,拦门躺着,乍看就仿佛是一块敝旧的棕毛毯。

这里端上了鱼翅。郑先生举目一看,阖家大小,都到齐了,单单缺了姨太太所生的幼子。便问赵妈道:"小少爷呢?"

赵妈拿眼看着太太,道:"奶妈抱到巷堂里玩去了。"郑先生一拍桌子道:"混帐!家里开饭了,怎不叫他们一声?平时不上桌子也罢了,过节吃团圆饭,总不能不上桌。去给我把奶妈叫回来!"郑夫人皱眉道:"今儿的菜油得厉害,叫我怎么下筷子?赵妈你去剥两只皮蛋来给我下酒。"赵妈答应了一声,却有些意意思思的,没动身。郑夫人叱道:"你聋了是不是?叫你剥皮蛋!"赵妈慌忙去了。郑先生将小银杯重重在桌面上一磕,洒了一手的酒,把后襟一撩,站起来往外走,亲自到巷堂里去找孩子。他从后门才出去,奶妈却抱着孩子从前门进来了。川嫦便道:"奶妈你端个凳子放在我背后,添一副碗筷来,随便喂他两口,应个景儿。不过是这么回事。"

送上碗筷来,郑夫人把饭碗接过来,夹了点菜放在上面,道:"拿到厨房里吃去罢,我见了就生气。下流坯子——你再捧着他,脱不了还是下流坯子。"

奶妈把孩子抱到厨下,恰巧遇着郑先生从后门进来,见这情形,不由得冲冲大怒,劈手抢过碗,哗郎郎摔得粉碎。那孩子眼见才要到嘴的食又飞了,哇哇大哭起来。郑先生便一叠连声叫买饼干去。打杂的问道:"还是照从前,买一块钱散装的?"郑先生点头。奶妈道:"钱我先垫着?"郑先生点头道:"快去快去。尽着唠叨!"打杂的道:"可要多买几块钱的,免得急着要的时候抓不着?"郑先生道:"多买了,我们家里哪儿搁得住东西,下次要吃,照样还得现买。"郑夫人在里面听见了,便闹了起来道:"你这是说谁?我的孩子犯了贱,吃了婊子养的吃剩下的东西,叫他们上吐下泻,登时给我死了!"郑先生在楼梯上冷笑道:"你这种咒,赌它作甚?上吐下泻……

知道你现在有人给他治了!"

章云藩听了这话,并不曾会过意思来,川嫦脸上却有些讪讪的。

一时撤下鱼翅,换上一味神仙鸭子。郑夫人一面替章云藩拣菜,一面心中烦恼,眼中落泪,说道:"章先生,今天你见着我们家庭里这种情形,觉得很奇怪罢?我是不拿你当外人看待的,我倒也很愿意让你知道知道,我这些年来过的是一种什么生活。川嫦给章先生舀点炒虾仁。你问川嫦,你问她!她知道她父亲是怎样的一个人。我哪一天不对她姊姊们说——我说:'兰西,露西,沙丽,宝丽,你们要仔细啊!不要像你母亲,遇人不淑,再叫你母亲伤心,你母亲禁不起了啊!'从小我就对她们说:'好好念书啊,一个女人,要能自立,遇着了不讲理的男人,还可以一走。'唉,不过章先生,这是普通的女人哪。我就不行,我这人情感太重。情感太重。我虽然没进过学堂,烹饪,缝纫,这点自立的本领是有的。我一个人过,再苦些,总也能解决我自己的生活。"虽然郑夫人没进过学堂,她说的一口流利的新名词。她道:"我就坏在情感丰富,我不能眼睁睁看着我的孩子们给她爹作践死了。我想着,等两年,等孩子大些了,不怕叫人摆布死了,我再走,谁知道她们大了,底下又有了小的了。可怜做母亲的一辈子就这样牺牲掉了!"

她偏过身子去让赵妈在她背后上菜，道："章先生趁热吃些蹄子。这些年的夫妻，你看他还是这样的待我。可现在我不怕他了！我对他说：'不错，我是个可怜的女人，我身上有病，我是个没有能力的女人，尽着你压迫，可是我有我的儿女保护我！嗳，我女儿爱我，我女婿爱我——'"

川嫦心中本就不自在，又觉胸头饱闷，便揉着胸脯子道：

"不知怎么的，心口绞得慌。"郑夫人道："别吃了，喝口热茶罢。"川嫦道："我到沙发上靠靠，舒服些。"便走到穹门那边的客厅里坐下。这边郑夫人悲悲切切倾心吐胆诉说个不完，云藩道："伯母别尽自伤心了，身体经不住。也要勉强吃点什么才好。"郑夫人舀了一匙子奶油菜花，尝了一尝，蹙着眉道："太腻了，还是替我下碗面来罢。有蹄子，就是蹄子面罢。"一桌子人都吃完了，方才端上面来，郑夫人一头吃，一头说，面冷了，又叫拿去热，又嗔不替章先生倒茶。云藩忙道："我有茶在客厅里，只要对点开水就行了。"趁势走到客厅里。

客厅里电灯上的瓷罩子让小孩拿刀弄杖搠碎了一角，因此川嫦能够不开灯的时候总避免开灯。屋里暗沉沉地，但见川嫦扭着身子伏在沙发扶手上。蓬松的长发，背着灯光，边缘上飞着一重轻暖的金毛衣子。定着一双大眼睛，像云里雾里似的，微微发亮。云藩笑道："还有点不舒服吗？"川嫦坐正了笑道："好多了。"云藩见她并不捻上灯，心中纳罕。两人暗中相对毕竟不便，只得抱着胳膊立在门洞子里射进的灯光里。川嫦正迎着光，他看清楚她穿着一件葱白素绸长袍，白手臂与白衣服之间没有界限；戴着她大姊夫从巴黎带来的一副别致的项圈。是一双泥金的小手，尖而长的红指甲，紧紧扣在脖子上，像是要扼死人。

她笑道："章先生，你很少说话。"云藩笑道："刚才我问你好了些没有，再问下去，就像个医生了。我就怕人家三句不离本行。"川嫦笑了。赵妈拎着乌黑的水壶进来冲茶，川嫦便在高脚玻璃盆里抓了一把糖，放在云藩面前道："吃糖。"郑家的房门向来是四通八达开着的，奶妈抱着孩子从前面踱了进来，就在沙发四周绕了两圈。郑夫人在隔壁房里吃面，便回过头来盯眼望着，向川嫦道："别给他糖吃，引得他越发没规没矩，来了客就串来串去地讨人嫌！"

奶妈站不住脚，只得把孩子抱到后面去，走过餐室，郑夫人见那孩子一只手捏着满满一把小饼干，嘴里却啃着梨，便叫了起来道："是谁给他的梨？楼上那一篮子梨是姑太太家里的节礼，我还要拿它送人呢！动不得的。谁给他拿的？"下人们不敢答应。郑夫人放下筷子，一路问上楼去。

这里川嫦搭讪着站起来，云藩以为她去开电灯，她却去开了无线电。因为没有适当的茶几，这无线电是搁在地板上的。川嫦蹲在地上扭动收音机的扑落，云藩便跟了过去，坐在近边的一张沙发上，笑道："我顶喜欢无线电的光。这点儿光总是跟音乐在一起的。"川嫦把无线电转得轻轻的，轻轻地道："我别的没有什么理想，就希望有一天能够开着无线电睡觉。"云藩笑道："那仿佛是很容易。"川嫦笑道："在我们家里就办不到。谁都不用想一个人享点清福。"云藩道："那也许。家里人多，免不了总要乱一点。"川嫦很快地溜了他一眼，低下头去，叹了一口气道："我爹其实不过是小孩子脾气。我娘也有她为难的地方。其实我们家也还真亏了我娘，就是她身体不行，照应不过来。"云藩听她无缘无故替她父母辩护着，就仿佛他对他们表示不满似的；自己回味方才的话，并没有这层意思。两人一时都沉默起来。

忽然听见后门口有人喊叫："大小姐大姑爷回来了！"川嫦似乎也觉得客堂里没点灯，有点不合适，站起来开灯。那电灯开关恰巧在云藩的椅子背后，她立在他紧跟前，不过一刹那的工夫，她长袍的下摆罩在他脚背上，随即就移开了。她这件旗袍制得特别的长，早已不入时了，都是因为云藩向她姊夫说过：他喜欢女人的旗袍长过脚踝，出国的时候正时行着，今年回国来，却看不见了。他到现在方才注意到她的衣服，心里也说不出来是什么感想，脚背上仿佛老是嚅嚅罗罗飘着她的旗袍角。

她这件衣服，想必是旧的，既长，又不合身，可是太大的衣服另有一种特殊的诱惑性，走起路来，一波未平，一波又起，有人的地方是人在颤抖，无人的地方是衣服在颤抖，虚虚实实，实实虚虚，极其神秘。

川嫦迎了出去，她姊姊姊夫抱着三岁的女儿走进来，和云藩招呼过了。那一年秋暑，阴历八月了她姊夫还穿着花绸香港衫。川嫦笑道："大姊夫越来越漂亮了。"她姊姊笑道："可不是，我说他瞧着年轻了二十五岁！"她姊夫笑着牵了孩子的手去打她。她姊姊泉娟说话说个不断，像挑着铜匠担子，担子上挂着喋塔喋塔的铁片，走到哪儿都带着她自己的单调的热闹。云藩自己用不着开口，不至于担心说错了话，可同时又愿意多听川嫦说两句话，没机会听到，很有点失望。川嫦也有类似的感觉。

她弟弟走来与大姊拜节。泉娟笑道："你们今儿吃了什么好东西？替我留下了没有？"她弟弟道："你放心，并没有瞒着你吃什么好的，虾仁里吃出一粒钉来。"泉娟忙叫他禁声，道："别让章先生听见了，人家讲究卫生，回头疑神疑鬼的，该肚子疼了。"她弟弟笑道："不要紧，大姊夫不也是讲究卫生的吗？从前他也不嫌我们厨子不好，天天来吃饭，把大姊骗了去了，这才不来了，请他也请不到了。"泉娟笑道："他这张嘴，都是娘惯的他！"

川嫦因这话太露骨，早红了脸，又不便当着人向弟弟发作。云藩忙打岔道："今儿去跳舞不去？"泉娟道："太晚了罢？"云藩道："大节下的，晚一点也没关系。"川嫦笑道："章先生今天这么高兴。"

她几番拿话试探，觉得他虽非特别高兴，却也没有半点不高兴。可见他对于她的家庭，一切都可以容忍。知道了这一点，心里就踏实了。

当天姊姊姊夫陪着他们出去跳舞。夜深回来，临上床的时候，川嫦回想到方才从舞场里出来，走了一截子路去叫汽车，四个人挨得紧紧地挽着手并排走，他的胳膊肘子恰巧抵在她胸脯子上。他们虽然一起跳过舞，没有比这样再接近了。想到这里就红了脸，决定下次出去的时候穿双顶高的高跟鞋，并肩走的时候可以和他高度相仿。可是那样也不对……怎样着也不对，而且，这一点接触算什么？下次他们单独地出去，如果他要吻她呢？太早了罢，统共认识了没多久，以后要让他看轻的。可是到底，家里已经默认了……

她脸上发烧，久久没有退烧。第二天约好了一同出去的，她病倒了，就没去成。

病了一个多月，郑先生郑夫人顾不得避嫌疑了，请章云藩给诊断了一下。川嫦自幼身体健壮，从来不生病，没有在医生面前脱衣服的习惯。对于她，脱衣服就是体格检查。她瘦得肋骨胯骨高高突了起来。他该怎么想？他未来的妻太使他失望了罢？

当然他脸上毫无表情，只有耶教徒式的愉悦——一般医生的典型临床态度——笑嘻嘻说："耐心保养着，要紧是不要紧的……今天觉得怎么样？过两天可以吃橘子水了。"她讨厌他这一套，仿佛她不是个女人，就光是个病人。

病人也有几等几样的。在奢丽的卧室里，下着帘子，蓬着鬈发，轻绡睡衣上加着白兔皮沿边的，床上披的锦缎睡袄，现代林黛玉也有她独特的风韵。川嫦可连一件像样的睡衣都没有，穿上她母亲的白布褂子，许久没洗澡，褥单也没换过。那病人的气味……

她不大乐意章医生。她觉得他仿佛是乘她没打扮的时候冷不防来看她似的。穿得比平时破烂的人们，见了客，总比平时无礼些。

川嫦病得不耐烦了，几次想爬起来，撑撑不也就撑过去了么？郑夫人阻挡不住，只得告诉了她：章先生说她生的是肺病。

章云藩天天来看她，免费为她打空气针。每逢他的手轻轻按到她胸肋上，微凉的科学的手指，她便侧过头去凝视窗外的蓝天。从前一直憧憬着的接触……是的，总有一天——总有一天……可是想不到是这样。想不到是这样。

她眼睛上蒙着水的壳。她睁大了眼睛，一眨也不眨，怕它破。对着他哭，成什么样子？他很体谅，打完了针总问一声："痛得很？"她点点头，借此，眼泪就扑地落了下来。

她的肉体在他手指底下溜走了。她一天天瘦下去。她的脸像骨架子上绷着白缎子，眼睛就是缎子上落了灯花，烧成两只炎炎的大洞。越急越好不了。川嫦知道云藩比她大七八岁，他家里父母屡次督促他及早娶亲。

她的不安，他也看出来了。有一次，打完了针，屋里静悄悄的没有人，她以为他已经走了，却听见桌上叮当作响，是他把药瓶与玻璃杯挪了一挪。静了半晌，他牵牵她颈项后面的绒毯，塞得紧些，低低地道："我总是等着你的。"这是半年之后的事。

她没做声。她把手伸到枕头套里面去，枕套与被窝之间露出一截子手腕。她知道他会干涉的，她希望他会握着她的手送进被里。果然，他说："快别把手露在外面。看冻着了。"她不动。因为她躺在床上，他分外地要避嫌疑，只得像哄孩子似地笑道："快，快把手收进去。听话些，好得快些。"她自动地缩进了手。

有一程子她精神好了些，落后又坏了。病了两年，成了骨痨。她影影绰绰地仿佛知道云藩另有了人。郑先生郑夫人和泉娟商议道："索性告诉她，让她死了这条心也罢了。这样疑疑惑惑，反而添了病。"便老实和她说："云藩有了个女朋友，叫余美增，是个看护。"川嫦道："你们看见过她没有？"泉娟道："跟她一桌打过两次麻将。"川嫦道："怎么也没听见你提起？"泉娟道："当时又不知道她是谁，所以也没想起来告诉你。"川嫦自觉热气上升，手心烧得难受，塞在枕头套里冰着它。他说过："我总是等着你的。"言犹在耳，可是怨不得人家，等了她快两年了，现在大约断定了她这病是无望了。

无望了。以后预期着还有十年的美，十年的风头，二十年的荣华富贵，难道就此完了么？

郑夫人道："干吗把手搠在枕头套里？"川嫦道："找我的一条手绢子。"说了她又懊悔，别让人家以为她找了手绢子来擦眼泪。郑夫人倒是体贴，并不追问，只弯下腰去拍了拍她，柔声道："怎么枕头套上的钮子也没扣好？"川嫦笑道："睡着没事做，就喜欢把它一个个剥开来又扣上。"说着，便去扣那揿钮。扣了一半，紧紧揪住枕衣，把揿钮的小尖头子狠命往手掌心里揿，要把手心钉穿了，才泄她心头之恨。

川嫦屡次表示，想见见那位余美增小姐。郑夫人对于女儿这头亲事，惋惜之余，也有同样的好奇心，因教泉娟邀了章医生余小姐来打牌。这余美增是个小圆脸，窄眉细眼，五短身材，穿一件薄薄的黑呢大衣，襟上扣着小铁船的别针，显得寒素，入局之前她伴了章医生，一同上楼探病。川嫦见这人容貌平常，第一个不可理喻的感觉便是放心。第二个感觉便是嗔怪她的情人如此没有眼光，曾经沧海难为水，怎么选了这么一个次等角色，对于前头的人是一种侮辱。第三个也是最强的感觉是愤懑不平。因为她爱他，她认为唯有一个风华绝代的女人方才配得上他。余美增既不够资格，又还不知足，当着人故意地撇着嘴和他闹别扭，得空便横他一眼。美增的口头禅是："云藩这人就是这样！"仿佛他有许多可挑剔之处。川嫦听在耳中，又惊又气。她心里的云藩是一个最合理想的人。

是的，她单只知道云藩的好处，云藩的缺点要等旁的女人和他结婚之后慢慢地去发现了，可是，不能是这么一个女人……

然而这余美增究竟也有她的可取之点。她脱了大衣，隆冬天气，她里面只穿了一件光胳膊的绸夹袍，红黄紫绿，周身都是烂醉的颜色。川嫦虽然许久没出门，也猜着一定是最近流行的衣料。穿得那么单薄，余美增没有一点寒缩的神气。她很胖，可是胖得曲折紧张。

相形之下，川嫦更觉自惭形秽。余美增见了她又有什么感想呢？章医生和这肺病患者的关系，想必美增也有所风闻。她也要怪她的情人太没有眼光罢？

川嫦早考虑到了这一点，把她前年拍的一张照片预先叫人找了出来压在方桌的玻璃下。

美增果然弯下腰去打量了半日。她并没有问："这是谁？"她看了又看。如果是有名的照相馆拍的，一定有英文字凸印在图的下端，可是没有。她含笑问道："在哪儿照的？"川嫦道："就在这儿附近的一家。"美增道："小照相馆拍照，一来就把人照得像个囚犯。就是这点不好。"川嫦一时对答不上来。美增又道："可是郑小姐，你真上照。"意思说：照片虽难看，比本人还胜三分。

美增云藩去后，大家都觉得有安慰川嫦的必要。连郑先生，为了怕传染，从来不大到他女儿屋里来的，也上楼来了。他浓浓喷着雪茄烟，制造了一层防身的烟幕。川嫦有心做出不介意的神气，反倒把话题引到余美增身上。众人评头品足，泉娟说："长的也不见得好。"郑夫人道："我就不赞成她那副派头。"郑先生认为她们这是过于露骨的妒忌，便故意地笑道："我说人家相当的漂亮。"川嫦笑道："对了，爹喜欢那一路的身个子。"泉娟道："爹喜欢人胖。"郑先生笑道："不怪章云藩要看中一个胖些的，他看病人实在看腻了！"

川嫦笑道："爹就是轻嘴薄舌的！"

郑夫人后来回到自己屋里，叹道："可怜她还撑着不露出来——这孩子要强！"郑先生道："不是我说丧气话，四毛头这病我看过不了明年春天。"说着，不禁泪流满面。

泉娟将一张药方递过来道："刚才云藩开了个方子，这种药他诊所里没有，叫派人到各大药房去买买试试。"郑夫人向郑先生道："先把钱交给打杂的，明儿一早叫他买去。"郑先生睁眼诧异道："现在西药是什么价钱，你是喜欢买药厂股票的，你该有数呀。明儿她死了，我们还过日子不过？"郑夫人听不得股票这句话，早把脸急白了，道："你胡说些什么？"郑先生道："你的钱你爱怎么使怎么使。我花钱可得花得高兴，苦着脸子花在医药上，够多冤！这孩子一病两年，不但你，你是爱牺牲，找着牺牲的，就连我也带累着牺牲了不少。不算对不起她了，肥鸡大鸭子吃腻了，一天两只苹果——现在是什么时世，做老子的一个姨太太都养活不起，她吃苹果！我看我们也就只能这样了。再要变着法儿兴出新花样来，你有钱你给她买去。"

郑夫人忖度着，若是自己拿钱给她买，那是证实了自己有私房钱存着。左思右想，唯有托云藩设法。当晚趁着川嫦半夜里服药的时候便将这话源源本本告诉了川嫦，又道："云藩帮了我们不少的忙，自从你得了病，哪一样不是他一手包办，现在他有了朋友，若是就此不管了，岂不叫人说闲话，倒好像他从前全是一片私心。单看在这份上，他也不能不敷衍我们一次。"

川嫦听了此话，如同万箭钻心。想到今天余美增曾经说过："郑小姐闷得很罢？以后我每天下了班来陪你谈谈，搭章医生的车一块儿来，好不好？"那分明是存心监督的意思。多了个余美增在旁边虎视眈眈的，还要不识相，死活纠缠着云藩，要这个，要那个，叫他为难。太丢人了。一定要她父母拿出钱来呢，她这病已是治不好的了，难怪他们不愿把钱扔在水里。这两年来，种种地方已经难为了他们。

总之，她是个拖累。对于整个的世界，她是个拖累。

这花花世界充满了各种愉快的东西——橱窗里的东西，大菜单上的，时装样本上的，最艺术化的房间，里面空无所有，只有高齐天花板的大玻璃窗，地毯与五颜六色的软垫；还有小孩——呵，当然，小孩她是要的，包在毛绒衣、兔子耳朵小帽里面的西式小孩，像圣诞卡片上的，哭的时候可以叫奶妈抱出去。

川嫦自己也是可爱的，人家要她，她便得到她所要的东西。这一切都是她份内的。

然而现在，她自己一寸一寸地死去了，这可爱的世界也一寸一寸地死去了。凡是她目光所及，手指所触的，立即死去。余美增穿着娇艳的衣服，泉娟新近置了一房新家具，可是这对于川嫦失去了意义。她不存在，这些也就不存在。

从小不为家里喜爱的孩子向来有一种渺小的感觉。川嫦本来觉得自己无足轻重，但是自从生了病，终日郁郁地自思自想，她的自我观念逐渐膨胀。硕大无朋的自身和这腐烂而美丽的世界，两个尸首背对背拴在一起，你坠着我，我坠着你，往下沉。

她受不了这痛苦。她想早一点结果了她自己。

早上趁着爹娘没起床，赵妈上庙烧香去了，厨子在买菜，家里只有一个新来的李妈，什么都不懂，她叫李妈背她下楼去，给她雇了一部黄包车。她趴在李妈背上像一个冷而白的大白蜘蛛。

她身边带着五十块钱，打算买一瓶安眠药，再到旅馆里开个房间住一宿。多时没出来过，她没想到生活程度涨到这样。五十块钱买不了安眠药，况且她又没有医生的证书。她茫然坐着黄包车兜了个圈子，在西菜馆吃了一顿饭，在电影院里坐了两个钟头。她要重新看看上海。

从前川嫦出去，因为太忙着被注意，从来不大有机会注意到身外的一切。没想到今日之下这不碍事的习惯给了她这么多的痛苦。

到处有人用骇异的眼光望着她，仿佛她是个怪物。她所要的死是诗意的，动人的死，可是人们的眼睛里没有悲悯。她记起了同学的纪念册上时常发现的两句诗："笑，全世界便与你同声笑；哭，你便独自哭。"世界对于他人的悲哀并不是缺乏同情：秦雪梅吊孝，小和尚哭灵，小寡妇上坟，都不难使人同声一哭。只要是戏剧化的，虚假的悲哀，他们都能接受。可是真遇着上了一身病痛的人，他们只睁大了眼睛说："这女人瘦来！怕来！"

郑家走失了病人，分头寻觅，打电话到轮渡公司、外滩公园、各大旅馆、各大公司，乱了一天。傍晚时分，川嫦回来了，在阖家电气的寂静中上了楼。她一下黄包车便有家里两个女佣上前搀着，可是两个佣人都有点身不由主似的，仿佛她是"科学灵乩"里的"碟仙"，自己会嗤嗤移动的。郑夫人立在楼梯口倒发了一会愣，方跟进房来，待要盘诘责骂，川嫦喘吁吁靠在枕头上，拿着把镜子梳理她的直了的鬈发，将汗腻的头发编成两根小辫。郑夫人忍不住道："累成这个样子，还不歇歇？上哪儿去了一天？"川嫦手一松，丢了镜子，突然搂住她母亲，伏在她母亲背上放声哭了起来，道："娘！娘，我怎么变得这么难看？"她问了又问，她母亲也哭了。

可是有时候川嫦也很乐观，逢到天气好的时候，枕衣新在太阳里晒过，枕头上留有太阳的气味。郑夫人在巷堂外面发现了一家小小的鞋店，价格特别便宜。因替合家大小每人买了两双鞋。川嫦虽然整年不下床，也为她置了两双绣花鞋，一双皮鞋。当然，现在穿着嫌大，补养补养，胖起来的时候，就合脚了。不久她又要设法减轻体重了，扣着点吃，光吃胡萝卜和花旗橘子，早晚做柔软体操。川嫦把一只脚踏到皮鞋里试了一试，道："这种皮看上去倒很牢，总可以穿两三年。"

她死在三星期后。

（一九四四年二月）

【赏析】

在《花凋》中，张爱玲对于亲情与爱情的冷漠与淡倦描写得很刻骨。"笑，全世界便与你同声笑；哭，你便独自哭。"但整篇《花凋》也未见张爱玲对于导致川嫦死去的她的家人的如泣如诉的控诉，她只是用她自己特有的活生生的讽刺的语言将川嫦一家人的面目表现得栩栩如生，将美好的事物破坏给了我们看。张爱玲在《花凋》里多处使用了讽刺手法来揭示人性方面的深度——爱情、亲情，在这里，都让位于现实的计较，自私的人性劣根。

对女性命运的揭示：母女两代相互照映的是绝望的女人与悲剧的角色。

【思考与讨论】

1. 谈谈张爱玲小说苍凉意蕴。

2. 女性作家在当今文坛中占着很重要的地位，请谈一谈女性作家和男性作家创作上的不同之处。

余光中

余光中(1928—),祖籍福建永春,生于江苏南京。余光中是个复杂而多变的诗人,他诗风变化的轨迹基本上可以说是台湾整个诗坛三十多年来的一个走向,即先西化后回归。从诗歌艺术上看,余光中是个“艺术上的多妻主义诗人”。他的作品风格因题材而异。其表达意志和理想的诗,一般都显得壮阔铿锵,而描写乡愁和爱情的作品,一般都显得细腻而柔绵。著有诗集《舟子的悲歌》、《蓝色的羽毛》、《钟乳石》、《万圣节》、《白玉苦瓜》等十余种。

寻李白

——痛饮狂歌空度日,飞扬跋扈为谁雄

那一双傲慢的靴子至今还落在
高力士羞愤的手里,人却不见了
把满地的难民和伤兵
把胡马和羌笛交践的节奏
留给杜二去细细的苦吟
自从那年贺知章眼花了
认你做谪仙,便更加佯狂
用一只中了魔咒的小酒壶
把自己藏起来,连太太也寻不到你
怨长安城小而壶中天长
在所有的诗里你都预言
会突然水遁,或许就在明天
只扁舟破浪,乱发当风
——而今,果然你失了踪

树敌如林,世人皆欲杀
肝硬化怎杀得死你?
酒放入豪肠,七分酿成了月光
余下的三分啸成剑气
绣口一吐就半个盛唐
从开元到天宝,从洛阳到咸阳
冠盖满途车骑的嚣闹
不及千年后你的一首
水晶绝句轻叩我额头
当地一弹挑起的回音

一贬世上已经够落魄
再放夜郎毋乃太难堪
至今成谜是你的籍贯
陇西或山东，青莲乡或碎叶城
不如归去归哪个故乡？
凡你醉处，你说过，皆非他乡
失踪，是天才唯一的下场
身后事，究竟你遁向何处？
猿啼不住，杜二也苦劝你不住
一回头囚窗下竟已白头
七仙，五友，都救不了你了
匡山给雾锁了，无路可入
仍炉火未纯青，就半粒丹砂
怎追蹑葛洪袖里的流霞？

樽中月影，或许那才是你故乡
常得你一生痴痴地仰望？
而无论出门向西哭，向东哭
长安却早已陷落
二十四万里的归程
也不必惊动大鹏了，也无须招鹤
只消把酒杯向半空一扔
便旋成一只霍霍的飞碟
诡绿的闪光愈转愈快
接你回传说里去。

1980 年 4 月

【赏析】

本诗以李白失踪开篇，以李白乘风归去终，因此，寻李白便成为全诗的主调。在淋漓尽致的倾诉中，让读者充分领略了作为诗人的李白的不凡的风度、独特的气质、飘逸的胸怀、洒落的心神，让人千载之下，如获见之。他将历史与现实结合起来写，一方面是诗人李白的世界，一方面是千年之后余光中心中的世界，二者圆融幻化，打破了时空的界限，任想像自由驰骋，任意挥洒，从而使作品具有了一种多层次的美。避免了平面化、简单化的弊病。开篇如天外飞仙，突兀而至，神奇而美妙。接着，以一种让人透不过气来的语言密度，顺流而下，又曲折往复，构成诗的主体，中间部分，既自由抒展，又回旋跌宕，结尾则飘然远引，余音绕梁，让人一唱三叹。

【思考与讨论】

1. 分析李白诗和余光中诗中丰富而具有创作性的想像。
2.《寻李白》、《乡愁》写的都是怀乡，写法上有什么不同？

食　指

食指(1948—),本名郭路生,山东鱼台人,高中毕业。朦胧诗代表人物,被当代诗坛誉为“朦胧诗鼻祖”。“文革”中因救出被围打的教师而遭受迫害,遭受强烈刺激,导致精神分裂,住在精神病院,后转到社会福利院,2002年告别了居住20年的社会福利院回到家中。食指早期的诗歌有一种对待生活"不抱幻想,也不绝望"的存在主义的精神(虽然他那时未必知道这个名词)。主要作品有《疯狗》、《相信未来》等。

相信未来

当蜘蛛网无情地查封了我的炉台
当灰烬的余烟叹息着贫困的悲哀
我依然固执地铺平失望的灰烬
用美丽的雪花写下:相信未来

当我的紫葡萄化为深秋的露水
当我的鲜花依偎在别人的情怀
我依然固执地用凝霜的枯藤
在凄凉的大地上写下:相信未来

我要用手指那涌向天边的排浪
我要用手掌那托住太阳的大海
摇曳着曙光那枝温暖漂亮的笔杆
用孩子的笔体写下:相信未来

我之所以坚定地相信未来
是我相信未来人们的眼睛
她有拨开历史风尘的睫毛
她有看透岁月篇章的瞳孔

不管人们对于我们腐烂的皮肉
那些迷途的惆怅、失败的苦痛
是寄予感动的热泪、深切的同情
还是给以轻蔑的微笑、辛辣的嘲讽

我坚信人们对于我们的脊骨
那无数次的探索、迷途、失败和成功
一定会给予热情、客观、公正的评定
是的,我焦急地等待着他们的评定

朋友，坚定地相信未来吧
相信不屈不挠的努力
相信战胜死亡的年轻
相信未来、热爱生命

1968年，北京

【赏析】

《相信未来》是食指代表性的作品。这首诗以极其个人化的情感体验和独特的意象组接，表现了诗人在那个令人悲哀绝望的年代里真实的灵魂对抗和挣扎，表达了他在绝望之中对人生和民族未来的朦胧而坚执的希望。《相信未来》表现出在动乱年代对充满希望的未来的坚定信念，被评论家称为是一篇"预言性"的诗歌力作。本诗大量运用意象组接的方式，表现内心的失望、矛盾和对未来的执著向往。作者还采用了排比、反复等表现手法。全诗形式整饬，每节都由长短大致相近、节奏统一的四句组成，使诗作情感激越饱满，音韵跌宕，节奏铿锵。

【思考与讨论】

1. 分析《相信未来》这首诗思想内容的深刻性。
2. 体会这首诗歌在那个特定年代给人的一种宗教式的指引力量。

北 岛

北岛(1949—),原名赵振开,曾用笔名:北岛,石默。祖籍浙江湖州,生于北京。北岛的诗歌创作开始于十年动乱后期,作品反映了从迷惘到觉醒的一代青年的心声。十年动乱的荒诞现实,造成了诗人独特的“冷抒情”的方式——出奇的冷静和深刻的思辨性,清醒的思辨与直觉思维产生的隐喻、象征意象相结合,是北岛诗显著的艺术特征,具有高度概括力的悖论式警句,造成了北岛诗独有的振聋发聩的艺术力量。著有诗集《太阳城札记》、《北岛诗选》、《北岛顾城诗选》等。

回 答

卑鄙是卑鄙者的通行证,
高尚是高尚者的墓志铭,
看吧,在那镀金的天空中,
飘满了死者弯曲的倒影。

冰川纪过去了,
为什么到处都是冰凌?
好望角发现了,
为什么死海里千帆相竞?

我来到这个世界上,
只带着纸、绳索和身影,
为了在审判前,
宣读那些被判决的声音:

告诉你吧,世界,
我—不—相—信!
纵使你脚下有一千名挑战者,
那就把我算作第一千零一名。

我不相信天是蓝的;
我不相信雷的回声;
我不相信梦是假的;
我不相信死无报应。

如果海洋注定要决堤,
就让所有的苦水都注入我心中,
如果陆地注定要上升,

就让人类重新选择生存的峰顶。

新的转机和闪闪星斗，
正在缀满没有遮拦的天空。
那是五千年的象形文字，
那是未来人们凝视的眼睛。

【赏析】

北岛的《回答》标志着"朦胧诗"时代的开始。诗中展现了悲愤之极的冷峻，以坚定的口吻表达了对暴力世界的怀疑。诗篇揭露了黑白混淆、是非颠倒的现实，对矛盾重重、险恶丛生的社会发出了愤怒的质疑，并庄严地向世界宣告了"我不相信"的回答。诗中既有直接的抒情和充满哲理的警句，又有大量语意曲折的象征、隐喻、比喻等，使诗作既明快、晓畅，又含蕴丰厚，具有强烈的震撼力。

由于心里感受的真实的外象化，北岛的诗歌染上了一层阴冷的色彩，给人以冷峻凄怆的感觉。

【思考与讨论】

1. 谈谈北岛朦胧诗中体现的现实主义倾向。

2. 目前网络文学大行其道，再加上一些新新类作家的出现（如韩寒、郭敬明），对当今文坛形成了很大的冲击和影响，你如何看待这种现象？

史铁生

史铁生(1951—2010),原籍河北涿县,生于北京。电影编剧,著名小说家,文学家。1967年毕业于清华大学附属中学,1969年去延安一带插队。因双腿瘫痪于1972年回到北京。后历任中国作家协会全国委员会委员,北京作家协会副主席,中国残疾人协会评议委员会委员。2002年获华语文学传媒大奖年度杰出成就奖。史铁生代表作是散文《我与地坛》和长篇小说《务虚笔记》。他自称职业是生病,业余在写作。2010年12月31日凌晨因突发脑溢血逝世。

命若琴弦

莽莽苍苍的群山之中走着两个瞎子,一老一少,一前一后,两顶发了黑的草帽起伏蹿动,匆匆忙忙,像是随着一条不安静的河水在漂流。无所谓从哪儿来,也无所谓到哪儿去,每人带一把三弦琴,说书为生。

方圆几百上千里的这片大山中,峰峦叠嶂,沟壑纵横,人烟稀疏,走一天才能见一片开阔地,有几个村落。荒草丛中随时会飞起一对山鸡,跳出一只野兔、狐狸,或者其他小野兽。山谷中常有鹞鹰盘旋。寂静的群山没有一点阴影,太阳正热得凶。

“把三弦子抓在手里,”老瞎子喊,在山间震起回声。

“抓在手里呢。”小瞎子回答。

“操心身上的汗把三弦子弄湿了。弄湿了晚上弹你的肋条!”

“抓在手里呢。”

老少二人都赤着上身,各自拎了一条木棍探路,缠在腰间的粗布小褂已经被汗水洇湿了一大片。蹚起来的黄土干得呛人。这正是说书的旺季。天长,村子里的人吃罢晚饭都不呆在家里,有的人晚饭也不在家里吃,捧上碗到路边去,或者到场院里。老瞎子想赶着多说书,整个热季领着小瞎子一个村子一个村子紧走,一晚上一晚上紧说。老瞎子一天比一天紧张、激动,心里算定:弹断一千根琴弦的日子就在这个夏天了,说不定就在前面的野羊坳。

暴躁了一整天的太阳这会儿正平静下来,光线开始变得深沉。远远近近的蝉鸣也舒缓了许多。

“小子!你不能走快点吗?”老瞎子在前面喊,不回头也不放慢脚步。小瞎子紧跑几步,吊在屁股上的一只大挎包叮啷哐啷地响,离老瞎子仍有几丈远。

“野鸽子都往窝里飞啦。”

“什么?”小瞎子又紧走几步。

“我说野鸽子都回窝了,你还不快走!”

“噢。”

“你又鼓捣我那电匣子呢。”

“噫——!鬼动来。”

“那耳机子快让你鼓捣坏了。”

“鬼动来!”

老瞎子暗笑:你小子才活了几天?“蚂蚁打架我也听得着,”老瞎子说。

小瞎子不争辩了,悄悄把耳机子塞到挎包里去,跟在师父身后闷闷地走路。无尽无休的无聊的路。

走了一阵子，小瞎子听见有只獾在地里啃庄稼，就使劲学狗叫，那只獾连滚带爬地逃走了，他觉得有点开心，轻声哼了几句小调儿，哥哥呀妹妹的。师父不让他养狗，怕受村子里的狗欺负，也怕欺负了别人家的狗，误了生意。又走了一会儿，小瞎子又听见不远处有条蛇在游动，弯腰摸了块石头砍过去，"哗啦啦"一阵高粱叶子响。老瞎子有点可怜他了，停下来等他。

"除了獾就是蛇，"小瞎子赶忙说，担心师父骂他。

"有了庄稼地了，不远了。"老瞎子把一个水壶递给徒弟。

"干咱们这营生的，一辈子就是走，"老瞎子又说。"累不？"小瞎子不回答，知道师父最讨厌他说累。

"我师父才冤呢。就是你师爷，才冤呢，东奔西走一辈子，到了没弹够一千根琴弦。"

小瞎子听出师父这会儿心绪好，就问："什么是绿色的长乙(椅)？"

"什么？噢，八成是一把椅子吧。"

"曲折的油狼(游廊)呢？"

"油狼？什么油狼？"

"曲折的油狼。"

"不知道。"

"匣子里说的。"

"你就爱瞎听那些玩艺儿。听那些玩艺儿有什么用？天底下的好东西多啦，跟咱们有什么关系？"

"我就没听您说过，什么跟咱们有关系。"小瞎子把"有"字说得重。

"琴！三弦子！你爹让你跟了我来，是为让你弹好三弦子，学会说书。"

小瞎子故意把水喝得咕噜噜响。

再上路时小瞎子走在前头。

大山的阴影在沟谷里铺开来。地势也渐渐地平缓，开阔。

接近村子的时候，老瞎子喊住小瞎子，在背阴的山脚下找到一个小泉眼。细细的泉水从石缝里往外冒，淌下来，积成脸盆大的小洼，周围的野草长得茂盛，水流出去几十米便被干渴的土地吸干。

"过来洗洗吧，洗洗你那身臭汗味。"

小瞎子拨开野草在水洼边蹲下，心里还在猜想着"曲折的油狼"。

"把浑身都洗洗。你那样儿准像个小叫花子。"

"那您不就是个老叫花子了？"小瞎子把手按在水里，嘻嘻地笑。

老瞎子也笑，双手掬起水往脸上泼。"可咱们不是叫花子，咱们有手艺。"

"这地方咱们好像来过。"小瞎子侧耳听着四周的动静。

"可你的心思总不在学艺上。你这小子心太野。老人的话你从来不着耳朵听。"

"咱们准是来过这儿。"

"别打岔！你那三弦子弹得还差着远呢。咱这命就在这儿根琴弦上，我师父当年就这么跟我说。"

泉水清凉凉的。小瞎子又哥哥呀妹妹的哼起来。老瞎子挺来气，"我说什么你听见了吗？"

"咱这命就在这儿根琴弦上，您师父我师爷说的。我都听过八百遍了。您师父还给您留下一张药方，您得弹断一千根琴弦才能去抓那付药，吃了药您就能看见东西了。我听您说过一千遍了。”

“你不信？”

小瞎子不正面回答，说：“干嘛非得弹断一千根琴弦才能去抓那付药呢？”

“那是药引子。机灵鬼儿，吃药得有药引子！”

“一千根断了的琴弦还不好弄？”小瞎子忍不住“哧哧”地笑。

“笑什么笑！你以为你懂得多少事？得真正是一根一根弹断了的才成。”小瞎子不敢吱声了，听出师父又要动气。每回都是这样，师父容不得对这件事有怀疑。

老瞎子也没再作声，显得有些激动，双手搭在膝盖上，两颗骨头一样的眼珠对着苍天，像是一根一根地回忆着那些弹断的琴弦。盼了多少年了呀，老瞎子想，盼了五十年了！五十年中翻了多少架山，走了多少里路哇，挨了多少回晒，挨了多少回冻，心里受了多少委屈呀。一晚上一晚上地弹，心里总记着，得真正是一根一根尽心尽力地弹断的才成。现在快盼到了，绝出不了这个夏天了。老瞎子知道自己又没什么能要命的病，活过这个夏天一点不成问题。“我比我师父可运气多了，”他说，“我师父到了没能睁开眼睛看一回。”

“咳！我知道这地方是哪儿了！”小瞎子忽然喊起来。

老瞎子这才动了动，抓起自己的琴来摇了摇，叠好的纸片碰在蛇皮上发出细微的响声，那张药方就在琴槽里。

…… ……

就是这天晚上，老瞎子弹断了最后两根琴弦。两根弦一齐断了。他没料到。他几乎是连跑带爬地上了野羊岭，回到小庙里。小瞎子吓了一跳：“怎么了，师父？”

老瞎子喘吁吁地坐在那儿，说不出话。小瞎子有些犯嘀咕：莫非是他和兰秀儿干的事让师父知道了？

老瞎子这才相信一切都是值得的。一辈子的辛苦是值得的。能看一回，好好看一回，怎么都是值得的。

“小子，明天我就去抓药。”

“明天？”

“明天。”

“又断了一根了？”

“两根。两根都断了。”

老瞎子把那两根弦卸下来，放在手里揉搓了一会儿，然后把他们并到另外的九百九十八根去，绑成一捆。

“明天就走？”

“天一亮就动身。”

小瞎子心里一阵发凉。老瞎子开始剥琴槽上的蛇皮。

“可我的病还没好利索。”小瞎子小声叨咕。

“噢，我想过了，你就先留在这儿，我用不了十天就回来。”

小瞎子喜出望外。

“你一个人行不？”

“行！”小瞎子紧忙说。

老瞎子早忘了兰秀儿的事。“吃的、喝的、烧的全有。你要是病好利索了，也该学着自个儿出去说回书。行吗？”

“行。”小瞎子觉得有点对不住师父。

蛇皮剥开了，老瞎子人琴槽中取出一张叠得方方正正的纸条。他想起这药方进琴槽时，自己才二十岁，便觉得浑身上下都好象冷。

小瞎子也把那药方放在手里摸了一会儿，也有了几分肃穆。

“你师爷一辈子才冤呢。”

“他弹断了多少根?”

“他本来能弹够一千根，可他记成了八百。要不然他能弹断一千根。”

天不亮老瞎子就上路了。他说最多十天就回来。谁也没想到他竟去了那么久。

老瞎子回到羊坳时已经是冬天。漫天大雪，灰暗的天空连接着白色的群山。没有声息，处处也没有生气，空旷而沉寂。所以老瞎子那顶发了黑的草帽就尤其蹿动得显著。他蹒蹒跚跚地爬上野羊岭，庙院中衰草瑟瑟，窜出一只狐狸，仓惶逃远。

村里人告诉他，小瞎子已经走了些日子。

“我告诉他等我回来。”

“不知道他干嘛就走了。”

“他没说去哪儿，留下什么话没?”

“他说让您甭找他。”

“什么时候走的?”

人们想了好久，都说是在兰秀儿嫁到山外去的那天。老瞎子心里便一切全明白。

众人劝老瞎子留下来，这么冰天雪地的上哪去？不如在野羊坳说一冬天书。老瞎子指指他的琴，人们见琴柄上空荡荡已经没了琴弦。老瞎子面容也憔悴，呼吸也孱弱，嗓音也沙哑了，完全变了个人。他说得去找他的徒弟。

若不是还想着他的徒弟，老瞎子就回不到野羊坳。那张他保存了五十年的药方原来是一张无字的白纸。他不信，请了多少个识字而又诚实的人帮他看，人人都说那果真就是一张无字的白纸。老瞎子在药铺前的台阶上坐了一会儿，他以为是一会儿，其实已经几天几夜，骨头一样的眼珠在询问苍天，脸色也变成骨头一样的苍白。有人以为他是疯了，安慰他，劝他。老瞎子苦笑：七十岁了再疯还有什么意思？他只是再不想动弹，吸引着他活下去、走下去、唱下去的东西骤然间消失干净。就像一根不能拉紧的琴弦，再难弹出赏心悦耳的曲子。老瞎子的心弦断了。现在发现那目的原来是空的。老瞎子在一个小客店里住了很久，觉得身体里的一切都在熄灭。他整天躺在炕上，不弹也不唱，一天天迅速地衰老。直到花光了身上所有的钱，直到忽然想起了他的徒弟，他知道自己的死期将至，可那孩子在等他回去。

茫茫雪野，皑皑群山，天地之间蹿动着一个黑点。走近时，老瞎子的身影弯得如一座桥。他去找他的徒弟。他知道那孩子目前的心情、处境。他想自己先得振作起来，但是不行，前面明明没有了目标。

他一路走，便怀恋起过去的日子，才知道以往那些奔奔忙忙兴致勃勃的翻山、赶路、弹琴，乃至心焦、忧虑都是多么欢乐！那时有个东西把心弦扯紧，虽然那东西原是虚设。老瞎子想起他师父临终时的情景。他师父把那张自己没用上的药方封进他的琴槽。“您别死，再活几年，您就能睁眼看一回了。”说这话时他还是个孩子。他师父久久不言语，最后说：“记住，人的命就像这琴弦，拉紧了才能弹好，弹好了就够了。”……不错，那意思就是说：目的本来没有。老瞎子知道怎么对自己的徒弟说了。可是他又想：能把一切都告诉小瞎子吗？老瞎子又试着振作起来，可还是不行，总摆脱不掉那张无字的白纸……

在深山里，老瞎子找到了小瞎子。

小瞎子正跌倒在雪地里，一动不动，想那么等死。老瞎子懂得那绝不是装出来的悲哀。老瞎子把他拖进一个山洞，他已无力反抗。老瞎子捡了些柴，打起一堆火。

小瞎子渐渐有了哭声。老瞎子放了心，任他尽情尽意地哭。只要还能哭就还有救，只要还能哭就有哭够的时候。

小瞎子哭了几天几夜，老瞎子就那么一声不吭地守候着。火头和哭声惊动了野兔子、山鸡、野羊、狐狸和鹞鹰……

终于小瞎子说话了："干嘛咱们是瞎子！"

"就因为咱们是瞎子。"老瞎子回答。

终于小瞎子又说："我想睁开眼看看，师父，我想睁开眼看看！"哪怕就看一回。

"你真那么想吗？"

"真想，真想——"

老瞎子把篝火拨得更旺些。

雪停了。铅灰色的天空中，太阳象一面闪光的小镜子。鹞鹰在平稳地滑翔。

"那就弹你的琴弦，"老瞎子说，"一根一根尽力地弹吧。"

"师父，您的药抓来了？"小瞎子如梦方醒。

"记住，得真正是弹断的才成。"

"您已经看见了吗？师父，您现在看得见了？"

小瞎子挣扎着起来，伸手去摸师父的眼窝。老瞎子把他的手抓住。

"记住，得弹断一千二百根。"

"一千二？"

"把你的琴给我，我把这药方给你封在琴槽里。"老瞎子现在才弄懂了他师父当年对他说的话——咱的命就在这琴弦上。

目的虽是虚设的，可非得有不行，不然琴弦怎么拉紧；拉不紧就弹不响。

"怎么是一千二，师父？"

"是一千二，我没弹够，我记成了一千。"老瞎子想：这孩子再怎么弹吧，还能弹断一千二百根？永远扯紧欢跳的琴弦，不必去看那张无字的白纸……

这地方偏僻荒凉，群山不断。荒草丛中随时会飞起一对山鸡，跳出一只野兔、狐狸、或者其他小野兽。山谷中鹞鹰在盘旋。

现在让我们回到开始：莽莽苍苍的群山之中走着两个瞎子，一老一少，一前一后，两顶发了黑的草帽起伏蹿动，匆匆忙忙，像是随着一条不安静的河水在漂流。无所谓从哪儿来、到哪儿去，也无所谓谁是谁……

一九八五年四月二十日

【赏析】

史铁生用残缺的身体，说出了最为健全而丰满的思想。他体验到的是生命的苦难，表达出的却是存在的明朗和欢乐。《命若琴弦》是一篇优秀的哲理小说，通过在茫茫群山中奔波跋涉的一老一小两个说唱瞎子，作者赋予了他们精神意义的象征"心弦"，和他们整天生活里弹奏着的琴弦紧密联系在一起，不同的人生经历和人生追求代表了两种截然不同的人生态度。"盲人世家"的艰难生活便沿着这世代相传、逐渐领悟的生活哲理而变得充实健康，任务的性格也因这善意的哄骗而显得高尚、豁达和开脱。

全文的人生哲理意义深刻，结构上前后照应，小说虽隐含着一种宿命的味道，但也耐人寻味。

【思考与讨论】

1. 分析《命若琴弦》揭示的哲理主题和艺术特色。

2. 如何理解文中“目的虽是虚设，可非得有不行，不然琴弦，拉不紧就弹不响”这句话的深刻含义？

王小波

王小波(1952—1997),当代著名学者、作家。出生于北京,先后当过知青、民办教师、工人,1978 年考入中国人民大学,1984 年赴美匹兹堡大学东亚研究中心求学,两年后获得硕士学位。在美留学期间,游历了美国各地,并利用 1986 年暑假游历了西欧诸国。1988 年回国,先后在北京大学、中国人民大学任教。1992 年 9 月辞去教职,做自由撰稿人。王小波是中国当代文坛最富创造性的作家,他的文学创作风格独特,富于想像力、幻想力之余,却不乏理性精神,特别是他的"时代三部曲":《黄金时代》、《白银时代》和《青铜时代》。在整个三部曲系列中,他以喜剧精神和幽默风格述说人类生存状况的荒谬故事,并透过故事描写权力对创造欲望和人性需求的扭曲及压制。

一只特立独行的猪

插队的时候,我喂过猪,也放过牛。假如没有人来管,这两种动物也完全知道该怎样生活。它们会自由自在地闲逛,饥则食渴则饮,春天来临时还要谈谈爱情;这样一来,它们的生活层次很低,完全乏善可陈。人来了以后,给它们的生活作出了安排;每一头牛和每一口猪的生活都有了主题。就它们中的大多数而言,这种生活主题是很悲惨的;前者的主题是干活,后者的主题是长肉。我不认为这有什么可抱怨的,因为我当时的生活也不见得丰富了多少,除了八个样板戏,也没有什么消遣。有极少数的猪和牛,它们的生活另有安排,以猪为例,种猪和母猪除了吃,还有别的事可干。就我所见,它们对这些安排也不大喜欢。种猪的任务是交配,换言之,我们的政策准许它当个花花公子。但是疲惫的种猪往往摆出一种肉猪(肉猪是阉过的)才有的正人君子架势。死活不肯跳到母猪背上去。母猪的任务是生崽儿,但有些母猪却要把猪崽儿吃掉。总的来说,人的安排使猪痛苦不堪。但它们还是接受了:猪总是猪啊。

对生活做种种设置是人特有的品性。不光是设置动物,也设置自己。我们知道,在古希腊有个斯巴达,那里的生活被设置得了无生趣,其目的就是要使男人成为亡命战士,使女人成为生育机器,前者像些斗鸡,后者像些母猪。这两类动物是很特别的,但我以为,它们肯定不喜欢自己的生活。但不喜欢又能怎么样?人也好,动物也罢,都很难改变自己的命运。

以下谈到的一只猪有些与众不同。我喂猪时,它已经有四五岁了,从名份上说,它是肉猪,但长得又黑又瘦,两眼炯炯有光。这家伙像山羊一样敏捷,一米高的猪栏一跳就过;它还能跳上猪圈的房顶,这一点又像是猫——所以它总是到处游逛,根本就不在圈里呆着。所有喂过猪的知青都把它当宠儿来对待,它也是我的宠儿——因为它只对知青好,容许他们走到三米之内,要是别的人,它早就跑了。它是公的,原本该劁掉。不过你去试试看,哪怕你把劁猪刀藏在身后,它也能嗅出来,朝你瞪大眼睛,噢噢地吼起来。我总是用细米糠熬的粥喂它,等它吃够了以后,才把糠兑到野草里喂别的猪。其他猪看了嫉妒,一起嚷起来。这时候整个猪场一片鬼哭狼嚎,但我和它都不在乎。吃饱了以后,它就跳上房顶去晒太阳;或者仿各种声音。它会学汽车响、拖拉机响,学得都很像;有时整天不见踪影,我估计它到附近的村寨里找母猪去了。我们这里也有母猪,都关在圈里,被过度的生育搞得走了形,又脏又臭,它对它们不感兴趣;村寨里的母猪好看一些。它有很多精彩的事迹,但我喂猪的时间短,知道得有限,索性就不写了。总而言之,所有喂过猪的知青都喜欢它,喜欢它特立独行的派头儿,还说它活得潇洒。但老乡们就不这么浪漫，他们说，这猪不正经。领导则痛恨它，这一点以后还要谈到。我对它则不止是喜欢——我尊敬它，常不顾自己虚长十几岁这一现实，把它叫作“猪兄”。如前所述，这位猪兄会模仿各种声音。我想它也学过人说话，但没有学会——假如学会了，我们就可以做倾心之谈。但这不能怪它。人和猪的音色差得太远了。

后来，猪兄学会了汽笛叫，这个本领给它招来了麻烦。我们那里有座糖厂，中午要鸣一次汽笛，让工人换班。我们队下地干活时，听见这次汽笛响就收工回来。我的猪兄每天上午十点钟总要跳到房上学汽笛，地里的人听见它叫就回来——这可比糖厂鸣笛早了一个半小时。坦白地说，这不能全怪猪兄，它毕竟不是锅炉，叫起来和汽笛还有些区别，但老乡们却硬说听不出来。领导上因此开了一个会，把它定成了破坏春耕的坏分子，要对它采取专政手段——会议的精神我已经知道了，但我不为它担忧——因为假如专政是指绳索和杀猪刀的话，那是一点门儿都没有的。以前的领导也不是没试过，一百人也逮不住它。狗也没用：猪兄跑起来像颗鱼雷，能把狗撞出一丈开外。谁知这回是动了真格的：指导员带了二十几个人，手拿五四式手枪；副指导员带了十几人，手持看青的火枪，分两路在猪场外的空地上兜捕它。这就使我陷入了内心的矛盾：按我和它的交情，我该舞两把杀猪刀冲出去，和它并肩战斗。但我又觉得这样做太过惊世骇俗——它毕竟是只猪啊；还有一个理由，我不敢对抗领导，我怀疑这才是问题之所在。总之，我在一边看着。猪兄的镇定使我佩服之极：它很冷静地躲在手枪和火枪的连线之内，任凭人喊狗咬，不离那条线。这样，拿手枪的人开火就会把拿火枪的打死，反之亦然；两头同时开火，两头都会被打死。至于它，因为目标小，多半没事。就这样连兜了几个圈子，它找到了一个空子，一头撞出去了；跑得潇洒之。以后我在甘蔗地里还见过它一次，它长出了獠牙，还认识我，但已不容我走近了。这种冷淡使我痛心，但我也赞成它对心怀叵测的人保持距离。

我已经四十岁了，除了这只猪，还没见过谁敢于如此视对生活的设置。相反，我倒见过很多想要设置别人生活的人，还有对被设置的生活安之若素的人。因为这个缘故，我一直怀念这只特立独行的猪。

【赏析】

王小波的思想随笔常常以幽默诙谐之笔出之，主题却极严肃。此篇亦然：初读使人觉得好笑，甚至觉得有些油滑；然而再三读之，却让人品位出个中辛辣甚至悲愤。文章大多数篇幅在谈猪，临末曲终奏雅，揭示出全篇其实一直蕴含着的令人警醒的提示：被他人(甚至还要包括被自己——当然是按照他人的意志)安排或设置的生活，是不幸的，因为那意味着自由的被扼杀；而人们往往对这样的生活安之若素，很难因此也很少特立独行如此猪者；人们于此应有省悟，敢于无视别人对你的生活的“正义的”却是很粗暴的设置，否则岂不愧对猪乎？

本文说的是猪事，实则讲的全是人事。以鲜活而平庸的生活琐事作譬，引出严肃的论题，这也是作者的议论深刻而不显枯燥的原因之一。

【思考与讨论】

1. 体会王小波《一只特立独行的猪》里特立独行的自由思想者，对于人生价值取向和自由选择的思考。

2. 本文通篇都是写一只特立独行的猪，却在第 2 段写了一段关于“人”的话题，有人认为这一段可以删去。你的意见呢？请结合作者的写作意图进行探究。

贾平凹

贾平凹(1952—),当代著名作家,原名贾平娃,陕西丹凤人。1975年毕业于西北大学中文系,后任陕西人民出版社编辑,《长安》文学月刊编辑。1982年后从事专业创作。任中国作家协会理事、陕西省作家协会副主席等。著有小说《腊月·正月》、《天狗》、《浮躁》、《废都》、文集《爱的踪迹》等。作品多次获国内外大奖,并被翻译成多种外文。

秦　腔

山川不同,便风俗区别,风俗区别,便戏剧存异;普天之下人不同貌,剧不同腔;京,豫,晋,越,黄梅,二簧,四川高腔,几十种品类;或问:历史最悠久者,文武最正经者,是非最汹汹者?曰:秦腔也。正如长处和短处一样突出便见其风格,对待秦腔,爱者便爱得要死,恶者便恶得要命。外地人——尤其是自夸于长江流域的纤秀之士——最害怕秦腔的震撼;评论说得婉转的是:唱得有劲;说得直率的是:大喊大叫。于是,便有柔弱女子,常在戏台下以绒堵耳,又或在平日教训某人:你要不怎么怎么样,今晚让你去看秦腔!秦腔成了惩罚的代名词。所以,别的剧种可以各省走动,唯秦腔则如秦人一样,死不离窝;严重的乡土观念,也使其离不了窝:可能还在西北几个地方变腔走调的有些市场,却绝对冲不出往东南而去的潼关呢。

但是,几百年来,秦腔却没有被淘汰,被沉沦,这使多少人在大惑而不得其解。其解是有的,就在陕西这块土地上。如果是一个南方人,坐车轰轰隆隆往北走,渡过黄河,进入西,八百里秦川大地,原来竟是:一抹黄褐的平原;辽阔的地平线上,一处一处用木椽夹打成一尺多宽墙的土屋,粗笨而庄重;冲天而起的白杨,苦楝,紫槐,枝干粗壮如桶,叶却小似铜钱,迎风正反翻覆……你立即就会明白了:这里的地理构造竟与秦腔的旋律维妙维肖的一统!再去接触一下秦人吧,活脱脱的一群秦始皇兵马俑的复出:高个,浓眉,眼和眼间隔略远,手和脚一样粗大,上身又稍稍见长于下身。当他们背着沉重的三角形状的犁铧,赶着山包一样团块组合式的秦川公牛,端着脑袋般大小的耀州瓷碗,蹲在立的卧的石磙子碌碡上吃着牛肉泡馍,你不禁又要改变起世界观了:啊,这是块多么空旷而实在的土地,在这块土地挖爬滚打的人群是多么"二愣"的民众!那晚霞烧起的黄昏里,落日在地平线上欲去不去的痛苦的妊娠,五里一村,十里一镇,高音喇叭里传播的秦腔互相交织,冲撞,这秦腔原来是秦川的天籁,地籁,人籁的共鸣啊!于此,你不渐渐感觉到了南方戏剧的秀而无骨吗?不深深地懂得秦腔为什么形成和存在而占却时间,空间的位置吗?

八百里秦川,以西安为界,咸阳,兴平,武功,周至,凤翔,长武,岐山,宝鸡,两个专区几十个县为西府;三原,泾阳,高陵,户县,合阳,大荔,韩城,白水,一个专区十几个县为东府。秦腔,就源于西府。在西府,民性敦厚,说话多用去声,一律咬字沉重,对话如吵架一样,哭丧又一呼三叹。呼喊远人更是特殊:前声拖十二分的长,末了方极快地道出内容。声韵的发展,使会远道喊人的人都从此有了唱秦腔的天才。老一辈的能唱,小一辈的能唱,男的能唱,女的能唱;唱秦腔成了做人最体面的事,任何一下乡下男女,只有唱秦腔,才有出人头地的可能,大凡有出息的,是个人才的,哪一个何曾未登过台,起码不能吼一阵乱弹呢!

农民是世上最劳苦的人,尤其是在这块平原上,生时落草在黄土炕上,死了被埋在黄土堆下;秦腔是他们大苦中的大乐,当老牛木犁疙瘩绳,在田野已经累得筋疲力尽,立在犁沟里大喊大叫来一段秦腔，那心胸肺腑，关关节节的困乏便一尽儿涤荡净了。秦腔与他们，要和“西凤”白酒，长线辣子，大叶卷烟，羊肉泡馍一样成为生命的五大要素。若与那些年长的农民聊起来，他们想象的伟大的共产主义生活，首先便是这五大要素。他们有的是吃不完的粮食，他们缺的是高超的艺术享受，他们教育自己的子女，不会是那些文豪们讲的，幼年不是祖母讲着动人的迷丽的童话，而是一字一板传授着秦腔。他们大都不识字，但却出奇地能一本一本整套背诵出剧本，虽然那常常是之乎者也的字眼从那一圈胡子的嘴里吐出来十分别扭。有了秦腔，生活便有了乐趣，高兴了，唱“快板”，高兴得像被烈性炸药爆炸了一样，要把整个身心粉碎在天空！痛苦了，唱“慢板”，揪心裂肠的唱腔却表现了多么有情有味的美来，美给了别人的享受，美也熨平了自己心中愁苦的皱纹。当他们在收获时节的土场上，在月在中天的庄院里大吼大叫唱起来的时候，那种难以想象的狂喜，激动，雄壮，与那些献身于诗歌的文人，与那些有吃有穿却总感空虚的都市人相比，常说的什么伟大的永恒的爱情是多么渺小、有限和虚弱啊！

我曾经在西府走动了两个秋冬，所到之处，村村都有戏班，人人都会清唱。在黎明或者黄昏的时分，一个人独独地到田野里去，远远看着天幕下一个一个山包一样隆起的十三个朝代帝王的陵墓，细细辨认着田埂土，荒草中那一截一截汉唐时期石碑上的残字，高高的土屋上的窗口里就飘出一阵冗长的二胡声，几声雄壮的秦腔叫板，我就痴呆了，猛然发现了自己心胸中一股强硬的气魄随同着胳膊上的肌肉疙瘩一起产生了。

每到农闲的夜里，村里就常听到几声锣响：戏班排演开始了。演员们都集合起来，到那古寺庙里去。吹，拉，弹，奏，翻，打，念，唱，提袍甩袖，吹胡瞪眼，古寺庙成了古今真乐府，天地大梨园。导演是老一辈演员，享有绝对权威，演员是一家几口，夫妻同台，父子同台，公公儿媳也同台。按秦川的风俗：父和子不能不有其序，爷和孙却可以无道，弟与哥嫂可以嬉闹无常，兄与弟媳则无正事不能多言。但是，一到台上，秦腔面前人人平等，兄可以拜弟媳为帅为将，子可以将老父绳绑索捆。寺庙里有窗无扇，屋梁上蛛丝结网，夏天蚊虫飞来，成团成团在头上旋转，薰蚊草就墙角燃起，一声唱腔一声咳嗽。冬天里四面透风，柳木疙瘩火当中架起，一出场一脸正经，一下场凑近火堆，热了前怀，凉了后背。排演到什么时候，什么时候都有观众，有抱着二尺长的烟袋的老者，有凳子高、桌子高趴满窗台的孩子。庙里一个跟头未翻起，窗外就哇地一声叫倒好，演员出来骂一声：谁说不好的滚蛋！他们抓住窗台死不滚去，倒要连声讨好：翻得好！翻得好！更有殷勤的，跑回来偷拿了红薯、土豆、在火堆里煨熟给演员作夜餐，赚得进屋里有一个安全位置。排演到三更鸡叫，月儿偏西，演员们散了，孩子们还围了火堆弯腰踢腿，学那一招一式。

一出戏排成了，一人传出，全村振奋，扳着指头盼那上演日期。一年十二个月，正月元宵日，二月龙抬头，三月三，四月四，五月五日过端午，六月六日晒丝绸，七月过半，八月中秋，九月初九，十月一日，再是那腊月五豆，腊八，二十三……月月有节，三月一会，那戏必是上演的。戏台是全村人的共同的事业，宁肯少吃少穿也要筹资集款，买上好的木石，请高强的工匠来修筑。村子富不富，就比这戏台阔不阔。一演出，半下午人就找凳子去占地位了，未等戏开，台下坐的、站的人头攒拥，台两边阶上立的卧的是一群顽童。那锣鼓就叮叮咣咣地闹台，似乎整个世界要天翻地覆了。各类小吃趁机摆开，一个食摊上一盏马灯，花生，瓜子，糖果，烟卷，油茶，麻花，烧鸡，煎饼，长一声短一声叫卖不绝。锣鼓还在一声儿敲打，大幕只是不拉，演员偶尔从幕边往下望望，下边就喊：开演呀，场子都满了！幕布放下，只说就要出场了，却又叮叮咣咣不停。台下就乱了，后边的喊前边的坐下，前边的喊后边的为什么不说最前边的立着；场外的大声叫着亲朋子女名字，问有坐处没有，场内的锐声回应快进来；有要吃煎饼的喊熟人去买一个，熟人买了站在场外一扬手，“日”地一声隔人头甩去，不偏不倚目标正好；左边的喊右边的踩了他的脚，右边的叫左边的挤了他的腰，一个说：狗年快完了，你还叫啥哩？一个说：猪年还没到，你便拱开了！言语伤人，动了手脚；外边的趁机而入，一时四边向里挤，里边向外扛，人的旋涡涌起，如四月的麦田起风，根儿不动，头身一会儿倒西，一会儿倒东，喊声，骂声，哭声一片；有拼命挤将出来的，一出来方觉世界偌大，身体胖肿，但差不多却光了脚，乱了头发。大幕又一挑，站出戏班头儿，大声叫喊要维持秩序；立即就跳出一个两个所谓“二干子”人物来。这类人物多是头脑简单，四肢发达，却十二分忠诚于秦腔，此时便拿了枝条儿，哪里人挤，哪里打去，如凶神恶煞一般。人人恨骂这些人，人人又都盼有这些人，叫他们是秦腔宪兵，宪兵者越发忠于职责，虽然彻夜不得看戏，但大家一夜满足了，他们也就满足了一夜。

终于台上锣鼓停了，大幕拉开，角色出场。但不管男的女的，出来偏不面对观众，一律背身掩面，女的就碎步后移，水上漂一样，台下就叫：瞧那腰身，那肩头，一身的戏哟是男的就摇那帽翎，一会双摇，一会单摇，一边上下飞闪，一边纹丝不动，台下便叫：绝了，绝了！等到那角色儿猛一转身，头一高扬，一声高叫，声如炸雷豁唧唧直从人们头顶碾过，全场一个冷颤，从头到脚，每一个手指尖儿，每一根头发梢儿都麻酥酥的了。如果是演《救裴生》，那慧娘站在台中往下蹲，慢慢地，慢慢地，慧娘蹲下去了，全场人头也矮下去了半尺，等那慧娘往起站，慢慢地，慢慢地，慧娘站起来了，全场人的脖子也全拉长了起来。他们不喜欢看生戏，最欢迎看熟戏，那一腔一调都晓得，哪个演员唱得好，就摇头晃脑跟着唱，哪个演员走了调，台下就有人要纠正。说穿了，看秦腔不为求新鲜，他们只图过过瘾。

在这样的地方，这样的环境，这样的气氛，面对着这样的观众，秦腔是最逞能的，它的艺术的享受，是和拥挤而存在，是有力气而获得的。如果是冬天，那风在刮着，像刀子一样，如果是夏天，人窝里热得如蒸笼一般，但只要不是大雪，冰雹，暴雨，台下的人是不肯撤场的。最可贵的是那些老一辈的秦腔迷，他们没有力气挤在台下，也没有好眼力看清演员，却一溜一排地蹲在戏台两侧的墙根，吸着草烟，慢慢将唱腔品赏。一声叫板，便可以使他们坠入艺术之宫，“听了秦腔，肉酒不香”，他们是体会得最深。那些大一点的，脾性野一点的孩子，却占领了戏场周围所有的高空，杨树上，柳树上，槐树上，一个枝杈一个人。他们常常乐而忘了险境，双手鼓掌时竟从树杈上掉下来，掉下来自不会损伤，因为树下是无数的人头，只是招致一顿臭骂罢了。更有一些爬在了场边的麦秸积上，夏天四面来风，好不凉快，冬日就趴个草洞，将身子缩进去，露一个脑袋，也正是有闲阶级享受不了秦腔吧，他们常就瞌睡了，一觉醒来，月在西在，戏毕人散，只好苦笑一声悄然没声儿地溜下来回家敲门去了。

当然，一次秦腔演出，是一次演员亮相，也是一次演员受村人评论的考场。每每角色一出场，台下就一片嘁嘁喳喳：这是谁的儿子，谁的女子，谁家的媳妇，娘家何处？于是乎，谁有出息，谁没能耐，一下子就有了定论。有好多外村的人来提亲说媒，总是就在这个时候进行。据说有一媒人将一女子引到台下，相亲台上一个男演员，事先夸口这男的如何俊样，如何能干，但戏演了过半，那男的还未出场，后来终于出来，是个国民党的伪兵，还持枪未走到中台，扮游击队长的演员挥枪一指，“叭”地一声，那伪兵就倒地而死，爬着钻进了后幕。那女子当下哼一声，闭了嘴，一场亲事自然了了。这是喜中之悲一例。据说还有一例，一个老头在脖子上架了孙孙去看戏，孙孙吵着要回家，老头好说好劝只是不忍半场而去，便破费买了半斤花生，他眼盯着台上，手在下边剥花生，然后一颗一颗扬手喂到孙孙嘴里，但喂着喂着，竟将一颗塞进孙孙鼻孔，吐不出，咽不下，口鼻出血，连夜送到医院动手术，花去了七十元钱。但是，以秦腔引喜的事却不计其数。每个村里，总会有那么个老汉，夜里看戏，第二天必是头一个起床往戏台下跑。戏台下一片石头、砖头，一堆堆瓜子皮，糖果纸，烟屁股，他掀掀这块石头，踢踢那堆尘土，少不了要捡到一角两角甚至三元四元钱币来，或者一只鞋，或者一条手帕。这是村里钻刁人干的营生，而馋嘴的孩子们有的则夜里趁各家锁门之机，去地里摘那香瓜来吃，去谁家院里将桃杏装在背心兜里回来分红。自然少不了有那些青春妙龄的少男少女，则往往在台下混乱之中眼送秋波，或者就悄悄退出，相依相偎到黑黑的渠畔树林子里去了……

秦腔在这块土地上，有着神圣的不可动摇的基础。凡是到这些村庄去下乡，到这些人家去做客，他们最高级的接待是陪着看一场秦腔，实在不逢年过节，他们就会要合家唱一会乱弹，你只能点头称好，不能耻笑，甚至不能有一点不入神的表示。他们一生最崇敬的只有两种人：一是国家领导人，一是当地的秦腔名角。即是在任何地方，这些名角没有在场，只要发现了名角的父母，去商店买油是不必排队的，进饭馆吃饭是会有座位的，就是在半路上挡车，只要喊一声：我是某某的什么，司机也便要嘎地停车。但是，谁要侮辱一下秦腔，他们要争死争活地和你论理，以至大打出手，永远使你记住教训。每每村里过红白丧喜之事，那必是要包一台秦腔的，生儿以秦腔迎接，送葬以秦腔致哀，似乎这人生的世界，就是秦腔的舞台，人只要在舞台上，生，旦，净，丑，才各显了真性，恶的夸张其丑，善的凸现其美，善的使他们获得美的教育，恶的也使丑里化作了美的艺术。

广漠旷远的八百里秦川，只有这秦腔，也只能有这秦腔，八百里秦川的劳作农民只有也只能有这秦腔使他们喜怒哀乐。秦人自古是大苦大乐之民众，他们的家乡交响乐除了大喊大叫的秦腔还能有别的吗？

1983年5月2日草于五味村

【赏析】

这篇散文名为《秦腔》，但它的用意并不在介绍秦腔的产生、沿革、行当、艺人、剧目等作为一个剧种的诸因素，它要写的是秦腔和养育了这一艺术样式的秦川百姓的血肉联系。秦腔来自草野，创造它的是“下里巴人”，能够真正欣赏它的也不会是“有闲阶级”，只能是大苦中求大乐的草根百姓。文中写到秦腔源于八百里秦川西府的民性敦厚和特殊方音，作为秦川农民五大生命要素之一，和西凤酒、长线辣子、大叶卷烟、羊肉泡馍比较起来，它是唯一精神性的需求，是恶劣物质条件下的精神享受。

作者说的好：“广漠旷远的八百里秦川，只有这秦腔，也只能有这秦腔，八百里秦川的劳作农民只有也只能有这秦腔使他们喜怒哀乐。”

本文的主要表达方式是叙述和描写，叙述简洁有序，许多与秦腔相关的轶事写来趣味盎然，描写细腻传神，开场前的“乱”，演出中观众的沉迷都绘声绘色，极富艺术感染力。

【思考与讨论】

1. 全文中是怎样体现“秦腔”在陕北农民中的重要地位的？
2. 怎样理解散文《秦腔》反映出来的陕北地域文化的特征。

第三单元
外国文学

我的思想随着这些闪耀的绿叶而闪耀；我的心灵因了这日光的抚触而歌唱；我的生命因为偕了万物一同浮泛在空间的蔚蓝、时间的墨黑而感到快乐。

——泰格尔《飞鸟集(节选)》

荷马史诗

荷马(Homer,约公元前9世纪—公元前8世纪),古希腊的游吟诗人,其生平和生卒年月已不可考。失明。《荷马史诗》即他根据民间流传的短歌综合编写而成,相传记述了公元前12—公元前11世纪发生的特洛伊战争以及海上冒险故事。《荷马史诗》包括《伊里亚特》和《奥德赛》两部长篇史诗,各24卷。《荷马史诗》集古希腊口述文学之大成,是古希腊乃至西方文学最伟大的作品。它不仅具有文学艺术上的重要价值,作为史料,它再现了古代希腊社会的图景,是研究早期社会的重要资料;此外,在地理、考古学和民俗学方面也提供给后世很多值得研究的东西。就《荷马史诗》开创了西方文学的先河来说,荷马堪称西方文学的始祖。

伊里亚特[①](节选)

第一卷　阿基琉斯同阿伽门农王争吵结怨

女神[②]啊,请歌唱佩琉斯之子阿基琉斯[③]的
致命的忿怒,那一怒给阿开奥斯人[④]带来
无数的苦难,把战士的许多健壮英魂
送往冥府,使他们的尸体成为野狗
和各种飞禽的肉食,从阿特柔斯之子、
人民的国王[⑤]同神样的阿基琉斯最初在争吵中
分离时开始吧,就这样实现了宙斯的意愿。

是哪位天神使他们两人争吵起来?
是勒托和宙斯的儿子[⑥],他对国王生气,
使军中发生凶恶的瘟疫,将士死亡,

---

①《伊里亚特》叙述希腊联军围攻小亚细亚的城市特洛伊的故事,因特洛伊城又名伊利昂,故名《伊里亚特》。特洛伊的王子帕里斯到希腊来做客,把阿伽门农王弟墨涅拉奥斯的妻子海伦拐走,希腊派使者交涉不成,就组织联军渡海去攻打,史诗的开场已经是这场战争的第十年上。作品以联军统帅阿伽门农和勇将阿基琉斯的争吵为切入点,集中地描写了战争结束前几十天发生的事件。联军围攻特洛伊城十年,一直未能攻克,军中的矛盾逐渐激化,阿基琉斯愤恨统帅阿伽门农夺其女俘,拒绝再为联军出战,后因其好友战死,为报仇乃复出战。特洛伊王子赫克托尔与阿基琉斯决斗,英勇战死。特洛伊国王普里阿摩斯哀求讨回赫克托尔的尸体,举行葬礼,《伊里亚特》的故事至此结束。《伊里亚特》以英雄业绩为中心,用大量篇幅描写英雄们的战斗,歌颂勇敢,充满英雄主义气息。

② 女神:指掌管诗歌、音乐的文艺女神缪斯。这一段是古代史诗作者开场时照例要有的对诗歌女神的呼告,就是向她祈求灵感的意思。

③ 佩琉斯之子阿基琉斯:《伊里亚特》中最有名的英雄,据说是海洋女神忒提斯与凡人英雄佩琉斯所生。在他出生后,他母亲曾经把他倒提一只脚浸入冥河(另有一说是放入烈火),使他周身刀剑不入,唯有脚后跟由于没浸入河水,而成为他唯一的致命之处。

④ 阿开奥斯人:是古代希腊部族,集居在塞萨利亚、墨塞奈、阿尔戈斯、伊萨凯等地。在此泛指希腊人。

⑤ 人民的国王:指希腊联军统帅阿伽门农。他是希腊迈锡尼国王,希腊诸王之王,阿特柔斯之子。特洛伊战争是因为他想称霸爱琴海,他的弟弟墨涅拉奥斯的妻子海伦被特洛伊的王子帕里斯拐走只是导火线,在战争中,他也成为希腊联合远征军统帅。

⑥ 勒托和宙斯的儿子:指阿波罗。在古希腊神话中,宙斯以其风流成性著称,所以其子女较多。勒托只为宙斯生下阿波罗和阿尔忒弥斯。

只因为阿伽门农侮辱了他的祭司克律塞斯，
这人来到阿开奥斯人的快船前请求释放
他的女儿，随身带来无数的赎礼，
手中的金杖举着远射神阿波罗的花冠⑦，
向全体阿开奥斯人，特别向阿特柔斯的
两个儿子、士兵的统帅祈求，这样说：
“阿特柔斯的儿子们，戴胫甲的阿开奥斯将士，
愿居住奥林波斯山的天神们⑧允许你们
毁灭普里阿摩斯的都城⑨，平安回家，
只请你们出于对宙斯的远射的儿子
阿波罗的敬畏，接受赎礼，释放爱女。”
所有阿开奥斯人都发出同意的呼声，
表示尊敬祭司，接受丰厚的赎礼；
阿特柔斯之子阿伽门农心里不喜欢，
他气势汹汹地斥退祭司，严厉警告说：
“老汉，别让我在空心船⑩旁边发现你，
不管你是现在逗留还是以后再来，
免得你的拐杖和天神的神圣花冠
保护不了你。你的女儿我不释放，
她将远离祖国，在我家，在阿尔戈斯
绕着织布机走动，为我铺床叠被，
直到衰老。你走吧，别气我，好平安回去。”

他这样说，老人害怕，听从他的话，
老人默默地沿啸吼的大海的岸边走去，
走了很远，便向美发的勒托的儿子，
阿波罗祈祷，嘴里念念有词，这样说：
“银弓之神，克律赛和神圣的基拉⑪的保护者，
统治着特涅多斯⑫，灭鼠神⑬，请听我祈祷，
如果我曾经盖庙顶，讨得你的欢心，
或是为你焚烧牛羊的肥美大腿，
请听我的祈祷，使我的愿望成为现实，

⑦ 花冠：阿波罗的节杖上系着象征阿波罗的花冠或者条带。

⑧ 奥林波斯山的天神们：以宙斯为首的希腊众神。希腊东北部高山奥林波斯是他们的常居地。

⑨ 普里阿摩斯的都城：指特洛伊城。

⑩ 空心船：空心船就是船。船本身就是空心的，这个没有特别寓意，只是表述船的一种方法。

⑪ 克律塞和神圣的基拉：特洛伊供奉阿波罗神的地方。克律塞在特洛伊附近，就是克律塞斯做祭司的所在。基拉是小亚细亚西北部的城邦。

⑫ 特涅多斯：特洛伊城附近海域的一个小岛。

⑬ 灭鼠神：在古代文献中当作是阿波罗的一个别称。据传说，阿波罗曾经前往某地去除鼠害，故得此名。

让达那奥斯人[14]在你的箭下偿还我的眼泪。”

他这样向神祈祷，福波斯·阿波罗听见了，
他心里发怒，从奥林波斯岭上下降，
他的肩上挂着弯弓和盖着的箭袋。
神明气愤地走着，肩头的箭矢琅琅响，
天神的降临有如黑夜盖覆大地。
他随即坐在远离船舶的地方射箭，
银弓发出令人心惊胆战的弦声。
他首先射向骡子和那些健跑的狗群，
然后把利箭对准人群不断放射。
天神一连九天把箭矢射向军队，
焚化尸首的柴薪烧了一层又一层。

第十天阿基琉斯召集将士开会，
白臂女神赫拉[15]让他萌生念头，
她关心他们，看见达那奥斯人死亡。
在将士会合集中后，捷足的阿基琉斯
在他们中间站起来发言，他这样说：
“阿特柔斯的儿子，如果战争和瘟疫
将毁灭阿开奥斯人，我们想逃避死亡，
我认为我们只有撤退，开船返航。
让我们询问先知或祭司或圆梦的人，
——梦是宙斯送来的，他可能告诉我们，
福波斯·阿波罗为什么发怒，他是在谴责
我们疏忽了向他许愿或举行百牲祭？
但愿他接受绵羊或纯色的山羊的香气，
有心为我们阻挡这一场凶恶的瘟疫。”

他说完坐下，特斯托尔之子卡尔卡斯，
一位最高明的鸟卜师，在人丛中站立起来，
他知道当前、将来和过去的一切事情，
曾经凭福波斯·阿波罗传授他的预言术，
引导阿开奥斯人的舰队航行到伊利昂。
他满怀好意来参加会议，对将士们这样说：
“阿基琉斯，宙斯所宠爱的，你要我说出
远射神阿波罗王为什么对我们发怒。

---

⑭ 达那奥斯人：指代希腊人，按照诗歌中的含义，应是指代整个攻打特洛伊的希腊联军。
⑮ 赫拉：古希腊神话中神祇之一，宙斯的妻子，主管婚姻和家庭，被尊为“神后”。

我可以解释，但请你注意，对我发誓，
应允敢于用言语和强健的臂膀保护我，
因为我预感我会惹得一个人发怒，
他有力地统治着阿尔戈斯人，全体归附。
国王对地位低下的人发怒更有力量，
他虽然暂时把郁积的怒气压抑消化，
却还会怀恨，直到仇恨在胸中消失。
因此你要用心，保障我的安全。”

捷足的阿基琉斯回答鸟卜师，这样说：
“你放大胆量，把你知道的预言讲出来，
我凭阿波罗起誓，他是宙斯所喜爱的，
卡尔卡斯，你总是向他祈祷，对我们
发出神示，只要我还活着，看得见阳光，
没有哪个达那奥斯人会在空心船旁
对你下重手，即使阿伽门农也不会，
尽管他宣称是阿开奥斯人中最高的君主。”

这时无可指责的先知放胆地说：
“天神并不是谴责我们疏忽了许愿
或是百牲祭，而是因为阿伽门农
不敬重他的祭司，收取赎礼放爱女，
远射的天神还会给我们降下这苦难，
不会为达那奥斯人驱除这致命的瘟疫，
直到我们把明眸的女子还给她父亲，
不收钱，不受礼，把百牲祭品送往克律塞，
我们才劝得动这位天神，求得他息怒。”

他这样说，随即坐下；有个战士，
阿特柔斯的儿子，权力广泛的阿伽门农
烦恼地站起来，阴暗的心里充满忿怒，
眼睛像发亮的火焰，凶狠地对卡尔卡斯说：
“你这个报凶事的预言人从来没有对我
报过好事，你心里喜欢预言坏事，
好话你没有讲过，没有使它实现。
现在你在达那奥斯人中间预言，
说什么远射的天神给我们制造苦难，
全是因为我不愿接受他的祭司
克律塞斯为赎取女儿而赠送的好礼物；
是我很想把她留在自己家里。

因为我喜欢她胜于我的合法的妻子
克吕泰墨涅斯特拉，就形体、身材、智慧、
手工而论，她并不比她差到哪里。
我还是愿意把她交出去，那样好得多，
但愿将士安全，胜于遭受毁灭。
你们要立刻为我准备一份礼物，
免得我缺少这种荣誉，那就很不妥，
因为你们都看见我的礼物就要失去。”

那捷足的战士、神样的阿基琉斯回答说：
“阿特柔斯的最尊荣的儿子、最贪婪的人，
心高志大的阿开奥斯人怎能给你礼物？
我们不知道还存有什么共有的财产，
从敌方城市夺获的东西已分配出去，
这些战利品又不宜从将士那里回取。
你按照天神的意思把这个女子释放，
要是宙斯让我们劫掠那城高墙厚的
特洛亚，我们会给你三倍四倍的补偿。”

阿伽门农主上回答阿基琉斯说：
“神样的阿基琉斯，尽管你非常勇敢，
你可不能这样施展心机欺骗我。
你是想保持礼物，劝我归还女子，
使我默默失去空等待？心高志大的
阿开奥斯人若是把一份合我的心意、
价值相等的荣誉礼物给我作补偿——
他们若是不给，我就要亲自前去
夺取你的或埃阿斯[16]的或奥德修斯[17]的
荣誉礼物，去到谁那里谁就会生气。
但是这些事情留到以后再考虑；
现在让我们把一艘黑色的船只拖下海，
迅速召集桨手，把百牲祭品牵上船，
再把克律塞斯的美貌的女儿送上船，
派一个顾问担任队长，派伊多墨纽斯，
或是埃阿斯或是神样的奥德修斯，
或是你，佩琉斯的儿子，将士中最可畏的人，
前去献祭，祈求远射的天神息怒。”

---

⑯ 埃阿斯：特洛伊战争中的希腊英雄。

⑰ 奥德修斯：特洛伊战争中的英雄，《荷马史诗·奥德赛》中的主人公。

捷足的阿基琉斯怒目而视，回答说：
“你这个无耻的人，你这个狡诈之徒，
阿开奥斯人中今后还有谁会热心地
听你的命令去出行或是同敌人作战？
我到这里来参加战斗，并不是因为
特洛亚枪兵得罪了我，他们没有错，
须知他们没有牵走我的牛群，
没有牵走我的马群，没有在佛提亚[18]
那养育英雄的肥沃土地上毁坏谷物，
因为彼此间有许多障碍——阴山和啸海。
你这个无耻的人啊，我们跟着你前来，
讨你喜欢，是为墨涅拉奥斯[19]和你，
无耻的人，向特洛亚人索赔你却不关心。
你竟然威胁我，要抢走我的荣誉礼物，
那是我辛苦夺获，阿开奥斯人敬献。
每当阿开奥斯人掠夺特洛亚人城市，
我得到的荣誉礼物和你的不相等；
是我这双手承担大部分激烈战斗，
分配战利品时你得到的却要多得多。
我打得那样筋疲力尽，却只带着
一点小东西回到船上，然而属于我。
我现在要回到佛提亚，带着我的弯船，
那样要好得多，我可不想在这里，
忍受侮辱，为你挣得财产和金钱。”

人民的国王阿伽门农回答他说：
“要是你的心鼓励你逃跑，你就逃跑吧；
我不求你为我的缘故留在特洛亚。
我还有别人尊重我，特别是智慧的宙斯，
你是宙斯养育的国王中我最恨的人，
你总是好吵架、战争和格斗。你很有勇气，
这是一位神赠给你。你带着你的船只
和你的伴侣回家去统治米尔弥冬人[20]吧。
我可不在意，也不理睬你的怒气。

---

⑱ 佛提亚：阿基琉斯辖下地区，在特萨利亚境内。

⑲ 墨涅拉奥斯：斯巴达之王。他的妻子就是美貌的海伦，后被特洛伊的王子帕里斯拐走。因此他会同哥哥阿伽门农，召集各部族首领，共同讨伐特洛伊人。

⑳ 米尔弥冬人：属阿开奥斯种族，居住在佛提亚地区，归阿基琉斯统治。

这是我对你的威胁：既然福波斯·阿波罗
从我这里夺去克律塞斯的女儿，
我会用我的船只让伴侣把她送回去，
但是我却要亲自去到你的营帐里，
把你的礼物、美貌的布里塞伊斯带走，
好让你知道，我比你强大，别人也不敢
自称和我相匹敌，宣称和我相近似。”

他这样说，佩琉斯的儿子感到痛苦，
他的心在他的毛茸茸的胸膛里有两种想法，
他应该从他的大腿旁边拔出利剑，
解散大会，杀死阿特柔斯的儿子，
还是压住怒火，控制自己的勇气。
在他的心灵和思想正在考虑这件事，
他的手正要把那把大剑拔出鞘的时候，
雅典娜㉑奉白臂赫拉的派遣从天上下降
……

（罗念生、王焕生译）

【赏析】

《伊里亚特》以歌唱阿基琉斯的愤怒作为开篇，将之视为更为残酷的命运起始的标志。历时十年的特洛伊战争，荷马没有写到海伦与帕里斯的相遇，没有写到希腊诸国如何发兵，没有写十年的战争进展，没有写阿基琉斯、埃阿斯、帕里斯等人的死亡，更没有写脍炙人口的木马计与战争结束；只是选取了战争中的这几天，以阿基琉斯的愤怒开始，到由于这种愤怒导致的帕特罗克洛斯之死，到阿基琉斯杀死赫克托耳为帕特罗克洛斯报仇，到阿基琉斯归还赫克托耳的尸体，最后以特洛伊人礼葬赫克托耳结束。至此，“阿基琉斯的愤怒”导致的后果可以说告一段落。从某种意义上说，伟大《伊里亚特》甚至可以被称为“阿基琉斯的愤怒之歌”。

《伊里亚特》作为一部英雄史诗，在艺术上，它的突出成就是塑造了许多性格鲜明的英雄形象。其中阿基琉斯勇猛善战，所向披靡，但又自尊自负，固执任性，受到阿伽门农的侮辱，就不顾大局，决意报复。然而他又十分注重友谊，好友被杀，私怨顿消，重上战场，一心要为朋友报仇。他很残忍，杀死赫克托耳后，对其尸体加以凌辱，还杀死了许多俘虏，以祭奠好友的亡灵；同时他又富有同情心，当赫克托耳的白发苍苍的老父苦苦哀求归还儿子的尸体时，他动了恻隐之心。正像黑格尔所说：“关于阿基琉斯，我们可以说：‘这是一个人！高贵的人格的多方面性在这个人身上显出了它的全部丰富性。’”史诗充分展现了阿基琉斯的复杂性格，使这一形象丰满、生动。

【思考与讨论】

1. “阿基琉斯的愤怒”对于史诗的情节结构起到了怎样的作用？

2. 历代读者对阿基琉斯的罢战颇多非议，指责他把个人荣誉置于集体利益之上，为了维护人格尊严而不惜整个联军蒙受重大损失。这样的指责是否公正？究竟谁应当对希腊联军的失败负责？你怎样理解阿基琉斯对自身人格、尊严的维护？

㉑ 雅典娜：即帕拉斯·雅典娜，希腊神话传说中的战神和智慧女神，传说是宙斯与聪慧女神墨提斯所生。

威廉·莎士比亚

威廉·莎士比亚(William Shakespeare,1564—1616),英国文艺复兴时期伟大的作家、诗人,欧洲文艺复兴时期人文主义文学的集大成者。1564年,莎士比亚出生于英国中部瓦维克郡埃文河畔斯特拉特福一位富裕的市民家庭,曾经在当地的文法学校读书六年,后因父亲破产,中途辍学。21岁时到伦敦剧院工作,很快就登台演戏,并开始创作剧本和诗歌。他共写有37部戏剧,154首十四行诗。《哈姆莱特》、《奥赛罗》、《李尔王》、《麦克白》是他创作的"四大悲剧",他创作的喜剧有《仲夏夜之梦》、《威尼斯商人》等,《罗密欧与朱丽叶》是带有喜剧因素的悲剧。此外,他还创作了一些历史剧和传奇剧。马克思称莎士比亚为"人类最伟大的天才之一"。恩格斯盛赞其作品的现实主义精神与情节的生动性、丰富性。莎士比亚在西方文化中有着不可动摇的至高地位,他的作品几乎被翻译成世界各种文字。1919年后被介绍到中国。教材所选的是莎士比亚"四大悲剧"之一《哈姆莱特》的第三幕第一场,这一场戏中的哈姆莱特心事重重,他被看作既勇敢又忧郁的典型,"生存还是毁灭"这一段内心的独白,是外国文学史上最为人熟知的片段之一。

哈姆莱特[①](第三幕　节选)

第一场

城堡中一室

[国王、王后、波洛涅斯、奥菲利娅、罗森格兰兹及吉尔登斯吞上。]

国王 你们不能用迂回婉转的方法,探出他为什么这样神思颠倒,让紊乱而危险的疯狂困扰他的安静的生活吗?

罗森格兰兹 他承认他自己有些神经迷惘,可是绝口不肯说为了什么缘故。

吉尔登斯吞 他也不肯虚心接受我们的探问;当我们想要从他嘴里知道他自己的一些真相的时候,他总是用假作痴呆的神气回避不答。

王后 他对待你们还客气吗?

罗森格兰兹 很有礼貌。

吉尔登斯吞 可是不大自然。

---

①《哈姆莱特》:又名《王子复仇记》,共五幕。剧作写的是丹麦王子哈姆莱特对谋杀他的父亲、骗娶他的母亲并篡夺了王位的叔父克劳狄斯进行复仇的故事。已逝的老国王的鬼魂告诉哈姆莱特,自己是被克劳狄斯害死的。哈姆莱特决心为父亲复仇。他开始假装因父亡和失恋而悲痛发疯,让克劳狄斯对自己消除戒心。宫里来了个戏班子,他让戏班子表演鬼魂所说的谋杀场面,结果克劳狄斯十分惊恐,但哈姆莱特因优柔寡断而错失杀死克劳狄斯的机会。王后派人叫他去后宫谈话,在谈话期间,哈姆莱特意外地杀死了躲在帷幕后面偷听的御前大臣、恋人奥菲利娅的父亲波洛涅斯,奥菲利娅也因此变疯,克劳狄斯以此为借口,遣送哈姆莱特出海前往英国,并暗中写信给英国国王,要求处死他。哈姆莱特觉察到了克劳狄斯的阴谋,奇迹般活了下来,并顺利回到了丹麦。此时,波洛涅斯的儿子雷欧提斯正在为落水而亡的奥菲利娅举行葬礼,克劳狄斯挑唆雷欧提斯与哈姆莱特斗剑比武,斗剑过程中,哈姆莱特不幸被雷欧提斯的毒剑刺中,同时他也夺过毒剑刺中了雷欧提斯,他的母亲因误饮克劳狄斯为哈姆莱特准备的毒酒身亡。临死之前,所有人都明白了事情真相,哈姆莱特也拼劲残力,把毒剑插进了克劳狄斯的胸膛。本文为剧作第三幕第一场,前两幕写鬼魂告诉哈姆莱特真相后,哈姆莱特装疯,国王派人打探实情,他故作痴呆。而他在得知宫里来了戏班子之后,就和戏子一起商量演出的内容。

罗森格兰兹 他很吝惜自己的话，可是我们问他话的时候，他回答起来却是毫无拘束。

王后 你们有没有劝诱他找些什么消遣？

罗森格兰兹 娘娘，我们来的时候，刚巧有一班戏子也要到这儿来，给我们赶上了；我们把这消息告诉了他，他听了好像很高兴。现在他们已经到了宫里，我想他已经吩咐他们今晚为他演出了。

波洛涅斯 一点不错；他还叫我来请两位陛下同去看看他们演得怎样哩。

国王 那好极了；我非常高兴听见他对这方面感兴趣。请你们两位还要更进一步鼓起他的兴味，把他的心思移转到这种娱乐上面。

罗森格兰兹 是，陛下。（罗森格兰兹、吉尔登斯吞同下。）

国王 亲爱的乔特鲁德，你也暂时离开我们；因为我们已经暗中差人去唤哈姆莱特到这儿来，让他和奥菲利娅见见面，就像他们偶然相遇一般。她的父亲跟我两人将要权充一下密探，躲在可以看见他们却不能被他们看见的地方，注意他们会面的情形，从他的行为上判断他的疯病究竟是不是因为恋爱上的苦闷。

王后 我愿意服从您的意旨。奥菲利娅，但愿你的美貌果然是哈姆莱特疯狂的原因；更愿你的美德能够帮助他恢复原状，使你们两人都能安享尊荣。

奥菲利娅 娘娘，但愿如此。（王后下。）

波洛涅斯 奥菲利娅，你在这儿走走。陛下，我们就去躲起来吧。（向奥菲利娅）你拿这本书去读，他看见你这样用功，就不会疑心你为什么一个人在这儿了。人们往往用至诚的外表和虔敬的行动，掩饰一颗魔鬼般的内心，这样的例子是太多了。

国王 （旁白）啊，这句话是太真实了！它在我的良心上抽了多么重的一鞭！涂脂抹粉的娼妇的脸，还不及掩藏在虚伪的言辞后面的我的行为更丑恶。难堪的重负啊！

波洛涅斯 我听见他来了；我们退下去吧，陛下。（国王及波洛涅斯下。）

[哈姆莱特上。]

哈姆莱特 生存还是毁灭，这是一个值得考虑的问题；默然忍受命运的暴虐的毒箭，或是挺身反抗人世的无涯的苦难，通过斗争把它们扫清，这两种行为，哪一种更高贵？死了；睡着了；什么都完了；要是在这一种睡眠之中，我们心头的创痛，以及其他无数血肉之躯所不能避免的打击，都可以从此消失，那正是我们求之不得的结局。死了；睡着了；睡着了也许还会做梦；嗯，阻碍就在这儿：因为当我们摆脱了这一具朽腐的皮囊以后，在那死的睡眠里，究竟将要做些什么梦，那不能不使我们踌躇顾虑。人们甘心久困于患难之中，也就是为了这个缘故；谁愿意忍受人世的鞭挞和讥嘲、压迫者的凌辱、傲慢者的冷眼、被轻蔑的爱情的惨痛、法律的迁延、官吏的横暴和费尽辛勤所换来的小人的鄙视，要是他只要用一柄小小的刀子，就可以清算他自己的一生？谁愿意负着这样的重担，在烦劳的生命的压迫下呻吟流汗，倘不是因为惧怕不可知的死后，惧怕那从来不曾有一个旅人回来过的神秘之国，是它迷惑了我们的意志，使我们宁愿忍受目前的磨折，不敢向我们所不知道的痛苦飞去？这样，重重的顾虑使我们全变成了懦夫，决心的赤热的光彩，被审慎的思维盖上了一层灰色，伟大的事业在这一种考虑之下，也会逆流而退，失去了行动的意义。且慢！美丽的奥菲利娅！——女神，在你的祈祷之中，不要忘记替我忏悔我的罪孽。

奥菲利娅 我的好殿下，您这许多天来贵体安好吗？

哈姆莱特 谢谢你，很好，很好，很好。

奥菲利娅 殿下，我有几件您送给我的纪念品，我早就想把它们还给您；请您现在收回去吧。

哈姆莱特 不，我不要；我从来没有给你什么东西。

奥菲利娅 殿下，我记得很清楚您把它们送给了我，那时候您还向我说了许多甜言蜜语，使这些东西格外显得贵重；现在它们的芳香已经消散，请您拿回去吧，因为在有骨气的人看来，送礼的人要是变了心，礼物虽贵，也会失去了价值。拿去吧，殿下。

哈姆莱特 哈哈！你贞洁吗？

奥菲利娅 殿下！

哈姆莱特 你美丽吗？

奥菲利娅 殿下是什么意思？

哈姆莱特 要是你既贞洁又美丽，那么你的贞洁应该断绝跟你的美丽来往。

奥菲利娅 殿下，难道美丽除了贞洁以外，还有什么更好的伴侣吗？

哈姆莱特 嗯，真的；因为美丽可以使贞洁变成淫荡，贞洁却未必能使美丽受它自己的感化；这句话从前像是怪诞之谈，可是现在时间已经把它证实了。我的确曾经爱过你。

奥菲利娅 真的，殿下，您曾经使我相信您爱我。

哈姆莱特 你当初就不应该相信我，因为美德不能熏陶我们罪恶的本性；我没有爱过你。

奥菲利娅 那么我真是受了骗了。

哈姆莱特 进尼姑庵去吧；为什么你要生一群罪人出来呢？我自己还不算是一个顶坏的人；可是我可以指出我的许多过失，一个人有了那些过失，他的母亲还是不要生下他来的好。我很骄傲，有仇必报，富于野心，我的罪恶是那么多，连我的思想也容纳不下，我的想象也不能给它们形象，甚至于我都没有充分的时间可以把它们实行出来。像我这样的家伙，匍匐于天地之间，有什么用处呢？我们都是些十足的坏人；一个也不要相信我们。进尼姑庵去吧。你的父亲呢？

奥菲利娅 在家里，殿下。

哈姆莱特 把他关起来，让他只好在家里发发傻劲。再会！

奥菲利娅 哎哟，天哪！救救他！

哈姆莱特 要是你一定要嫁人，我就把这一个诅咒送给你做嫁奁：尽管你像冰一样坚贞，像雪一样纯洁，你还是逃不过谗人的诽谤。进尼姑庵去吧，去！再会！或者要是你必须嫁人的话，就嫁给一个傻瓜吧；因为聪明人都明白你们会叫他们变成怎样的怪物。进尼姑庵去吧，去！越快越好。再会！

奥菲利娅 天上的神明啊，让他清醒过来吧！

哈姆莱特 我也知道你们会怎样涂脂抹粉；上帝给了你们一张脸，你们又替自己另外造了一张。你们烟视媚行，淫声浪气，替上帝造下的生物乱取名字，卖弄你们不懂事的风骚。算了吧，我再也不敢领教了；它已经使我发了狂。我说，我们以后再不要结什么婚了；已经结过婚的，除了一个人以外，都可以让他们活下去；没有结婚的不准再结婚，进尼姑庵去吧，去。（下。）

奥菲利娅 啊，一颗多么高贵的心是这样殒落了！朝臣的眼睛、学者的辩舌、军人的利剑、国家所瞩望的一朵娇花；时流的明镜、人伦的雅范、举世瞩目的中心，这样无可挽回地陨落了！我是一切妇女中间最伤心而不幸的，我曾经从他音乐一般的盟誓中吮吸芬芳的甘蜜，现在却眼看着他的高贵无上的理智，像一串美妙的银铃失去了谐和的音调，无比的青春美貌，在疯狂中凋谢！啊！我好苦，谁料过去的繁华，变作今朝的泥土！（退后）

[国王及波洛涅斯重上。]

国王 恋爱！他的精神错乱不像是为了恋爱；他说的话虽然有些颠倒，也不像是疯狂。他有些什么心事盘踞在他的灵魂里，我怕它也许会产生危险的结果。为了防止万一，我已经当机立断，决定了一个办法：他必须立刻到英国去，向他们追索延宕未纳的贡物；也许他到海外各国游历一趟以后，时时变换的环境，可以替他排解去这一桩使他神思恍惚的心事。你看怎么样？

波洛涅斯 那很好；可是我相信他的烦闷的根本原因，还是为了恋爱上的失意。啊，奥菲利娅！你不用告诉我们哈姆莱特殿下说些什么话；我们全都听见了。陛下，照您的意思办吧；可是您要是认为可以的话，不妨在戏剧终场以后，让他的母后独自一人跟他在一起，恳求他向她吐露他的心事；她必须很坦白地跟他谈谈，我就找一个所在听他们说些什么。要是她也探听不出他的秘密来，您就叫他到英国去，或者凭着您的高见，把他关禁在一个适当的地方。

国王 就这样吧；大人物的疯狂是不能听其自然的。（同下。）

（朱生豪译）

【赏析】

《哈姆莱特》是莎士比亚悲剧创作中最著名的作品，被许多莎学专家视为莎士比亚全部创作乃至英国文艺复兴时期文学创作的顶峰，它突出地反映了作者的人文主义思想。莎士比亚说过，他的作品就是“给自然照一面镜子，给德行看一看自己的面目，给荒唐看一看自己的姿态，给时代和社会看一看自己的形象和印记”。《哈姆莱特》正是一个时代的缩影。它通过激烈的戏剧冲突，生动地表现了个人复仇和“重整乾坤”相结合的鲜明主题，是一出内容深广的社会悲剧，一首情调悲愤的叙事长诗。

全剧共五幕，这里选的第三幕是整个剧情发展的转折点，是展示主人公哈姆莱特性格特征的重要场次。节选的部分在情节结构上可分为三部分。第一部分，主要是国王与身边的侍臣及王后之间的对白。心怀鬼胎、惊疑不定的国王与侍臣密谋试探哈姆莱特是否“因失恋而疯狂”。第二部分，主要是哈姆莱特与奥菲利娅的对白。哈姆莱特面对不知真情却受国王利用的奥菲利娅，违心而绝情地痛斥她。第三部分，主要是国王与波洛涅斯的对白。他们对哈姆莱特进行试探之后，密谋将其遣送至英国。作者借哈姆莱特之口，揭露了当时社会的黑暗与不平；具有人文主义革新思想的新兴资产阶级，虽然有建立新型社会关系和伦理思想的要求，但重重的顾虑使得他们变成了懦夫。

这场戏围绕哈姆莱特与国王之间的仇恨冲突、哈姆莱特与奥菲利娅之间因无法沟通而产生误解后的冲突及哈姆莱特内心强烈矛盾冲突来写，主要通过人物对话和内心独白来表现人物性格，推动故事情节发展。哈姆莱特是富于理想、敢于行动的人，这使他具有“英雄”的个性，但读过文中所选部分，却可以发现他的延宕：一面是杀父之仇的切肤之痛，生父亡灵的声声追讨，另一面是对生命价值的严肃思考，一个复仇计划就这样被演绎成了一次痛苦的思想突围。而正因为对“生存还是毁灭”没有答案，才造成了哈姆莱特长期踌躇，从而拖延着他早就应当采取的复仇行动。——忧郁和孤独，这种并不单一的个性，才使得人物形象血肉丰满，栩栩如生，才会出现“一千个读者，就有一千个哈姆莱特”。在作品中，哈姆莱特时而高雅、时而粗俗、时而晦涩的话语，恰到好处地表现了他的心理活动和复杂深沉的个性。深沉含蓄、极富哲理性的语言，对刻画人物形象起到了画龙点睛的作用。

【思考与讨论】

1. 哈姆莱特“生存还是毁灭”的内心独白，反映了新兴资产阶级怎样的矛盾心态？为什么说哈姆莱特的悲剧主要是他的性格造成的？

2. 文中哈姆莱特和奥菲利娅的对白有什么特点？这些对白表现了哈姆莱特怎样的内心活动？

3. 在本文结尾，国王说“大人物的疯狂是不能听其自然的”，你怎么理解这句话？

莫里哀

莫里哀(Moliere,1622—1673),法国古典主义时期最著名的喜剧作家,也是世界戏剧史上与莎士比亚共同彪炳千秋的伟大戏剧家。莫里哀原名让·巴蒂斯特·波克兰,莫里哀是他的艺名。莫里哀从小酷爱戏剧,21岁参加了剧团,从当喜剧演员到做剧团领导人,并自己动手创作剧本。一生共完成喜剧37部。他的剧作针砭时弊、嘲讽贵族,批判教会,揭露上流社会的虚伪愚昧,曾引起很大的社会反响,部分剧作也因此屡遭禁演。莫里哀将自己毕生的心血献给了戏剧事业,他不仅是伟大的戏剧家,也是一名出色的演员和导演。1673年,莫里哀在演完《无病呻吟》一剧后咯血而逝。人们在他的石像下面刻上了这样一句话:“就他的光荣而言,并没有缺少什么;就我们的光荣而论,倒是缺少了他”。

伪君子[①](第三幕 节选)

第二场

[答尔丢夫(伪君子),劳朗(答尔丢夫的仆人),桃丽娜(玛丽亚娜的侍女)。]

答尔丢夫 (看见桃丽娜)劳朗,把我的鬃毛紧身跟鞭子[②]都好好藏起来,求上帝永远赐您光明。倘使有人来找我,您就说我去给囚犯们分捐款去了。

桃丽娜 装这份儿蒜!嘴上说得多么好听!

答尔丢夫 您有什么事?

桃丽娜 我要对您说……

答尔丢夫 (从衣袋里掏出一块手帕)哎哟!天啊,我求求您,未说话之前先把这块手帕接过去。

桃丽娜 干什么?

答尔丢夫 把您的胸脯遮起来,我不便看见。因为这种东西,看了灵魂就要受伤,会引起不洁的念头。

桃丽娜 您就这么禁不住引诱?肉欲对您的五官还有这么大的影响?我当然不知道您心里存着什么念头,不过我,我可不这么容易动心,您从头到脚一丝不挂,您那张皮也动不了我的心。

答尔丢夫 您说话要客气点,否则我立刻躲开您。

桃丽娜 不用,不用,还是我躲开您吧,因为我只有两句话要对您说,就是太太这就下楼到这里来,请您允许她和您谈几句话。

---

①《伪君子》:是莫里哀喜剧艺术的最高成就,是世界戏剧史上的经典之作。小说讲述了伪装圣洁、虔诚的宗教骗子答尔丢夫骗得富商奥尔贡的信任,成为他家的上宾。他图谋勾引奥尔贡的妻子埃米尔,离间其父子关系,继而企图吞没奥尔贡的财产。在他的虚伪表演迷惑下,奥尔贡背弃了女儿玛丽亚娜原有婚约,欲招答尔丢夫为婿,还取消了儿子达米斯的继承权,把财产全部奉送给了骗子。但奥尔贡的做法遭到全家人反对,他们巧妙地揭露了答尔丢夫的真相,使奥尔贡幡然悔悟。骗子凶相毕露,企图陷害奥尔贡,但得到了应有的惩罚。剧作深刻揭露了教会的虚伪和丑恶,答尔丢夫也成为“伪君子”的代名词。

② 鬃毛紧身跟鞭子:苦修的修士贴身穿着鬃毛紧身,经常拿鞭子抽打自己,表示苦修。

答尔丢夫 可以,可以。

桃丽娜 (自语)你看他一下子变得多么温柔!说真的,我还是相信我一向批评他的话,实在一点也没评错。

答尔丢夫 她就来吗?

桃丽娜 我已经听见她了,好像是的。是的,真是她本人来了。让你们两人在这儿,我走了。

第三场

[埃米尔(奥尔贡的续弦),答尔丢夫。]

答尔丢夫 我愿上帝大发慈悲保佑您的灵魂和身体全都健康,并且保佑您的生命,正如侍奉上帝的人群中最卑微的我所祝愿的一般。

埃米尔 我很感谢您这番虔诚的祝颂。可是咱们还是坐下谈吧,可以舒服一点。

答尔丢夫 您的病体完全复原了?

埃米尔 大好了。也不发烧了。

答尔丢夫 从上帝那里能求下来这种大恩典,我的祷告当然不会有这么大的力量,可是我向上天所诵的一些真诚的祈祷,却没有一次不是为祈求您早日恢复健康。

埃米尔 您太为我操心了。

答尔丢夫 您宝贵的健康,我无论怎么爱惜也不过分;为使您的健康复原,我简直可以牺牲自己的健康。

埃米尔 您把圣教的善心推广得未免太远了点。您这种美意我真不敢当。

答尔丢夫 您值得我为您效劳,我做得还很不够呢。

埃米尔 我打算和您私下谈一件事情,我很高兴现在没有人窥伺我们。

答尔丢夫 我也很高兴,太太,能够单独和您会面;在我,这的确是件甜美的事。这种机会我已向上天请求过多次,可是在这以前上帝还没赏给我过。

埃米尔 我所希望的就是要您说一句出自肺腑,丝毫没有隐藏的话[③]。

答尔丢夫 这可是上天特殊的恩典,我也只想把我整个心灵呈献在您眼前,我想对您发誓,让您知道我对那些倾慕您的美貌而到这里来的客人,虽然散布了种种谣言,我对您可并没有丝毫恶意;却多半是由于一种热诚的冲动,完全是种……

埃米尔 我也知道是如此,并且相信您操这份心原是为我好。

答尔丢夫 (握住她的手指尖)是的,太太,这是毫无疑义的,我的热诚已到了这样的地步……

埃米尔 哎哟!您握得太紧了。

答尔丢夫 这没有别的缘故,只是因为我热烈得太过分了,我绝没有一点点握疼您手的意思。(把手放在埃米尔膝上)

埃米尔 您这只手要干什么?

答尔丢夫 我摸摸您的衣服,这料子多么绵软!

埃米尔 别动手,我是最怕痒的。(将座椅退后,答尔丢夫将椅移近)

答尔丢夫 (摸摸埃米尔的帽子)天啊!这花边可真细致,时下的手工活真可说是巧夺天

---

③ 达米斯此时推开一点门,偷听他们的谈话。

工，从来没见过比这做得更好的。

埃米尔 没错。不过还是先谈谈咱们的事吧。有人说我的丈夫要悔婚，打算把他女儿许配给您。告诉我，这是不是真事？

答尔丢夫 他倒是对我提过几句，不过，太太，老实说，那不是我所追求的幸福，我所衷心希望的美妙的神奇幸福却在别处。

埃米尔 这是因为世俗的事物，您是什么也不爱的。

答尔丢夫 我胸膛里面关着的并不是一颗铁石的心。

埃米尔 在我看来，我总以为您是一心一意想着天上的事情，在这人世间，没有任何东西值得您留恋。

答尔丢夫 我们对永恒之美所产生的爱并没有窒息我们对世俗之美所产生的爱；上帝手创的完美作品，我们的官能是很容易被它迷惑住的。从上帝身上反映过来的美，本来就在你们女人身上发着异彩，可是上帝又把他老人家稀有的珍品都陈列在您一人身上：他把那迷人眼、动人心的美，都放在您的脸庞上面，所以我一看见您这绝色美人，就禁不住要赞美手创天地的万物之主，并且面对着一幅上帝拿自己做蓝本画出来的最美的像，我的心不觉就产生了一种炽烈的情爱。最初我很怕这种秘密的爱恋是魔鬼的一种巧计，我因此把您当作了我永生幸福的一种障碍，心里甚至还决意要躲避您美丽的眼睛。不过到后来，可爱的美人呀！我才明白这种爱情原可以不算作罪恶的，我很可以使它和圣洁配合在一起的，于是我就任凭我的心沉溺在爱河里了。我承认，胆敢把这颗心贡献给您，这是异常冒昧的行为；不过我的一切希望都全凭您的慈悲善心，至于我个人，原是那样一个废物，尽管努力也是枉然，我根本就没指望单凭自己会发生什么效力，我的希望、我的幸福、我的安慰全都寄托在您的身上；我能享福或是受罪，全都取决于您，只凭您一句话，您愿意我享福，我就能享福，您要我受罪，我就会受罪。

埃米尔 这一番话确是多情；不过，说真的，却有点令人惊奇。我以为您应该使您的心更坚强一些，对于这样一个计划似乎还欠一点思索。像您这样一个虔诚的教徒，到处大家都称为……

答尔丢夫 哎哟！尽管是虔徒，我总是个人呀，一看见您这天仙般的美人，这颗心可就再也把持不住，什么理智也没有了。我知道由我口里说出这样的话来，未免有点奇怪，然而，太太，我毕竟不是天神，倘若您以为我不应该对您表示爱情，那么您只能怪您自己那种撩人的丰姿。自从我看见您那光彩夺目、人间少有的美貌，您便成为我整个心灵的主宰；您那美丽眼光包含着的无法形容的温柔，击退了我内心顽强的抵抗；禁食、祷告、眼泪，任什么也抵挡不住这种温柔，我的全部心愿都转移在您的美貌多姿上面。我的眼色、我的叹息已经把这种情形向您暗示过一千次，现在为表示得更清楚一些，我再用嘴来对您明说，倘若您肯用一种稍微和善一点的心情来体贴体贴您这不肖奴才的忧伤烦恼，倘若您肯大发慈悲来安慰我一下，屈尊俯就我这卑微低贱的人，那么，甜美的宝贝呀！我对您的虔诚一定是举世无匹的虔诚。再说跟我相好，您的名誉是不会有任何危险的，也不必怕我这方面会有什么忘恩负义的举动。那些妇人们所热恋的显贵群里的风流男子，他们的行动是浮躁的，言语是轻狂的，我们看见他们总是喋喋不休地在那里互相夸耀他们情场里的得意勾当，他们到手的便宜没有一桩不是他们自己宣扬出去的，你们相信他们，可是他们那张不守秘密的嘴必定使接受他们爱情的人名誉扫地。可是像我们这种人，内心燃烧着的爱情火焰是从不乱说乱道的；和我们来往，秘密靠得住永远不会泄露。我们必须顾全我们自己的名誉，所以被爱的那方面就可以完全高枕无忧；这样，接受了我们这颗心，就可以说是得到了不会惹出任何笑话的爱情与丝毫没有后患的快乐。

埃米尔 您说的话我都听见了。您这番妙词妙语把对我的心灵要说的话已经相当有力地表白清楚了。可是您就一点不怕我会把您这份热烈的情意告诉我丈夫吗？您不怕真要把您这种爱情老老实实地告诉了他，会损坏他对您的友谊吗？

答尔丢夫 我知道您是最仁慈不过的人，您一定会宽恕我这样胆大妄为；我的爱情那种强烈的激动固然冒犯了您，但您会想到人是多么软弱而原谅我的，并且您只要自己看一看您的美貌，您就会想到谁也不是瞎子，一个人原是肉做的。

埃米尔 别人遇到这种事也许会换个样子对待，不过我愿意替您保守秘密，我决定不把这件事说给我丈夫听，不过有一件事我也要您替我办到，我要您老老实实，丝毫不许从中捣鬼，促成瓦莱尔和玛丽亚娜的婚事，我要您不再利用这种不公正的权力，不再拿别人的幸福来满足您自己的心愿，并且……

第四场

[达米斯(奥尔贡的儿子)，埃米尔，答尔丢夫。]

达米斯 (从他隐藏在里面的小房走出)不成，不成，母亲，这个事非宣扬出去不可。我早就在这里呢，我全听见了。仁慈的上帝仿佛是有意把我安排在这里，好让我来压一压这个害苦我的坏蛋的狂妄气焰；好让我父亲醒悟过来，让他看清楚方才同您谈情的这个恶棍究竟藏着什么坏心，这是替我对他那种假仁假义、狂妄蛮横开辟了一条报仇的道路。

埃米尔 不，达米斯，只要他以后肯老实一点儿，能不辜负我今天对他的大恩就够了。我既已答应他了，您就不要让我食言了。我的脾气是不愿声张的。遇到这种混账事，一个女人只能一笑置之，不能因为这个吵得丈夫耳根不得清静。

达米斯 您有您的理由这样办，可我也有我的理由不这样办，这回要把他放过，真是太笑话了。我这口怨气被他假虔诚的狂妄气焰压制得太厉害了；我们家已被他搅得乱七八糟。这奸徒辖制我父亲，破坏我的和瓦莱尔的亲事，日子也太长久了。我父亲这回该明白这个坏蛋的为人了。上帝竟赐给我这样一个简便的法子。我感激上帝赐给我这个机会。这么凑巧的机会可不能轻易放过，眼下已经抓在手里还不去利用它，那就只配上帝重新把它收回去了。

埃米尔 达米斯……

达米斯 不，对不起，我必须按照自己的主张办。现在我心里真痛快极了……不管您怎么说都没用，都不能让我放过这个报仇的快乐。并且用不着多说，我这就去结束这件事；您看，这回可该我称心如意了。

第五场

[奥尔贡，达米斯，答尔丢失，埃米尔。]

达米斯 爸爸，您来得正好，这儿刚刚发生一件大事，让我说出来饱饱您的耳福，您会十分惊奇的。您好心待人这回可得着好报了，这位先生正拿着一份厚礼报答您的美意。他对您的忠诚方才全盘显露出来了，他倒没做别的，只是要糟蹋糟蹋您的名誉。他正在这儿当面侮辱您的太太，向她表示那种罪恶滔天的爱情，当场被我捉住。她的脾气一向是温和的，又不爱多说话，所以一心要保守秘密，可是我不能纵容这样卑鄙无耻的行为。我以为要把这事隐瞒起来不告诉您，便是对您不够敬重。

埃米尔 我是这样想的，我认为我们绝不应当拿这种无谓的空话来搅得一个做丈夫的不得安宁；名誉的好坏原不在这上头，只要我们能够自爱也就够了。我的意思就是如此，达米斯，如果您眼里还有我的话,就什么都不会说出来了。

第六场

[奥尔贡,达米斯,答尔丢失。]

奥尔贡 哦!老天爷呀;我刚才听见的这番话能叫人相信吗?

答尔丢夫 老兄,是的,我是一个坏人、一个罪人、一个不讲信义、对不起上帝的可怜的罪人、一个世上从未见过的穷凶极恶的人;我一生的每一时刻都载满了污秽,我的一生只不过是一堆罪恶与垃圾;我也看出来了,上帝原要处罚我,所以借着这个机会来磨炼我一下,因此无论人们怎样责备我,说我犯了多大的罪恶,我决不敢自傲到替自己辩护。您尽管相信他们对您说的话好了,您尽管发怒吧!您尽可以把我当作一名罪犯,把我撵出您的大门,因为我应该忍受的羞辱多着呢,受这么一点儿,原不算什么。

奥尔贡 (向他的儿子)嗳,你这坏蛋,你竟敢捏造出这种谣言来败坏他道德纯洁的声名。

达米斯 怎么?这个伪善心灵假装出来的温良竟使您否认这个事实?

奥尔贡 住口,你这可恶的瘟神。

答尔丢夫 唉!别拦他,让他说下去吧!您错怪他了,您最好还是相信他所说的话吧。既然已有了这样的事实,您为什么还这样庇护我呢?其实,您又怎能知道我会干出些什么事来!单单凭信我的外表了吗?您真是只根据我的表面,就以为我比任何人都好吗?不,不,您是让表象给蒙蔽了;我,我恰恰不是您所想象的那样一个人;大家都拿我当作一个好人,其实,我是个一文不值的人。(向达米斯)我的好孩子,您尽管说吧!您尽管拿我当作阴险、无耻、灭绝理性的人,拿我当作强盗、当作杀人凶犯;再找出一些比这还丑恶的字眼来加在我身上吧!我决不反驳,这正是我理所应得的;我愿意跪在地下忍受这种耻辱,当作我这一生一世所犯罪恶应得的一场羞辱报应来领受。

奥尔贡 (向答尔丢夫)老弟,这太过分了。(向他的儿子)你还不服气吗?你这个坏种?

达米斯 什么?他这番话竟把您迷惑到这一步,竟至于……

奥尔贡 住口,你这无赖的恶棍。(向答尔丢夫)老弟,不要见怪,快起来吧!(向他的儿子)不要脸的东西!

达米斯 他能……

奥尔贡 闭嘴!

达米斯 真气死我了,怎么?我……

奥尔贡 你再多说一个字,我就打断你的胳膊。

答尔丢夫 老兄,看在上帝面上,千万别动气。我宁愿忍受最残酷的刑罚,也不愿您的儿子因为我而受到一点点皮肤上的损伤。

奥尔贡 你这忘恩负义的东西。

答尔丢夫 随他去吧!如果要我双膝跪在地下替他求饶的话……

奥尔贡 (向答尔丢夫)唉!您这叫什么话呀?(向他的儿子)混蛋!你看看他的大仁大义!

达米斯 那么……

奥尔贡 不许再闹!

达米斯 什么?我……

奥尔贡 不许再闹,听见了没有?我知道你为什么总要攻击他,就因为你们大家全恨他,我今天才知道我的太太、孩子、仆人全在反对他,全都厚着脸皮想尽一切方法要把这位伟大的虔徒从我家里撵出去。不过你们大家越用尽心思要把他撵走，我就越一心一意地要把他留住；并且我马上就把我的女儿嫁给他，煞一煞我全家人的狂妄气焰。

达米斯 您想强迫我妹妹嫁他？

奥尔贡 是的，坏蛋，并且就在今天晚上，就为让你气个半疯。唉！我得跟你们大家斗一斗，让你们知道我的话是必须服从的，我是这里的一家之主。喂！你们赶快回头吧，你，你这无赖，赶快跪在他的面前，向他告饶。

达米斯 叫谁跪？叫我？让我来央求这个混账东西，他仗了他的招摇撞骗……

奥尔贡 混蛋，你敢反抗我的命令，你敢骂他？（向答尔丢失）给我一根棍子，一根棍子！谁也别拦我。（向他的儿子）马上给我滚出去，休想再回来。

达米斯 好！我走，不过……

奥尔贡 快滚开，你这混蛋！我不但要剥夺你继承我遗产的权利，还要狠狠地诅咒你。

（赵少侯译）

【赏析】

《伪君子》的通行本是五幕。作者用前两幕的篇幅构建戏剧情境和渲染氛围，到第三幕即本选段主人公答尔丢夫才正式出场。

第三幕以答尔丢夫调戏奥尔贡的妻子埃米尔为中心事件，围绕此展开了剧中主要几个主人公的性格冲突与交锋。这一幕共分七场。第一场：因奥尔贡拟把女儿许给答尔丢夫一事，奥尔贡的儿子达米斯怒不可遏，要找答尔丢夫算账，被女仆桃丽娜劝阻；第二场：桃丽娜与答尔丢夫的一场小小的遭遇战；第三场：埃米尔找答尔丢夫劝阻婚娶玛丽亚娜事，反遭答尔丢夫调戏；第四场：达米斯冲出来，要把真相告知父亲，答尔丢夫全然不惧；第五场：达米斯要向奥尔贡告发，埃米尔劝阻无效；第六场：当着奥尔贡的面，达米斯揭发答尔丢夫时，答尔丢夫巧言令色，居上风；第七场：奥尔贡将儿子赶出家门，决定将全部财产交给答尔丢夫继承。七场戏包含着本剧的第一个高潮和第一个突转，同时，又为下面第四幕中的高潮做了铺垫。第三幕以达米斯的鲁莽始，以达米斯的失败终，首尾呼应，结构紧凑，跌宕有致，笑料迭出，情趣盎然。

作品情节紧凑严整，体现了古典主义“三一律”的戏剧创作风格。

【思考与讨论】

1. 答尔丢夫的主要性格特征是什么？你在生活中或其他文学作品中是否也看到过类似的人物或行为？说说他们的共同点。

2. 建议课下改编并排练教材中的戏剧作品，在课堂上进行观摩表演。

约翰·沃尔夫冈·歌德

约翰·沃尔夫冈·歌德(Johann Wolfgang Goethe,1749—1832),德国伟大的诗人、小说家、剧作家,是德国启蒙主义文学的代表人物。他一生跨两个世纪,是18世纪中叶到19世纪初期德国和欧洲最重要的作家。歌德出生在法兰克福一个中产阶级家庭。受到很好的教育,曾先后在莱比锡大学和斯特拉斯堡大学学法律。年轻时与一批富有叛逆精神的年轻作家交往,掀起了德国文学史上影响深远的"狂飙突进"运动。1774年发表书信体小说《少年维特之烦恼》,使他声名大噪。1775—1786年,他为改良现实社会,应聘到魏玛公国做官,但一事无成,他不但没战胜德国市民的鄙俗气,"相反,倒是鄙俗气战胜了他"(马克思)。于是,1786年6月他前往意大利,专心研究自然科学,从事绘画和文学创作。1788年回到魏玛后只任剧院监督,政治上倾向保守,艺术上追求和谐、宁静的古典美。1794年与席勒交往后,随着欧洲民主、民族运动的高涨和空想社会主义思想的传播,他的思想和创作也随之出现了新的飞跃,完成了《浮士德》等代表作。1832年3月22日,歌德在魏玛逝世。

浮士德[①](节选)

宫中宽广的前庭

火炬照耀

靡非斯陀(站在前面任监工)
上前,上前!进来,进来!
你们这些死鬼幽灵,摇摇摆摆,
是用筋骨和韧带,
联缀起来的残缺形骸!

死灵们(合唱)
我们才听到一半召唤,
立即赶来供你驱遣;
大约有广大的土地,
等待我们前来料理。

---

① 《浮士德》:《浮士德》是歌德的代表作,是他毕生思想和艺术探索的结晶,歌德前后共花了约60年的时间,在逝世前一年才最后完成。这部长达12111行的诗剧以德国民间传说为题材。浮士德是德国传说中的著名人物。相传可能是占星师或巫师,他为了换取知识而将灵魂出卖给了魔鬼。许多文学、音乐、歌剧或电影都以这个故事为蓝本加以改编。在歌德的《浮士德》中,浮士德为了寻求新生活,和魔鬼靡非斯陀签约,把自己的灵魂抵押给魔鬼,而魔鬼要满足浮士德的一切要求。如果有一天浮士德认为自己得到了满足,那么他的灵魂就将归魔鬼所有。于是魔鬼使用魔法,让浮士德有了一番奇特的经历:他尝过了爱情的欢乐和辛酸,他在封建宫廷中看到了王朝的腐败,他对古典美的追求宣告破灭,最后他决心把目光转向现实,准备填海创业,拓建一个人间乐园。在改造自然的事业中,他预想未来的自由,感到一种慰藉和满足,就在浮士德沉醉在对美好未来的憧憬中时,他不由自主地说,你真美呀,请你暂停!于是魔鬼将要收去他的灵魂,就在这时,上帝派天使赶来,天使挽救了浮士德的灵魂,引他升入天堂。《浮士德》分为两部,第一部25场,不分幕;第二部为五幕,27场。本文选自第二部第五幕第五场"宫中宽广的前庭"。

尖头木桩已经停当，
长长链条可供丈量；
为啥召唤我们前来，
我们已经把它忘怀。

靡非斯陀
这儿用不着过费周章；
只需把本身当作度量：
最长的一个顺着躺在地上，
其余的四周破土相帮！
就像埋葬咱们的祖先那样
要挖出一个墓穴的长方！
从宫殿来到这狭隘的幽圹，
到头来只落得这愚蠢的下场。

死灵们（用嘲弄的表情掘穴）
年轻时乐生又求爱，
甜蜜的味儿时在怀，
每逢寻欢取乐地，
我的脚板跑得快。

哪知年岁不容情，
拐杖劈头打下来；
一跤摔在墓门前，
墓门恰巧大张开！

浮士德（从宫中出来，摸索门柱）
铁锹声多么使我心旷神怡！
这是那些群众在为我服役，
他们保护陆地不使倾圮，
对汹涌的波涛加以限制，
用紧密的长带将大海围起。

靡非斯陀（旁白）
你筑起塘堰和堤防，
无非是为他人作嫁衣裳；
因为你为海神纳普东
已经准备好盛宴一场。
总而言之，你们已经完蛋；——

四大元素和我们连在一边，
一切终归要烟消云散。

浮士德
监工！

靡非斯陀
有！

浮士德
尽可能用各种方法，
征募一批又一批的工人，
宽猛相济，恩威并行；
给以报酬、引诱甚而强逼！
我每天都要得到消息：
开掘的壕沟延长到哪里。

靡非斯陀（压低声音）
据我接到的消息说：
没有挖壕沟而是在掘坟墓。

浮士德
有一片泥沼延展在山麓，
使所有的成就蒙垢受污；
目前再排泄这块污潴，
将是最终和最高的任务②。
我为千百万人开疆辟土，
虽然还不安定，却可以自由活动而居住。
原野青葱，土壤膏腴！
人畜立即在崭新的土地上各得其趣。
勇敢勤劳的人筑成那座丘陵，
向旁边移植就可以接壤比邻！
这里边是一片人间乐园，
外边纵有海涛冲击陆地的边缘，
并不断侵蚀和毁坏堤岸，
只要人民同心协力即可把缺口填满。
不错！我对这种思想拳拳服膺，

② 最终和最高的任务：浮士德为宫廷服务，陶醉在古典美的世界中，转到向大海争地，开辟荒滩，为千百万人的安居乐业而奋斗，这确是一个非常巨大的跃进。

这是智慧的最后结论：
人必须每天每日去争取生活与自由，
才配有自由与生活的享受③！
所以在这儿不断出现危险，
使少壮老都过着有为之年。
我愿看见人群熙来攘往，
自由的人民生活在自由的土地上！
我对这一瞬间可以说：
你真美呀，请你暂停！
我有生之年留下的痕迹，
将历千百载而不致湮没无闻——
现在我怀着崇高幸福的预感④，
享受这至高无上的瞬间。
（浮士德向后倒下，死灵们将他扶起，放在地上。）

靡非斯陀

没有快乐使他称心，没有幸福令他满足，
他不断追求变换不停的东西；
连这晦气而又空虚的最后瞬间，
这个可怜人也想紧握在手里。
他一直顽强地对我抗拒，
可是时间占了上风，老翁倒毙在地。
时钟停止——

合唱

停止！像深夜一般寂静。
指针下落——

靡非斯陀

下落！大功圆满告成⑤。

合唱

事情过去了。

靡非斯陀

③ 才配有自由与生活的享受：这是浮士德、也是歌德的生活经验的总结，表现出一定的战斗唯物主义的精神。

④ 崇高幸福的预感：只是预感，而非现实的感觉，所以根据契约，魔鬼在赌赛中还是输了，但是理想远远地跑在现实的前头，所以造成了悲剧。

⑤ 下落！大功圆满告成：《约翰福音》第十九章第三十节："耶稣……就说：成了。便低下头，将灵魂交付上帝了。"靡非斯陀引用此句，意为他自己的诱惑工作已经完成了。

过去了！这是一句蠢话。
为什么说过去？
过去和全无，完全是一样东西！
永恒的造化何补于我们？
不过是把创造之物又向虚无投进。
“事情过去了”！这意味着什么？
这就等于从来未曾有过，
又似乎有，翻来覆去兜着圈子，
我所爱的却是永恒的空虚。

（董问樵译）

【赏析】

诗剧中的浮士德一生经历了五种追求：知识追求，爱情追求，政治追求，美的追求，事业追求。“事业追求”是作品的高潮，第二部第五幕第五场“宫中宽广的前庭”即选自这一部分。此时浮士德已经历了精神生活的前四个发展阶段。浮士德在靡非斯陀的帮助下，为帝国平定了一场内乱，因为“勤王”有功，皇帝赐给他海边一处土地。他在这里动员人民，修筑堤坝，开拓疆土。在年迈目盲的情况下，浮士德终于得到了智慧的最后的答案：“人必须每天每日去争取生活与自由，才配有自由与生活的享受！……我愿看见人群煦来攘往，自由的人民生活在自由的土地上！”浮士德毕生追求的理想实现了，情不自禁地说了一句：“你真美呀，请你暂停！”按照契约的规定，他的生命也就结束了。浮士德为了这个理想的实现，甘愿把生命和灵魂献出，即使永被打入地狱，万劫不复，也不悔恨。魔鬼以为胜利了。然而，浮士德死后却被天使引入天堂。全剧最后在宗教气氛中结束。诗剧的结局与序幕遥相呼应，“人类有为”的哲学命题得到印证。浮士德所追求的社会理想，也正是歌德本人毕生梦寐以求的社会理想的真实反映。毕生追求的理想终于实现，他在事业上得到了满足。

《浮士德》是歌德最重要的作品，它与《荷马史诗》、《神曲》、《哈姆莱特》并列为欧洲文学四大名著。《浮士德》是歌德在六十年漫长岁月里对欧洲和德国现实生活进行不断探索的思想总结和艺术概括。他根据浮士德的民间故事成功地塑造了浮士德和魔鬼靡非斯陀的形象，展现了一部资本主义上升时期资产阶级精神生活的发展史，总结了文艺复兴到19世纪初300年来德国和欧洲资产阶级先进知识分子思想探索的全部历程。整部作品围绕浮士德对自我生命意义和人类理想的紧张探索与追求以找寻新的精神信仰和信念支撑。浮士德是文艺复兴以来数百年间资产阶级人道主义者、启蒙思想家的象征，是作者所寄托的这种求索精神的典型体现。他一生不断追求，积极探索、奋斗，这种精神使他能够从错误中吸取教训，不断前进，最后达到了个性的完善。这种精神，正如同我们民族传统中的“天行健，君子以自强不息”，这是一种对自我永不满足、不断进取的精神，这种精神反映了人们不断要求突破自我、力争上游的愿望，人们把它概括为“浮士德精神”。

【思考与讨论】

1. 你怎样理解“浮士德精神”？
2. 魔鬼靡非斯陀的形象有何积极价值？

珀西·比希·雪莱

珀西·比希·雪莱(Percy Bysshe Shelley,1792—1822),英国浪漫主义诗人。1792 年生于苏萨科斯郡一个贵族家庭,1810 年入牛津大学学习,第二年因发表《无神论的必然性》小册子被牛津大学开除,不久到都柏林参加爱尔兰人民的民族独立运动。1813 年发表第一部长诗《麦布女王》,抨击封建制度的专横无道和英国资本主义剥削制度,反映劳动人民的悲惨境遇,引起了英国资产阶级的仇视,1818 年被迫侨居意大利。1818 年发表长诗《伊斯兰的起义》,借用东方的故事歌颂资产阶级革命,抨击欧洲反动的封建势力。1819 年完成诗剧《解放了的普罗米修斯》,诗剧采用古代神话题材,表达了反抗专制统治的斗争必将获胜的信念和空想社会主义的理想。同年完成的诗体悲剧《钦契一家》取材于意大利的历史故事,表达了反抗暴君的思想,是雪莱最具创造性的作品之一。雪莱还创作了《致英国人民》、《1819 年的英国》、《暴政的假面游行》等政治抒情诗,强烈谴责封建统治集团的罪行,号召人民为自由而斗争。雪莱在《云》、《致云雀》、《西风颂》等抒情诗中,通过描写自然景象寄托自己的思想感情,作品想象丰富,音韵和谐,节奏明快,在英国诗歌史上占有重要地位。恩格斯称他是"天才预言家"。雪莱在 1822 年 7 月驾小艇旅行途中,偶遇风暴,溺水于斯佩齐亚海湾,时年 30 岁。

致云雀

你好啊,欢乐的精灵！你似乎从不是飞禽,
从天堂或天堂的邻近,以酣畅淋漓的乐音,
不事雕琢的艺术,倾吐你的衷心。

向上,再向高处飞翔,从地面你一跃而上,
像一片烈火的轻云,掠过蔚蓝的天心,
永远歌唱着飞翔,飞翔着歌唱。

地平线下的太阳,放射出金色的电光,
晴空里霞蔚云蒸,你沐浴着明光飞行,
似不具形体的喜悦刚开始迅疾的远征。

淡淡的紫色黎明,在你航程周围消融,
像昼夜里的星星,虽然不见形影,
却可以听得清你那欢乐的强音——

那犀利无比的乐音,似银色星光的利箭,
它那强烈的明灯,在晨曦中暗淡,
直到难以分辨,却能感觉到就在空间。

整个大地和大气,响彻你婉转的歌喉,

仿佛在荒凉的黑夜，从一片孤云背后，
明月射出光芒，清辉洋溢宇宙。

我们不知，你是什么，什么和你最为相似？
从霓虹似的彩霞也降不下这样美的雨，
能和当你出现时降下的乐曲甘霖相比。

像一位诗人，隐身在思想的明辉之中，
吟诵着即兴的诗韵，直到普天下的同情，
都被未曾留意过的希望和忧虑唤醒。

像一位高贵的少女，居住在深宫的楼台，
在寂寞难言的时刻，排遣她为爱所苦的情怀，
甜美有如爱情的歌曲，溢出闺阁之外。

像一只金色的萤火虫，在凝露的深山幽谷，
不显露它的行踪，把晶莹的流光传播，
在遮断我们视线的芳草鲜花丛中。

像一朵让自己的绿叶阴蔽着的玫瑰，
遭受到热风的摧残，直到它的芳菲
以过浓的香甜使鲁莽的飞贼沉醉。

晶莹闪烁的草地，春霖洒落的声息，
雨后苏醒的花瓣，称得上明朗，欢悦，
清新的一切，都不及你的音乐。

飞禽或是精灵，有什么甜美的思绪在你心头？
我从没有听到过爱情或是醇酒的颂歌，
能够迸涌出这样神圣的极乐音流。

赞婚的合唱也罢，凯旋的欢歌也罢，
和你的乐曲相比，不过是空洞的浮夸，
人们可以觉察，其中总有着贫乏。

什么样的物象或事件，是你欢乐乐曲的源泉？
什么田野、波涛、山峦？什么空中陆上的形态？
是你对同类的爱，还是对痛苦的绝缘？

有你明澈强烈的欢快，倦怠永不会出现，

烦恼的阴影从来近不得你的身边，
你爱，却从不知晓过分充满爱的悲哀。

是醒来或是睡去，你对死的理解一定比
我们凡人梦想到的更加深刻真切，否则
你的乐曲音流，怎能像液态的水晶涌泻？

我们瞻前顾后，为了不存在的事物自扰，
我们最真挚的笑，也交织着某种苦恼，
我们最美的音乐是最能倾诉哀思的曲调。

可是，即使我们能摈弃憎恨、傲慢和恐惧，
即使我们生来不会抛洒一滴眼泪，
我也不知，怎能接近于你的欢愉。

比一切欢乐的音律更加甜蜜美妙，
比一切书中的宝库更加丰盛富饶，
这就是鄙弃尘土的你啊，你的艺术技巧。

教给我一半，你的心必定熟知的欢欣，
和谐、炽热的激情就会流出我的双唇，
全世界就会像此刻的我——侧耳倾听。

（江枫译）

【赏析】

《致云雀》是雪莱抒情诗中的不朽杰作之一。据雪莱夫人回忆，这首诗是1820年夏季一个黄昏，雪莱在莱杭郊野散步时听到云雀鸣叫有感而作。雪莱以独特的艺术构思生动地描绘云雀的同时，也以饱满的激情写出了他自己的精神境界、美学理想和艺术抱负。

诗中，诗人运用浪漫主义的手法，热情地赞颂了云雀。在诗人的笔下，云雀是欢乐、光明、美丽的象征。诗人运用比喻、类比、设问的方式，对云雀加以描绘：他把云雀比作诗人，比作深闺中的少女，比作萤火虫，使云雀美丽的形象生动地展现在读者的面前。诗人把云雀的歌声同春雨、婚礼上的合唱、胜利的歌声相比，突出云雀歌声所具有的巨大力量。诗歌节奏短促、轻快、流畅、激昂，节与节之间环环相扣，层层推进，极具艺术感染力。

显然，诗中的云雀形象，并不纯然是自然界中的云雀，而是诗人的理想自我形象或诗人理想的形象载体。《致云雀》全诗无一处不写云雀，同时，无一处不有雪莱的自我，是诗人理想化的自我写照。诗人和云雀在许多方面都很相似：都追求光明，蔑视地面，都向往理想的世界。所不同的只是诗人痛苦地感到了理想与现实间的巨大差距，而这个差距对云雀是不存在的。从诗的整个调子中可以看出，雪莱虽感到理想遥远的痛苦，仍以不断飞升的积极情调去超越感伤。诗歌在艺术表现上很见功力，文字洗练，节奏感强，风格清丽明快，而且文章气势雄浑磅礴、大开大阖而又圆融内敛。诗歌充满活力和锐气，有一种前进的力量。

雪莱十分重视艺术的社会意义，认为艺术的创造是根据正义和美的原则来促进生活的改造。诗人渲染高尚的情操，是为了引起读者普遍的激动；抒写对于美德的渴望，是为了唤醒人们对于卑劣欲念不能相容的强烈感情。他说：“一首伟大的诗，是永远泛溢着智慧与快感之流的不竭源泉。”《致云雀》几乎体现和容纳了雪莱诗论的全部要点。

《致云雀》是一首崇高的诗，理解《致云雀》可以成为理解雪莱其人其诗的一把金钥匙。

【思考与讨论】

在充分理解全诗的基础上，感情充沛地朗诵《致云雀》；在朗诵中，体会诗中崇高的、乐观向上的精神。

裴多菲·山陀尔

裴多菲·山陀尔(Petogfi Sandor,1823—1849),匈牙利著名诗人,匈牙利民族文学的奠基人。出生于一个贫穷的屠户家庭,曾做过演员,当过兵。1844 年从故乡来到首都布达佩斯,担任报社助理编辑。1846 年创办文艺刊物《生活场景》。1848 年参加民主革命的起义,为匈牙利从奥地利的统治下得到解放而英勇奋战,次年 7 月在同俄奥联军的战斗中献出了自己的生命,年仅 26 岁。裴多菲善于以诗歌来抨击封建专制,歌颂为争取自由而斗争的匈牙利人民,反映他们对幸福生活与爱情的努力追求,其创作突破了贵族文学的陈套,在匈牙利文学史上占有重要的地位。他的许多诗作至今还作为民歌流传于匈牙利民间。

我愿意是急流

我愿意是急流,
是山里的小河,
在崎岖的路上、
岩石上经过……
只要我的爱人
是一条小鱼,
在我的浪花中
快乐地游来游去。

我愿意是荒林,
在河流的两岸,
面对一阵阵的狂风,
勇敢地作战……
只要我的爱人
是一只小鸟,
在我的稠密的
树枝间做窠鸣叫。

我愿意是废墟,
在峻峭的山岩上,
这静默的毁灭
并不使我懊丧……
只要我的爱人
是青青的常春藤,
沿着我荒凉的额,
亲密地攀缘上升。

我愿意是草屋，
在深深的山谷底，
草屋的顶上
饱受风雨的打击……
只要我的爱人
是可爱的火焰，
在我的炉子里，
愉快地缓缓闪现。

我愿意是云朵，
是灰色的破旗，
在广漠的空中，
懒懒地飘来荡去，
只要我的爱人
是珊瑚似的夕阳，
傍着我苍白的脸，
显出鲜艳的辉煌。

1847年6月，索伦塔
（孙用译）

【赏析】

这首诗是裴多菲后期革命加爱情诗歌的典范之作，标志着他革命与爱情皆不能抛的恋爱观的确立，表达了诗人对那种建立在革命基础上的热烈爱情的执着追求。

作品以热烈奔放的真挚情感抒发了对“我的爱人”的恋情。全诗共分为五个自然段落，分别用五组意象来比喻和对应“我”和“我的爱人”的爱情关系：“急流”与“小鱼”、“荒林”与“小鸟”、“废墟”与“常春藤”、“草屋”与“火焰”、“云朵”与“夕阳”。从这五组意象的对比中，我们可以触摸到诗人两种不同情感的表达：在前两组中是凸显“我”的伟岸高大的形象；而“我的爱人”却只是在“浪花中”愉快遨游的“一条小鱼”，一只“在我的稠密的树枝间做窠鸣叫”的依人“小鸟”，是一个依附者、依恋者的形象。而在后三组意象中，作者却笔锋一转，以悲剧的情调抒写了“我”的“毁灭”、“创伤”和“破碎”，而“我的爱人”却犹如“常春藤”、“火焰”、“珊瑚似的夕阳”那样充满着勃勃生机与熊熊热情，无疑，这又是突出了“我的爱人”的伟大精神力量。从中，我们看到了诗人希望爱情平等，并在为革命事业的奋斗中相互支持、相互鼓励的观念。

这是一首爱情诗，但其中不乏隐喻诗人革命激情和献身精神的地方，正是这种激情和精神，才触发了裴多菲最后走上了为保卫祖国而战的疆场，并最终为之牺牲。这首诗除了意象的对比关系运用得当外，更重要的是全诗以激情表达所形成的内在气韵贯穿始终。

【思考与讨论】

1. 找出诗歌中你欣赏的意象词句，并说出欣赏的理由。

2. 你认为此诗中的“常春藤”和舒婷诗歌《致橡树》中的“木棉”有区别吗？同样是爱情诗，由于身份和思想角度不同，诗作者的爱情观不尽相同，你更喜欢哪一种爱情呢？

马克・吐温

马克・吐温(Mark Twain,1835—1910),美国著名作家,美国批判现实主义文学的奠基人。真实姓名是萨缪尔・兰亨・克莱门,"马克・吐温"是他的笔名,其意为密西西比河水手使用的表示在航道上所测水深的术语。马克・吐温曾做过密西西比河的领航员、矿工及新闻记者工作。他一生写了大量作品,题材涉及小说、剧本、散文、诗歌等各方面。从内容上说,他的作品批判了不合理的社会现象和人性的丑恶之处,表达了强烈的正义感和对普通人民的关心;从风格上说,前期的作品以幽默、辛辣的讽刺见长,后期则更为犀利激烈。马克・吐温被誉为"美国文学史上的林肯"。

给青年的忠告

听说期望我来谈谈,我便询问应该发表什么样的谈话。他们说应当宜于青年的话题——教诲性的、启发性的话题,或者实质上是良言忠告之类的话题。好吧。关于开导青年人,我心里倒是有几件事时常想说的;因为正是在人幼小时,这些事最适合扎根,而且最持久、最有价值。那么,首先呢,我要对你们、我的年轻朋友们说的是——我恳切地、迫切地要说的是——

永远服从你们的父母,只要他们在堂的时候。长远看来这是上策,因为你们要是不服从的话,他们也非要你们服从。大多数家长认为比你们懂得多,一般说来你们迁就那种迷信的话,比起你们根据自以为是的判断行事,你们会建树大些。

对待上司要尊重,要是你们有了上司;对待陌生人,有时还有别人,也要尊重。如果有人得罪了你们,你们要犹豫一番,看看是存心的还是无意的,不要采取极端的做法;只要看好机会用砖块打他一下,那就足够了。如果你们发现他并非故意冒犯,那就坦然走出来,承认自己打他不对;像个男子汉认个错,说声不是故意的。况且,永远要避免动武;处于这个仁慈和睦的时代,此类举动的年代已经过去了。"炸药"留给卑下而无教养的人吧。

早睡早起——这是聪明的。有的权威讲,跟着太阳起床;还有的讲,跟着这样东西起床,又有的讲,跟着那样东西起床。其实跟着云雀起床才是再好不过的。这样你就落个好名声,人人都知道你跟着云雀起床;如果弄到一只那种适当的云雀,在它身上花些功夫,你就很容易把它调教到九点半起来,每次都是——这可绝不是欺人之谈。

接着来谈谈说谎的问题。你们可要非常谨慎地对待说谎,否则十有八九会被揭穿。一旦揭穿,在善良和纯洁的眼光看来,你就再也不可能是过去的你了。多少年轻人,因为一次拙劣难圆的谎言,那是由于不完整的教育而导致的轻率的结果,使得自己永远蒙受损害。有些权威认为,年轻人根本不该说谎。当然,这种说法言之过甚,其实未必如此;不过,虽然我可不能把话讲得太过分,我却认定而且相信自己看法正确,那就是,在实践和经验使人获得信心、文雅、严谨之前,年轻人运用这门了不起的艺术时要有分寸,只有这三点才能使得说谎的本领无伤大雅,带来好处。耐性、勤奋、细致入微——这些是必要素质;这些素质日久天长便会使学生变得完善起来;凭借这些,只有凭借这些,他才可能为将来的出类拔萃打下稳固的基础。试想一下,要付出多么漫长的岁月,通过学习、思考、实践、经验,那位盖世无双的前辈大师才具有如此的素养,他迫使全世界接受了"真理是强大的而且终将取胜"这句崇高而掷地有声的格言——这是关于事实的复杂层面道出的最豪迈的话,迄今任何出自娘胎的人都未获得。因为我们人类的历史，还有每个个人的经验，都深深地埋下了这样的证据：一个真理不难扼杀，一个说得巧妙的谎言则历久不衰。波士顿有座发现麻醉法的人的纪念碑，许多人到后来才明白，那个人根本没有发现麻醉法，而是剽窃了另一个人的发现。这个真理强大吗？它终将取胜吗？唉，错哉，听众们，纪念碑是用坚硬材料建造的，而它所晓示的谎言却将比它持久百万年。一个笨拙脆弱而有破绽的谎言是你们应该不断学会避免的东西；诸如此类的谎言比起一个普通事实来，绝不具有更加真实的永恒性。嗨，你们倒不如既讲真话又和真理打交道。一个脆弱愚蠢而又荒谬的谎言持续不了两年——除非是对什么人物的诽谤。当然，那种谎言是牢不可破的，不过那可不是你们的光彩。最后说一句：早些开始实践这门优雅美妙的艺术——从现在做起。要是我早些做起，我就能学会门道了。

切莫随便摆弄枪支。年轻人无知而又冒失地摆弄枪支，造成了多少悲伤痛苦。就在四天前，就在我度夏的农庄住家的隔壁人家，一位祖母，年老花发一团和气，当地最可爱的一个人物，坐着在干活，这时她的小孙儿悄悄进屋，取下一把破烂生锈的旧枪，多年无人碰过，以为没装子弹，把枪对准了她，哈哈笑了吓唬着要开枪。她惊骇得边跑边叫边求饶，朝屋子对面的门口过去；可是经过身边的时候，小孙儿几乎把枪贴在她的胸口上，扣动了扳机！他以为枪里没有子弹。他猜对了——没装子弹。所以没有造成什么伤害。这是我听到的同类情况中绝无仅有的。因此呢，同样的，你们可不要乱动没装子弹的旧枪支；它们是人所创造的最致命的每发必中的家伙。你们不必在这些东西上花什么功夫；你们不必搞个枪架，你们不必在枪上装什么准星，你们连瞄准都没有必要。算了，你们就挑个相似的东西，砰砰打个几枪，你肯定能打中。三刻钟内用加特林机枪在三十码处不能击中一个教堂的年轻人，却可以站在百码开外，举起一把空膛的旧火枪，趟趟把祖母当靶子击倒。再试想一下，倘若有一支旧火枪武装起来的童子军，大概没有装上子弹，而另一支部队是由他们的女亲戚组成的，那么滑铁卢战役会是什么结局。只要一想到此，就会令人不寒而栗。

图书有许多种类，但好书才是年轻人该读的一类。记住这一点。好书是一种伟大、无价、无言的完善自我的工具。因此，要小心选择，年轻的朋友们，罗伯逊的《布道书》，巴克斯特的《圣者的安息》、《去国外的傻瓜》，以及这一类的作品，你们应该只读这些书。

我可是说得不少了。我希望大家会铭记我给你们的言教，让它成为你们脚下的指南和悟性的明灯。用心刻苦地根据这些规矩培养自己的品格，天长日久，培养好了品格，你们将会惊喜地看到，这种品格多么准确而鲜明地类似其他每个人的品格。

（杨自伍译）

【赏析】

马克·吐温无心借发布“忠告”来做青年的所谓“导师”。他讨厌假正经，更讨厌以势压人，所以故作惊人之言，通过反语，一声棒喝，既是讽刺社会恶相，也是警醒青年不要相信那些貌似庄严的训诫，而是要洞察世事真相，保持自己的主见。因此，文章名为“忠告”实为“正话反说”，即将那些批评性的、讽刺性的反向话语、意思，用一种一本正经、堂而皇之的方式说出来，幽默爽朗而富于哲理，讽刺夸张而不失分寸，淋漓尽致地体现马克·吐温招牌式的幽默风格。

【思考与讨论】

马克·吐温的作品以幽默、讽刺见长。试结合《给青年的忠告》一文加以分析。

泰戈尔

泰戈尔(Tagore,1861—1941),印度近代文学的奠基人,享誉世界的著名诗人、作家、艺术家和社会活动家。泰戈尔生于加尔各答市一个有深厚文化教养的贵族家庭,属于婆罗门种姓。13岁即能创作长诗和颂歌体诗集。曾赴英国学习文学和音乐,十余次周游列国,与罗曼·罗兰、爱因斯坦等大批世界名人多有交往,毕生致力于东西方文明的交流和协调。泰戈尔创作了《吉檀迦利》等50多部诗集,被称为"诗圣"。1913年获诺贝尔文学奖,成为第一位获得诺贝尔文学奖的亚洲人。他的诗中含有深刻的宗教和哲学见解。泰戈尔是中国人民的密友,曾于1924年访问中国。其诗风对中国现代文学产生过重大影响,启迪了郭沫若、徐志摩、冰心等中国作家。他以博大仁慈的胸怀,独具魅力的人格,赢得了无数中国读者的敬仰。

散文诗三首

新月集·家庭

我独自在横跨过田地的路上走着,夕阳像一个守财奴似的,正藏起它的最后的金子。

白昼更加深沉地投入黑暗之中,那已经收割了的孤寂的田地,默默地躺在那里。

天空里突然升起了一个男孩子的尖锐的歌声。他穿过看不见的黑暗,留下他的歌声的辙痕跨过黄昏的静谧。

他的乡村的家坐落在荒凉的边上,在甘蔗田的后面,躲藏在香蕉树、瘦长的槟榔树、椰子树和深绿色的贾克果树的阴影里。

我在星光下独自走着的路上停留了一会,我看见黑沉沉的大地展开在我的面前,用她的手臂拥抱着无量数的家庭,在那些家庭里有着摇篮和床铺,母亲们的心和夜晚的灯,还有年轻的生命,他们满心欢乐,却浑然不知这样的欢乐对于世界的价值。

(郑振铎译)

园丁集(节选)

我在路边行走,也不知道为什么,
时已过午,竹枝在风中簌簌作响。
横斜的影子伸臂拖住流光的双足。
布谷鸟都唱倦了,
我在路边行走,也不知道为什么。

低垂的树荫盖住水边的茅屋。
有人正忙着工作,她的钏镯在一角放出乐音。
我在茅屋前面站着,我不知道为什么。

曲径穿过一片芥菜田地和几层芒果树林。

它经过村庙和渡头的市集。
我在这茅屋面前停住了,我不知道为什么。

好几年前,三月风吹的一天,春天倦慵地低语,芒果花落在地上。
浪花跳起掠过立在渡头阶沿上的铜瓶。
我想着三月风吹的这一天,我不知道为什么。

阴影更深,牛群归栏。
冷落的牧场上日色苍茫,村人在河边待渡。
我缓步回去,我不知道为什么。

(冰心译)

爱者之贻(节选)

2

我爱,到我的花园里漫步吧。穿过扑来眼底的热情的繁花,不去管她们的殷勤。只为突发的欣喜像惊奇夕阳的灿丽,你且暂停一下脚步,然后飘然逸去。

爱的赠礼是羞怯的,它从不肯说出自己的名字;它轻快地掠过幽暗,沿途散下一阵喜悦的震颤。追上它抓住它,否则就永远失去了它。然而,能够紧握在手中的爱的赠礼,也不过是一朵娇弱的小花,或是一丝光焰摇曳不定的灯光。

41

姑娘们去河边汲水,树林中传来她们的笑声;我渴望和姑娘们一道儿,走在通向河边的小路上;那里羊群在树荫下吃草,松鼠从阳光下轻捷地掠过落叶,跳进阴影里。

但是,我已经做完一天应做的事情,我的水罐已经灌满,我伫立在门外,凝望着闪光滴翠的槟榔树叶,聆听着河畔汲水姑娘的欢笑。

日复一日,在露洗过一般清新的清晨,在暮色苍茫慵倦的黄昏,担负起去取回满罐水的任务,始终是我最喜爱、最珍视的享受。

当我意兴阑珊、心情烦乱的时候,那满罐汩汩作声的清水温柔地拍抚着我;它也曾伴随着我欢乐的思绪、无声的笑颜一起欢笑;当我伤心的时候,它泪水盈盈,呜咽地向我倾诉心曲;我也曾在风狂雨骤的日子,抱着它走在路上,哗哗的雨声淹没了鸽子焦心的哀鸣。

我已经做完一天应做的事情,我的水罐已经灌满,西方的斜晖已经暗淡,树下的阴影已经更深更重;从开满黄花的亚麻田中传来一声长叹,我的不安的眼睛了望着村中通向河水深黑的河岸的蜿蜒小路。

(石真译)

【赏析】

泰戈尔作品中最有价值的就是他的散文诗。他的散文诗,没有高深莫测的玄机,也不刻意于宏伟的构制或气势,或小巧玲珑,或灿烂恢弘,他的文笔质朴而绚丽,像高邈的天空,像恒河的波影,深邃而细腻。

泰戈尔的作品,鲜明地折射出他追求至爱的精神理想。他用自己对生活的热爱,巧妙地隐去了一些苦难与黑暗,而将所剩的光明与微笑毫无保留地献给了读者。他对爱的思索,涵盖了多个方面,包括青年男女间纯真的爱情、母亲对孩子永存的母爱、人与自然间难以言喻的爱……在泰戈尔眼中，世界需要爱，人生更需要爱。在另一方面，泰戈尔捕捉了大量关于自然界的灵感。他将自然界的一切拟人化。他让天空和大海对话，让鸟儿和云对话，让花儿和太阳对话……在诗人的眼中，世界是人性化的，自然也是人性化的，万物都有它们自己的生长与思考；在他的作品中，充满了热爱生命的气息。

泰戈尔的文学创作显然受到了他的哲学思想的影响。他的哲学继承了印度古代宗教的元素，这也使他的诗歌带有一些宗教的神秘气息。在印度的古哲学中，"梵"是宇宙万物的统一体，是人类和谐的最高象征。泰戈尔的生命中浸透了这种哲学的意念。但泰戈尔并未把这种意念引入来世或天庭，却把眼光投向世界，追寻"梵我合一"的境界。那是充满生命力的、洋溢着欢乐的、点燃着光明的、倾心于爱恋的大千世界。泰戈尔用他的哲学和精神世界，给后人以智慧和启迪。当人类一步步朝向更现代化、更文明、更和谐的社会发展时，我们和泰戈尔是越来越近了。

【思考与讨论】

你是否相信"万物有灵"？是否注意到自然界似乎有一种隐约而美丽的生命力？比如风行水上，自然成文；比如翠竹得风，天然而笑？请记录这些美丽的瞬间，它们是这纷繁尘世中的神光。

约翰·高尔斯华绥

约翰·高尔斯华绥(John Galsworthy,1867—1933),英国著名现实主义作家。出生于律师家庭,牛津大学法律专业毕业,后放弃律师工作从事文学创作。高尔斯华绥对劳苦大众的苦难有深切的同情,对上层社会的丑恶有深刻的揭露,他的作品有力地批判了资产阶级物质文明给社会带来的罪恶,体现了一个知识分子的良知。他的最重要的作品是以长篇小说《有产业的人》为开端的一批连续小说,即《福尔赛世家》三部曲、《现代喜剧》三部曲、《尾声》三部曲等。1932 年,高尔斯华绥“因其描述的卓越艺术——这种艺术在《福尔赛世家》中达到高峰”而获得诺贝尔文学奖。

品　质

我很年轻时就认识他了,因为他承做我父亲的靴子。他和他哥哥合开一爿店,店房有两间打通的铺面,开设在一条横街上——这条街现在已经不存在了,但是在那时,它却是坐落在伦敦西区的一条新式街道。

那座店房有某种朴素安静的特色,门面上没有注明任何为王室服务的标记,只有包含他自己日耳曼姓氏的“格斯拉兄弟”的招牌①;橱窗里陈列着几双靴子。我还记得,要想说明橱窗里那些靴子为什么老不更换,我总觉得很为难,因为他只承做订货,并不出售现成靴子;要说那些都是他做得不合脚而被退回来的靴子,那似乎是不可想象的。是不是他买了那些靴子来做摆设的呢?这好像也不可思议。把那些不是亲手做的皮靴陈列在自己的店里,他是决不能容忍的。而且,那几双靴子太美观了——有一双轻跳舞靴,细长到非言语所能形容的地步;那双带布口的漆皮靴,叫人看了舍不得离开;还有那双褐色长筒马靴,闪着怪异的黑而亮的光辉,虽然是簇新的,看来好像已经穿过一百年了。只有亲眼看过靴子灵魂的人才能做出那样的靴子——这些靴子体现了各种靴子的本质,确实是模范品。我当然在后来才有这种想法,不过,在我大约十四那年,我够格跟他定做成年人靴子的时候,对他们两兄弟的品格就有了模糊的印象。因为从那时起一直到现在,我总觉得,做靴子,特别是做像他所做的靴子,简直是神妙的工艺。

我清楚地记得:有一天,我把幼小的脚伸到他跟前时,羞怯地问道:

“格斯拉先生,做靴子是不是很难的事呢?”

他回答说:“这是一种手艺。”从他的含讽带刺的红胡根上,突然露出了一丝微笑。

他本人有点儿像皮革制成的人:脸庞黄皱皱的,头发和胡子是微红和鬈曲的,双颊和嘴角间斜挂着一些整齐的皱纹,话音很单调,喉音很重;因为皮革是一种死板板的物品,本来就有点僵硬和迟钝。这正是他的面孔的特征,只有他的蓝灰眼睛含蓄着朴实严肃的风度,好像在迷恋着理想。他哥哥虽然由于勤苦在各方面都显得更瘦弱、更苍白,但是他们两兄弟却很相像,所以我在早年有时候要等到跟他们定好靴子的时候,才能确定他们到底谁是谁。后来我搞清楚了:如果没有说“我要问问我的兄弟”,那就是他本人;如果说了这句话,那就是他哥哥了。

一个人年纪大了而又荒唐起来以至于赊账的时候,不知怎么的,他决不赊格斯拉兄弟俩的账。如果有人拖欠他几双——比如说——两双以上靴子的价款,竟心安理得地确信自己还是

① 日耳曼:北欧的古代民族,近代德意志、奥地利、卢森堡、荷兰、英吉利、瑞典、丹麦、挪威等族的祖先。

他的主顾，所以走进他的店铺，把自己的脚伸到那蓝色铁架眼镜底下，那就未免有点儿太不应该了。

人们不可能时常到他那里去，因为他所做的靴子非常经穿，一时穿不坏的——他好像把靴子的本质缝到靴子里去了。

人们走进他的店堂，不会像走进一般店铺那样怀着“请把我要买的东西拿来，让我走吧”的心情，而是心平气和地像走进教堂那样。来客坐在那张仅有的木椅上等候，因为他的店堂里从来没有人的。过了一会儿，可以看到他的或他哥哥的面孔从店堂里二楼楼梯口往下边张望——楼梯口是黑洞洞的，同时透出沁人脾胃的皮革气味。随后就可以听到一阵喉音，以及趿拉着木皮拖鞋踏在窄狭木楼梯的踢踏声；他终于站在来客的面前，上身没有穿外衣，背有点儿弯，腰间围着皮围裙，袖子往上卷起，眼睛眨动着——像刚从靴子梦中惊醒过来，或者说，像一只在日光中受了惊动因而感到不安的猫头鹰。

于是我就说：“你好吗，格斯拉先生？你可以给我做一双俄国皮靴吗？”

他会一声不响地离开我，退回到原来的地方去，或者到店堂的另一边去；这时，我就继续坐在木椅上休息，欣赏皮革的香味。不久后，他回来了，细瘦多筋的手里拿着一张黄褐色皮革。他眼睛盯着皮革对我说：“多么美的一张皮啊！”等我也赞美一番以后，他就继续说：“你什么时候要？”我回答说：“啊！你什么时候方便，我就什么时候要。”于是他就说：“半个月以后，好不好？”如果答话的是他的哥哥，他就说：“我要问问我的弟弟。”

然后，我会含糊地说：“谢谢你，再见吧，格斯拉先生。”他一边说“再见”，一边继续注视手里的皮革。我向门口走去的时候，就又听到他的趿拉着木皮拖鞋的踢踏声把他送回到楼上做他的靴子的梦了。但是假如我要定做的是他还没有替我做过的新式样靴子，那他一定要照手续办事了——叫我脱下靴子，把靴子老拿在手里，以立刻变得又批评又爱抚的眼光注视着靴子，好像在回想他创造这双靴子时所付出的热情，好像在责备我竟这样穿坏了他的杰作。以后，他就把我的脚放在一张纸上，用铅笔在外沿上搔上两三次，跟着用他的敏感的手指来回地摸我的脚趾，想摸出我要求的要点。

有一天，我有机会跟他谈了一件事，我忘不了那一天。我对他说：“格斯拉先生，你晓得吗，上一双在城里散步的靴子咯吱咯吱地响了。”

他看了我一下，没有做声，好像在盼望我撤回或重新考虑我的话，然后他说：

“那双靴子不该咯吱咯吱地响呀。”

“对不起，它响了。”

“你是不是在靴子还经穿的时候把它弄湿了呢？”

“我想没有吧。”

他听了这句话以后，蹙蹙眉头，好像在搜寻对那双靴子的回忆；我提起了这件严重的事情，真觉得难过。

“把靴子送回来！”他说，“我想看一看。”

由于我的咯吱咯吱响的靴子，我内心里涌起了一阵怜悯的感情；我完全可以想象到他埋头细看那双靴子时的历久不停的悲伤心情。

“有些靴子，”他慢慢地说，“做好的时候就是坏的。如果我不能把它修好，就不收你这双靴子的工钱。”

有一次（也只有这一次），我穿着那双因为急需才在一家大公司买的靴子，漫不经心地走进他的店铺。他接受了我的订货，但没有皮革给我看；我可以意识到他的眼睛在细看我脚上的次等皮革。他最后说：

“那不是我做的靴子。”

他的语调里没有愤怒，也没有悲哀，连鄙视的情绪也没有，不过那里面却隐藏着可以冰冻血液的潜在因素。为了讲究时髦，我的左脚上的靴子有一处使人很不舒服；他把手伸下去，用一个手指在那块地方压了一下。

“这里痛吧，”他说，“这些大公司真不顾体面。可耻！”跟着，他心里好像有点儿沉不住气了，所以说了一连串的挖苦话。我听到他议论他的职业上的情况和艰难，这是惟一的一次。

“他们把一切垄断了，”他说，“他们利用广告而不靠工作把一切垄断去了。我们热爱靴子，但是他们抢去了我们的生意。事到如今——我们很快就要失业了。生意一年年地清淡下去——过后你会明白的。”我看看他满是褶皱的面孔，看到了我以前未曾注意到的东西：惨痛的东西和惨痛的奋斗——他的红胡子好像突然添上好多花白须毛了！

我尽一切可能向他说明我买这双倒霉靴子时的情况。但是他的面孔和声调使我获得很深刻的印象，结果在以后几分钟里，我定了许多靴子。这下可糟了！这些靴子比以前的格外经穿。差不多穿了两年，我也没想起要到他那里去一趟。

后来，我再去他那里的时候，我很惊奇地发现：他的店铺外边的两个橱窗中的一个漆上了另外一个人的名字——也是个靴匠的名字，当然是为王室服务的啦。那几双常见的旧靴子已经失去了孤高的气派，挤缩在单独的橱窗里了。在里面，现在已缩成了一小间，店堂的楼梯井口比以前更黑暗、更充满着皮革气味。我也比平时等了更长的时间，才看到一张面孔向下边窥视，随后才有一阵趿拉着木皮拖鞋的踢踏声。最后，他站在我的面前；他透过那副生了锈的铁架眼镜注视着我说：

“你是不是——先生？”

“啊！格斯拉先生！”我结结巴巴地说：“你要晓得，你的靴子实在太结实了！看，这双还很像样的呢！”我把脚向他伸过去。他看了看这双靴子。

“是的，”他说，“人好像不要结实靴子了。”

为了避开他的带责备的眼光和语调，我赶紧接着说：“你的店铺怎么啦？”

他安静地回答说：“开销太大了。你要做靴子吗？”

虽然我只需两双，我却向他定做了三双；我很快就离开了那里。我有一种难以描述的感觉，以为他的心里把我看成对他存坏意的一分子；也许不一定跟他本人作对，而是跟他的靴子理想作对。我想，人们是不喜欢那样的感觉的；因为过了好几个月以后，我又到他的店铺里去；我记得，我去看他的时候，心里有这样的感觉：“呵！怎么啦，我撇不开这位老人——所以我就去了！也许会看到他的哥哥呢！”

因为我晓得，他哥哥很老实，甚至在暗地里也不至于责备我。

我的心安下了，在店堂出现的正是他的哥哥，他正在整理一张皮革。

“啊！格斯拉先生，”我说，“你好吗？”

他走近我的跟前，盯着看我。

“我过得很好，”他慢慢地说，“但是我哥哥死掉了。”

我这才看出来，我所遇到的原来是他本人。但是多么苍老，多么消瘦啊！我以前从没听他提到他的哥哥。我吃了一惊，所以喃喃地说：“啊！我为你难过！”

“的确，”他回答说，“他是个好人，他会做好靴子；但是他死掉了。”他摸摸头顶，我猜想，他好像要表明他哥哥死的原因；他的头发突然变得像他的可怜哥哥的头发一样稀薄了。“他失掉了另外一间铺面，心里老是想不开。你要做靴子吗？”他把手里的皮革举起来说，“这是一张美丽的皮革。”

我定做了几双靴子。过了很久，靴子才送到——但是这几双靴子比以前的更结实，简直穿不坏。不久以后，我到国外去了一趟。

过了一年多，我才又回到伦敦。我所去的第一个店铺就是我的老朋友的店铺。我离去时，他是个六十岁的人，我回来时，他仿佛已经七十五岁了，显得衰老、瘦弱，不断地发抖，这一次，他起先真的不认识我了。

“啊！格斯拉先生，”我说，心里有些烦闷，“你做的靴子好极啦！看，我在国外时差不多一直穿着这双靴子的；连一半也没有穿坏呀，是不是？”

他细看我这双俄国皮靴，看了很久，脸上似乎恢复了镇静的气色。他把手放在我的靴面上说：

“这里还合脚吗？我记得，费了很大劲才把这双靴子做好。”

我向他确切地说明：那双靴子非常合脚。

“你要做靴子吗？”他说，“我很快就可以做好；现在我的生意很清淡。”

我回答说：“劳神，劳神！我急需靴子——每种靴子都要！”

“我可以做时新的式样。你的脚恐怕长大了吧。”他非常迟缓地照我的脚形画了样子，又摸摸我的脚趾，只有一次抬头看着我说：

“我哥哥死掉了，我告诉过你没有？”

他变得衰老极了，看了实在叫人难过；我真高兴离开他。

我对这几双靴子并不存什么指望，但有一天晚上靴子送到了。我打开包裹，把四双靴子排成一排；然后，一双一双地试穿这几双靴子。一点问题也没有。不论在式样或尺寸上，在加工或皮革质量上，这些靴子都是他给我做过的最好的靴子。在那双城里散步穿的靴口里，我发现了他的账单。单上所开的价钱与过去的完全一样，但我吓了一跳。他从来没有在四季结账日以前把账单开来的。我飞快地跑下楼去，填好一张支票，而且马上亲自把支票寄了出去。

一个星期以后，我走过那条小街，我想该进去向他说明：他替我做的新靴子是如何的合脚。但是当我走近他的店铺所在地时，我发现他的姓氏不见了。橱窗里照样陈列着细长的轻跳舞靴、带布口的漆皮靴，以及漆亮的长筒马靴。

我走了进去，心里很不舒服。在那两间门面的店堂里——现在两间门面又合二为一了——只有一个长着英国人面貌的年轻人。

“格斯拉先生在店里吗？”我问道。

他诧异地同时讨好地看了我一眼。

“不在，先生，”他说，“不在。但是我们可以很乐意地为你服务。”我们已经把这个店铺过户过来了。毫无疑问，你已经看到隔壁门上的名字了吧。我们替上等人做靴子。”

“是的，是的，”我说，“但是格斯拉先生呢？”

“啊！”他回答说，“死掉了！”

“死掉了？但是上星期三我才收到他给我做的靴子呀！”

“啊！”他说，“真是怪事。可怜的老头儿是饿死的。”

“慈悲的上帝啊！”

“慢性饥饿，医生是这样说的！你要晓得，他是这样去做活的！他想把店铺撑下去；但是除了自己以外，他不让任何人碰他的靴子。他接了一份订货后，要费好长时间去做它。顾客可不愿等待呀。结果，他失去了所有的顾客。他老坐在那里，只管做呀做呀——我愿意代他说句话——在伦敦，没有一个人可以做出比他更好的皮革，而且还要亲自做。好啦，这就是他的下场。照他的想法，你对他能有什么指望呢？”

“但是饿死——”

“这样说，也许有点儿夸张——但是我自己知道，他从早到晚坐在那里做靴子，一直做到最后的时刻。你知道，我往往在旁边看着他。他从不让自己有吃饭的时间；店里从来不存一个便士。所有的钱都用在房租和皮革上了。他怎么能活得这么久，我也莫名其妙。他经常断炊。他是个怪人。但是他做了顶好的靴子。”

“是的，”我说，“他做了顶好的靴子。”

1911 年

（沈长钺译）

【赏析】

本文是作者短篇小说的代表作。作品通过对鞋匠格斯拉的故事叙述，批判了资本主义经济在高速发展的过程中（大机器生产替代了原始的手工业生产）悖离人性的弊病；歌颂了执著的格斯拉兄弟优秀的品质——诚信、质朴和认真的为人处世态度。然而，就是这种高尚的品质也在资本主义生产方式的碾压下逐渐消逝，随着格斯拉兄弟“悲剧的诞生”，作者慨叹的是做出“靴子的灵魂的人”在这个人世间竟没有了立足之地。

本文用第一人称“我”的叙述视角来观察人和事，便于抒情议论，亦有亲近感，是早期小说的主要创作手法。作品注重细节描写，尤其是对人物肖像和行状的描写更是精心设计。作品描写几次见到格斯拉的情形，似乎相同，其实深藏匠心：用近似重复的手法强化主人公的高尚品质，使其像浮雕凸出于石面一样深印在读者的头脑之中，并对最后主人公的悲剧命运起到了强劲的铺垫反衬作用。

小说最震撼人心的地方当是结尾：当“我”最后一次来到物是人非的店堂时，得知格斯拉竟然是“饿死”的；当那个年轻人在娓娓叙述格斯拉的怪异时，最后只说了一句“他做了顶好的靴子”便戛然而止。然而这“饿死”与“顶好的靴子”一碰撞，就不能不令人深思：如此美好的人品和事物，究竟为什么会落得如此悲惨的结局？这悲剧是偶然的还是必然的？——能引发读者进行如此深入的思考，也正是小说的最大成功之处。

人在苦难中还能保持高尚的品质是最可贵的真善美境界；而能让真善美不断继承和发扬光大的社会才是真正美好的社会。

【思考与讨论】

1. 格斯拉是个怪人吗？他的行为不符合历史的潮流，作者为什么歌颂他的品质？谈谈你对格斯拉这个人物的看法。

2. “我”为什么要做那么多经穿的靴子？从而可以看出作者什么样的人文价值立场？

3. 你认为格斯拉的悲剧是怎样造成的？应当怎样看待这样的悲剧？

威廉·巴特勒·叶芝

威廉·巴特勒·叶芝(William Butler Yeats,1865—1939),爱尔兰著名诗人、剧作家和散文家。曾在都柏林大都会美术学院学习绘画,1887年开始专门从事诗歌创作,1923年"以其高度艺术化且洋溢着灵感的诗作表达了整个民族的灵魂"而获得诺贝尔文学奖。叶芝一生创作丰富,诗风独特,汲取浪漫主义和唯美主义的抒情而不流于铺张,融合现代派的新颖和奇幻而不失之晦涩,被视为英语诗从传统到现代过渡的缩影。艾略特曾誉之为"20世纪最伟大的英语诗人"。

当你老了

当你老了,头白了,睡意昏沉,
炉火旁打盹,请取下这部诗歌,
慢慢读,回想你过去眼神的柔和,
回想它们昔日浓重的阴影;

多少人爱你青春欢畅的时辰,
爱慕你的美丽,假意或真心,
只有一个人爱你那朝圣者的灵魂,
爱你衰老了的脸上痛苦的皱纹;

垂下头来,在红光闪耀的炉子旁,
凄然地轻轻诉说那爱情的消逝,
在头顶的山上它缓缓踱着步子,
在一群星星中间隐藏着脸庞。

(袁可嘉译)

【赏析】

这是一首情诗,写给诗人终身追求的一位女性——茅德·冈。她是位才华超众的演员,但一直投身于爱尔兰争取民族自治运动,并成为这场运动的领导人之一。1889年,叶芝第一次见到茅德·冈,就被她深深吸引,但她拒绝了叶芝的爱情。然而,叶芝始终把她当作理想的化身,并写了许多优美的诗篇。此诗写于茅德·冈嫁给一爱尔兰军官少校的那一年。

诗人没有直接抒写当时痛苦的感受,而是将时间推移到几十年以后,想象自己的恋人衰老时的情景。这种构思并非是作者的独创,16世纪的法国诗人龙萨也写过一首类似的作品,诗人或许受到了龙萨的启发,用同样的方式演绎了自己的感情。诗中,诗人设想恋人的晚年生活情景。当一切成为往事,"你"年华老去,头发花白,睡思昏沉,而我依然如年轻时为你歌唱。在诗人的喃喃诉说中,爱情从未远逝,它依然在"缓缓踱着步子",在群星中"隐藏着脸庞"。诗人的爱向着纯净的崇高境界不断升华,升华到无限的空间中,成为一种永恒。

这首爱情诗是独特的,其独特来自诗人独特而真挚的情感,诗里没有华丽的辞藻,朴素平淡的文字背后却潜藏着磅礴的情感。叶芝把生命、尊严、青春、爱情连同衰老、死亡一同糅进远古与现代的时空背景下对视，读起来使人产生一种久远、广阔的时空苍旷感。痛苦使思想升华，诗人以“枯萎而进入真理”的唯美品格和自觉的生命体验，抒写出超越时空的爱，表现出穿透岁月的成熟魅力，感人至深。

【思考与讨论】

1. “炉火”这个意象在诗中第一节和最后一节两次出现，这个意象有什么特殊含义？

2. 将叶芝的《当你老了》与法国诗人龙萨的《当你衰老之时》进行比较。同样是以爱情为主题、同样是设想恋人衰老时的情景，《当你老了》又有什么独特魅力呢？

弗朗茨·卡夫卡

弗朗茨·卡夫卡(Franz Kafka,1883—1924),生活于奥匈帝国统治下的捷克小说家。出生犹太商人家庭,18岁入布拉格大学学习文学和法律,1904年开始写作,主要作品为4部短篇小说集和3部长篇小说。可惜生前大多未发表,3部长篇也均未写完。卡夫卡是欧洲著名的表现主义作家,西方现代主义文学的宗师。他生活在奥匈帝国即将崩溃的时代,又深受尼采、柏格森哲学影响,对政治事件也一直抱旁观态度,故其作品大都用变形荒诞的形象和象征直觉的手法,表现被充满敌意的社会环境所包围的孤立、绝望的个人。卡夫卡的文笔明净而想象奇诡,常采用寓言体,背后的寓意人言人殊,暂无定论,令二十世纪各个写作流派纷纷追认其为先驱。

在法的门前①

法的门前站着一个守门人。一个从乡下来的人走到这个守门人跟前,请求让他进法的门里去。可是,守门人说,现在不能让他进去。乡下人想了一想,然后又问道,那么以后可不可以让他进去。“有可能,”守门人说,“但现在不行。”因为通向法的大门始终是敞开着的,守门人又走到一边去了,乡下人便弯腰探身,往门里张望。守门人发现他这样做,笑着说:“如果你很想进去,那就不妨试试,暂且不管我是否许可。不过你得注意:我是有权的。我只是一个最低级的守门人。从一个大厅到另一个大厅都有守门人,而且一个比一个更有权。就是那第三个守门人的模样,我甚至都不敢正视一眼。”

乡下人没有料到会有这么多的困难;他本来想,法的大门应该是每个人随时都可以通过的,但是,他现在仔细地看了一眼穿着皮大衣的守门人,看着他那又大又尖的鼻子和又长又稀又黑的鞑靼胡子,他便决定,还是等一等,得到允许后再进去。守门人给了他一个小矮凳,让他在门旁坐下。他就这样,长年累月地坐在那里等着。他做了多次尝试,请求让他进去,守门人也被弄得厌烦不堪。守门人时不时地也和他简短地聊上几句,问问他家里的情况和其他一些事情,不过,提问题的口气是非常冷漠的,就好像那些大人物提问一样;临到最后,他总是对他说,现在还不能放他进去。乡下人为这次旅行随身带了许多东西;为了能买通守门人,他把所有的东西都送掉了,这总还是非常值得的。守门人虽然把礼物都收下了,但每次总是说:“我收下来,只是为了免得让你认为,还有什么事情办得不周。”

在这漫长的年月里,乡下人几乎一刻不停地观察着这个守门人。他忘记了还有其他的守门人,似乎这第一个守门人就是他进入法的大门的唯一障碍。最初几年,他还大声地咒骂自己的不幸遭遇,后来,他渐渐老了,只能独自嘟嘟囔囔几句。他变得稚气起来了,因为对守门人的长年观察,甚至对守门人皮领子上的跳蚤都熟识了,他也请求跳蚤来帮助他,说服守门人改变主意。最后,他的视力变弱了,他不知道,是否他的周围世界真的变得暗下来了,或者只是他的眼睛在欺骗他。可是,就在这黑暗中,他却看到一束从法的大门里射出来的永不熄灭的光线。现在他的生命就要完结了。

在临死之前,这么多年的所有体验都涌在他的头脑里,汇集成一个迄今为止他还没有向守

① 小说写于1914年,最初发表于1916年,后收入长篇小说《审判》中,成为其中最精彩的一节。

门人提出过的问题。他招呼守门人过来，因为他那僵硬的身体再也站立不起来了。守门人不得不把身子俯得很低才能听到他说话，因为这两个人的高度差别太大显得对乡下人非常不利。“你现在还想知道些什么？”守门人问，“你这个人真不知足。”“所有的人都在努力到达法的跟前，”乡下人说，“可是，为什么这许多年来，除了我以外没有人要求进去呢？”守门人看出，这乡下人快要死了，为了让他那渐渐消失的听觉还能听清楚，便在他耳边大声吼道：“这道门没有其他人能进得去，因为它是专为你而开的。我现在要去把它关上了。”

【赏析】

大门敞开着，却又有守门人；守门人答应放他进去，又一直不肯放行；乡下人最终没有进去，而门又是专门为他开的。人建立门的目的，既是让人进出，而与此同时，人建立门的目的也是为了不让人进出。门，既可以打开，欢迎你的到来；又可以关闭，拒绝你的进入。这篇小说虽然充满了悖论，寓意含混，但却含混得清清楚楚；它如此深刻，又如此完整，以至于可以做出各种不同的解释，同时又根本不能再做任何解释。也就是说，解释是可能的，但绝对的解释却是不可能的；接受是必须的，而理解却并不是绝对的。

这篇文字虽然写的是“法”，但绝不仅仅是一篇关于法律的小说。卡夫卡是一个用形象思维创作的作家，他的作品中充满了各种象征和隐喻。卡夫卡笔下的“法门”，其含义一定是多方面的、复杂甚至矛盾的。这里既包含现实意义，也有文化、民族以及宗教的意义。因此，“法门”是一切之门，既是物质之门，又是精神之门。

【思考与讨论】

1. 小说中的门究竟有何象征性意义？
2. 卡夫卡为什么突出门的悖谬性？
3. 这篇小说对于理解我们的现实生活有什么价值和意义？

奥尔多·利奥波德

奥尔多·利奥波德(Aldo Leopold,1887—1948),美国著名学者、生态学家、思想家。生于爱荷华州伯灵顿。1909年获耶鲁大学林学专业硕士学位,进入联邦林业局任职。1933年成为威斯康星大学农业系教授。利奥波德长期从事林学研究和狩猎管理工作,是近现代研究环境伦理的重要学人,被称为美国环境伦理的播种者、美国野生生物管理之父。其学说新颖警醒,颇具振聋发聩之效,在全世界有较大的影响。利奥波德著有专著三部和五百多篇文章,其中《沙乡年鉴》于他去世后出版,是他最知名的著作。作品记录了作者对自然界中各种生命之间彼此折射辉映的亲知和体悟,文笔优美,思想深邃。被誉为"绿色圣经"。

像山那样思考[①]

一声深沉的、骄傲的嗥叫,从一个山崖回响到另一个山崖,荡漾在山谷中,渐渐地消失在漆黑的夜色里。这是一种不驯服的、对抗性的悲哀,和对世界上一切苦难蔑视情感的迸发。

每一种活的东西(大概还有很多死了的东西),都会留意这声呼唤。对鹿来说,它是死亡的警告;对松林来说,它是半夜里在雪地上混战和流血的预言;对郊狼来说,是就要来临的拾遗的允诺[②];对牧牛人来说,是银行里赤字的坏兆头[③];对猎人来说,是狼牙抵制弹丸的挑战。然而,在这些明显的、直接的希望和恐惧之后,还隐藏着更加深刻的涵义,这个涵义只有这座山自己才知道。只有这座山长久地存在,从而能够客观地去听取一只狼的嗥叫。

不过,那些不能辨别其隐藏的涵义的人也都知道这声呼唤的存在,因为在所有有狼的地区都能感到它,而且,正是它把有狼的地方与其他地方区别开来。它使那些在夜里听到狼叫、白天去察看狼的足迹的人毛骨悚然。即使看不到狼的踪迹,也听不到它的声音,它也是暗含在许多小小的事件中的;深夜里一匹驮马的嘶鸣,滚动的岩石的嘎啦声,逃跑的鹿的砰砰声,云杉下道路的荫影。只有不堪教育的初学者[④]才感觉不到狼的存在,和认识不到山对狼有一种秘密的看法这一事实。

我自己对这一点的认识,是自我看见一只狼死去的那一天开始的。当时我们正在一个高高的峭壁上吃午饭。峭壁下面,一条湍急的河蜿蜒流过。我们看见一只雌鹿——当时我们是这样认为——正在涉过这条急流,它的胸部淹没在白色的水中。当它爬上岸朝向我们,并摇晃它的尾巴时,我们才发现我们错了:这是一只狼。另外还有六只显然是正在发育的小狼也从柳树丛中跑了出来,它们喜气洋洋地摇尾巴,嬉戏搅在一起。它们确确实实是一群就在我们的峭壁之下的空地上蠕动和互相碰撞的狼。

在那些年代里,我们从未听说过会放过打死一只狼的机会那种事。在一秒钟之内,我们就把枪弹上了膛,而且兴奋的程度高于准确;怎样往一个陡峭的山坡下瞄准,总是不大清楚的。

---

① 本文是作者的《沙乡年鉴》中收录的一则随笔。

② 拾遗的允诺:据吴美真译本(书名为《沙郡岁月》),此句译为"对郊狼而言,那是一种有残肉可食的应许",语义更明确。

③ 坏兆头:牧牛人,指牧场主而言。牧场主向银行贷款经营牧场,一旦牛羊被狼群咬食,则难以还清贷款,所以说"是银行里赤字的坏兆头"。

④ 不堪教育的初学者:指从未到过狼区而对狼一无所知的人。

当我们的来复枪[⑤]膛空了时，那只狼已经倒了下来，一只小狼正拖着一条腿，进入到那无动于衷的静静的岩石中去。

当我们到达那只老狼的所在时，正好看见在它眼中闪烁的、令人难受、垂死时的绿光。这时，我察觉到，而且以后一直是这样想，在这双眼睛里，有某种对我来说是新的东西，是某种只有它和这座山才了解的东西。当时我很年轻，而且正是不动扳机就感到手痒的时期。那时，我总是认为，狼越少，鹿就越多，因此，没有狼的地方就意味是猎人的天堂。但是，在看到这垂死时候的绿光时，我感到，无论是狼，或是山，都不会同意这种观点。

自那以后，我亲眼看见一个州接一个州地消灭了它们所有的狼。我看见过许多刚刚失去了狼的山的样子，看见南面的山坡由于新出现的弯弯曲曲的鹿径而变得皱皱巴巴。我看见所有可吃的灌木和树苗都被吃掉，先变成无用的东西，然后则死去。我看见每一棵可吃的、失去了叶子的树只有鞍角那么高。这样一座山看起来就好像什么人给了上帝一把大剪刀，并禁止了所有其他的活动。结果，那原来渴望食物的鹿群的饿殍，和死去的艾蒿丛一起变成了白色，或者就在高出鹿头的部分还留有叶子的刺柏下腐烂掉。这些鹿是因其数目太多而死去的。

我现在想，正是因为鹿群在对狼的极度恐惧中生活，那一座山就要在对它的鹿的极度恐惧中生活。而且，大概就比较充分的理由来说，当一只被狼拖去的公鹿在两年或三年就可得到补替时，一片被太多的鹿拖疲惫了的草原，可能在几十年里都得不到复原。

牛群也是如此，清除了其牧场上的狼的牧牛人并未意识到，他取代了狼用以调整牛群数目以适应其牧场的工作。他不知道像山那样来思考。正因为如此，我们才有了尘暴，河水把未来冲刷到大海去。

我们大家都在为安全、繁荣、舒适、长寿和平静而奋斗。鹿用轻快的四肢奋斗，牧牛人用套圈和毒药奋斗，政治家用笔，而我们大家则用机器、选票和美金。所有这一切带来的都是同一种东西：我们这一时代的和平。用这一点去衡量成就，全部是很好的，而且大概也是客观的思考所不可缺少的，不过，太多的安全似乎产生的仅仅是长远的危险。也许，这也就是梭罗的名言潜在的涵义。这个世界的启示在荒野。大概，这也是狼的嗥叫中隐藏的内涵，它已被群山所理解，却还极少为人类所领悟。

（侯文蕙译）

【赏析】

利奥波德是西方的环境学家，是美国大地的观察者和思考者，他把诗意的语言和深刻的生态忧虑交织在一起，通过人类消灭狼的具体故事，提出了深沉的哲理思考。人们兴奋地杀狼，表面的理由很充足；但是，生态学第一规律告诉我们，每个事物都和其他事物联系着，破坏自然生物链中的任何一环，将波及包括人类自身文明及其生存。所以，不仅是死去的狼，就是大山、森林、草原和河流——也即人类赖以生活的自然环境，都坚决不同意人类这一短视的做法。在人与自然的关系中，人类态度不同：有的主张“人定胜天”，人是万物之灵，主宰世界，一切不合人类“同一”要求的事物或生命，统统消灭掉，从而促使自然成为人类的奴隶，自然环境必须屈服于人类的无限欲望。另一类人则主张人与自然环境和平共处，地球上诸多物种都有自己生存与发展的理由，地球是人类的母亲，胸怀宽广深厚，容载万物，共建“和而不同”的和谐世界。前者急功近利，为了人类短期利益，从根本上破坏了环境，与自然为敌，最终，人类将堕入用文

⑤ 来复枪：有膛线的步枪，因膛线也叫来复线，故称。

明消灭自己的危险境地，这就是狼的垂死眼光的启示，是荒野大山的思考。

【思考与讨论】

1. 作者以拟人的艺术笔法，写出了山的悲哀。请问，山的思考是什么？谈谈你的具体感受。

2. 人与自然的关系中，“人定胜天”曾被认为是一个具有进步意义的观念，但在环境遭受人类工业文明严重破坏的今天，对“人定胜天”该做怎样的重新思考？

3. 结合老子的思想，谈一谈你对这篇文章的深层理解。

阿尔贝·加缪

阿尔贝·加缪(Albert Camus,1913—1960),法国著名小说家、散文家和剧作家,“存在主义”文学的大师,“荒诞哲学”的代表人物。加缪从 1932 年起即发表作品,1942 年因发表《局外人》而成名。1957 年加缪因“热情而冷静地阐明了当代向人类良知提出的种种问题”而获诺贝尔文学奖,是有史以来最年轻的诺奖获奖作家之一。加缪在他的小说、戏剧、随笔和论著中深刻地揭示出人在异己的世界中的孤独、个人与自身的日益异化以及罪恶和死亡的不可避免,但他在揭示出世界的荒诞的同时却并不绝望和颓丧,他主张要在荒诞中奋起反抗,在绝望中坚持真理和正义,他直面惨淡人生的勇气和大无畏的精神,使他在第二次世界大战后成为法国甚至欧洲一代人的代言人和精神导师。

西绪福斯神话

神判处西绪福斯把一块巨石不断地推上山顶,石头因自身的重量又从山顶上滚落下来。他们有某种理由认为最可怕的惩罚莫过于既无用又无望的劳动。

如果相信荷马,西绪福斯是最聪明、最谨慎的凡人。然而根据另一种传说,他倾向于强盗的营生。我看不出这当中有什么矛盾。关于使他成为地狱的无用的劳动的原因,看法有分歧。有人首先指责他对神犯了些小过失。他泄露了他们的秘密。埃索波斯①的女儿埃癸娜被宙斯劫走。父亲对女儿的失踪感到奇怪,就向西绪福斯诉苦。西绪福斯知道此事,答应告诉他,条件是他向科林斯城堡供水。西绪福斯喜欢水的祝福更胜过上天的霹雳。他于是被罚入地狱。荷马还告诉我们西绪福斯捆住了死神。普路同②忍受不了他的王国呈现出一片荒凉寂静的景象。他催促战神把死神从他的胜利者手中解脱出来。

有人还说垂死的西绪福斯不谨慎地想要考验妻子的爱情。他命令她把他的遗体不加埋葬地扔到公共广场的中央。西绪福斯进了地狱。在那里,他对这种如此违背人类之爱的服从感到恼怒,就从普路同那里获准返回地面去惩罚他的妻子。然而,当他又看见了这个世界的面貌,尝到了水和阳光、灼热的石头和大海,就不愿再回到地狱的黑暗中了。召唤、愤怒和警告都无济于事。他又在海湾的曲线、明亮的大海和大地的微笑面前活了许多年。神必须做出决定。墨丘利③用强力把他带回地狱,那里为他准备好了一块巨石。

人们已经明白,西绪福斯是荒诞的英雄。这既是由于他的激情,也是由于他的痛苦。他对神的轻蔑,他对死亡的仇恨,他对生命的激情,使他受到了这种无法描述的酷刑:用尽全部心力而一无所成。这是为了热爱这片土地而必须付出的代价。关于地狱里的西绪福斯,人们什么也没告诉我们。神话编出来就是为了让想象力赋予它们活力。对于他的神话,人们只看见一个人全身绷紧竭力推起一块巨石,令其滚动,爬上成百的陡坡;人们看见皱紧的面孔,脸颊抵住石头,一个肩承受着满是黏土的庞然大物,一只脚垫于其下,用两臂撑住,沾满泥土的双手显示出人的稳当。经过漫长的、用没有天空的空间和没有纵深的时间来度量的努力,目的终于达到

① 埃索波斯:希腊神话中的河神。

② 普路同:罗马神话中的冥王。

③ 墨丘利:罗马神话中的商业神,即希腊神话中众神的使者赫尔墨斯。

了。这时,西绪福斯看见巨石一会儿工夫滚到下面的世界中去,他又得再把它推上山顶。他朝平原走下去。

我感兴趣的是返回中、停歇中的西绪福斯。那张如此贴近石头的面孔已经成了石头了!我看见这个人下山,朝着他不知道尽头的痛苦,脚步沉重而均匀。这时刻就像是呼吸,和他的不幸一样肯定会再来,这时刻就是意识的时刻。当他离开山顶、渐渐深入神的隐蔽的住所的时候,他高于他的命运。他比他的巨石更强大。

如果说这神话是悲壮的,那是因为它的主人公是有意识的。如果每一步都有成功的希望支持着他,那他的苦难又将在哪里?今日之工人劳动,一生中每一天都干着同样的活计,这种命运是同样的荒诞。因此它只在工人有了那种很少的意识时候才是悲壮的。西绪福斯,这神的无产者,无能为力而又在反抗,他知道他的悲惨的状况有多么深广:他下山时想的正是这种状况。造成他的痛苦的洞察力同时也完成了他的胜利。没有轻蔑克服不了的命运。

如果在某些日子里下山可以在痛苦中进行,那么它也可以在欢乐中进行。此话并非多余。我还想象西绪福斯回到巨石前,痛苦从此开始。当大地的形象过于强烈地缠住记忆,当幸福的呼唤过于急迫,忧伤就会在人的心中升起:这是巨石的胜利,这是巨石本身,巨大的忧伤沉重得不堪承受。这是我们的客西马尼之夜④。然而不可抗拒的真理一经被承认便告完结。这样,俄狄浦斯⑤先就不知不觉地顺从了命运。从他知道的那一刻起,他的悲剧便开始了。然而同时,盲目而绝望的他认识到他同这世界的唯一的联系是一个年轻姑娘的新鲜的手。于是响起一句过分的话:“尽管如此多灾多难,我的高龄和我的灵魂的高贵仍使我认为一切皆善。”像陀斯妥耶夫斯基的基里洛夫⑥一样,索福克勒斯的俄狄浦斯就这样提供了荒诞的胜利的方式。古代的智慧和现代的英雄主义会合了。

不试图写一本幸福教科书,是不会发现荒诞的。“啊!什么,路这么窄?……”然而只有一个世界。幸福和荒诞是同一块土地的两个儿子。他们是不可分的。说幸福一定产生于荒诞的发现,那是错误的。有时荒诞感也产生于幸福。俄狄浦斯说:“我认为一切皆善。”这句话是神圣的。它回响在人的凶恶而有限的宇宙之中。它告诉人们一切并未被、也不曾被耗尽。它从这世界上逐走一个带着不满足和对无用的痛苦的兴趣进入这世界的神。它使命运成为人的事情,而这件事情应该在人之间解决。

西绪福斯的全部沉默的喜悦就在这里。他的命运出现在面前。他的巨石是他的事情。同样,当荒诞的人静观他的痛苦时,他就使一切偶像缄口不语。在突然归于寂静的宇宙中,大地的成千上万细小的惊叹声就起来了。无意识的、隐秘的呼唤,各种面孔的邀请,都是必要的反面和胜利的代价。没有不带阴影的太阳,应该了解黑夜。荒诞的人说“是”,于是他的努力便没有间断了。如果说有一种个人的命运,却绝没有高级的命运,至少只有一种命运,而他断定它是不可避免的,是可以轻蔑的。至于其他,他自知是他的岁月的主人。在人返回他的生活这一微妙的时刻,返回巨石的西绪福斯静观那一连串没有联系的行动。这些行动变成了他的命运,而这命运是他创造的,在他的记忆的目光下统一起来,很快又由他的死加章盖印。这样,确信

---

④ 客西马尼之夜:《圣经》说,耶稣在橄榄山下一个叫客西马尼的地方,让门徒祷告,不要睡觉,免受迷惑,他次日在此地被犹大出卖。

⑤ 俄狄浦斯:外国文学史上典型的命运悲剧人物。是希腊神话中忒拜的国王拉伊奥斯和王后约卡斯塔的儿子,他在不知情的情况下,杀死了自己的父亲并娶了自己的母亲。索福克勒斯在古希腊戏剧《俄狄浦斯王》中丰富了其命运悲剧。

⑥ 陀斯妥耶夫斯基的基里洛夫:陀斯妥耶夫斯基,俄国19世纪重要的文学家,基里洛夫是他的小说《群魔》中的人物,虚无主义者。

一切人事都有人的根源，盲目却渴望看见并且知道黑夜没有尽头，他就永远在行进中。巨石还在滚动。

我让西绪福斯留在山下！人们总是看得见他的重负。西绪福斯教人以否定神祇举起巨石的至高无上的忠诚。他也断定一切皆善。这个从此没有主人的宇宙对他不再是没有结果和虚幻的了。这块石头的每一细粒，这座黑夜笼罩的大山的每一道矿物的光芒，都对他一个人形成了一个世界。登上顶峰的斗争本身足以充实人的心灵。

应该设想，西绪福斯是幸福的。

（郭宏安译）

【赏析】

在古老的希腊神话中，科林斯国王西绪福斯杀死了宙斯的一个儿子并且吞噬了其尸体，在地狱里，他被罚每天把一块巨石推上山顶，但无论他怎样努力，石头刚到山顶时总会滚落下来，于是西绪福斯不得不重新将巨石推上山顶，反复不止。诸神认为，再也没有比这种无效无望的劳动更严厉的惩罚了——加缪对此从存在主义哲学的角度重新进行了阐释。在加缪笔下，这个神话中的悲剧人物被赋予了一种新的含义。

本文是一篇哲学随笔，它建构了这样一个逻辑：世界就是荒诞，人生本无意义，但荒谬的世界中人如何生存。是以自杀来结束荒谬的状态，还是以反抗来赋予人生某种意义，从而获得幸福？作者主张抗争、挑战，“义无反顾地生活”。

文中的西绪福斯意识到自己荒谬的命运，意识到自己工作的无意义，但他仍然情绪激昂地去做，坚定地走向不知尽头的磨难，永不停歇，永远前进。他推着巨石爬上山顶所进行的斗争，其本身就足以使人感到满足与充实，充实的生命才有活着的快乐和价值，才是有意义的。加缪认为，西绪福斯这一行为具有的荒谬性正是他的伟大之处。在西绪福斯意识到自己的命运的同时也就超越了它。因为西绪福斯热爱生活（尽管生活是荒诞的），蔑视天神与死亡，所以他是幸福的。每个人其实都可以拥有自己的幸福。

【思考与讨论】

1. 加缪基于对“人如何才能获得幸福”的命题的思考，得出了“应该设想，西绪福斯是幸福的”这一哲学观点，我们应该如何理解西绪福斯的幸福？

2. 中国神话故事有吴刚“学仙有过”，被罚在月中伐桂（见唐人笔记《酉阳杂俎》），但每次砍伐后，桂树的砍口又都会合起来。请从中国文化入手解读这一故事，说说它的意义。

加德纳

加德纳(Gardner 1914—2010)，英国当代著名的新闻记者、散文家。他有着敏锐的社会洞察力和突出的表达能力，往往能够关注到生活中很细小但却又很关键的社会问题。

帽子哲学

前几天，我上一家帽子店去烫烫帽子。由于久经风霜，这帽子已是又软又皱，而我正有点事情希望能把它尽可能弄得跟新的一样光彩夺目才好。当我等在店里，看着帽店老板给我收拾帽子的时候，他却跟我谈起了那个他真正感兴趣的问题——帽子和头的问题。

"是的，"他听完我讲的几句什么话之后回答说，"脑瓜子的模样儿和个头儿人跟人可不一样啦！您就说您这脑瓜子，只能算是俺们常说的不起眼儿的一路。俺是说，"他无疑因看到一丝失望的神色在我的不起眼儿的脸上掠过，赶忙补充说，"俺是说，这不能算是俺们常说的那种不寻常的头路货。可也有些脑瓜子——喏，你瞧瞧那边的那个。戴这帽子的那位先生长着个脑瓜子可真是滑稽得要命，又窄又长，到处是大鼓包——他那个脑瓜子就不寻常。要论个儿，一个跟一个差别可大啦。俺常年要做不少律师的买卖，他们的那些大脑瓜儿真叫惊人。真能把您给吓一大跟头。俺猜想这是他们要想的事情太多，慢慢给脑瓜子给撑大了。喏，那边的那顶帽子是——先生的(他说了一位著名律师的名字)，他那脑瓜子就大得惊人——七号半——那就是他的帽号，他们有好多人戴的帽子都超过了七号。

"俺总觉得，"他又接着说，"一个人脑瓜子为什么有大有小离不开他是个干什么的。跟您说吧，俺从前在一个海港码头上混过，伺候过好些个船长。他们的脑瓜子也不寻常，俺想这是因为他们老想着海潮、风暴、冰山什么什么的操心操的……"

我举着我那颗不起眼的脑袋从店铺里走出来，想到那帽子店老板显然觉得自己貌不惊人，心里总老大不舒服。在他看来，我的帽号才只有六又八分之七，因此也只能是个无足轻重的人物。我真想对他去讲，并不是所有的大脑袋，里面都一定装着珍珠宝贝。当然，倒也不假，许多伟大人物都长着大脑袋。俾斯麦的帽号是七又四分之一，格拉德斯通的帽号和他一样，坎贝尔·班纳曼的也差不多。可是，另一方面，拜伦的脑袋就不大，而且脑髓也很小。但歌德不是说过，拜伦是自莎士比亚以来欧洲所曾产生的一位思想最精细的人物吗？在一般情况下，他这话我并不同意，不过我既然也长着一颗小不点儿的脑瓜子，在这个问题上，我准备完全同意歌德的这番议论。霍姆斯曾经指出，脑髓的大小并无关系，重要的是它的"脑回"(我想，这么说来，霍姆斯自己准也长着个小脑袋)。现在，我真愿意去告诉那位帽店老板，尽管我的头比较小，可我有充分的理由相信，我脑子的脑回还是顶呱呱的。

我当时没有那么办，我现在所以会想起这件事，主要因为它让人感到，我们所有的人都是通过自己的特殊的锁孔观察人世。这里的这个人是通过每个人所戴帽子的大小来评判所有的人。他尊重琼斯因为他戴七又二分之一号的帽子；他看不起史密斯，因为他的帽号才不过六又四分之三。我们在某种程度上全都抱有这种偏狭的职业观点。裁缝见人先打量你的衣服的剪裁技术和光鲜程度，并以此对人进行评判。在他眼里你不过是个衣服架子，你的价值完全与你所穿的衣服的价值成正比。鞋匠看看你的鞋，就可以通过鞋的质量和新旧程度来估量你的智力的高低，你的社会和经济地位如何。如果你的鞋破旧不堪，那不管你的帽子多么光洁，也不能改变他对你的看法。帽子根本无法进入他的视野。他的评论标准中无此一条。

牙医也完全如此。他通过牙齿来评判所有的人。他只要朝你嘴里看上一眼，便对你的性格特征、生活习惯、健康状况、社会地位以及你的智力特点等等都有了一套不可改移的看法。他碰一下你的牙神经，你哆嗦一下。“啊，”他于是在心里暗自琢磨，“这人酒喝得太多，而且还大量抽烟、喝茶、喝咖啡。”他看到你牙齿不齐。“可怜人，”他说，“这人小时候所受的教养多么糟糕！”他注意到你对自己的牙齿毫不关心。“这家伙太吊儿郎当，”他说，“把钱全胡花了，我敢说他平时准连家都不顾。”等到他给你看完牙，他感到光凭他从你的牙齿收集到的资料就完全足够给你写一本传记。而且我敢断言，那书写出来肯定和大多数人的传记都同样真实——当然也同样虚假。

同样的，生意买卖人则通过他的账房的锁孔来观察人世。整个世界对他来说不过是一个“大集市”，他全然凭你的橱窗玻璃的大小来评定你的身份。金融家也全是一样，罗思柴尔德家族①的一个成员，听说他的一个朋友去世后就留下一百万镑，止不住惊叹道，“天哪，天哪！我原以为他很有钱呢。”因为他仅只积蓄下一百万镑以备不时之需，他的一生便完全是个失败。关于这一点萨克雷在《名利场》中讲得再透彻不过了：

“你瞧，”老奥斯本对乔治说，“品德、勤奋、明智的判断等能顶什么用。你瞧我和我的银行存款。再看看你那可怜的祖父塞德利和他的潦倒的一生。可是当年，在整整二十年前他可比我强多了——我得说比我要强两万镑。”

我感到我也有一套通过自己的职业观察人世的方法，我总喜欢，不是看别人干了些什么，而是看他运用文字的技巧如何来评定他的高低。我知道，一位画家来到我家的时候，他总通过墙上挂的字画来“评判我”，一如家具商总根据椅子的式样和地毯的质量来对我进行“评定”，美食家则从桌子上的酒和菜来对我进行判断一样。你要是请他喝香槟，他会对你百般尊敬；可如果你让他喝的只是普通白酒，那你在他眼里只能是个平庸之辈。

总而言之，在生活里，我们各自都戴着由我们自己的爱好、自己的职业和自己的偏见组成的有色眼镜，全都使用我们自己的皮尺来丈量我们的邻人的高低，应用我们自己的独特算术来计算他们的身价。我们全都主观地看待一切，从不客观；我们只看见我们所能看见的东西，而明摆在眼前的东西并不一定都能看见。对于那个五光十色的玩意儿——真正的现实，我们的猜测竟会十之八九失误，这不是太奇怪了吗？

（黄雨石译）

【赏析】

在生活中，我们总是不断地在评判别人和被别人评判，也常常会用主观的眼光去评判人和事，这其中难免有不少谬误和偏见。如何才能避免或减少这种错误，这是一个值得思考的话题。在这篇饶有趣味的随笔中，作者从帽店老板凭借帽子的大小来评判人这一现象出发，联系生活中类似情景，生发出“我们各自都戴着由我们自己的爱好、自己的职业和自己的偏见组成的有色眼镜”的感慨，发人深思。文章夹叙夹议，娓娓道来，于平淡中见深刻。

保持开放的心胸，用智慧的双眼、多角度地审视客观事物，避免狭隘与偏见，是我们应该具备的能力和心理素质。

①罗思柴尔德家族：指德国犹太人 M. A. 罗思柴尔德(1743—1812)的后代。他曾创办一连串国际银行，在 19 世纪后期完全控制了欧洲的金融。

【思考与讨论】

1. 我们应如何去看待和评价世人？读了这篇文章后，结合生活实际谈谈你的感受。

2. 在社会生活中，我们评价别人的同时也在被别人评价。那么作为被评价的一方，我们又该如何去做才能使我们尽量不被别人的有色眼镜看中呢？

第四单元
口语交际

口才是社交的需要，是事业的需要，一个不会说话的人，无疑是一个失败者。

——林　肯

一、气息训练

语音是语言的表现形式，是语义的依托。学好一种语言，首先要学好语音。

人体发音的器官主要是声带，但人们发出各种不同的声音，还靠其他器官的配合。

肺是供给发音能源的主要器官。它呼气和吸气的动作，主要受胸腔内的腹肌和横膈膜的控制。发音时，声带先闭拢，由肺送来的气流在一定压力下冲开声门，这时声带又因本身的弹性而重新闭合。这股气流就作为使声带颤动或冲破鼻腔中各种阻碍、产生爆发或摩擦的动力。气流通过声门以后，再经过咽腔、口腔或鼻腔等各个共鸣腔体，从唇部或鼻孔发出我们听到的声音。

(一) 胸腹联合呼吸法

我们讲话发声靠的是声带的振动，而声带的振动靠的就是体内的气息，即我们所说的呼吸，所以，气息是发声的原动力。口语表达中的亮度、力度、清晰度，以及音色的甜润、优美、持久等，主要取决于气息的控制和呼吸的方式。“练声先练气，气足声才亮”，掌握科学的呼吸方法，是发声训练的根本。

我们无时不在呼吸，这种呼吸属于生理本能的自然呼吸(胸式呼吸，又称浅呼吸)。吸进的气拥塞于上胸部，吸气量少，又难以控制，因而不自觉地束紧喉头，造成声音挤压，粗糙，有杂音，并损伤声带。

胸腹联合呼吸，又称深呼吸。这种呼吸全面地扩大了胸腔的容积，吸气量充足，而且有一定的厚度，容易产生坚实的音色。运用胸腹联合呼吸，还可以自如地调节气息，即可以随时换气、补气、储气。

什么是“胸腹联合呼吸法”呢？

人的自然呼吸是在中枢神经控制下，由呼气肌肉群和吸气肌肉群有节奏地交替运动进行的。胸腹联合呼吸法则是变“交替运动”为“同时运动”，即呼气肌肉群在工作时吸气肌肉群仍在继续工作。

具体来说，做深呼吸时，横膈膜被“逼”得下降，这时，胸腔扩大，吸气量大大增加，与此同时，小腹尽量收缩，控制住气息不很快外泄。这样，有了充足的气息储备，形成“气柱”，说起话来就既轻松又响亮了。

1.“胸腹联合呼吸法”的要领

姿势：肩平颈正，全身放松；

吸气：以鼻为主，快而轻柔，扩展胸腔，小腹逐渐收缩以控制气息。气往下沉，吸满吸足。

呼气：均匀平缓，收紧小腹，控制声门，注意调节气息输出。

2. 注意事项

第一，不要“端肩”。

因为胸廓的第一对肋骨是呼吸动作的支点，吸气时有意无意地两肩耸起，第一对肋骨位置上移，胸腔内部会感到空虚，发声就虚软，姿态也不好看。

第二，不要有“喝气”声。

喝气声是主要以口吸气形成的。这样做会引起口腔舌面干燥，吸入的冷空气直接刺激声带，使声带湿润度降低，影响声音质量。

正确的呼吸是“开源”，而对气息的控制使用则是“节流”。只“开源”不“节流”，吸入再多的气息也会感到底气不足。所以，气息训练的重点应该是在提高控气能力方面。

（二）口腔为主，三腔共鸣

气息是发声的动力，也是共鸣的基础。声带本身发出的声音是很微弱的，必须借助于共鸣器官，才能扩大音量，美化音色。发声技术主要是共鸣，有意识地运用共鸣，声音才会有响度，有亮度，有色彩。

说话发声的共鸣腔主要是口腔、鼻腔和喉腔。混合共鸣是以口腔为主的头腔、胸腔、口腔共同产生的共鸣形成的。

头腔共鸣，指软腭以上部分，主要是鼻腔，属高频泛音区。共鸣效果是：声音清脆、高亢。

胸腔共鸣，指喉腔以下部分，属低频泛音区。其共鸣效果是：声音低沉、浑厚。

口腔共鸣，指软腭以下、胸腔以上的可共鸣体，属中频泛音区，它是语音的制造场，也是人体最主要且灵活多变的共鸣腔体。口腔的开合、舌头的伸缩、软腭的升降等都可以改变口腔的形状，形成不同的共鸣，可使语音清晰、悦耳。说话时共鸣技巧的要领是：

① 口张。口的开合直接关系着声音的质量。口张不开，发声挤在口腔的前部或前鼻音区，共鸣区相对缩小，声音就阻滞、尖细而单薄，而且气息会大量涌入鼻腔，形成鼻音。而口张大一些，口腔内的空间扩张了，发声部位就会后移，就会获得比较响亮、圆润的口腔共鸣效果。

② 喉松。“松”是适度放松。昂着头、低着头或僵着脖子说话，会影响喉腔发生共鸣。如果头部端正，颈部放松一些，声道通畅了，就能形成共鸣。

③ 鼻通。鼻腔也是重要的共鸣器官。说话鼻音重，是由于说话时习惯性地升软腭，阻挡了喉腔与鼻腔的通道。说话时将口张开一些，发带有 m、n、ng 音节的字时，软腭下垂，舌根放松，让气流从鼻腔内流出。

（三）训　练

1. 气息练习

（1）深呼吸

身体直立，双足分开与肩同宽，全身放松，两臂平伸，掌心相对。

吸气时，双臂同时缓缓展开，把吸足的气托在腹中，比正常吸气多三四倍，让吸足的气保持时间达最大限度，扩大肺活量，增大气量，提高气息使用的控制力。吸气结束后，收敛双唇，慢慢呼出气流。“吸气一大片，呼出一条线”。

（2）吸气（闻花香）

想象有一盆花，幽幽的清香向你飘来，你用深呼吸嗅着花香——胸部极力扩张，小腹尽量收缩，让浓郁的香气一直吸到肺的底部。

（3）呼气（数数）

先吸一口气，屏息数秒，然后用低微、均匀并带有气息的声音数 1—100，中间不换气，看谁数得多。

（4）对说贯口

贯口又叫“快口”，原为曲艺术语，即在不明显换气的情况下，用富有节奏感的、较快的语速说一段话。它可以训练气息和声音配合的稳定性和吐字的清晰性,并锻炼口腔肌肉的灵活性。这是难度较大的综合训练,要有耐心。

下面是几段贯口。练习时注意找“气口儿”,即最佳换气处。在不破坏句子结构、不妨害句意表达和理解的情况下进行换气。

十八愁快板书

数九寒天冷风飕,转年是春打六九头。
正月十五龙灯会,有一对儿狮子滚绣球。
三月三,王母娘娘蟠桃会,大闹天宫孙猴儿就把那个仙桃偷。
五月当午端阳节,白蛇许仙不到头。
七月七,传说是天河配,牛郎织女泪双流。
八月十五云遮了月,月里的嫦娥犯了忧愁。
要说愁咱们净说愁,说一段绕口令儿十八愁:
虎也愁、狼也愁、象也愁来鹿也愁,
骡子也愁马也愁、羊也愁是牛也愁,
猪也愁来狗也愁、鸭子也愁鹅也愁,
蛤蟆也愁螃蟹愁、蛤蜊也愁乌龟愁,
鱼愁虾愁有——分——由。
虎愁不敢把那高山下,狼愁野心耍滑头,
象愁嘴憨皮又厚,鹿愁长了一对儿大犄角儿。
马愁背鞍就行千里,骡子愁它是一世休,
羊愁从小把那胡子长,牛愁愁的是犯过牛轴。
狗愁改不了那净吃屎,猪愁离不开那臭水沟,
鸭子愁,扁了它的嘴,鹅愁脑门儿上边儿长了一个”锛儿喽”头。
蛤蟆愁那一身脓疱疥,螃蟹愁的是净横搂,
蛤蜊愁,闭关自守,乌龟愁的胆小尽缩头,
鱼愁离开水它不能够走,虾愁空枪乱扎没准头呀没准头。

选自老舍剧作《龙须沟》,程疯子所唱快板儿书

听着啊——
给诸位,道大喜,人民政府了不起!
了不起,修臭沟,上手儿先给咱们穷人修。
请诸位,想周全:东单、西四、鼓楼前;
还有那,先农坛、五坛、八庙、颐和园;
要讲修,都得修,为什么先管龙须沟?
都只为,这儿脏,这儿臭,政府看着心里真难受!
好政府,爱穷人,教咱们干干净净大翻身。
修了沟,又修路,
好教咱们挺直腰板儿迈大步。
迈大步,笑嘻嘻,劳动人民努力又心齐。

齐努力，多做工，国泰民安享太平，享——太平！

北京有天安门，地安门，和平门，宣武门，东便门，西便门，东直门，西直门，广安门，复兴门，阜成门，德胜门，安定门，朝阳门，建国门，崇文门，广渠门，永定门。主要繁华街市有天桥，珠市口，前门，大栅栏，王府井，东单，西单，东四，西四，鼓楼前。主要游览点有北海，颐和园，天坛，地坛，动物园，陶然亭，紫竹苑，中山公园，文化宫，香山碧云寺，西山八大处，周口店古园林遗址，十三陵地下宫殿，长城八达岭，密云大水库，故宫博物院。还有雍和宫，白塔寺，清真寺，大钟寺等。下面我就不多说了，这就引导大家去看一看。

2. 发声训练

(1) 共鸣体验

口半张，下巴向后缩，发“a -”的音。

挺软腭，发鸭叫声：“ga - ga -”音。

口微张，似放松微笑状，体会上下贯通共鸣感，发“e -”、“i -”音。

(2) 朗 读

用“打高调”的方式朗读苏轼词《念奴娇·赤壁怀古》，要读得豪放有力。第一个字调要起得高，读到最后也一直保持这个高度，不要降下来。

大江东去，浪淘尽，千古风流人物。
故垒西边，人道是，三国周郎赤壁。
乱石穿空，惊涛拍岸，卷起千堆雪。
江山如画，一时多少豪杰。

遥想公瑾当年，小乔初嫁了，雄姿英发。
羽扇纶巾，谈笑间，樯橹灰飞烟灭。
故国神游，多情应笑我，早生华发。
人生如梦，一樽还酹江月。

二、语音训练

一个富于口才的人，应该语音纯正，能说一口流利的普通话。如果南腔北调地说话，必然阻碍人际间的交流。从"交际学"的原理说，"符号共享"是社会交往的首要前提。

我国地域辽阔，方言复杂。比如"吃饭"这个词，山西说"吃哄"，江西说"稻唤"，山东说"喊饭"，上海说"稻歪"。即使在一个地界，说法也不同。同在广东，粤语叫"食饭"，潮州却说成"甲奔"。

为了适应社会发展的需要，我国《宪法》明确规定："国家推广全国通用的普通话"，并且从1998年开始，把每年九月份的第三周定为普通话宣传周。

(一) 声　调

声调是音节高低升降的变化形式，具有区别意义的作用。

声调是由音高决定的，而音高的变化是由控制声带的松紧决定的。声带越紧，声调越高；声带越松，声调越低。

1. 调　值

调值是声调的实际读音，也就是音节的高低、升降、曲直、长短的变化形式。普通话有四种基本调值：

最高的一种读法是高平调，如"山、光"等字的读音；

第二种读法是高升调，如"河、煤"等字的读音；

第三种读法是降升调，如"美、好"等字的读音；

第四种读法是全降调，如"丽、去"等字的读音。

普通话里四个声调的音长不完全一样，上声最长，阳平次之，阴平又次之，去声最短。

2. 调　类

调类是声调的归类，是按照声调的实际读音(即调值)归纳出来的类别。一种语言中有几种基本调值，就有几个调类。普通话有四种基本的调值，就有四个调类。

现代汉语的声调系统是继承古代汉语的声调系统而来的。古代汉语有"平、上、去、入"四声，也就有四个调类。后来，又以声母的清浊等不同为条件而发生了变化。传统的汉语音韵学把普通话的四个调类称为阴平、阳平、上声、去声，教学上也称为第一声、第二声、第三声、第四声。

3. 训　练

(1) 单音节四声顺序

ba　巴 拔 把 爸　　　peng　烹 朋 捧 碰

(2) 双音节连调训练

阴—阴	师专 听说 书桌增加	阴—阳	新闻 青年 非常 科学
阴—上	声母 争取 高考钢铁	阴—去	声调 师范 专业 真正
阳—阴	年轻 来宾 长江国家	阳—阳	人才 同学 排球 实习
阳—上	俗语 毛笔 原子集体	阳—去	同志 群众 白菜 学术
去—阴	爱惜 必须 细心大约	去—阳	调查 事实 自由 特别

去—上　地理 外语 历史市场　　　去—去　政治 电话 毕业 宿舍

(3) 同调相连词语训练(读成单字调,不可连读;下同)

阴平:江山多娇　　阳平:儿童文学

上声:稳妥处理　　去声:变幻莫测

(4) 四声顺序词语训练

花红柳绿　山明水秀　　风调雨顺　　兵强马壮

(5) 四声逆序词语训练

字里行间　异口同声　　弄巧成拙　　信以为真

(6) 四声交错词语训练

天南地北　畅通无阻　　美中不足　　营私舞弊

(7) 绕口令

南边来了他大大伯子家的大搭拉尾巴耳朵狗,北边来了他二大伯子家的二搭拉尾巴耳朵狗。他大大伯子家的大搭拉尾巴耳朵狗,咬了他二大伯子家的二搭拉尾巴耳朵狗一口;他二大伯子家的二搭拉尾巴耳朵狗,也咬了他大大伯子家的大搭拉尾巴耳朵狗一口。不知是他大大伯子家的大搭拉尾巴耳朵狗,先咬了他二大伯子家的二搭拉尾巴耳朵狗一口;还是他二大伯子家的二搭拉尾巴耳朵狗,先咬了他大大伯子家的大搭拉尾巴耳朵狗一口。

一班有个黄贺,二班有个王克。黄贺、王克二人搞创作,黄贺搞木刻,王克写诗歌。黄贺帮助王克写诗歌,王克帮助黄贺搞木刻。由于二人搞协作,黄贺完成了木刻,王克写好了诗歌。

(二) 声　母

声母,就是汉语音节中开头的辅音。普通话有 21 个声母。

辅音的主要特点是:发音时气流在口腔中受到阻碍。声母的分类就是依据气流受阻的位置(发音部位)和阻碍气流的方式(发音方法)这两大因素。

1. 发音部位

发音部位是指发音时气流在发音器官中受到阻碍的部位,上下两个部位接触或接近,就会形成阻碍。

根据气流在口腔受阻的部位,可将声母分为七类:

① 双唇音:由上唇和下唇形成阻碍,有 b,p,m

② 唇齿音:由上齿和下唇形成阻碍,有 f

③ 舌尖前音(也叫平舌音):由舌尖和上齿背形成阻碍,有 z,c,s

④ 舌尖中音:由舌尖和上齿龈形成阻碍,有 d,t,n,l

⑤ 舌尖后音(也叫翘舌音):由舌尖翘起和硬腭形成阻碍,有 zh,ch,sh,r

⑥ 舌面音:由舌面和硬腭前部形成阻碍,有 j,q,x

⑦ 舌根音:由舌根和软腭形成阻碍,有 g,k,h

2. 发音方法

发音方法包括发音时构成阻碍和克服阻碍的方法,气流强弱的情况,声带是否颤动等几个方面。根据发音方法,声母有塞音、擦音、塞擦音、鼻音、边音之分。

① 塞音:发音时发音部位紧闭,堵塞气流,然后突然放开,气流爆破而出。b,p,d,t,g,k

② 擦音：发音部位靠近，形成窄缝，气流从窄缝中自然流出。f，h，x，s，sh，r

③ 塞擦音：先闭紧发音部位，堵塞气流，接着稍稍放开，形成窄缝，让气流从窄缝中摩擦出来。j，q，zh，ch，z，c

④ 鼻音：发音部位紧闭，堵住口腔气流通道，同时软腭下垂，打开鼻腔通道，让气流与声音从鼻腔通过。m，n

⑤ 边音：舌尖顶住上齿龈，软腭上升，堵住鼻腔通道，让气流从舌头两边出来。l

3. 声母辨正

上述 21 个声母中，有一些是部分方言里没有或方言区人不易发准的。主要有下面三组：

① z c s—zh　ch　sh

主要区别是：发 z c s 时，舌头前伸到下齿背，舌尖顶住上齿背；发 zh　ch　sh 时，舌的前端上举，顶住硬腭前部。

② n—l

主要区别是：n 除舌尖上举外，舌的两边也上举，和上齿龈形成阻碍，气流同时到达口腔和鼻腔，但不能从口腔通过，转道鼻腔流出，造成舌尖鼻音。l 则只有舌尖上举，和上齿龈形成阻碍，舌的两边上举程度小，气流从舌的两边流出，造成边音。

③ f—h

主要区别是：f 是齿唇轻擦音，发音时必须让上齿与下唇微接；h 是舌根轻擦音，发音时唇齿不接触，而是舌后隆起部分对着硬腭和软腭交界处，气流从间隙挤出，造成摩擦音。

4. 训　练

(1) 字的对比

早—找　从—虫　苏—书

(2) 词的对比

自立—智力　粗布—初步

(3) 组词对比

z—zh	作者	滋长	zh—z	种族	转载
c—ch	残春	操场	ch—c	冲刺	揣测
s—sh	飒爽	私事	sh—s	疏松	世俗

(4) 绕口令

婆婆和嬷嬷，来到山坡坡，婆婆默默采蘑菇，嬷嬷默默拔萝卜。婆婆拿了一个破簸箕，嬷嬷带了一个薄笸箩，婆婆采了半簸箕小蘑菇，嬷嬷拔了一笸箩大萝卜。婆婆采了蘑菇换饽饽，嬷嬷卖了萝卜买馍馍。

四是四，十是十。十四是十四，四十是四十。说好四和十得靠舌头和牙齿，谁说四十是"细席"，他的舌头没用力；谁说十四是"适时"，他的舌头没伸直。认真学，常练习，十四、四十、四十四。

狮子山上狮子寺，山寺门前四狮子。山寺是禅寺，狮子是石狮。狮子看守狮山寺，禅寺守护石狮子。

山上住着三老子，山下住着三小子，山腰住着三哥三嫂子。山下三小子，找山当腰三哥三嫂子，借三斗三升酸枣子。山当腰三哥三嫂子，借给山下三小子三斗三升酸枣子。山下三小子，又找山上三老子，借三斗三升酸枣子，山上三老子，还没有三斗三升酸枣子，只好到山当腰找三哥三嫂子，给山下三小子借了三斗三升酸枣子。过年山下三小子打下酸枣子，还了山当腰三哥三嫂子，两个三斗三升酸枣子。

石小四，史肖石，一同来到阅览室。石小四年十四，史肖石年四十。年十四的石小四爱看诗词，年四十的史肖石爱看报纸。年四十的史肖石发现了好诗词，忙递给年十四的石小四，年十四的石小四见了好报纸，忙递给年四十的史肖石。门外有四辆四轮大马车，你爱拉哪两辆就拉哪两辆。

(三) 韵　母

普通话有 39 个韵母，韵母就是汉语音节中声母后面的部分。它的主要成分是元音，有的也包含辅音。

按照韵母内部成分的特点，可以把韵母分成单元音韵母、复元音韵母、带鼻音韵母三类。

1. 单元音韵母

单元音韵母是由一个元音音素构成的韵母。普通话有 10 个元音，都可以充当单韵母。单韵母的不同音色是由舌位的前后、舌位的高低(即开口度的大小)、唇形的圆扁等方面造成的。

根据发音时舌头的部位及状态，单韵母又可以分为三种：

① 舌面单元音韵母：ɑ、o、e、i、u、ü。

② 舌尖单元音韵母：

-i 舌尖前，只出现在声母 z、c、s 的后面；

-i 舌尖后，只出现在声母 zh、ch、sh、r 的后面；

③ 卷舌单元音韵母：

er 这是一个很特殊的元音韵母，汉语拼音用两个字母来表示，实际上只是一个元音。

2. 复元音韵母

复元音韵母是由两个或三个元音构成的。普通话有 13 个复元音韵母。

复元音韵母中的几个元音有主有次，可以分成韵头、韵腹、韵尾三部分：

① 韵腹：是韵母的主干。开口度较大，声音较响亮；

② 韵头：是韵腹前面的元音。发音时较轻较短，往往只表示发音的起点；

③ 韵尾：是韵腹后面的元音或鼻韵母。音值含混而不固定，往往表示舌位滑动的方向。

复韵母的发音特点是，发音时舌位、唇形及开口度有变化，即有明显的动程，由一个元音到另一个元音的舌位是滑动的。

3. 鼻韵母

鼻韵母是由一个或两个元音后面带上鼻辅音构成的韵母。普通话有 16 个鼻韵母。

根据鼻辅音韵尾的不同，鼻韵母可分为两种。

(1) 前鼻韵母

由元音和前鼻辅音(舌尖鼻辅音)韵尾 n 构成。

(2) 后鼻韵母

由元音和后鼻辅音(舌根鼻辅音)韵尾 ng 构成。

发音时，发音器官由元音的发音状态向鼻音的发音状态逐渐变动，鼻音成分逐渐增加，最后完全变为鼻音。

4. 训　练

(1) 前响复韵母训练

发音时，前面的元音清晰响亮，音值稍长；后面的元音轻短模糊。

ai—白菜　爱戴　　ei—蓓蕾　配备

ao—号召　草包　　ou—欧洲　口头

(2) 后响复韵母训练

发音时，前面元音轻短模糊，后面元音清晰响亮。

ia—假牙　加价　　ie—结业　乜斜

ua—挂花　耍滑　　uo—硕果　懦弱

ue—雀跃　雪月

(3) 中响复韵母训练

发音时，中间的元音清晰响亮，前后元音轻短模糊。

iao—渺小　巧妙　　iou—悠久　绣球

uai—外快　摔坏　　uei—魁伟　归队

(4) 前鼻韵母训练

前鼻韵母 n 与声母 n 发音部位相同，即舌尖抵满上齿龈；区别在于声母 n 要除阻，韵尾 n 不除阻。

an — 谈判　反感　　en—认真　振奋

ian — 鲜艳　前线　　in—拼音　信心

uan—贯穿　婉转　　uen—春笋　馄饨

uan—源泉　轩辕　　un—均匀　军训

(5) 后鼻韵母训练

后鼻辅音 ng 与声母 g、k、n 发音部位相同，即舌根抵住软腭，区别在于 ng 是浊鼻音，发音时软腭下垂，气流振动声带从鼻腔通过，没有除阻阶段。

ang—商场　帮忙　　eng—丰盛　逞能

ong—工农　隆中　　iang—响亮　强将

ing—姓名　经营　　iong—汹涌　炯炯

uong—狂妄　装潢　　ueng—翁　瓮

(6) 绕口令

打南边来了个喇嘛，手里提溜五斤鳎蟆；打北边来了个哑巴，腰里别着个喇叭。别喇叭的哑巴要拿腰里别的喇叭去换提溜鳎蟆的喇嘛提溜的五斤鳎蟆。提溜鳎蟆的喇嘛不愿意用鳎蟆去换别喇叭的哑巴的喇叭。别喇叭的哑巴摘下喇叭给了喇嘛一喇叭；提溜鳎蟆的喇嘛拿鳎蟆给了哑巴一鳎蟆。哑巴吹喇叭，喇嘛炖鳎蟆。

扁担长，板凳宽，板凳不如扁担长，扁担不如板凳宽。扁担要绑到板凳上，板凳不让扁担绑到板凳上，扁担偏要绑到板凳上。也不知道扁担绑到了板凳上，还是板凳没让扁担绑到板凳上。

牛郎恋刘娘，刘娘念牛郎，牛郎牛年恋刘娘，刘娘年年念牛郎。郎恋娘来娘恋郎，念娘恋娘念郎恋郎，念恋娘郎，绕不晕你算我白忙。

九月九，九个酒迷喝醉酒。九个酒杯九杯酒，九个酒迷喝九口。喝罢九口酒，又倒九杯酒。九个酒迷端起酒，“咕咚、咕咚”又九口。九杯酒，酒九口，喝罢九个酒迷醉了酒。

(7) 朗读毛泽东诗词《清平乐·六盘山》

天高云淡，望断南飞雁。不到长城非好汉，屈指行程二万。

六盘山上高峰，红旗漫卷西风。今日长缨在手，何时缚住苍龙？

(四) 语流音变

音变就是语音的变化。说话时把音节组成一连串自然的“语流”，由于相邻音节的相互影响，有些音节的读音会发生变化，这就是语流音变。语流音变主要包括上声变调、轻声、儿化、“啊”变等。

1. 上声变调

普通话上声是降升调，调值是214，上声只有在单独念或词句末尾时才读原调，而在别的音节前面时都要发生变调，即由“曲调”(降升调)变为“直调”(降调或升调)。

上声在非上声前，由降升调变成低降调；

三个上声连读，当词语结构是“双单格”时，前两个变阳平，如“展览馆”；

当词语结构是“单双格”时，前一个变降调，第二个变阳平，如“纸老虎”。

2. 轻　声

轻声是整个音节弱化的一种特殊音变现象，主要特点是音长比较短促。

普通话中的轻声词大都带有一定的规律性，如：助词、名词或代词的后缀，名词后边的方位词，动词或形容词后的趋向动词等。

3. 儿　化

儿化是指一个音节带上卷舌的动作，韵母发生音变，成为卷舌韵母(儿化韵)。

儿化发音的基本规则，取决于韵母末尾音素是否便于卷舌。儿化的主要特点是：把“儿”(卷舌动作)“化”在与它结合的韵母上。

儿化作为一种语音流变，读、说时要根据有关规律韵母发生变化，而在拼写时一般只在原音节末尾加上字母r。

4. “啊”的音变

语气词“啊”用在句末或句中停顿时，往往受前面音节的影响而发生音变。“啊”音变的发音取决于“啊”之前音节的末尾音素。

① “啊”之前音节的末尾音素是舌面元音(除u以外)时，“啊”音变为“呀”。

② 其他“啊”音变都是将“啊”之前音节的末尾音素作为“啊”的韵头或声母，连读成音。

u—wa　n—na　ng—nga

—i(前)—za　—i(后)—ya

“啊”的音变规律要在理解的基础上记忆和自然运用，书面上写成“啊”的，在读说时要注意按照规律变读。

5. 训　练

（1）上声变调

上声在非上声前（变降调），即：上声＋非上声——→半上＋非上声

如：上＋阴　北京　火车　普通　广州

上＋阳　海防　导游　朗读　免除

上＋去　武汉　广大　考试　省力

上声连读（变阳平），即：上声＋上声——→阳平＋上声

如：海岛　勇敢　美好　简短

选举权　蒙古语　小拇指　孔乙己

请你/给我/打点儿/洗脸水。

（2）轻　声

轻声在非上声后

如：阴＋轻　衣裳　妈妈　桌子

　阳＋轻　粮食　萝卜　头发

　去＋轻　木头　事情　坏的

轻声在上声后

如：上＋轻　嗓子　嘴巴　眼睛

（3）鲁迅的《药》（节选），注意停顿、重音和升降的综合运用

“喂！一手交钱，一手交货！”一个浑身黑色的人，站在老栓面前，眼光正像两把刀，刺得老栓缩小了一半。那人一只大手，向他摊着；一只手却撮着一个鲜红的馒头，那红的还是一点一点地往下滴。

老栓慌忙摸出洋钱，抖抖地想交给他，却又不敢去接他的东西。那人便焦急起来，嚷道：“怕什么？怎的不拿！”老栓还踌躇着；黑的人便抢过灯笼，一把扯下纸罩，裹了馒头，塞与老栓；一手抓过洋钱，捏一捏，转身去了。嘴里哼着说：“这老东西。”

“这给谁治病的呀？”老栓也似乎听得有人问他，但他并不答应；他的精神，现在只在一个包上，仿佛抱着一个十世单传的婴儿，别的事情，都已置之度外了。他现在要将这包里的新的生命，移植到他家里，收获许多幸福。太阳也出来了；在他面前，显出一条大道，直到他家中。

（4）“啊”音变训练

你去哪儿啊？我上图书馆啊。

借书啊？是啊。

三、朗 读

朗读是把诉诸视觉的文字语言转化为诉诸听觉的有声语言的活动。朗,是说话声音的清澈响亮;读,就是读书、念文章。朗读不是仅仅把文字作品转化为语音现象,而是为了表现文字作品,要求朗读者必须具备一定的驾驭有声语言的功力,是朗读者的再创造。

我们的朗读,必须使用普通话。从语音上要求标准,从词汇、语法上要求正确,声、韵、调、轻声、儿化、音变等一定要规范。

朗读活动对朗读者来说,除了需要严格的识字、组词、造句、谋篇方面的分析综合能力和语言驾驭能力之外,还需要声音运用能力和语言表达能力,这些能力的培养、提高,都可以通过朗读获得。

(一) 基本知识

1. 朗读的首要条件是感受

我们看到“天冷极了,下着雪,又快黑了”这个句子后,作为朗读者,透过这些文字,似乎真的看到了昏暗的天空、洁白的雪花,同时也感到了寒冷,这就是朗读者由文字语言引起的感受。感受是指我们在朗读过程中,通过词句的概念及运动的刺激,引起对客观事物的感知和体会。它包括眼、耳、鼻、舌、身方面的感受,还有时间、空间、运动方面的知觉。但这些感受知觉,都不是客观外界直接刺激的结果,而是朗读者由视觉对于文字的刺激进行反应,从而引起的感受知觉,是一种间接的刺激。

朗读者对文字作品的分析、理解,必须伴随着感受。朗读时,由作品的文字语言中,由其中包含的形象中,可以看到、听到、嗅到、尝到、触到文字符号所代表的客观世界中的种种事情,也可以知道时间的发展、空间的移动、事物的运动,这是记忆联想和再创造想象的过程。在朗读准备中,有没有感受,感受得深还是浅,是朗读者能否形之于声的依据。

2. 朗读的第二个条件是感情

优秀的文字作品里,字里行间处处都流露着作者的态度、感情,朗读者一定要在理解、感受文字作品中,深入开掘作者的态度和感情,使之显明、精当。朗读者应当在分析理解作品过程中,把自己的态度、感情融化在作品内容里,进而表露在有声语言中。

所谓态度,就是指在朗读中把握对作品中的人、事、物、理的明确态度:或肯定,或否定;或严肃,或亲切;或坚定,或犹豫。所谓感情,就是指朗读者动于衷、形于声的感情色彩:或爱或憎,或喜或悲,或怒或疑,等等。

朗读者通过对文字作品的理解、认知,有了形象感受,然后生发出自己的态度和感情,就基本完成了朗读的准备过程。

朗读时,全身放松,保持一种弹性状态:丹田、膈肌、胸肋肌、喉肌、声带、唇、舌都处于一种积极的活动状态。只有这样才能以最佳的发声状态,表情达意,言志传神。

朗读要注意克服固定腔调。不能在朗读时以某种固定不变的声音形式,把词语纳入单一的格式,以不变的声音形态读万变的文字作品。如念书腔、唱书调、念经式等。

(二) 常见的毛病

1. 感情不真

朗读者对作品的理解不深入,没有引起丰富的想象和广阔的联想,没有把作品中人物的思想和情绪变成自己的思想和情绪,所以朗读者就没有真实的感情。

感情不真是朗读中的"百病之源"。

声音是表现感情的工具。别的东西可以作伪,而声音是不可以作伪的。从声音里可以听出各种复杂的感情,是浅薄的还是深刻的,是冷酷的还是热烈的,是欢乐的还是沉痛的,是疑惑的还是信任的,是敬佩的还是鄙视的,这一切都应是自内心而发,都应是真实的。

只有克服了感情不真的毛病,才能克服拖腔、捏喉、假嗓、矫揉造作、卖弄喉咙等其他毛病。

2. 方音不改

不使用普通话,习惯于乡音,造成读音不准。

例如:

声母 n、l 相混,"干娘"读成"干粮";

声母 h、w 相混,"黄先生"读成"王先生";

声母 x、h 相混,"鞋子"读成"孩子";

阴平与去声不分,"未老先衰"读成"未老先率";

声调不准,"我的西服"读成"我的媳妇"。

3. 速度不变

朗读的速度应随作品的内容变化而变化。朗读的快慢,是表意的需要,由疾言快语拖慢下来,表示郑重;由慢忽然变快,说明情节有了变化。

全用快速朗读,听者有疲劳呆板之感;全用慢速或中速,像机器动作的声音一样,没有一点生气。

4. 轻重不分

朗读没有感情,很平淡,重要原因是轻重不分所致。

一个词、一句话,都有轻重之别。朗读时必须认真揣摩,或从语法分析入手,或从修辞分析入手,或从逻辑分析入手,找到轻重音处理的理论,找准重音,表意才能准确。

(三) 朗读的技巧

朗读作为再创造,把书面文字转化为有声语言,分析、理解作品,具体感受作品,引发态度感情,这一切都是朗读者内心的依据,还需要形之于声,才能传播作品的内容和情感,成为一种社会活动。要形之于声,必须依赖朗读的技巧。

1. 读音准确

这是最起码的要求。在声母、韵母、声调、轻声、儿化、变调等方面,都要符合普通话语音的规范标准。

如:湖南一带鼻音、边音不分,东北地区平舌、翘舌不分,北京的儿化过多等,都不符合普通话标准。

2. 轻重分明

(1) 轻　音

词语的音节或者句子里的词失去了原有的声调,读得较轻较短。轻音一般在第二音节上。有词汇轻音,语法轻音。

(2) 重　音

其语言特点是表现在扩大音域和延续时间上,同时增加强度,即“音量”的加强和“音长”的延长。有词重音,语法重音,修辞重音,逻辑重音。

3. 停顿适当

停顿就是语句的间歇。它不仅是朗读者换气的需要,更重要的是能把作品的内容表达得清楚完整,把思想感情表达得更突出。恰当地运用停顿,可以更好地发挥有声语言的组织、区分、转折、呼应、回味、想象等作用。

(1) 句读停顿

句读停顿的时间长短同标点大致相当。句号、问号、感叹号后的停顿比逗号长,段落的停顿比句子长。

(2) 语法停顿

语法停顿可使句子的各种成分关系明确,脉络清楚。语法停顿的时间是极短促的。

(3) 逻辑停顿

突出或强调某一特殊的意思,有的打破标点符号的界限,常常和重音互相配合。

(4) 感情停顿

根据感情上的特殊需要,可长可短。

4. 句调自然

这是指整个句音高低的变化。它与声调一样,都是音高的变化形式。

① 升调,由平升高,表示反问、疑问、号召等语气。

例如:中国人死都不怕,还怕是什么困难吗?(反问)

全世界无产者,联合起来!(号召)

② 降调,先升后降,表示肯定、感叹或请求等语气。

例如:我们一定要实现四个现代化。(肯定)

多么伟大的祖国啊!(感叹)

③ 平调,始终保持同样的高低,表示严肃、冷漠或叙述等。

例如:三月二十四日下午两点三刻,这位当代最伟大的思想家停止了思想。(严肃)

④ 曲调,升高再降,降低再升,表示含蓄、讽刺或意在言外等。

例如:艾奇逊的历史知识等于零,他连美国独立宣言也没有读过。(讽刺)

5. 快慢相宜

朗读的速度是作品的思想内容、人物性格、人物的年龄、职业、人物的感情、语句的性质等多方面决定的。速度适当,就能表现出作品的不同情境,造成良好的效果。

(1) 快　速

叙述比较紧张或急剧变化发展的场面,表现紧张、焦急、热切、惊惧或欢畅的心情,刻画人物的机警、活泼、年轻，表达作者抨击、斥责、质问、雄辩的感情……

例如：其间有一个十一二岁的少年，项带银圈，手拿一柄钢叉，向一匹猹尽力地刺去。（聪明、活泼、英俊的形象，动作的凶猛。）

(2) 慢　速

叙述比较平静、庄重和追忆、沉思的场面，表现苦恼、绝望、悲愤、沉重、缅怀、悼念的心情，作品中发人深省的警句，庄严的号召，老年人的语言描写等。

例如：这时候，我的脑海里忽然闪出一副神异的图画来：深蓝色的天空中挂着一轮金黄的圆月，下面是海边的沙地，都种着一望无际的碧绿的西瓜……（美丽景色）

(3) 中　速

一般的记叙、说明、议论的句子，以及感情没有突出变化的语句。

例如：共青团和所有走向共产主义的青年，都应该学习共产主义。

以上三种速度，在一篇诗文里往往会综合运用，只用一种速度的固然有，但是很少。

(四) 训　练

1. 重音、停顿、速度练习

海燕（抒情）

高尔基

在苍茫的大海上，狂风卷集着乌云。在乌云和大海之间，海燕像黑色的闪电，在高傲地飞翔。

一会儿翅膀碰着波浪，一会儿箭一般地直冲向乌云，它叫喊着，——就在这鸟儿勇敢的叫喊声里，乌云听出了欢乐。

在这叫喊声里——充满着对暴风雨的渴望！在这叫喊声里，乌云听出了愤怒的力量、热情的火焰和胜利的信心。

海鸥在暴风雨来临之前呻吟着，——呻吟着，它们在大海上飞窜，想把自己对暴风雨的恐惧，掩藏到大海深处。

海鸭也在呻吟着，——它们这些海鸭啊，享受不了生活的战斗的欢乐，轰隆隆的雷声就把它们吓坏了。

蠢笨的企鹅，胆怯地把肥胖的身体躲藏在悬崖底下……只有那高傲的海燕，勇敢地，自由自在地，在泛起白沫的大海上飞翔！

乌云越来越暗，越来越低，向海面直压下来，而波浪一边歌唱，一边冲向高空，去迎接那雷声。

雷声轰响。波浪在愤怒的飞沫中呼叫，跟狂风争鸣。看吧，狂风紧紧抱起一层层巨浪，恶狠狠地把它们甩到悬崖上，把这些大块的翡翠摔成尘雾和碎沫。海燕叫喊着，飞翔着，像黑色的闪电，箭一般地穿过乌云，翅膀掠起波浪的飞沫。

看吧，它飞舞着，像个精灵，——高傲的、黑色的暴风雨的精灵，——它在大笑，它又在号叫……它笑那些乌云，它因为欢乐而号叫！

这个敏感的精灵，——它从雷声的震怒里，早就听出了困乏，它深信，乌云遮不住太阳，——是的，遮不住的！

狂风吼叫……雷声轰响……

一堆堆乌云,像青色的火焰,在无底的大海上燃烧。大海抓住闪电的箭光,把它们熄灭在自己的深渊里。这些闪电的影子,活像一条条火蛇,在大海里蜿蜒游动,一晃就消失了。

——暴风雨!暴风雨就要来啦!

这是勇敢的海燕,在怒吼的大海上,在闪电中间,高傲地飞翔;这是胜利的预言家在叫喊:

——让暴风雨来得更猛烈些吧!

2. 清晰、明快地朗读

拣麦穗(描写、抒情)

张洁

当我刚刚能够歪歪咧咧地提着一个篮子跑路的时候,我就跟在大姐姐的身后拣麦穗了。那篮子显得太大,总是磕碰着我的腿和地面,闹得我老是跌跤。我也很少有拣满一个篮子的时候,我看不见田里的麦穗,却总是看见蚂蚱和蝴蝶,而当我追赶它们的时候,拣到的麦穗,还会从篮子里重新掉回地里去。

有一天,二姨看着我那盛着稀稀拉拉几个麦穗的篮子说:"看看,我家大雁也会拣麦穗了。"然后,她又戏谑地问我:"大雁,告诉二姨,你拣麦穗做啥?"

我大言不惭地说:"我要备嫁妆哩!"

二姨贼眉贼眼地笑了,还向围在我们周围的姑娘、婆姨们眨了眨她那双不大的眼睛:"你要嫁谁嘛!"

是呀,我要嫁谁呢?我忽然想起那个卖灶糖的老汉。我说:"我要嫁那个卖灶糖的老汉!"

她们全都放声大笑,像一群鸭子一样嘎嘎地叫着。笑啥嘛!我生气了。难道做我的男人,他有什么不体面的地方吗?

卖灶糖的老汉有多大年纪了?我不知道。他脸上的皱纹一道挨着一道,顺着眉毛弯向两个太阳穴,又顺着腮帮弯向嘴角。那些皱纹,给他的脸上增添了许多慈祥的笑意。当他挑着担子赶路的时候,他那剃得像半个葫芦样的后脑勺上的长长的白发,便随着颤悠悠的扁担一同忽闪着。

我的话,很快就传进了他的耳朵。

那天,他挑着担子来到我们村,见到我就乐了。说:"娃呀,你要给我做媳妇吗?"

"对呀!"

他张着大嘴笑了,露出了一嘴的黄牙。他那长在半个葫芦样的头上的白发,也随着笑声一起抖动着。

"你为啥要给我做媳妇呢?"

"我要天天吃灶糖哩!"

他把旱烟锅子朝鞋底上磕着:"娃呀,你太小哩。"

"你等我长大嘛!"

他摸着我的头顶说:"不等你长大,我可该进土啦。"

听了他的话,我着急了。他要是死了,那可咋办呢?我那淡淡的眉毛,在满是金黄色的茸毛的脑门上,拧成了疙瘩。我的脸也皱巴得像个核桃。

他赶紧拿块灶糖塞进了我的手里。看着那块灶糖,我又咧着嘴笑了:"你别死啊,等着我长大。"

他又乐了。答应着我："我等你长大。"

"你家住哪哒呢？"

"这担子就是我的家，走到哪哒，就歇在哪哒！"

我犯愁了："等我长大，去哪哒寻你呀！"

"你莫愁，等你长大，我来接你！"

3. 电影《东京审判》台词片段

梅汝璈 柏奈尔先生，你说一个国家的文明程度取决于是否废除了死刑，某种角度上我赞同您的观点，但是我还是有些疑惑。按照您的逻辑，文明应该被尊重，那么生命呢，生命应该被尊重吗？我想我不用知道您的答案，您应该不会否认生命是最宝贵的，因为对每个人来说生命都只有一次。如果说杯子代表人类，水代表文明，(他将一只盛满水的玻璃杯摔碎在地)文明是人类创造出来的，如果没有人类，文明从何谈起呢？

梅汝璈 巴尔先生，我再次提请您。注意，您是一个法官！法官的职责是什么？是对罪行进行审判！进行认定！然后根据法律给予他们惩罚！我不知道您为什么要来做法官，您具有一个佛教徒的伟大情怀却在纵容犯罪，这绝不是一个法官应该有的立场！如果您要坚持这样，那您没有资格坐在审判席上，您应该回到印度的寺庙里去！

梅汝璈 我想请大家一起考虑这个问题：法律是什么？法律的作用又是什么？经过两年多的817次漫长的庭审，我们终于认定了他们有罪。可是我们，却一直在讨论文明和宗教！先生们，这不是大学的教堂，这也不是寺庙，这里是法律的殿堂。我们需要讨论的，是怎么惩罚这些罪犯。我认为，宗教是告诉世人怎样做才能到达天堂。另一方面，法律明确规定了什么事情我们不能做，否则就要受惩罚，就要上断头台，就要上绞刑架，这就是法律。这也是我一直坚持对战犯们使用死刑的原因，除了掠夺别国的资源，扩张自己的领土，日本还杀害了无数无辜的平民。日本军队，抢劫、强奸、放火、杀戮……杀害了无数中国、菲律宾、英国、美国以及其他国家人民的生命！这还不足以被判处死刑吗？如果法律不给日本、不给这些战犯以最严厉的惩罚，谁敢保证日本有一天不会再次挑起战争？谁敢保证日本不会再侵略别的国家？谁敢保证日本军国主义的幽灵不会再次复活？在座哪位先生敢作这样的保证？想说的，该说的，我都说完了。我们可以投票了。为了那些在战争中死难的人，为了让他们瞑目，请各位慎重。因为，他们在看着我们。

梅汝璈 远东国际军事法庭终于走到了今天，最后，七名战犯被处以极刑。至今我都不敢回想，如果今天上午，我们这些赞同死刑的法官里不到六票的话，我会怎么样？中国人又会怎么样？世界又会怎么样？还有，我们所有的法官都起过誓，我们永远都不能透露我们谁赞同了死刑，谁反对了死刑。我只能说，我，尽力了。

4. 诗歌朗诵

致橡树

舒婷

我如果爱你——
绝不像攀缘的凌霄花，
借你的高枝炫耀自己；

我如果爱你——
绝不学痴情的鸟儿，
为绿荫重复单调的歌曲；

也不止像泉源，
常年送来清凉的慰藉；
也不止像险峰，增加你的高度，衬托你的威仪。
甚至日光。
甚至春雨。

不，这些都还不够！
我必须是你近旁的一株木棉，
作为树的形象和你站在一起。
根，紧握在地下，
叶，相触在云里。

每一阵风过，
我们都互相致意，
但没有人
听懂我们的言语。
你有你的铜枝铁干，
像刀，像剑，
也像戟；
我有我的红硕花朵，
像沉重的叹息，
又像英勇的火炬。
我们分担寒潮、风雷、霹雳；
我们共享雾霭、流岚、虹霓，
仿佛永远分离，
却又终身相依，
这才是伟大的爱情，
坚贞就在这里：
不仅爱你伟岸的身躯，
也爱你坚持的位置，脚下的土地。

四、态势训练

(一) 功　能

语言是人类最重要的交际工具,除了语言之外,还有非语言交际工具,“身体语言”或称“态势语言”即是其中之一。非语言交际在社会交际中,特别是在面对面的交接中占有重要地位。人们在使用自然语言表达的同时,还通过头部、肢体动作和面部表情来传达一定的信息。

1. 态势语言具有补充自然语言、暗示或掩饰内心情绪甚至取代自然语言等功能

① 态势语言是对自然语言的必要补充。如演讲中的“演”,对“讲”起着很大的辅助作用。它可以使你的表情达意更完整、更具体、更形象。只“讲”不“演”,是肯定不会有很好的效果的。“演”是对“讲”的必要补充。

同学们找工作参加应聘时,要接受招聘单位的口头审查。一方面,你要用清晰的有声语言回答问题,同时还要特别注意你的双手的摆放,不要双手相握,也不要捏弄拇指,或坐立不安地玩弄钥匙圈,这些动作表明你缺乏自信,过分紧张。最好的办法是,稳稳地坐在那,把手自然地放在自己的大腿上,这样你会给对方一种稳定自若、轻松自如的感觉。

② 态势语言可以暗示或掩饰内心的情绪。人的表情、手势、神态都具有很强的表露性和掩饰性。比如,当一个人说谎时,有时会把手指交叉在身后,有时会毫无意义地用双手将嘴捂住。这些动作都供述了他正在说谎。

又如,一位商客与某公司谈生意,与这家公司的经理见面时,立刻热情地笑着迎上前去,表示十分高兴与之相见,但接下来的握手却是“死鱼”式的,毫无生气,缺乏真诚,这证明他的笑很可能是虚假的。

2. 在某种特殊场合可以取代某些自然语言

“此时无声胜有声”,尤其是在表达爱情内容的时候,话语是多余的。在电视剧《渴望》中,有一段亚茹与罗刚这对恋人二十年以后相见的戏。在亚茹的房间里,桌上摆着简单的酒菜,旁边的录音机里放着小提琴协奏曲《梁山伯与祝英台》。二人坐在桌子的两边,先是互相对视,接着双方举起酒杯,在互相碰杯时突然抓住对方的手,眼睛互相盯着对方……这个长达十分钟的镜头,代替了无数的有声语言。

所以,态势语言所显示出的意义,从某种角度上看,比有声语言更丰富、更深刻、更真切。有时,人们所说的话可能是真情实意的流露,但也可能是言不由衷,甚至完全相反。然而,态势语言的真实性、深刻性却大大超出了有声语言。这是因为,一个人的行为动作是性格、思想和人格的反映;另一方面,人体的动作是大脑活动的外露,有时甚至是属于本能的或下意识的。

比如,做了亏心事或偷了东西的人,总是心神不定、六神无主或鬼头鬼脑;人们听到好消息时,脸上会不由自主地露出笑容;听到批评时,脸色则不由自主地显得不自然;人在说谎时,总怕看到对话者的眼睛;激动时,总要禁不住手舞足蹈。

据研究,在一条信息传递的全部效果中,有声语言仅占30%,而无声的信号占了55%,这里面包括了态势语言。可见态势语言的重要性。

(二) 种　类

态势语言包括手势、身势和表情三种。

1. 手势语

手势分手指、手掌、手臂的动作。人有沉默不语的时候，却很少见到手部完全僵直不动的情景。澳大利亚的人体语言学家把人手比喻为人的感情、态度和性格的显像屏幕。因为人的内心深处的许多秘密，往往会通过手的动作暴露出来。

(1) 细腻型

手指或指尖的动作，力求准确，其意在于强调，要人们对某一事情做谨慎细致的思考。

(2) 力量型

切掌，伸直手掌像菜刀一样斩切空气，快刀斩乱麻。

振臂，五指紧握成拳，并摇动手臂，向上或向前摇去，表示一种强烈的要求。

伸掌，单手或双手掌心向上，向胸前或腰部的两侧伸出手掌。集中表达讲话者的坦率、真挚和诚恳，要求听话人相信他的言行是一致的，相信他或接受他的观点。

推掌，掌心向外，用力推出。表示强调拒绝、反对之意。

压掌，掌心向下，并猛烈下压。表示抑制或压制。表示强烈的制止和加重斩钉截铁的语气，给人及对象以一种强制性和镇压性的感觉。

注意，手掌紧握，食指伸出，并在空间大幅度晃动，是一种具有威胁性的动作。值勤的交通警察命令违反交通规则的司机时会经常使用。另外，有人在吵架时，也常用这一手势借以威胁对方。由于这种晃动手指的手势带有鲜明的强制性和命令性，所以，在演讲或个别谈话时，要特别慎用。

2. 身势语

(1) 腿与足部

如约会时，你所等的人没有准时到来，你的内心会产生不安，甚至焦躁。这种不安和焦躁，形成刺激，作用于中枢神经的运动皮质，产生紧张感，即构成一种压力。为了消除这种压力，双腿开始抖动，两脚也开始来回走动，甚至出现顿足的动作。

(2) 腰　部

向人鞠躬，是表示“谦逊”或“尊敬”，又从“谦逊”演变成服从、屈从。这种心理反映在身体上，就是在居于优势的个体面前，产生如蹲、揖、跪、伏、拜之类把腰部放低的动作。这些动作除了礼貌、礼仪之外，大多是服从、屈从对方的表现。

(3) 腹、颈、头部

凸出腹部动作，意在扩大自己的势力范围，或威胁对方，使自己处于优势的支配地位，如土匪恶霸。反之，把腹部蜷缩的动作，表现出不安、消沉、沮丧等情绪支配上的防卫心理，如妇女儿童。

挺起胸部、颈部，往往是倔强、坚定、不屈的象征。革命者就义时，昂首挺胸，表现坚毅刚强。

3. 表情语

(1) 目　光

眼睛是心灵的窗户，目光语主要是由瞳孔的变化以及视线接触的长度、向度等三个方面构成。

瞳孔，它的扩大与缩小属于微身体动作，扩大传达正面信息，如表示爱、欢喜或兴奋；缩小传达负面信息，如表示消极、戒备、愤怒等等。人的瞳孔变化是中枢神经系统活动的标志，即它如实地显示出大脑中正在进行的思维活动。因此，瞳孔的信息是无法用意志来控制的，企业家、政治家多戴有色眼镜，以掩饰自己的内心活动。

视线接触长度，与人交谈时，视线接触对方脸部的时间应占全部谈话时间的30%—60%，在一般情况下，直视和长时间的凝视，可以理解为对私人空间或势力范围的侵犯，是不礼貌的。

视线接触向度，视线接触对方所指向的部位可以反映人际关系的疏密和远近。在洽谈业务时，要用眼睛看着对话者的三角部位。这个三角以双眼为底线，上顶角到前额；在社交场合，则以两眼为上线，嘴为下顶角；在亲人或恋人之间，是以两眼为上线，以胸部为下顶角。

(2) 微　笑

在公共传播中，微笑语具有强化语言沟通功能、增强交际效果等作用。有人称它为“人际交往的高招”，说它是吸引顾客的“磁石”、息怒的“灭火机”、办事的“通行证”。

喜悦欢迎型，人们接见宾客时，往往与客人一边握手，一边微笑，代表着“欢迎”之意，使人感到温暖有礼，这是交际应酬常用的表情。

婉言谢绝型，在社交中，板起脸孔来拒绝别人的请求，往往会使对方反感，不易接受。如果边摇头边带着微笑来暗示谢绝，会使对方舒服一些。

示意道歉型，在公共场所，因不小心撞了别人或踩了别人的脚，便立即向人道歉说声“对不起”，并同时报以微笑，这样对方自能谅解，接受你的歉意。

(三) 训　练

1. 手势分解的模仿练习(边说边做)

“大家安静，安静！”(手掌向下，富有力度)

“我讲的这个问题非常重要！”(竖食指，或右手抓握)

“这么一讲，我们不就完全明白了吗？”(两手掌向上并向两边分开)

“注意，有一点我们切不可大意！”(三指捏合，前伸定位)

“有人想这么办，这是触犯刑律的，是绝对不行的！”(握拳，用力向一侧挥动)

2. 下面是曹禺《雷雨》片段

鲁侍萍　(泪满眼)我——我——我只要见见我的萍儿。

周朴园　你想见他？

鲁侍萍　嗯，他在哪儿？

周朴园　他现在在楼上陪着他的母亲看病。我叫他，他就可以下来见你。不过是——

鲁侍萍　不过是什么？

周朴园　他很大了。

鲁侍萍　(追忆)他大概是二十八了吧？我记得他比大海只大一岁。

周朴园 并且他以为他母亲早就死了的。

鲁侍萍 哦,你以为我会哭哭啼啼地叫他认母亲么?我不会那样傻的。我难道不知道这样的母亲只给自己的儿子丢人么?我明白他的地位,他的教育,不容他承认这样的母亲。这些年我也学乖了,我只想看看他,他究竟是我生的孩子。你不要怕,我就是告诉他,白白地增加他的烦恼,他自己也不愿意认我的。

周朴园 那么,我们就这样解决了。我叫他下来,你看一看他,以后鲁家的人永远不许再到周家来。

鲁侍萍 好,我希望这一生不至于再见你。

周朴园 (由衣内取出皮夹的支票签好)很好,这是一张五千块钱的支票,你可以先拿去用。算是弥补我一点罪过。

鲁侍萍 (接过支票)谢谢你。(慢慢撕碎支票)

周朴园 侍萍。

鲁侍萍 我这些年的苦不是你拿钱算得清的。

周朴园 可是你——

[外面争吵声。鲁大海的声音:"放开我,我要进去。"三四男仆声:"不成,不成,老爷睡觉呢。"门外有男仆等与鲁大海挣扎声。]

周朴园 (走至中门)来人!(仆人由中门进)谁在吵?

仆　人 就是那个工人鲁大海!他不讲理,非见老爷不可。

周朴园 哦,(沉吟)那你就叫他进来吧。等一等,叫人到楼上请大少爷下来,我有话问他。

仆　人 是,老爷。

[仆人由中门下。]

周朴园 (向鲁妈)侍萍,你不要太固执,这一点钱你不收下,将来你会后悔的。

鲁侍萍 (望着他,一句话也不说)

[仆人领鲁大海进,大海站在左边,三四仆人立一旁。]

鲁大海 (见鲁妈)妈,您还在这儿?

周朴园 (打量鲁大海)你叫什么名字?

鲁大海 (大笑)董事长,您不要同我摆架子,您难道不知道我是谁么?

周朴园 你?我只知道你是罢工闹得最凶的工人代表。

鲁大海 对了,一点儿也不错,所以才来拜望拜望您。

周朴园 你有什么事吧?

鲁大海 董事长当然知道我是为什么来的。

周朴园 (摇头)我不知道。

鲁大海 我们老远从矿上来,今天我又在您府上大门房里从早上六点钟一直等到现在,我就是要问问董事长,对于我们工人的条件,究竟是允许不允许?

周朴园 哦,——那么,那三个代表呢?

鲁大海 我跟你说吧,他们现在正在联络旁的工会呢。

周朴园 哦,——他们没有告诉你旁的事情么?

鲁大海 告诉不告诉与你没有关系。——我问你,你的意思,忽而软,忽而硬,究竟是怎么回子事?

[周萍由饭厅上,见有人,即想退回。]

周朴园 （看萍）不要走，萍儿，（视鲁妈，鲁妈知萍为其子，眼泪汪汪地望着他）

周　萍 是，爸爸。

周朴园 （指身侧）萍儿，你站在这儿。（向大海）你这么只凭意气是不能交涉事情的。

鲁大海 哼，你们的手段，我都明白。你们这样拖延时候，不过是想去花钱收买少数不要脸的败类，暂时把我们骗在这儿。

周朴园 你的见地也不是没有道理。

鲁大海 可是你完全错了，我们这次罢工是有团结的，有组织的。我们代表这次来并不是来求你们。你听清楚、不求你们。你们允许就允许；不允许，我们一直罢工到底，我们知道你们不到两个月整个地就要关门的。

周朴园 你以为你们那些代表们，那些领袖们都可靠吗？

鲁大海 至少比你们只认识洋钱的结合要可靠得多。

周朴园 那么我给你一件东西看。

［朴园在桌上找电报，仆人递给他；此时周冲偷偷由左书房进，在旁谛听。］

周朴园 （给大海电报）这是昨天从矿上来的电报。

鲁大海 （拿过去读）什么？他们又上工了。（放下电报）不会，不会。

周朴园 矿上的工人已经在昨天早上复工，你当代表的反而不知道么？

鲁大海 （惊，怒）怎么矿上警察开枪打死三十个工人就白打了么？（又看电报，忽然笑起来）哼，这是假的。你们自己假作的电报来离间我们的。（笑）哼，你们这种卑鄙无赖的行为！

周　萍 （忍不住）你是谁？敢在这儿胡说？

周朴园 萍儿！没有你的话。（低声向大海）你就这样相信你那同来的几个代表么？

鲁大海 你不用多说，我明白你这些话的用意。

周朴园 好，那我把那复工的合同给你瞧瞧。

鲁大海 （笑）你不要骗小孩子，复工的合同没有我们代表的签字是不生效力的。

周朴园 哦，（向仆）合同！（仆由桌上拿合同递他）你看，这是他们三个人签字的合同。

鲁大海 （看合同）什么？（慢慢地，低声）他们三个人签了字。他们怎么会不告诉我，自己就签了字呢？他们就这样把我不理啦。

周朴园 对了，傻小子，没有经验只会胡喊是不成的。

鲁大海 那三个代表呢？

周朴园 昨天晚车就回去了。

鲁大海 （如梦初醒）他们三个就骗了我了，这三个没有骨头的东西，他们就把矿上的工人们卖了。哼，你们这些不要脸的董事长，你们的钱这次又灵了。

周　萍 （怒）你混账！

周朴园 不许多说话。（回头向大海）鲁大海，你现在没有资格跟我说话——矿上已经把你开除了。

鲁大海 开除了！？

周　冲 爸爸，这是不公平的。

周朴园 （向冲）你少多嘴，出去！（冲由中门气下）

鲁大海 哦，好，好，（切齿）你的手段我早就领教过，只要你能弄钱，你什么都做得出来。你叫警察杀了矿上许多工人，你还——

周朴园 你胡说！

鲁侍萍 （至大海前）别说了，走吧。

鲁大海 哼，你的来历我都知道，你从前在哈尔滨包修江桥，故意叫江堤出险，——

周朴园 （厉声）下去！

［仆人等拉他，说："走！走！"］

鲁大海 （对仆人）你们这些混账东西，放开我。我要说，你故意淹死了两千二百个小工，每一个小工的性命你扣三百块钱！姓周的，你发的是绝子绝孙的昧心财！你现在还——

周　萍 （忍不住气，走到大海面前，重重地打他两个嘴巴）你这种混账东西！（大海立刻要还手，但是被周宅的仆人们拉住）打他。

鲁大海 （向萍高声）你，你！（正要骂，仆人一起打大海。大海头流血。鲁妈哭喊着护大海）

周朴园 （厉声）不要打人！（仆人们停止打大海，仍拉着大海的手）

鲁大海 放开我，你们这一群强盗！

周　萍 （向仆人们）把他拉下去。

鲁侍萍 （大哭起来）哦，这真是一群强盗！（走至萍面前，抽咽）你是萍，——凭，——凭什么打我的儿子？

周　萍 你是谁？

鲁侍萍 我是你的——你打的这个人的妈。

鲁大海 妈，别理这东西，您小心吃了他们的亏。

鲁侍萍 （呆呆地看着萍的脸，忽而又大哭起来）大海，走吧，我们走吧。

五、演　讲

“一人之辩重于九鼎之宝，三寸之舌强于百万之师。”刘勰这句话，极精炼地概括了高超的口语表达能力的意义和作用。尤其在社会经济迅速发展的今天，人们的交往越来越广泛，越来越频繁，这就需要人们具有演讲能力、论辩能力和交谈能力，以便及时、准确、生动地表达自己的思想感情，展现自己的才华，获得交际的成功。

第二次世界大战以后，美国人总结说：现代社会的三大武器是原子弹、电脑和口才。还有人说，世界上有两样东西最让人害怕，一是原子弹，二是演讲。

辛亥时期的革命家秋瑾在《演说的好处》中称，演说是廉价的宣传品，一，可以随时随地进行；二，不要钱，听众多；三，只需舌头即可；四，人人都能听得懂；五，天下事都晓得。可见演说具有很强的实用性。

（一）演讲的历史

我国是世界四大文明古国之一，有着光辉灿烂的文化。从我国第一个演讲家盘庚迁殷所作的三次演讲开始，到秦王朝建立，演讲活动可谓历久不衰。尤其是春秋战国时期，百家争鸣，辩疑析理，讲道论学，纵横游说，演讲也随之盛行。由于演讲的作用之大和发展之迅速，就要求人们提高演讲（游说、讲学）水平。当时的孔子就说：“言之无文，行而不远”；孔子还主张“情欲信，辞欲巧。”这就说明要想打动、说服听众（对方），演讲就必须有文采，要讲求技巧。

自秦王朝建立到清王朝结束，由于封建独裁的统治，使演讲受到一定的限制。辛亥革命后，由于民主革命的兴起，出现了一些大演讲家，如孙中山、秋瑾等。尤其值得称道的是孙中山，他不仅是誉满全国的大演讲家，而且在理论上也有卓见。

到了中国革命战争时期，我党我军中涌现了一大批演讲家，其杰出代表就是毛泽东。他不仅是卓越的演讲家，而且也是卓越的演讲理论家。建国三十年来，演讲理论的研究中断，尤其是“文革”十年，人们没有言论自由。十一届三中全会之后，我国的社会建设、经济发展、科学进步都得到了空前的繁荣，演讲事业也开始兴起。

（二）演讲的构成

演讲即一个人讲众人听的社会活动形式。它是一种社会现实活动，而不是艺术活动。演讲者通过一定的仪式，把自己的理论或观点向听众宣讲，以期变成公众的意识或行动。

1. 活动构成

任何演讲都是在一定场合下进行的，即既有演讲者、又有听众参加的具有直观性的时空环境。演讲现场的直观性，要求演讲者必须全力追求其直观效果，最低限度是你讲的内容要让人听到、听清。现场直观效果是演讲的第一效果，演讲的成功与失败，都取决于现场表达。

演讲是一种双边活动，演讲者是主体，听众是客体，一人要讲，众人要听，在双方都有需要的情况下，彼此才能走到一个现场中来。因此，对演讲者来说，听众就是上帝。

2. 内容构成

(1) 典型的事例

古今中外的任何演讲都不能不是谈论事物的演讲。你要讲的什么事,你对此是什么看法,这总是组织演讲内容的前提和根本。

(2) 浓烈的情感

它是最有活力、最有激发力的要素。演讲者在讲事物时,包含着对事物的肯定与否定、爱或恨乃至喜怒哀乐的情感,情不深则无以惊心动魄。演讲的成功就在于"真"。

(3) 深刻的道理

演讲以说理为主,目的是以理服人。摆事实是为讲道理服务的,它是演讲内容的灵魂。主要由两个因素构成:一是客观事物本身蕴含的道理;二是你的观点和主张。

事例是血肉,感情是神经,道理是灵魂。三者缺一不可。

3. 形式的构成

(1) 口　语

演讲属于口头表达,要尽量口语化。而有的演讲者忽视这一点,却在写作上下功夫。如果不注意口语表达的特点,演讲时在现场上也不会取得好的效果。

(2) 态　势

处处出于自然,应该是态势表达应遵守的原则。最忌脱离口语而单独出现,用视觉压倒听觉。因此,使用态势(动作、手势、姿态)语言必须适度,对口语表达起到证明、强调、补充的作用。

(三) 演讲稿

演讲稿是为了说而写的,写是说的实录,是口头语言和书面语言的结合,是文学化的口语,所以应该保持口语的朴实风格。

演讲是"讲"和"听"的双边活动,"讲"要自然流畅,朗朗上口;"听"要声声入耳,马上明白。因此演讲稿应句式短小,使用通俗易懂的常用词汇和流行的口头词汇。"字没有高低贵贱之分,全看用得恰当与否,连着用几个'伟大',并不会使文章伟大。"老舍的话很有道理。

1. 选　题

选择你感触最深的、听众最感兴趣的社会问题,反问一下你自己喜欢听什么,这就是要选的题。一是现实中需要回答的问题,如改革、经商、打工、就业,如信任、理解、友谊、爱情;二是自己比较熟悉的、确有见地的问题,如你所从事的行业。

主题要集中、单一。当你了解了会议或集会的性质、目的、参加人员的情况,这些对你要讲的思想和意向就规定了一半。所讲的内容一定要切题,适合听众对象。如年轻人思想活跃,求知欲强,好胜,好动,对他们的演讲必须有新的知识,才能满足他们的需求,取得满意的效果。

2. 选　材

材料是指客观存在的一切人、事、景、情、理,古今中外、历史现实等等。可以通过直接方式(亲身经历、亲身体验)获得,也可以通过间接方式(书刊、杂志、影视资料)获得,尽可能多地收集材料,然后加以选择。选择那些与主旨统一的、典型的、真实可靠的、新鲜的材料。

3. 结　构

按照一般文章的规律，即三一律：开头、正文、结尾的结构，演讲稿的结构是开场白、中间部分、结束语。

(1) 开　头

演讲的开头处于重要位置。心理学认为，这是引人注意的部位，开头所讲的内容，一般听众都能记住并留有印象。

开场白一要打开场面，引入正题，即开门见山，抓住听众的注意力；二要建立演讲者与听者的同感，即思想感情的一致，避免拖沓冗长，听众不明题旨。

开场白最好不要用客套话，如：没有准备，没什么好讲的，抛砖引玉，大谈形势等。尽量少用名人名言，要自己创新。

好的开头可以是名言警句，也可以引经据典，还可以采用笑话、灯谜或是新闻奇事。只要能引人入胜，为下面的演讲创造气氛，但不要故弄玄虚，引起听众反感，那样就适得其反了。

(2) 结束语

一般文章的结尾，都是把内容概括一下，揭示主旨。而演讲的结束语往往代表着整个演讲给听众留下的印象。

演讲最好在达到高潮时果断结束，言简意深，余音绕梁，这样保留在听众大脑中的最后印象就特别地深刻。

结束语可以是总结全文，引用诗句、格言，还可以是呼吁或号召。要结束巧妙，干脆利落，不要啰唆冗长，避免使用道歉语、客套话。

(3) 主体部分

主体的结构模式：开头（提出观点）——正文（举例分析）——结尾（得出结论）

正文部分与议论文的结构相同，但论证方法不同，多采用生动的具体事实，而少用概念、判断进行推理，表达方式主要有叙述、议论、抒情。

(4) 标　题

题好文一半。一是概括内容，二是鲜明响亮。

具体要求：第一，文题相符。第二，要有内容。如马寅初的《北大之精神》，揭示主旨；蔡畅的《一个女人能干什么》，表明内容；朱自清的《论气节》，指出论述对象；茅盾的《欣赏与创作》，论说二者关系；彭德怀的《我们一定能够打胜仗》，指明方向。第三，要简短、直接、明白。

总之，标题要新颖、生动、恰当，要有吸引力。

(四) 登　台

演讲作为实用性表达艺术，它是一个多元素综合统一的整体。一是听觉系统，一是视觉系统，演讲者要把这两大系统的要素综合起来，构成一个和谐的整体。演讲虽以讲为主，以演为辅，但表演的成分是必不可少的，登台演讲，就像演员一样，完全暴露在听众面前，你的整体形象如何，会给听众留下深刻的印象。

1. 服装与仪表

① 服装是文明的象征，与听众接触时，穿戴要讲究一些，这是礼貌的表现，是对听众的尊重。同时，服装又是一种信息，穿着得体体现着你的身份和学识。更主要的是，服装穿在身上，

要与演讲者构成一体，成为气质、风格的外在表现。

讲究的核心是为了美，不一定西装革履，也不一定高档名牌，穿起来整洁、合身、朴素、大方即可。要讲究，但又以不让听众看出为度，过度就会起反作用，引起议论，影响演讲。

② 仪表即人的外表，包括容貌、姿态、风度。

仪表的中心在面部。面容一定要修饰，以堂堂的仪表、潇洒的风度、俊美的容颜，给听众留下美好的印象。这是对听众的一种敬意。但修饰不要过分，不要离听众的审美观念太远。

仪表的关键之处在于面部表情。走进会场应轻松自如，面带笑容。这种笑容不是故作姿态，而应是发自内心的会心的微笑。要做到这一点，演讲者就必须从心里把听众看成知心朋友，这样就必然会发出朋友相逢时的那种自然的微笑。

2. 登　台

走上讲台的时候，身体要平稳直立，步伐不疾不徐，目视前方，虚光看路，双手自然摆动，不要手拿稿子边走边翻。

走到讲台前面向听众站好，迅速扫视全场，仿佛在和每位听众做一次目光交流，然后向听众敬礼。敬礼的位置应是演讲的位置，最好在中间，前后左右都有回旋的余地。更主要的是便于统观全场，方便演讲者观察全场听众的情绪，有利于双方的情感交流。

演讲时，目光要向前扫视全场，不能只盯住一个地方，会引起听众的误会；更不能只看一部分或某一个听众，会使人难堪。眼光要落到每个听众的脸上，演讲者要通过目光掌握全场的气氛和听众的情绪。

演讲结束时，要用结束语或动作明确地告诉听众，然后向听众敬礼，表示感谢。下台和上台一样，不要匆匆忙忙、慌慌张张，这会使你失态，给听众留下不良印象，甚至影响到演讲效果。

3. 演　讲

演讲时语言要清晰，声音要洪亮。听众要听到的是演讲者像对朋友谈话式的演讲，流畅明快，亲切自然。演讲者讲述的是一个道理或号召大家行动起来做某一件事，念稿和背稿像是在演讲者与听众之间隔了一堵墙，疏远了。演讲最糟糕的事莫过于照本宣科。

演讲时要控制紧张情绪，情绪紧张会产生一些生理变化，如面红耳赤、手脚发颤、声音发抖、呼吸急促、口干舌燥等等。这些都属于正常反应。但由于个体的差异，每个人表现出来的程度不同。因此，不能企求彻底克服，只能是控制。

上台前活动全身，微微深呼吸，上台放松，分散一下注意力；上台后要讲好第一句话，快慢适中，为后边的演讲速度定下基调。演讲时，要想到我做了充分的准备；"假设听众一无所知"，关于这个问题，我比体听众知道得多；我的演讲有精彩之处，肯定赢得掌声……多想自己有利的一面，就会充满自信。

（五）训　练

① 黑格尔说过："有嫉妒心的人自己不能完成伟大的事业，便尽量低估他人的伟大，贬低他人的伟大性，使之与他本人相齐"。韦丘说："能受天磨真铁汉，不遭人嫉是庸才"。请你以"走自己的路，让别人去说吧"为题，作即兴演讲。

② 下面是两段著名演讲词赏析

我有一个梦想(节选)
马丁·路德·金

我有一个梦想,从前奴隶的后嗣和奴隶主的后嗣,有一天,可以在佐治亚州红色的山峦上,平起平坐,兄弟相称。

我有一个梦想,即如蒸发着热气的密西西比州、蒸发着不平等的热气、蒸发着欺压者的热气,有一天,将会转化为自由公义的绿洲。

我有一个梦想,有一天,再没有人以肤色来评价我的孩子,而单单看重品格内涵,因为他们将活在一个平等的国家,再没有种族歧视。

今日,我有一个梦想。

我有一个梦想。有一天,一切山洼都要填满,大小山岗都要削平,高高低低的要改为平坦,崎崎岖岖的必成为平原,上帝的荣耀必然显现,凡有血气的,必一同看见。

这是我们的希望,这是我们回南部去时要带回的信心。凭借这信心,我们能够把绝望的大山,凿成希望的石块;凭借这信心,我们能够将我们国家吵耳的纷争,转化为歌颂手足深情的优美交响乐章;凭借这信心,我们可以一起工作、一起祈祷、一起挣扎、一起为自由奋斗,因为我们深深知道有一天会一同获得自由。

将会有这样的一天。这样的一天,神的儿女将会带着新意歌唱:“我的祖国,一片自由温馨的土壤,属于你的,我要歌唱,这是我先祖逝去的地方,是客旅踩过骄傲足迹的地方,群山各处,让自由高响。”

让自由响自科罗拉多山岭的雪顶!

让自由响自加利福尼亚弯曲的山丘!

岂仅如此,让自由响自佐治亚州的山岭!让自由响自田纳西的山岭!

让自由响自密西西比的大山、小山。从群山的四处,让自由响起。

最后一次演讲
闻一多

这几天,大家晓得,在昆明出现了历史上最卑劣最无耻的事情!李先生究竟犯了什么罪,竟遭此毒手?他只不过用笔写写文章,用嘴说说话,而他所写的,所说的,都无非是一个没有失掉良心的中国人的话!大家都有一支笔,有一张嘴,有什么理由拿出来讲啊!有事实拿出来说啊!(闻先生声音激动了)

为什么要打要杀,而且又不敢光明正大地来打来杀,而偷偷摸摸地来暗杀!(鼓掌)

这成什么话?(鼓掌)

今天,这里有没有特务?你站出来!是好汉的站出来!你出来讲!凭什么要杀死李先生?(厉声,热烈的鼓掌)杀死了人,又不敢承认,还要诬蔑人,说什么“桃色事件”,说什么共产党杀共产党,无耻啊!无耻啊!(热烈的鼓掌)这是某集团的无耻,恰是李先生的光荣!李先生在昆明被暗杀是李先生留给昆明的光荣!也是昆明人的光荣!(鼓掌)

去年“一二·一”昆明青年学生为了反对内战,遭受屠杀,那算是青年的一代献出了他们最宝贵的生命!现在李先生为了争取民主和平而遭受了反动派的暗杀,我们骄傲一点说,这算是像我这样大年纪的一代,我们的老战友,献出了最宝贵的生命!这两桩事发生在昆明,这算是

昆明无限的光荣！（热烈的鼓掌）

反动派暗杀李先生的消息传出以后，大家听了都悲愤痛恨。我心里想，这些无耻的东西，不知他们是怎么想法，他们的心理是什么状态，他们的心是怎样长的！（捶击桌子）

其实很简单，他们这样疯狂地来制造恐怖，正是他们自己在慌啊！在害怕啊！所以他们制造恐怖，其实是他们自己在恐怖啊！特务们，你们想想，你们还有几天？你们完了，快完了！你们以为打伤几个，杀死几个，就可以了事，就可以把人民吓倒了吗？其实广大的人民是打不尽的，杀不完的！要是这样可以的话，世界上早没有人了。

你们杀死一个李公朴，会有千百万个李公朴站起来！你们将失去千百万的人民！你们看着我们人少，没有力量？告诉你们，我们的力量大得很，强得很！看今天来的这些人，都是我们的人，都是我们的力量！此外还有广大的市民！我们有这个信心：人民的力量是要胜利的，真理是永远存在的。

历史上没有一个反人民的势力不被人民毁灭的！希特勒，墨索里尼，不都在人民面前倒下去了吗？翻开历史看看，你们还站得住几天！你们完了，快完了！我们的光明就要出现了。

你们看，光明就在我们眼前，而现在正是黎明之前那个最黑暗的时候。我们有力量打破这个黑暗，争到光明！我们的光明，就是反动派的末日！（热烈的鼓掌）

反动派故意挑拨美苏的矛盾，想利用这矛盾来打内战，任你们怎么样挑拨、怎么样离间，美苏不一定打呀，现在四外长会议已经圆满闭幕了，这不是说美苏间已没有矛盾，但是可以让步、可以妥协，事情是曲折的，不是直线的。

李先生的血不会白流的！李先生赔上了这条性命，我们要换来一个代价。“一二·一”四烈士倒下了，年轻的战士们的血换来了政治协商会议的召开；现在李先生倒下了，他的血要换取政协会议的重开！（热烈的鼓掌）

我们有这个信心！（鼓掌）

“一二·一”是昆明的光荣，是云南人民的光荣。云南有光荣的历史，远的如护国，这不用说了，近的如“一二·一”，都是属于云南人民的。我们要发扬云南光荣的历史！（听众表示接受）

反动派挑拨离间，卑鄙无耻，你们看见联大走了，学生放暑假了，便以为我们没有力量了吗？特务们！你们错了！你们看见今天到会的一千多青年，又握起手来了，我们昆明的青年决不会让你们这样蛮横下去的！

反动派，你看见一个倒下去，可也看得见千百个继起的！

正义是杀不完的，因为真理永远存在！（鼓掌）

历史赋予昆明的任务是争取民主和平，我们昆明的青年必须完成这任务！

我们不怕死，我们有牺牲的精神！我们随时像李先生一样，前脚跨出大门，后脚就不准备再跨进大门！（长时间热烈的鼓掌）

六、论　辩

论辩是一种人际传播的语言交流形式。观点对立的双方站在各自的立场上，为了证明自己的观点的正确并说服对方的直接交锋，是针锋相对短兵相接的论争。

论辩是针对同一事物或概念而进行的辨明孰是孰非的严密的思维推理过程。古往今来，在日常生活中，在种种场合里，在不同的时境下，人们经常就某一问题展开论辩。无论是政治大事、经济纠纷、军事决策、学术研究，还是生活琐事，在意见不一致的时候，就会展开论辩，直到一方说服另一方为止，问题随即得到解决。

（一）特　点

1. 思辨性

世界上事物错综复杂，认识任何一个事物的本质属性，都需要有一个比较的过程，这个比较过程就是思辨。

人们对事物的认识是千差万别的，离开思辨，人云亦云，那么事物的是非、美丑、优劣就分不清了。“论辩是真理之源”，哲学是离不开思辨的。实际生活中，人们常常被表面现象所迷惑，只有通过论辩，才能辨明真伪，识别异同。

2. 论争性

论辩不是打斗，而是论争，多数论辩都是不同利益不同主张之争，或是共同利益不同观点之争，都要摆事实讲道理，据理力争，以理服人。新鲜的思想、正确的观点，往往是在论辩中产生的。

3. 平等性

论辩给双方都提供了阐述自己观点、反驳对方观点的平等机会，即使是上下级之间，论辩也不同于命令或训诫，也必须平等相待。

（二）规　则

论辩是“别同异”、“明是非”的一种手段，运用这种手段，可以解决现实生活中的某些问题，论辩者要明确并端正论辩目的，通过论辩来统一认识，统一思想，统一行动。进行论辩时应遵守一定的规则。

1. 遵守逻辑规律

思维要符合客观规律，论辩要符合思维规律。论辩作为一种论证，是比较复杂的思维过程，它要运用概念、判断和推理等各种逻辑形式。论辩必须做到概念明确、判断恰当、推理合乎逻辑、论据真实而充分，只有这样，论辩才能切合实际，具有强大的逻辑力量，让人心悦诚服。

2. 注重语言表达

论辩使用的语言是论辩思想内容的物质外壳。要把自己的论题、论据表达得清楚明白，同时还要把对对方的批驳表达得鲜明有力，必须重视语言的运用。注意选词择句，注意语法修辞，使论辩语言准确、简练、顺达、朴实而又富有文采，具有幽默感。

3. 实施心理控制

论辩时，双方都在潜意识里把对方置于对立面，因而形成紧张的心理定式。实施心理控制就是要控制情绪,努力排遣紧张感和对立情绪。

论辩中,论辩者受对方的刺激往往会引起激动,刺激源可能是语气、语调和话语等。双方都要加以克制。自己要做到语气委婉、语调平和;如果对方激动,那么最佳的控制途径就是沉默。沉默是金,它可以使心理失衡的人恢复常态。

(三)种 类

论辩是要求比较高的一种演讲类型。一般最常见、最基本的有:法庭论辩、外交论辩、决策论辩、赛场论辩等。

1. 法庭论辩

法庭论辩是古老的论辩类型之一,是法庭审理程序中的重要步骤,并在其中占有重要地位。随着经济的发展、社会的进步,人们的法律意识也逐渐增强,生活中可能会参与诉讼。

法庭论辩是在调查事实的基础上所进行的法律诉讼活动。通过诉讼双方的法庭辩论,可以使法庭进一步听取两方面的意见,从不同角度,全面深入地分析和认真评价全部证据,然后对案件做出正确的结论。

法庭论辩的技巧:

(1) 充分准备

法庭论辩是一件比较复杂、要求相当细致的工作。只有深入调查研究,掌握案件的事实和证据,熟知案情的前因后果、来龙去脉,才有可能取得论辩的成功。所以公诉人在出庭之前,必须熟悉全部案情,才能在法庭上揭发罪犯,达到维护法律的目的。

同样,辩护人为了维护当事人的合法权益,在出庭辩护之前,也要做好准备工作。起诉书是检察机关控诉被告人有罪以及罪行大小的法律文件,辩护人要从起诉书中了解被告人的各种情况,如:他犯了什么罪?有哪些事实和证据?证据之间有无矛盾?案件性质如何?是否构成犯罪等等。另外,当报告人对案情事实或证据有怀疑时,辩护人还可以深入实际调查访问,发现和搜集有利于被告的新线索和证据。

最后,公诉人和辩护人都要拟好公诉词或辩护词,等待法庭上唇枪舌剑的辩论。

例如:电影《风暴》中,施洋大律师的法庭辩护:

当阶级兄弟黄得发被敌人诬陷,就要被当众处死的关键时候,施洋大律师挺身而出,慷慨陈词,做了一次出色的辩护演说:

"今天下午六时左右,江岸铁路机车厂的工头胡大头跑到工人黄得发、江有才的家里,用威逼利诱的方法,叫黄、江二人去车站替魏处长的父亲开压道车。魏处长的父亲因急于去新市场看女伶'夜明珠'的演出,一路上就迫令黄、江二人加紧摇车。

这时,迎面开来了一列军车。按铁路行车规章规定,压道车务须给火车让路,所以黄、江二人准备下车让路。但是,魏处长的父亲因急于看'夜明珠'的演出,迫令黄、江二人继续往前开车。黄、江二人向魏处长的父亲委曲陈辞,还扶他老人家下车,但是这个老人家蛮不讲理,破口大骂,说什么:'我的儿子魏学清,乃是京汉铁路总局的警务处长,手里捏着好几团人,任何车辆见了我魏老太爷一律让路……'他一面谩骂,一面用手杖猛击黄、江二人。这时,军车已经开近了压道车,黄得发不得已跳车逃命,江有才却被魏处长的父亲拖住了,一齐碾死在火车轮下,这就是全案的经过。"

施洋大律师用准确无误、简明精练的语言,将案情的事实真相公布于众,正是由于他有所准备，熟知案情的全部经过，才使他的辩护气势磅礴、所向披靡。所以，充分准备，是法庭论辩制胜的法宝。

(2) 以事论法

“以事实为根据，以法律为准绳”，法庭论辩以此作为辩护的准则，坚持以事论法、事法结合的原则，真正做到不枉不纵。以事论法，就是在法庭论辩中首先以客观事实为依据，而不能以主观的想象、推测或想当然为依据。事法结合，就是要在查清案情事实的基础上，以国家法律为标准展开辩论，有据有法进行辩驳。

由此可见，事实和法律是互相联系、不可分割的，法庭辩论必须持之有故、言之有法，这样才能使论辩立于不败之地。

例如：张某因伤害李某被一审法院判处有期徒刑，张某不服，提出上诉。某律师在法院开庭审理时，出庭为其辩护：

“李某死亡的结果不完全是张某的行为造成的。本案发生前，李某曾多次遭人殴打，本市第一建筑公司赵××亲眼看到李某身上的棉衣湿透，脸上有伤痕。解剖尸体证实：李某的头部有散状血块七处之多，而张某没有殴打李的头部。解剖尸体还发现，李的身上既有新伤，也有旧性伤痕。这些都足以证明，在张某打他之前，李某被他人殴打过。而张某得知李某是精神病偶发患者时，就马上停止殴打，并立即将他送往医院。况且张某殴打李是因为李破窗进入该店行窃。事件发生后，张某及时投案自首并多次表示了悔过之意。

根据上述理由，辩护人认为，张某的行为构成了伤害罪，应追究其刑事责任。但《刑法》第五十七条规定：‘对于犯罪分子决定刑罚的时候，应当根据犯罪的事实、犯罪的性质、情节和对社会的危害程度决定’，第六十七条规定：‘对于被判处拘役，三年以下有期徒刑的犯罪分子，根据犯罪分子的犯罪情节和悔过表现，认为适用缓刑确实不致再危害社会的，可以宣判缓刑。’所以，本律师请求法庭考虑，应该对张某判处缓刑。”

法院根据事实和法律，充分考虑了律师的辩护意见，改判张某缓刑。从这里我们可以看出，律师之所以胜诉，就在于他的辩护在事实与法律之间架起了一座桥梁。摆事实准确，引用法律又以事实为依据，既捍卫了法律的尊严，又维护了当事人的正当权益。

(3) 论据充足

铁证如山，事实胜于雄辩。法庭论辩，不但论点要明确，更重要的是论据要可靠而充分。论据是论辩取胜的重要条件，在法庭论辩中，确凿的证据是揭露犯罪分子顽抗抵赖、否认犯罪事实的锐利武器，又是戳穿骗局、维护当事人合法权益、争取法律公正裁决的有力工具。

可以说，证据就像一架机器的中轴，整个法庭论辩，甚至整个诉讼过程，都是围绕这个中轴运转。正是由于证据能起到如此重要的关键作用，当年在远东国际军事审判中，使东条英机、板垣征四郎、土肥原贤二等罪大恶极的日本战犯受到了应有的惩罚。例如电影《东京审判》中的法庭论辩内容：

倪征燠 你刚才说九一八事变，也就是1931年9月18日那天的战争，你们事前从来没有策划，是吗？

板垣征四郎 是。

征燠 但是你又承认，关东军在皇姑屯事件前就已经制定了作战计划，你不同意制定这个计划，是吗？

板垣征四郎 我想我有必要向你解释一下……

倪征燠 我不需要你的解释，我要问的是，是你将这个作战计划报告给中央，并得到了同意，是吗？

板垣征四郎 是。

倪征燠 那你还怎么说，你们事先没有策划过九一八事变呢？

板垣征四郎 因为关东军跟中国东北军相比，兵力上处于1比20的劣势，所以我们要防止他们的攻击，我们只是自卫。

倪征燠 你怎么知道东北军要攻击你们呢？

板垣征四郎 我们根据情报判断出来的，所以才制定这份计划。

倪征燠 根据情报？什么情报？板垣征四郎先生，我想我有必要提醒你，法庭是讲证据的地方，你若想证明东北军将会向日本军队发起攻击，必须要提供证据。

……

倪征燠 在你的辩护词里，你提到了日本与德国、意大利商讨三国公约时，你不主张扩大战事，还有关于中苏边境发生的张鼓蜂事件，你一直努力设法就地解决，是吗？

板垣征四郎 是。

倪征燠 因为这两件事你还被天皇谴责过，是吗？

板垣征四郎 ……

倪征燠 是还是不是？

板垣征四郎 你怎么知道的？

倪征燠 现在是我在问你，不是你来问我。立刻回答我，是还是不是？

板垣征四郎 没有这回事。

倪征燠 这是我们中国检察团从盟军总部得到的一份证据，是日本元老西园寺原田的一本日记，上面详细记载了日本天皇因为上述两件事对板垣征四郎进行了严厉的呵斥，你居然说没有这回事？

板垣征四郎 ……

倪征燠 现在我请求法庭允许我呈上这份证据，请法庭查验并予以登记在案。

……

倪征燠 在你任陆军大臣的后期，曾经派人到中国去见两个人，一是曾任民国政府第一任总理的唐绍仪，另一个是前北洋军阀统帅吴佩孚，是吗？

板垣征四郎 是。

倪征燠 你的目的是要拉拢这两个人，成立大规模的傀儡组织，是吗？

板垣征四郎 我不知道。

倪征燠 那你派谁去的总该知道吧。那个人是否就是当年僭充沈阳市市长、扶植傀儡溥仪称帝、勾结关东日军、阴谋华北自治、煽动内蒙独立、到处唆使汉奸、成立伪政权和维持会、煊赫一时、无恶不作、而今危坐在被告席右端的土肥原贤二？

板垣征四郎 ……

倪征燠 是不是他？马上回答我！

当论辩的双方各执一词、争论不休时，确凿证据的出示，就会使无理的一方理屈词穷，不得不承认事实，从而失去狡辩的可能。第二次世界大战期间，日本在战争中使用毒气，散布注入细菌的物质。但"二战"结束后，日本拒不承认。美国法官托斯·H·莫罗陆军上校专程飞往中国调查询问，搜集证据，揭露了日军违反国际法，野蛮进行毒气战、细菌战的罪行。据统计，在整个远东国际军事法庭的审判中，检查方与辩护方共提出证据 4336 件，共有 419 人出庭作证。

2. 赛场论辩

赛场论辩是有组织的、按一定规则进行的比赛形式，双方当面交锋，各自论证自己的观点和见解，抨击对方论点，揭露对方谬误。赛场论辩最能锻炼人的思维能力、应变能力和表达能力。在赛场上，论辩双方胶着争执，激烈的舌战十分引人入胜，因而越来越受到人们的普遍欢迎和喜爱。

在赛场上，论辩双方的地位是平等的，机会也是相等的，辩题是中性的，使双方都有话可说，有理可讲。赛场论辩是集体比赛项目，需要队员之间的整体配合，配合默契是取得胜利的基础，也是论辩艺术的最佳境界之一。

赛场论辩的技巧：

(1) 合理审题

辩题是事先拟定的，由正反双方抽签决定。因此论辩之前必须充分研究辩题，这是赛场论辩的关键所在。只有合理的审题，才能有的放矢，打下胜利的基础。

审题，不能只考虑己方的观点，也要站在对方的观点上研究一下辩题。知己知彼，才能制定出在观点上有理、在辩论上有利、在论证上有势的最佳方案。

审题的关键是在辩题的概念、定义上做文章，辩题中的某些词句，需要做出定义或解释，一定要抓住这些概念和词语的要害，确定对己方有利的定义，在论辩中避实就虚，用自己观点中强有力的部分，去攻击对方理论上最薄弱的环节，从而取得超常效果。

(2) 材料准备

材料是论辩本方观点和攻击对方论点的“军火弹药”，因此赛前一定要广泛搜集并认真筛选有关材料，既要准备支持己方论题的材料，也要准备反驳对方论题的材料。赛场上，如果论辩材料匮乏，必定会穷于应付，被动挨打。具有确凿、翔实的材料，是论辩成败的关键。

(3) 严密论证

培根说：逻辑与修辞使人善辩。赛场论辩中，要求双方运用逻辑的威力，使论证严密，一方面要使己方立于不败之地，另一方面要有力地驳倒对方。

① 明晰概念：在论辩中，对于对方有意或无意混为一谈的概念加以剖析，避免纠缠，可把握论辩的方向和主动权。

例如：一所大学政治系，在讨论人生价值问题时，有这样两段论辩发言：

甲：人都是自私的，这话虽然俗气，却是真理。庸俗的真理也是存在的。原始社会里人与人和睦相处，彼此相依，是一种相互利用，因为那时谁也离不开；在阶级社会中，剥削阶级对劳动人民的剥削压榨以及劳动人民的反抗斗争，都是为了自身的利益；在现代社会里，由于人类的发展与进步，人民的需要也随之发生了变化，一部分人对精神，如名誉地位等等的追求胜过对物质的追求，有的人因谋财害命而沦为囚徒，有的人则以暂时的少许牺牲来换取更大的荣誉和地位，这实际上没有什么差别，只是自私的手段、方式不同罢了。还有一些人艰苦奋斗，企求成名成家，尽管这些人的努力可以给他带来一些好处，但这些人努力的目的还是为了自己。至于英雄、模范也不例外，他们虽然能有意识地为他人为社会做一些有益的事，不也是为了完善自我，追求自己的美好理想吗？

乙：你的发言比较生动，但所述观点我不敢苟同。不难分析，你所说的自私，有如下四方面的含义：第一，靠剥削、压迫、欺骗他人来满足自己无休止的欲望；第二，为维护自己的正当利益所进行的合理斗争；第三，在不损害他人利益的前提下，通过自身奋斗来满足自己的需求；第四，将自己与他人、与社会融为一体，为社会做出了贡献，也相对满足了自己，实现了自己的理想和抱负。如果你所说的这四种行为都可以称为“自私”的话，那么对第一种自私，我们应该唾弃；对第二种自私，我们应该赞颂和支持；对第三种自私，我个人表示理解和认可；对第四种自私，我们则应该大力提倡。不知你是否认为这几种自私存在着本质的区别，如果有，那么你所崇尚的、你认为有价值的，究竟是哪一种“自私”呢？

（部分同学偷偷发笑，甲同学面红耳赤）

乙同学对“自私”这个概念进行了层层剖析，对对方杂乱无章的辩说之词，先澄清而后驳斥，使论辩真正交锋，并击中对方要害，维护了自己的观点。

② 针锋相对：摸清对方立论的根据，瞄准对方的诸个论点，逐一加以驳斥。

例：爱国将领冯玉祥在任陕西督军时，有两个外国人私自到终南山打猎，打死了两头珍贵的野牛。冯将军把他们招到西安，问道：“你们到终南山打猎，和谁打过招呼，领到许可证没有？”“我们打的是无主野牛，用不着通知任何人。”冯将军听了非常气愤，说：“终南山是陕西的辖地，野牛是中国领土内的东西，怎么是无主的呢？你们不经批准私自行猎，就是犯法行为，你们还不知罪吗？”

两个外国人狡辩说：“这次到陕西，贵国外交部发给的护照上，不是准许携带猎枪吗？可见我们行猎已得到贵国的准许，怎么是私自行猎呢？”冯将军反驳道：“准许你们携带猎枪就是准许你们打猎吗？若准许你们携带手枪，难道就可以在中国境内随意杀人吗？”

其中一个外国人还不服气，继续狡辩说：“我在中国15年，所到的地方从来没有不准打猎的；再说，中国的法律也没有不准外国人在境内打猎的条文。”冯将军冷笑道：“没有不准外国人打猎的条文，不错。但难道有准许外国人打猎的条文吗？你15年没有遭到官府的禁止，那是他们睡着了。现在我身为陕西的地方官，我却没睡着。我负有国家人民交托的保土卫权之责，就非禁止不可。”至此，两个外国人只好乖乖认罪。

三个回合，针锋相对，把两个私自行猎的外国人的所谓“理由”统统驳倒，使对方理屈词穷。

(4) 组织实施

赛场论辩分两队进行，各队一般由4人组成，主辩1人，助辩2—3人。

正式比赛分三个阶段进行：

第一阶段是轮流发言，由一辩阐明本方立场，二辩、三辩补充，主要是论证观点，以“论”为主；

第二阶段是自由辩论，四位辩手均可发言，双方可进攻、可防守，以“辩”为主；

第三阶段是总结发言，由第四辩手总结本方观点。“论”与“辩”兼顾。

在总结发言前后，可以给观众提问的时间，观众可向正反方进行提问，参与辩论。

赛场论辩不是论题胜负之争，而是论辩能力和水平的优劣之争。评判团往往要从双方论辩的内容、重点、角度、表达能力、风度、机智等多方面进行评比。所以论辩双方要有礼貌，控制感情，以理服人，不能出言不逊，恶语伤人。

七、应用表达

（一）诗歌朗诵

1. 余光中《乡愁》

小时候
乡愁是一枚小小的邮票
我在这头
母亲在那头

长大后
乡愁是一张窄窄的船票
我在这头
新娘在那头

后来啊
乡愁是一方矮矮的坟墓
我在外头
母亲啊在里头

而现在
乡愁是一湾浅浅的海峡
我在这头
大陆在那头

2. 海子《面朝大海 春暖花开》

从明天起，做一个幸福的人
喂马，劈柴，周游世界
从明天起，关心粮食和蔬菜
我有一所房子，面朝大海，春暖花开

从明天起，和每一个亲人通信
告诉他们我的幸福
那幸福的闪电告诉我的
我将告诉每一个人

给每一条河每一座山取一个温暖的名字
陌生人，我也为你祝福
愿你有一个灿烂的前程
愿你有情人终成眷属

愿你在尘世获得幸福
我也愿面朝大海，春暖花开

（二）戏剧表演

莎士比亚《威尼斯商人》（节选）

公爵、众绅士、安东尼奥、巴萨尼奥、葛莱西安诺、萨拉里诺、萨莱尼奥及余人等同上。

公　　爵 安东尼奥有没有来？

安东尼奥 有，殿下。

公　　爵 我很为你不快乐；你是来跟一个心如铁石的对手当庭质对，一个不懂得怜悯、没有一丝慈悲心的不近人情的恶汉。

安东尼奥 听说殿下曾经用尽力量劝他不要过为已甚，可是他一味坚执，不肯略作让步。既然没有合法的手段可以使我脱离他的怨毒的掌握，我只有用默忍迎受他的愤怒，安心等待着他的残暴的处置。

公　　爵 来人，传那犹太人到庭。

萨拉里诺 他在门口等着；他来了，殿下。

夏洛克上。

公　　爵 大家让开些，让他站在我的面前。夏洛克，人家都以为——我也是这样想——你不过故意装出这一副凶恶的姿态，到了最后关头，就会显出你的仁慈恻隐来，比你现在这种表面上的残酷更加出人意料；现在你虽然坚持着照约处罚，一定要从这个不幸的商人身上割下一磅肉来，到了那时候，你不但愿意放弃这一种处罚，而且因为受到良心上的感动，说不定还会豁免他一部分的欠款。你看他最近接连遭逢的巨大损失，足以使无论怎样富有的商人倾家荡产，即使铁石一样的心肠，从来不知道人类同情的野蛮人，也不能不对他的境遇发生怜悯。犹太人，我们都在等候你一句温和的回答。

夏 洛 克 我的意思已经向殿下告禀过了；我也已经指着我们的圣安息日起誓，一定要照约执行处罚；要是殿下不准许我的请求，那就是蔑视宪章，我要到京城里去上告，要求撤销贵邦的特权。您要是问我为什么不愿接受三千块钱，宁愿拿一块腐烂的臭肉，那我可没有什么理由可以回答您，我只能说我欢喜这样，这是不是一个回答？要是我的屋子里有了耗子，我高兴出一万块钱叫人把它们赶掉，谁管得了我？这不是回答了您吗？有的人不爱看张开嘴的猪，有的人瞧见一只猫就要发脾气，还有人听见人家吹风笛的声音，就忍不住要小便；因为一个人的感情完全受着喜恶的支配，谁也做不了自己的主。现在我就这样回答您：为什么有人受不住一头张开嘴的猪，有人受不住一只有益无害的猫，还有人受不住咿咿唔唔的风笛的声音，这些都是毫无充分的理由的，只是因为天生的癖性，使他们一受到刺激，就会情不自禁地现出丑相来；所以我不能举什么理由，也不愿举什么理由，除了因为我对于安东尼奥抱着久积的仇恨和深刻的反感，所以才会向他进行这一场对于我自己并没有好处的诉讼。现在您不是已经得到我的回答了吗？

巴萨尼奥 你这冷酷无情的家伙，这样的回答可不能作为你的残忍的辩解。

夏 洛 克 我的回答本来不是为了讨你的欢喜。

巴萨尼奥 难道人们对于他们所不喜欢的东西，都一定要置之死地吗？

夏 洛 克 哪一个人会恨他所不愿意杀死的东西？

巴萨尼奥 初次的冒犯，不应该就引为仇恨。

夏洛克 什么！你愿意给毒蛇咬两次吗？

安东尼奥 请你想一想，你现在跟这个犹太人讲理，就像站在海滩上，叫那大海的怒涛减低它的奔腾的威力，责问豺狼为什么害母羊为了失去它的羔羊而哀啼，或是叫那山上的松柏，在受到天风吹拂的时候，不要摇头摆脑，发出声音。要是你能够叫这个犹太人的心变软——世上还有什么东西比它更硬呢？——那么还有什么难事不可以做到？所以我请你不用再跟他商量什么条件，也不用替我想什么办法，让我爽爽快快受到判决，满足这犹太人的心愿吧。

巴萨尼奥 借了你三千块钱，现在拿六千块钱还你好不好？

夏洛克 即使这六千块钱中间的每一块钱都可以分做六份，每一份都可以变成一块钱，我也不要它们；我只要照约处罚。

公　爵 你这样一点没有慈悲之心，将来怎么能够希望人家对你慈悲呢？

夏洛克 我又不干错事，怕什么刑罚？你们买了许多奴隶，把他们当作驴狗骡马一样看待，叫他们做种种卑贱的工作，因为他们是你们出钱买来的。我可不可以对你们说，让他们自由，叫他们跟你们的子女结婚？为什么他们要在重担之下流着血汗？让他们的床铺得跟你们的床同样柔软，让他们的舌头也尝尝你们所吃的东西吧，你们会回答说：这些奴隶是我们所有的。所以我也可以回答你们：我向他要求的这一磅肉，是我出了很大的代价买来的；它是属于我的，我一定要把它拿到手里。您要是拒绝了我，那么你们的法律去见鬼吧！威尼斯城的法令等于一纸空文。我现在等候着判决，请快些回答我，我可不可以拿到这一磅肉？

公　爵 我已经差人去请培拉里奥，一位有学问的博士，来替我们审判这件案子；要是他今天不来，我可以有权宣布延期判决。

萨拉里诺 殿下，外面有一个使者刚从帕度亚来，带着这位博士的书信，等候着殿下的召唤。

公　爵 把信拿来给我；叫那使者进来。

巴萨尼奥 高兴起来吧，安东尼奥！喂，老兄，不要灰心！这犹太人可以把我的肉、我的血、我的骨头、我的一切都拿去，可是我决不让你为了我的缘故流一滴血。

安东尼奥 我是羊群里一只不中用的病羊，死是我的应分；最软弱的果子最先落到地上，让我也就这样结束了我的一生吧。巴萨尼奥，我只要你活下去，将来替我写一篇墓志铭，那你就是做了再好不过的事。

尼莉莎扮律师书记上。

公　爵 你是从帕度亚培拉里奥那里来的吗？

尼莉莎 是，殿下。培拉里奥叫我向殿下致意。（呈上一信。）

巴萨尼奥 你这样使劲儿磨着刀干吗？

夏洛克 从那破产的家伙身上割下那磅肉来。

葛莱西安诺 狠心的犹太人，你不是在鞋口上磨刀，你这把刀是放在你的心口上磨；无论哪种铁器，就连刽子手的钢刀，都赶不上你这刻毒的心肠一半的锋利。难道什么恳求都不能打动你吗？

夏洛克 不能，无论你说得多么婉转动听，都没有用。

葛莱西安诺 万恶不赦的狗，看你死后不下地狱！让你这种东西活在世上，真是公道不生眼睛。你简直使我的信仰发生摇动，相信起毕达哥拉斯所说畜生的灵魂可以转生人体的议论来了；你的前生一定是一头豺狼，因为吃了人给人捉住吊死，它那凶恶的灵魂就从绞架上逃了出来，钻进了你那老娘的腌臜的胎里，因为你的性情正像豺狼一样残暴贪婪。

夏洛克 除非你能够把我这一张契约上的印章骂掉，否则像你这样拉开了喉咙直嚷，不过白白伤了你的肺，何苦来呢？好兄弟，我劝你还是让你的脑子休息一下吧，免得它损坏了，将来无法收拾。我在这儿要求法律的裁判。

公　爵 培拉里奥在这封信上介绍一位年轻有学问的博士出席我们的法庭。他在什么地方？

尼莉莎 他就在这儿附近等着您的答复，不知道殿下准不准许他进来？

公　爵 非常欢迎。来，你们去三四个人，恭恭敬敬领他到这儿来。现在让我们把培拉里奥的来信当庭宣读。

书　记 （读）尊翰到时，鄙人抱疾方剧；适有一青年博士鲍尔萨泽君自罗马来此，致其慰问，因与详讨犹太人与安东尼奥一案，广稽群籍，折衷是非，遂恳其为鄙人庖代，以应殿下之召。凡鄙人对此案所具意见，此君已深悉无遗；其学问才识，虽穷极赞辞，亦不足道其万一，务希勿以其年少而忽之，盖如此少年老成之士，实鄙人生平所仅见也。倘蒙延纳，必能不辱使命。敬祈钧裁。

公　爵 你们已经听到了博学的培拉里奥的来信。这儿来的大概就是那位博士了。

鲍西娅扮律师上。

公　爵 把您的手给我。足下是从培拉里奥老前辈那儿来的吗？

鲍西娅 正是，殿下。

公　爵 欢迎欢迎；请上坐。您有没有明了今天我们在这儿审理的这件案子的两方面的争点？

鲍西娅 我对于这件案子的详细情形已经完全知道了。这儿哪一个是那商人，哪一个是犹太人？

公　爵 安东尼奥，夏洛克，你们两人都上来。

鲍西娅 你的名字就叫夏洛克吗？

夏洛克 夏洛克是我的名字。

鲍西娅 你这场官司打得倒也奇怪，可是按照威尼斯的法律，你的控诉是可以成立的。（向安东尼奥）你的生死现在操在他的手里，是不是？

安东尼奥 他是这样说的。

鲍西娅 你承认这借约吗？

安东尼奥 我承认。

鲍西娅 那么犹太人应该慈悲一点。

夏洛克 为什么我应该慈悲一点？把您的理由告诉我。

鲍西娅 慈悲不是出于勉强，它是像甘霖一样从天上降下尘世；它不但给幸福于受施的人，也同样给幸福于施与的人；它有超乎一切的无上威力，比皇冠更足以显出一个帝王的高贵；御杖不过象征着俗世的威权，使人民对于君上的尊严凛然生畏；慈悲的力量却高出于权力之上，它深藏在帝王的内心，是一种属于上帝的德性，执法的人倘能把慈悲调剂着公道，人间的权力就和上帝的神力没有差别。所以，犹太人，虽然你所要求的是公道，可是请你想一想，要是真的按照公道执行起赏罚来，谁也没有死后得救的希望；我们既然祈祷着上帝的慈悲，就应该按照祈祷的指点，自己做一些慈悲的事。我说了这一番话，为的是希望你能够从你的法律的立场上作几分让步；可是如果你坚持着原来的要求，那么威尼斯的法庭是执法无私的，只好把那商人宣判定罪了。

夏洛克 我自己做的事,我自己当!我只要求法律允许我照约执行处罚。

鲍西娅 他是不是无力偿还这笔借款?

巴萨尼奥 不,我愿意替他当庭还清;照原数加倍也可以;要是这样他还不满足,那么我愿意签署契约,还他十倍的数目,拿我的手、我的头、我的心做抵押;要是这样还不能使他满足,那就是存心害人,不顾天理了。请堂上运用权力,把法律稍为变通一下,犯一次小小的错误,干一件大大的功德,别让这个残忍的恶魔逞他杀人的兽欲。

鲍西娅 那可不行,在威尼斯谁也没有权力变更既成的法律;要是开了这一个恶例,以后谁都可以借口有例可援,什么坏事情都可以干了。这是不行的。

夏洛克 一个但尼尔来做法官了!真的是但尼尔再世!聪明的青年法官啊,我真佩服你!

鲍西娅 请你让我瞧一瞧那借约。

夏洛克 在这儿,可尊敬的博士;请看吧。

鲍西娅 夏洛克,他们愿意出三倍的钱还你呢。

夏洛克 不行,不行,我已经对天发过誓啦,难道我可以让我的灵魂背上毁誓的罪名吗?不,把整个儿的威尼斯给我,我都不能答应。

鲍西娅 好,那么就应该照约处罚;根据法律,这犹太人有权要求从这商人的胸口割下一磅肉来。还是慈悲一点,把三倍原数的钱拿去,让我撕了这张约吧。

夏洛克 等他按照约中所载条款受罚以后,再撕不迟。您瞧上去像是一个很好的法官;您懂得法律,您讲的话也很有道理,不愧是法律界的中流砥柱,所以现在我就用法律的名义,请您立刻进行宣判,凭着我的灵魂起誓,谁也不能用他的口舌改变我的决心。我现在但等着执行原约。

安东尼奥 我也诚心请求堂上从速宣判。

鲍西娅 好,那么就是这样:你必须准备让他的刀子刺进你的胸膛。

夏洛克 啊,尊严的法官!好一位优秀的青年!

鲍西娅 因为这约上所订定的惩罚,对于法律条文的涵义并无抵触。

夏洛克 很对很对!啊,聪明正直的法官!想不到你瞧上去这样年轻,见识却这么老练!

鲍西娅 所以你应该把你的胸膛袒露出来。

夏洛克 对了,他的胸部,约上是这么说的;——不是吗,尊严的法官?——附近心口的所在,约上写得明明白白的。

鲍西娅 不错,称肉的天平有没有预备好?

夏洛克 我已经带来了。

鲍西娅 夏洛克,去请一位外科医生来替他堵住伤口,费用归你负担,免得他流血而死。

夏洛克 约上有这样的规定吗?

鲍西娅 约上并没有这样的规定;可是那又有什么相干呢?肯做一件好事总是好的。

夏洛克 我找不到;约上没有这一条。

鲍西娅 商人,你还有什么话说吗?

安东尼奥 我没有多少话要说;我已经准备好了。把你的手给我,巴萨尼奥,再会吧!不要因为我为了你的缘故遭到这种结局而悲伤,因为命运对我已经特别照顾了:她往往让一个不幸的人在家产荡尽以后继续活下去,用他凹陷的眼睛和满是皱纹的额角去挨受贫困的暮年;这一种拖延时日的刑罚，她已经把我豁免了。替我向尊夫人致意，告诉她安东尼奥的结局；对她说我怎样爱你，又怎样从容就死；等到你把这一段故事讲完以后，再请她判断一句，巴萨尼奥是不是曾经有过一个真心爱他的朋友。不要因为你将要失去一个朋友而懊恨，替你还债的人是死而无怨的；只要那犹太人的刀刺得深一点，我就可以在一刹那的时间把那笔债完全还清。

巴萨尼奥 安东尼奥，我爱我的妻子，就像我自己的生命一样；可是我的生命、我的妻子以及整个的世界，在我的眼中都不比你的生命更为贵重；我愿意丧失一切，把它们献给这恶魔做牺牲，来救出你的生命。

鲍 西 娅 尊夫人要是就在这儿听见您说这样话，恐怕不见得会感谢您吧。

葛莱西安诺 我有一个妻子，我可以发誓我是爱她的；可是我希望她马上归天，好去求告上帝改变这恶狗一样的犹太人的心。

尼莉莎 幸亏尊驾在她的背后说这样的话，否则府上一定要吵得鸡犬不宁了。

夏 洛 克 这些便是相信基督教的丈夫！我有一个女儿，我宁愿她嫁给强盗的子孙，不愿她嫁给一个基督徒，别再浪费光阴了；请快些儿宣判吧。

鲍 西 娅 那商人身上的一磅肉是你的；法庭判给你，法律许可你。

夏 洛 克 公平正直的法官！

鲍 西 娅 你必须从他的胸前割下这磅肉来；法律许可你，法庭判给你。

夏 洛 克 博学多才的法官！判得好！来，预备！

鲍 西 娅 且慢，还有别的话哩。这约上并没有允许你取他的一滴血，只是写明着一磅肉；所以你可以照约拿一磅肉去，可是在割肉的时候，要是流下一滴基督徒的血，你的土地财产，按照威尼斯的法律，就要全部充公。

葛莱西安诺 啊，公平正直的法官！听着，犹太人；啊，博学多才的法官！

夏 洛 克 法律上是这样说吗？

鲍 西 娅 你自己可以去查查明白。既然你要求公道，我就给你公道，而且比你所要求的更地道。

葛莱西安诺 啊，博学多才的法官！听着，犹太人；好一个博学多才的法官！

夏 洛 克 那么我愿意接受还款；照约上的数目三倍还我，放了那基督徒。

巴萨尼奥 钱在这儿。

鲍 西 娅 别忙！这犹太人必须得到绝对的公道。别忙！他除了照约处罚以外，不能接受其他的赔偿。

葛莱西安诺 啊，犹太人！一个公平正直的法官，一个博学多才的法官！

鲍 西 娅 所以你准备着动手割肉吧。不准流一滴血，也不准割得超过或是不足一磅的重量；要是你割下来的肉，比一磅略微轻一点或是重一点，即使相差只有一丝一毫，或者仅仅一根汗毛之微，就要把你抵命，你的财产全部充公。

葛莱西安诺 一个再世的但尼尔，一个但尼尔，犹太人！现在你可掉在我的手里了，你这异教徒！

鲍 西 娅 那犹太人为什么还不动手？

夏 洛 克 把我的本钱还我，放我去吧。

巴萨尼奥 钱我已经预备好在这儿，你拿去吧。

鲍 西 娅 他已经当庭拒绝过了；我们现在只能给他公道，让他履行原约。

葛莱西安诺 好一个但尼尔，一个再世的但尼尔！谢谢你，犹太人，你教会我说这句话。

夏 洛 克 难道我单单拿回我的本钱都不成吗?

鲍 西 娅 犹太人,除了冒着你自己生命的危险割下那一磅肉以外,你不能拿一个钱。

夏 洛 克 好,那么魔鬼保佑他去享用吧!我不打这场官司了。

鲍 西 娅 等一等,犹太人,法律上还有一点牵涉你。威尼斯的法律规定:凡是一个异邦人企图用直接或间接手段,谋害任何公民,查明确有实据者,他的财产的半数应当归受害的一方所有,其余的半数没入公库,犯罪者的生命悉听公爵处置,他人不得过问。你现在刚巧陷入这一条法网,因为根据事实的发展,已经足以证明你确有运用直接间接手段,危害被告生命的企图,所以你已经遭逢着我刚才所说起的那种危险了。快快跪下来,请公爵开恩吧。

葛莱西安诺 求公爵开恩,让你自己去寻死吧;可是你的财产现在充了公,一根绳子也买不起啦,所以还是要让公家破费把你吊死。

公　　爵 让你瞧瞧我们基督徒的精神,你虽然没有向我开口,我自动饶恕了你的死罪。你的财产一半划归安东尼奥,还有一半没入公库;要是你能够诚心悔过,也许还可以减处你一笔较轻的罚款。

鲍 西 娅 这是说没入公库的一部分,不是说划归安东尼奥的一部分。

夏 洛 克 不,把我的生命连着财产一起拿了去吧,我不要你们的宽恕。你们拿掉了支撑房子的柱子,就是拆了我的房子;你们夺去了我的养家活命的根本,就是活活要了我的命。

(三) 论　辩

1. 以“大学期间,修德重于修业”为辩题,在课堂中进行一次群体的辩论。

2. 两个组或两个班组成两队,进行赛场论辩。

(1) 道德能消除腐败。

(2) 人生是生命的长短还是生命的质量(价值)?

第五单元
应用写作

我在提笔之前，总要给自己提出三个问题：我想写什么，如何写，以及怎么写。

——高尔基

应用文是各类企事业单位、机关团体和个人在工作、学习和日常生活等社会活动中，用以处理各种公私事务、传递交流信息、解决实际问题所使用的具有直接实用价值、格式规范、语言简约的多种文体的统称。通常如证明信、慰问信、表扬信、感谢信、祝贺信、请柬、聘书、倡议书启事、声明、公示、请示、报告、述职报告、通知、会议纪要、产品说明书、导游词等大约200多种。

一、请　示

请示是下级机关向上级机关请求对某项工作、问题作出指示，对某项政策界限给予明确，对某事予以审核批准时使用的一种请求性公文，是应用写作实践中的一种常用文体。请示可分为解决某种问题的请示，请求批准某种事项的请示。

（一）特　点

1．请示事项一般时间性较强。请示的事项一般都是急需明确和解决的，否则会影响正常工作，因此时间性强。

2．应一事一请示。

3．一般主送一个机关，不多头主送，如需同时送其他机关，应当用抄送形式，但不得在请示的同时又抄送下级机关。

4．应按隶属关系逐级请示，一般情况不得越级请示，如确需越级请示，应同时抄报直接主管部门。

（二）写　法

请示由标题、正文和尾部三部分组成：

1．标　题

请示的标题一般有两种构成形式：一种是由发文机关名称、事由和文种构成。如《××县人民政府关于××××××的请示》；另一种是由事和文种构成，如《关于开展春节拥军优属工作的请示》。

2．主送机关

请示的主送机关是指负责受理和答复该文件的机关。每件请示只能写一个主送机关，不能多头请示。

3．正　文

其结构一般由开头、主体和结语等部分组成。

（1）开　头

主要交代请示的缘由。它是请示事项能否成立的前提条件，也是上级机关批复的根据。原因讲的客观、具体，理由讲的合理、充分、上级机关才好及时决断，予以有针对性的批复。

（2）主　体

主要说明请求事项。它是向上级机关提出的具体请求，也是陈述缘由的目的所在。这部分内容要单一，只宜请求一件事。另外请示事项要写的具体、明确、条项清楚，以便上级机关给予明确批复。

（3）结　语

应另起段，习惯用语一般有“当否，请批示”，“妥否，请批复”，“以上请示，请予审批”或“以上请示如无不妥，请批转各地区、各部门研究执行”等。

4. 落　款

一般包括署名和成文时间两个项目内容。标题写明发文机关的，这里可不再署名，但需加盖单位公章，成文时间××××年××月××日。

例文

关于暂缓调高旅游专项资金在交通建设附加费中的分配比例的请示

市财政局：

今年4月7日，××市委、市政府《关于加快发展旅游业的决定》，同意建立旅游建设发展专项资金，其部分资金来源于交通建设附加费的分配，并将此分配比列从原来的5%调高到10%。对此，我委认为该措施无疑有利于筹集资金，促进旅游业发展。但当初决定征收旅业交通建设附加费的目的，主要是筹集地铁资金，现要提高旅游专项资金往交通建设附加费中的分配比例，必然减少地资金的来源。地铁工程建设年度投资高达30亿元，筹资任务十分艰巨，而今年地铁资金缺口更大，需开拓更多的资金来源。因此，任何减少筹集地铁资金的做法都会异致工期拖长和投资增大，不利于工程建设。

鉴此，我委建议在地铁建设期内，暂缓调高旅游专项资金在交通建设附加费中的分配比例，仍执行旅游专项资金在交通建设附加费中占5%的分配比例不变。

专此请示，请批复。

××市计委

二○○八年八月八日(印章)

(例文来源于《百度文库》)

【思考与训练】

1. 请拟写一份“关于召开共青团代表大会的请示”。

2. 请示写作时应该注意哪些问题。

二、报　告

报告适用于向上级机关汇报工作，反映情况，答复上级机关的询问。

（一）特　点

（1）内容的汇报性：一切报告都是下级向上级机关或业务主管部门汇报工作，让上级机关掌握基本情况并及时对自己的工作进行指导，所以，汇报性是“报告”的一个大特点。

（2）语言的陈述性：因为报告具有汇报性，是向上级讲述做了什么工作，或工作是怎样做的，有什么情况、经验、体会，存在什么问题，今后有什么打算，对领导有什么意见、建议，所以行文上一般都使用叙述方法，即陈述其事，而不是像请示那样采用祈使、请求等法。

（3）行文的单向性：报告时下级机关向上级机关行文，是为上级机关进行宏观领导提供依据，一般不需要受文机关的批复，属于单项行文.

（4）成文的事后性：多数报告都是在事情做完或发生后，向上级机关作出汇报，是事后或事中行文.

（5）双向的沟通性：报告虽不需批复，却是下级机关以此取得上级机关的支持 指导的桥梁；同时上级机关也能通过报告获得信息，了解下情，报告成为上级机关决策 指导和协调工作的依据。

（二）写　法

标题：事由加文种，如《关于 2003 年上半年工作情况的报告》；报告单位、事由加文种，如《东北师范大学教务处关于 2003 年度工作情况的报告》。

正文：把握三点：（1）开头，概括说明全文主旨，开门见山，起名立意。将一定时间内各方面工作的总情况，如依据、目的，对整个工作的估计、评价等作概述，以点明主旨。（2）主体，内容要丰富充实。作为正文的核心，将工作的主要情况、主要做法，取得的经验、效果等，分段加以表述，要以数据和材料说话，内容力求既翔实又概括。（3）结尾，要具体切实。写工作上存在的问题，提出下步工作具体意见。最后可写“请审阅”或“特此报告”等语作结。

（三）写作要求

（1）写综合报告应注意抓住重点，突出主要矛盾和矛盾的主要方面。在此基础上列出若干观点，分层次阐述。说明观点的材料要详略得当，以观点统领材料。

（2）专题报告，要一事一报，体现其专一性，切忌在同一专题报告中反映几件各不相干的事项和问题。

（3）切忌将报告提出的建议或意见当作请示，要求上级指示或批准。

请示与报告的区别：

① 请示用于向上级机关请求指导、批准，上级接文后一定要给予批复；报告则用于向上级机关汇报工作，反映情况、提出建议，供上级了解情况。为上级提供信息和经验，上级机关接文后，不一定给予批复。

② 请示内容具体单一，要求一文一事，必须提出明确的请求事项。报告内容较广泛，可一文一事，也可反映多方面情况，但不能在报告中写入请示事项，也不能请求上级批复。请示起因、事项和结语缺一不可；报告行文较长，结构安排不拘一格，因文而异。

③ 请示涉及事项是没有进行的，等上级批复后才能处理，必须事前行文，不能先斩后奏；报告涉及事项大却已过去或正在进行中，可以事后行文，也可以事中行文。请求时间性要求强，报告时间性要求一般较差。

④ 批准性请示，上级未作出答复前，成文单位无权安排和办理；批转性报告在上级未作答复前，成文单位即可进行安排和部署。

(四) 述职报告

《孟子·梁惠王下》中就有“述职”一词及解释：“诸侯朝于天子曰述职——述职者，述所职也。”这种述职可以是口头的，也可以是书面的，书面的陈述，实际上就是一种“述职报告”。今天的述职报告是任职者陈述自己任职情况，评议自己任职能力，接受上级领导考核和群众监督的一种应用文，具有汇报性、总结性和理论性的特点。用来上级主管部门考核、评估、任免、使用干部的依据；述职者本人总结经验、改进工作、提高素质的一个途径；领导干部与所属单位群众之间的思想感情和工作见解交流的渠道。

1. 特　点

述职报告，最初曾用“总结”或“汇报”的形式出现，经过一段时间的使用，逐步形成了独具特色的体式，其主要特点是：自述性、自评性、报告性。

所谓自述性，就是要求报告人，自己述说自己在一定时期内履行职责的情况。因此，必须使用第一人称，采用自述的方式，向有关方面报告自己的工作实绩。这里的所谓实绩，是指报告人在一定时期内，按照岗位规范的要求，为国家做了些什么事情，完成了什么指标，取得了什么效益，有些什么成就和贡献，工作责任心如何，工作效率怎样，实实在在地反映出来。但是，要特别强调：所写的内容必须真实，是实实在在已经进行了的工作和活动，事实确凿无误，切忌弄虚作假。

所谓自评性，就是要求报告人，依据岗位规范和职责目标，对自己任期内的德、能、勤、绩等方面的情况，作自我评估、自我鉴定、自我定性。述职人必须持严肃、认真、慎重的态度，既要对自己负责，也要对组织负责，对群众负责。对工作的走向，前因后果，要叙述清楚，评得恰当；所叙述的事情，要概叙，让人一目了然，并从中引出自评。但要强调：切忌浮泛的空谈，切勿引经据典的论证，定性分析必须在定量证明的基础上进行。

所谓报告性，就是要求报告人，明白自己的“身份”，放下官架子，以被考核、要接受评议、监督的人民公仆的身份，履行职责做报告。要认识到，自己是在向上级汇报工作，是严肃的、庄重的、正式的汇报，是让组织了解自己，评审自己工作的过程，因此，语言必须得体，应有礼貌、谦逊、诚恳、朴实、掌握尺寸，切不可傲慢，盛气凌人，不可夸夸其谈，浮华夸饰。报告内容必须实在、准确，而且要用叙述的方式，将来龙去脉交代清楚。

2. 写作要求

(1) 要充分反映出自己在任期内的工作实绩和问题

述职是民主考评干部的重要一环，也是干部自觉接受组织和群众监督的一种有效形式。干部作述职报告，是为了让组织和群众了解和掌握干部德才状况和履行职责的情况。因此，述职报告应该充分反映出自己任期内的工作实绩和问题，也即写出自身在岗位上为国家和人民办了什么实事，结果怎么样，有哪些贡献还有哪些不足，包括工作效率、完成任务的指标、取得的效益等。工作实绩如何，是检验干部称职与否的主要标志，述职人要充分认识这一点，实事求是地把自己的工作实绩和问题反映出来。

(2) 要实事求是地评价自己

对自己的评价要实事求是,不夸大,不缩小,要准确恰当,有分寸,不说过头话、大话、假话、套话、空话。要做到这样,应注意处理以下几个关系:

① 处理好成绩和问题的关系,就是理直气壮摆成绩,诚恳大胆讲失误。

② 处理好集体与个人的关系,不能把集体之功归于个人,也不要抹杀了个人的作用,必须分清个人实绩和集体实绩。

③ 在表述上要处理好叙和议的关系,就是以叙述为主,把自己做过的工作实绩写出来,不要大发议论,旁征博引,议论也只是对照岗位规范,根据叙述的事实,引出评价,不能拔高。

(3) 要抓住重点,突出个性

述职报告,如果用口头报告表述。一般宜占用 30 分钟,如果用书面报告表述,一般以 3000 字以内为宜。因此,表述的内容应抓住重点,抓住最能显示工作实绩的大事件或关键事写入述职报告。凡重点工作、经验、体会或问题等,一定要有理有据,充实具体,而对一般性、事务性工作,宜概括说明,不必面面俱到。抓住重点,突出中心,还应突出自己的特色,突出自己独有的气质,独有的风格,独有的贡献,让人能分辨出自己在具体工作中所起的作用。

(4) 变文字为有声语言。在写作述职报告的时候,一定要随时考虑到讲话时的情况。这就要注意文字变成有声语言的特点。语言一般是生活化、口语化、大众化的。多用短句子,注意长短交叉合理。慎用文语(古语和欧化语),作点缀之用。少用单音词。避免同音不同义或易混淆的词语。不随便用简略语。还可以适当增加语气词如“吧”、“吗”之类。为了方便聆听,有些标点符号还要用文字代替,如顿号改为“和”,破折号改为“是”,引号表示否定时加“所谓”,括号补充另用文字说明等。

3. 结　构

述职报告的外在结构是格式化的,包括标题、称谓、正文和署名四部分。

(1) 标　题

① 单行标题:“述职报告”或者“在……(上)的述职报告”。

② 双行标题:正题写主题,或者写述职报告类型,前者如《加快改革开放和现代化建设步伐,夺取中国特色社会主义事业的更大胜利——在中国共产党第十四次全国代表大会上的报告》和《继往开来,与时俱进,全力以赴向国家级示范性高中冲刺——在××中学第二届教职工代表大会第四次扩大会议上的述职报告(1999—2000 年度)》,后者如《政府工作报告——2001 年××月××日在第七届市人民代表大会上的报告》;副题写述职场合,见上述例题。

(2) 称　谓

称谓是报告者对听众的称呼。称谓要根据会议性质及听众对象而定。“各位领导、代表”。称谓放在标题之下正文的开头,有时根据需要在正文中间适当穿插使用。称谓一般采用提行的写法。要用“谢谢大家”等礼貌语言。如一篇在教职工代表大会上述职报告的称谓:“尊敬的各位领导、来宾,全体教职工代表,全校教职工同志们”。

(3) 正　文

述职报告的写法依据报告的场合和对象而定,一般来说采用总结式写法,共分四部分。

① 基本情况。履行职责的基本情况,用平直、概括、简短。用最精练的文字,概括地交待,如主要情况、时间、地点、背景、事件经过等。

下面是一篇在教职工代表大会上述职报告的开头,略显单调了些:“已经过去的 1999—2000 年度,是我校历史上的第 9 个年度,是“三三”设想的最后一年。在上级领导的关怀下,全校师生员工拼搏奋进，基本实现了“三三”设想的目标。在此，我向为学校发展付出了无数心血的领导们、同志们道一声：谢谢！现在，我向大会作1999—2000年度述职报告，请予审议。”

② 成绩经验。自此以下包括问题教训和今后计划共三部分，要分出层次来分析证明主题，这才能条理分明。

层次安排方法，一般采取横向排列（各层次独立性强，共同论证主题的正确）。

每一层次都要有一个小的主题，写成层义句。层义句，一般写在层次前面，或者每一层次前后都要写出，也有的层义句写成了小标题。可以是口号（主题句）的反复。层次中间要恰当运用材料。

在写作成绩经验、问题教训时有三个要求：

一要以事实和材料为依据。对以往的工作实践进行回顾、分析，因此以往实践所发生的事件是写作的唯一依据。述职报告必须把过去一段时间之内所做工作的材料全面地搜集起来，包括面上的材料与点上的材料、正面的材料与反面的材料、事件材料与数字材料以及背景资料等。事件材料必须真实可信。数字要准确可靠。背景材料要有辅助性，能与事实形成鲜明的对比或者烘托。总结的写作切忌：闭门造车，随意编造事实或数据，欺上瞒下，或者走过场。

二要点面结合，重点突出。写述职报告顾及方方面面，企求十全十美、天衣无缝，什么工作都写，这样势必犯了大而全的错误。包罗万象，应有尽有，表面看上去好像很不错，实际上眉毛胡子一把。这样的述职报告实际上是为了讨好各方，没有什么实践意义。还有的述职报告几十年如一年，年年相似，只是改动一些年份与数字，没有特点。每年的工作可能大同小异，但也有各自的特点。写述职报告时应认真总结出限定时期的工作特点，抓精华，找典型，以这段时期工作中突出而富有典型意义的事件来反映一般，抓住主要矛盾，写出这一段工作的特色，这样的述职报告才不会造成千篇一律的面孔，才会确实具有指导意义。

三要分析事实与材料，找出规律。述职报告的目的是为了以后更好地工作，扬长避短，因此经验与教训是一篇总结的关键。要从自己掌握的事实与材料中总结出现律性的东西，这样的述职报告才有意义。所谓现律性的东西，即反映事物本质与发展必然性的认识，是经常起作用的认识。因此，要把已知的材料分门别类地进行分析、比较、鉴别，把零散的感性的事实与材料上升到理性的高度，引出让人看得见、摸得着、用得上的规律。写述职报告切忌仅是简单地罗列事实。没有分析与归纳，这样的述职报告仅仅只是一篇汇报材料而已，只能作为资料收藏，对实践工作毫无指导意义。

③ 问题教训。要实实在在，要有条理，不要避重就轻。

④ 今后计划。包括目标、措施、要求三要素。要切实可行。这部分与总结不同，数量少一些，占全文1/5以下为好。

报告结束时要用称谓礼貌用语，如：

“以上述职报告妥否，请予审议。

谢谢大家！”

4. 落　款

述职报告的落款要写明自身姓名及单位名称，最后写报告年月日。

例文

某教师学年述职报告

各位领导、代表上午好：

在一学年里，本人在学校的工作安排下，担任了 * * 教学工作。一学年以来，在学校领导的关心、支持下，尽职尽责做好各项工作。现把一学年的具体工作总结如下：

一、班主任工作

在担任 * 班班主任工作中，做到认真完成学校布置的各项工作，重视班风、学风的培养，深入了解每个学生的思想动态。严格管理，积极与家长配合，研究教育学生的有效方法。及时发现问题及时处理。在担任班主任工作期间，针对学生常规工作常抓不懈，实施量化制度的管理。培养学生养成学习、清洁卫生等良好的习惯。努力创造一个团结向上，富有朝气的班集体。该班在各方面的表现都比较好，并在 * * 比赛中荣获第一名。

二、教学工作

在教学工作上，根据学校的工作目标和教材的内容，了解学生的实际情况通过钻研教材、研究具体教学方法，制定了切实可行的学期工作计划，为整个学期的教学工作定下目标和方向，保证了整个教学工作的顺利开展。

在教学的过程中，学生是主体，让学生学好知识是老师的职责。因此，在教学之前，贯彻《九年义务教育 * * 教学大纲》的精神，认真细致地研究教材，研究学生掌握知识的方法。通过钻研教学大纲和教材，不断探索，尝试各种教学的方法，以“如何培养中学生创造能力”教学实验专题。积极进行教学改革。积极参加市教研室、及学校组织的教研活动，通过参观学习，外出听课，等教学活动，吸取相关的教学经验，提高自身的教学水平。通过利用网络资源、各类相关专业的书报杂志了解现代教育的动向，开拓教学视野和思维。艺术需要个性，没有个性就无所谓艺术。在教学中尊重孩子的不同兴趣爱好，不同的生活感受和不同的表现形式，方法等等，使他们形成自己不同的风格，不强求一律。艺术的魅力就在于审美个性的独特性，越有个性的艺术就越美，越能发现独特的美的人就越有审美能力，越有创造力。所以，在中学 * * 教育中，有意识地以学生为主体，教师为主导，通过各种游戏、比赛等教学手段，充分调动他们的学习兴趣及学习积极性。让他们的天性和个性得以自由健康的发挥。让学生在视、听、触觉中培养了创造性思维方式，在进行艺术创作时充分得以自由地运用。

三、第二课堂的开展，因材施教，做好培优工作。

抓好第二课堂，实施素质教学。根据本校学生的基础，发掘有 * * 兴趣、特长的学生组织他们在第二课堂进行培养，并按年龄、基础等情况分为 * * 兴趣小组初级班和创作班。按实际情况采用不同的计划、步骤，方法，进行有效的培训教学。学生经过一个学年有计划、有步骤的培训后，* * 水平有了很大的提高。在学校的支持下建成本校特色的 * *，各方来宾对我校学生的 * * 有着较高的评价。并在精神上支持我们的做法，并在一定程度上提高了我校的文化氛围。

四、其他工作

除了日常的教学工作之外，负责校内大部分的宣传工作，为了能做好学校的宣传工作，不计酬劳，任劳任怨、加班加点，按时保质完成工作。如……

在这一学年的工作中，通过和同事共同的努力，提高了我校的＊＊水平，取得一定的成绩。但在教学工作中，自身尚有不足之处，还需继续努力提高自身的能力。寄望于下一学年度为提高我校学生的＊＊水平，营造校园的文化气氛，促进我校素质教育的发展作更大的努力！

以上报告内容妥否，请予审议。谢谢大家！

报告人：××中学　刘××

2014.6.24

（例文来源于《百度文库》）

【思考与训练】

1. 请示与报告的区别？
2. 拟写一份2014年某分院党员发展工作进展情况汇报材料。

三、计　划

(一) 计划的含义

计划是党政机关、企事业单位、社会团体对今后一段时间的工作、活动作出预想和安排的一 种事务性文书。

在实践中,计划有许多名称,如:“安排”、“要点”、“设想”、“方案”、“规划”、“打算”等。

(二) 计划的写法

1. 计划的标题

计划的标题常规写法是由单位名称、适用时间、指向事务、文种四个要素组成。如《××建筑工程公司 2000 年工作计划》。

2. 计划的正文

(1) 前　言

前言是计划的开头部分,简明扼要表达出制定计划的背景、根据、目的、意义、指导思想等,一般一两个自然段即可。

(2) 主　体

主体部分要一一列出准备开展的工作任务,并提出步骤、方法、措施、要求。这是计划最重要的内容,也是篇幅最大的一部分。通常主体部分由于内容繁多,需要分层、分条撰写。

(3) 结　尾

结尾可以用来提出希望、发出号召、展望前景、明确执行要求等,也可以在条款之后就结束全文,不写专门的结尾部分。计划在结尾之后,还要署明单位名称和制定计划的具体时间,如果以文件的形式下发,还要加盖公章。

(三) 计划的作用

古代孙武曾说:“用兵之道,以计为首。”其实,无论是单位还是个人,无论办什么事情,事先都应有个打算和安排。有了计划,工作就有了明确的目标和具体的步骤,就可以协调大家的行动,增强工作的主动性,减少盲目性,使工作有条不紊地进行。同时,计划本身又是对工作进度和质量的考核标准,对大家有较强的约束和督促作用。所以计划对工作既有指导作用,又有推动作用。

例文

安全工作计划

2010 年我厂安全工作的总体要求是:以《车辆维修企业安全管理考核标准》为指针,坚持齐抓共管的指导思想,以强化职工安全生产意识、提高职工安全生产技能、加强安全生产督察为目的,积极参与企业安全文化建设,广泛开展查违章、查隐患活动,建立安全自主管理的运行机制,确保安全工作稳定、持续、可控、有效开展。为实现这一目标,公司各级要切实做好以下几项工作：

一、加强安全工作制度化建设，推动班组安全工作自主管理运行机制的建立

1. 层层分解员工安全指标，落实各级责任。新年尹始公司将分别与各单位签订2010年度安全生产责任书。各单位要相应与本单位员工签订安全生产责任书。

2. 实行班组负责人负责制。各单位负责人是本单位安全工作的第一责任人，公司将采取实施风险承包考核的形式，加大对各单位负责人的安全工作考核奖惩力度，各单位负责人每季末须向公司汇报当季安全工作。

3. 实行安全一票否决制。2010年公司将重点把安全工作纳入对各单位的考核内容。凡重伤事故或轻伤事故突破考核指标的将被取消评选当月先进的资格，所在负责人将被取消当月的奖励资格。查违章、查隐患工作的考核按月进行，凡突破考核指标的单位将取消其评选当月的优秀资格。

4. 加强安全基础工作。为在管理重心下移过程中加强对基层的工作指导，年初，公司将下发安全管理相关资料，以此进一步促进安全工作科学化、制度化、规范化运行。各班组要按照安全工作“五个一”(签订一份安全责任书、健全一张安全监督网、上好一堂安全教育课、坚持一个安全检查制度、提好一条合理化建议)的要求，认真抓好基层建设等基础工作。

二、开展各类宣传教育活动，强化职工安全意识和安全生产技能

1. 各级要结合本单位安全工作中的难点和重点，扎实开展各类安全活动，进一步提高职工的安全生产意识。6月份，要大力开展“安全生产月”主题活动。三季度，要继续以“全国安康杯竞赛”为主题开展竞赛，做好高温季节的安全保障和各项服务工作，帮助职工牢固树立“安全第一、预防为主”的思想。

2. 各级组织要发挥实践育人的优势，引导学习安全生产法律法规和规程，掌握安全生产的技术和技能。要把安全生产与学习技术结合起来，使安全生产的过程成为学习新知识、新技术的过程，使安全生产与学习技术相互促进，相得益彰，尤其要加强对新进厂青工的安全教育。

3. 各级组织要把安全工作由工作时间内向工作时间外渗透，深入集体宿舍，提醒注意休息，消除疲劳，保证有充沛的精力上岗。

三、深化责任区创建工作，营造职工安全自主管理的良好氛围

1. 进一步抓好责任区创建的管理工作。2010年各单位要继续按照《车辆维修企业安全管理标准》的有关规定，建立起全方位、立体交叉型的责任区网络体系，认真抓好基层责任区的创建，充分调动职工参与安全管理的积极性；同时还要结合本单位生产经营的特点，努力培育特色工作，进一步深化责任区创建工作，发挥其安全文明示范和监督作用，形成安全自主管理的良好氛围。

2. 大力开展查违章、查隐患活动。各级要把查违章、查隐患活动作为开展责任区创建活动的主要工作载体来抓，要通过开展查违章、查隐患活动，不断提高职工“自我约束、自我防护”的意识和能力。各级要将“自检”和“互检”、“巡查”和“抽查”等方式结合起来，认真执行安全检查制度，公司在检查中发现安全问题，要及时填写“职工违章查处单”和“安全隐患查处整改单”，并向本单位反馈安全意见后，定于下月3日前汇总通报。与此同时，各级还要落实好安全隐患的整改工作。

3. 抓好人员队伍的培训教育工作，安全监督员是开展活动的基本力量。为提高整体素质，队伍的培训教育采用分级实施的办法。公司负责抓好班组长队伍的培训教育工作，今年将安排1—2期新安全监督员参加上级培训班。各单位负责抓好基层岗员的培训教育工作，在

2010 年要对全体员工轮训一次。在培训内容上,要把学习贯彻《安全生产法》、《车辆维修企业安全管理标准》作为重点,促进员工思想认识的深化和管理监督水平的提高。

四、发挥好各组员工的突击作用,参与环境整治和现场安全管理工作计划

1. 积极参与环境整治。各级要根据"责任区与区外一个样、厂房内外一个样、治标治本一个样"的环境整治标准,配合厂部工作,积极组织开展好员工突击活动。通过开展消除环境死角、查陷患、配合厂部创造一个安全、文明的生产环境。

2. 在公司和各班组重点工作中充分发挥员工突击作用。今年,各单位要根据本单位工作重点,主动请缨,组织员工突击积极承担突击任务,并充分发挥在重点项目中的作用。

各单位要根据公司 2010 年工作计划,结合本单位安全、生产管理的特点和员工安全工作实际,制订出本单位相应的工作计划,并于 1 月 25 日前上报公司。

(http://www.eduzhai.net/ 中国教育文摘网)

【思考与训练】

1. 为什么要制订计划?写好计划有什么要求?

2. 请为自己做一份四年大学学习计划。

四、总　结

（一）总结的概念

总结是国家机关、社会团体、企事业单位等通过对过去一阶段工作的回顾和分析评价，判明得失利弊，提高理性认识，用以指导今后工作的一种常用文书。

总结是对已经做过的工作进行理性的思考。它要回顾的是过去做了些什么，如何做的，做得怎么样。总结与计划是相辅相成的，要以计划为依据，订计划总是在总结经验的基础上进行的。其间有一条规律，就是：计划——实践——总结——再计划——再实践——再总结。

（二）总结的写法

1. 基本情况。总结必须有情况的概述和叙述，有的比较简单，有的比较详细。这部分内容主要是对工作的主客观条件、有利和不利条件以及工作的环境和基础等进行分析。

2. 成绩和缺点。这是总结的中心。总结的目的就是要肯定成绩，找出缺点。成绩有哪些，有多大，表现在哪些方面，是怎样取得的；缺点有多少，表现在哪些方面，是什么性质的，怎样产生的，都应讲清楚。

3. 经验和教训。做过一件事，总会有经验和教训。为便于今后的工作，须对以往工作的经验和教训进行分析、研究、概括、集中，并上升到理论的高度来认识。

4. 今后的打算。根据今后的工作任务和要求，吸取前一时期工作的经验和教训，明确努力方向，提出改进措施等。

（三）写好总结需要注意的问题

1. 总结前要充分占有材料。最好通过不同的形式，听取各方面的意见，了解有关情况，或者把总结的想法、意图提出来，同各方面的干部、群众商量。一定要避免领导出观点，到群众中找事实的写法。

2. 一定要实事求是，成绩不夸大，缺点不缩小，更不能弄虚作假。这是分析、得出教训的基础。

3. 条理要清楚。总结是写给人看的，条理不清，人们就看不下去，即使看了也不知其所以然，这样就达不到总结的目的。

4. 要剪裁得体，详略适宜。材料有本质的，有现象的；有重要的，有次要的，写作时要去芜存精。总结中的问题要有主次、详略之分，该详的要详，该略的要略。

5. 总结的具体写作，可先议论，然后由专人写出初稿，再行讨论、修改。最好由主要负责人执笔，或亲自主持讨论、起草、修改。

例文

2009年援建工作总结

在省委、省政府的统一部署和省援建办的领导下，省农业厅充分发挥湖北农业科技优势，以特色、优质和农业科技优势品牌为支援亮点，对汉源实施农业智力技术支援“1185工程”，该项目是湖北省十大智力援助项目的重要组成部分，由省农技推广总站负责扶持建立1个马铃薯产业，投入经费525万元；由省农广校负责建设1个农业远程教育网平台，投入经费220.4万元；由厅科教处援建办负责指导建设8个农业科技示范场，投入经费764.2万元，指导开展5000名骨干农民培训，投入经费210万元；项目总投资1719.6万元，经费由湖北省人民政府援建，项目建设点分布在汉源县18个乡镇。现将一年来农业援建工作总结如下：

一、主要工作

1. 成立专班，明确责任，科学制定援建方案。

省农业厅党组高度重视农业援建工作，鉴于农业援助项目的中心转入以农业技术为主的具体实施阶段，厅党组决定将对口支援汉源工作从厅“四办”移交到厅科教处负责，由厅党组成员、总农艺师邓干生同志分管，关先富、吴刚同志到科教处继续负责此项工作；成立由邓干生同志为组长，厅科教处、计财处、援建办，雅安市农业局和汉源县委县政府有关领导为副组长，项目承建单位负责人为成员的领导小组；援建办公室设在厅科教处，科教处处长耿显连同志担任办公室主任，厅援建办关先富同志和汉源县政府贺东风同志任副主任；明确援建工作由厅援建办(科教处)统筹，责任到处室的分工协作责任机制；3月30日省政府智力援助项目专题会议召开后，省农业厅先后4次组织项目责任单位及相关技术人员奔赴汉源实地考察、规划论证，与四川省农业厅，雅安市农业局，汉源县委、县政府，汉源县农业局交换意见，达成共识，拟定了《农业智力技术支援“1185工程”具体实施方案》。一是1个马铃薯产业。确定了在九襄镇新建10亩微型薯防蚜网室，200平方米贮藏冷库，200平方米常温库和150平方米的工作用房；引进1—2个新品种及600万个脱毒微型薯种；建设1000亩标准种薯繁育基地和5000亩高产示范片；建立1个专业技术培训体系和2个马铃薯农民专业经济合作组织。二是1个农业远程教育网络平台建设项目……

2. 严格按照《湖北省抗震救灾对口支援建设资金管理办法》进行政府采购，确保援建资金公开透明。

3. 科学调整项目资金，集中力量，确保重点项目建设。

4. 有重点、分步骤，积极稳妥地启动“1185工程”。

5. 精心组织、工作务实，援建工作稳步推进。

二、存在的问题

1. 由于第二、三批援建经费拨付晚，资金支付没有跟上，工期有滞后现象。

2. 由于汉源县当地施工条件复杂，基建项目较多，当地物价上涨调整频繁，施工过程中不可预见项目还未完全确定，导致建设成本不稳定。

3. 汉源目前库区移民任务繁重，当地政府主要力量都用于移民搬迁工作，老百姓忙于房屋搬迁，援建项目的协调工作需要加强。

4. 原计划的援建项目，因移民搬迁，新县城还在修建，部分项目无法按期完成，如农业远程教育网路平台的部分终端建设。

三、下一步援建工作

1. 做好汉源马铃薯良种繁育中心和农业远程教育网络平台项目的审计、验收工作，力争在1月份前交付汉源使用。

2. 加快其他援建项目建设力度，做好农业援建“1185工程”的竣工验收、移交工作，力争在计划内完成任务。

3. 加大农业援建资金的监管力度，做好援建资金的督查和规范使用。

（http://www.eduzhai.net/中国教育文摘网）

【思考与训练】

1. 谈谈写好总结如何做到理论联系实际。

2. 说说总结写作实施材料的重要性？

3. 根据自己一年里做过的一些事，写一份总结。

五、科技综述

(一) 科技综述的概念

科技综述就是指对特定科技主题在特定时域内的情报资料的综合叙述。科技综述有以下特点：

1. 科技综述属于科技情报研究范畴，是科技情报研究成果之一。从广义的角度讲，科技综述也是一种科研活动，但它的研究对象时科技文献。综述的研究成果是把一次文献、二次文献变成三次文献。它具有服务和研究的双重性，服务是目的，研究是手段。

2. 科技文献能比较全面系统地反应国内外某一专业或某一学科在某一时期内的发展历史、当前状况及发展趋势。它把原始文献宏的大量数据、资料和主要观点进行归纳整理，使读者可以了解某一专业或学科的综合情况。

3. 科技综述是科技记叙文的一个类型，它运用叙述和说明等写作方法表达科技主体内容。它只着重于客观叙述，不加编写者的见解，不提具体建议，也不进行评论。

(二) 科技综述的作用

1. 系统检索作用

科技综述是大量科技园是文献的浓缩，相当于一个小小专题“知识库”。科技人员可以知己利用综述系统房地查得同一问题不同侧面，不同层次的情报资料。

2. 示址检索作用

综述的示址检索作用，是通过文后附录的大量参考文献索引实现的。

3. 提供参考借鉴作用

综述科研工作的前期劳动，对科研人员的选题定向有重要的参考作用。

4. 提供史料素材作用。

(三) 科技综述的写法

各种综述的写作目的和服务对象不同，编写时的格式也不尽相同，归纳起来基本上可以包括前言、正文、结语、附录四部分。

1. 前　言

简单陈述编写该综述的原因、理由、目的、编写原则、使用对象以及与本课题有关的背景情况，如材料来源、参与单位、科技形势等，额要点名正文的主要内容和着眼点。

2. 正　文

这是综述的主体，也是最有价值的部分，包括：既往状况，就是纵向回顾各阶段发展状况及特点；当前状况就是横向归纳叙述该课题相关的科研成果；未来发展趋势就是介绍目前正在进行的工作，初步结论和本课题有关的科研新苗头，以及能够揭示发展趋势的情报信息，但不是编者对今后发展方向的设想和推理。

3. 结　语

简单陈述编者在该综述研究中所得到的结论，有关本研究的意义，存在的分期意见等，正文没有写清的，也可以写在这里。

(四)科技综述编写时的注意事项

1. 选　题

选题要符合国家可以发展方针政策;对事件中产生的课题需要深入研究的问题;世界上出现的新技术新方法予以综述;也可以是针对某一国家某一单位或者某一阶段技术领域科研状况的综述;也可以是编年史似的,或者多个学科交叉研究的技术方法等的综述。

2. 搜集资料

选择重点,确定查找资料途径;集中时间阅读,排除干扰;监理自储卡片系统方便整理。阅读文献时先粗读再精读。

3. 要围绕主题对文献的各种观点作比较分析,不要教科书式地将与研究课题有关的理论和学派观点简要地汇总陈述一遍。

4. 文献综述在逻辑上要合理,即做到由远而近先引用关系较远的文献,最后才是关联最密切的文献。

5. 评述(特别是批评前人不足时)要引用原作者的原文(防止对原作者论点的误解),不要贬低别人抬高自己,不能从二手材料来判定原作者的"错误"。

6. 文献综述结果要说清前人工作的不足,衬托出作进一步研究的必要性和理论价值。

7. 采用了文献中的观点和内容应注明来源,模型、图表、数据应注明出处,不要含糊不清。

8. 文献综述最后要有简要总结,表明前人为该领域研究打下的工作基础。

9. 所有提到的参考文献都应和所研究问题直接相关,为文中引用过的,能反映主题全貌的,并且是作者直接阅读过的文献资料。

10. 文献综述所用的文献,应主要选自学术期刊或学术会议的文章,其次是教科书或其他书籍。至于大众传播媒介如报纸、广播、通俗杂志中的文章,一些数据、事实可以引用,但其中的观点不能作为论证问题的依据。

编写文稿,先拟定提纲,然后撰写成文

例文

《资本运营及某某企业资本运营的案例分析》文献综述

摘 要:从理论上讲,企业都在进行两种经营:一种是所谓产品经营;而另一种为资本经营。一般说来,企业、特别是大企业都不可能没有资本运营,只是程度大小的问题。所谓产品经营,就是企业围绕产品与服务等主要业务,进行生产(含服务)管理、产品改进、质量提高、市场开发等一系列活动。而企业的资本运营,是指企业通过对资本大街够、融资和投资的运筹,以谋求实现在风险与赢利之间的特定平衡,争取企业资本增值最大化。

关键词:资本运营;并购

1　资本运营运作模式国内外研究现状、结论

1.1　资本运营的含义

在论述资本运营前,有必要把产品运营说一下。从理论上讲,企业都在进行两种经营:一种是所谓产品经营;而另一种为资本经营。资本运营与产品经营就有联系也有区别。一般学

术界定义产品经营(生产经营)是以物化为基础,通过不断强化物化资本,提高市场资源配置效率,获取最大利润的商品生产与经营活动。(张铁男,企业投资决策与资本运营,2002.4,哈尔滨工程大学出版社)

有关资本运营的概念表述各有不同,综合起来可以大体上划分为广义资本运营和狭义资本运营。广义资本运营是指企业通过对可以支配的资源和生产要素进行组织、管理、运筹、谋划和优化配置,以实现资本增值和利润最大化。广义资本运营的最终目标是要通过资本的运行,在资本安全的前提下,实现资本增值和获取最大收益。广义资本运营内涵广泛.从资本的运动过程来看,资本运营涵盖整个生产、流通过程,既包括金融资本运营(证券、货币)、产权资本运营与无形资本运营,又包括产品的生产与经营。从资本的运动状态来看,既包括存量资本运营,又包括增量资本运营。存量资本运营是指企业通过兼并、收购、联合、股份制改造等产权转移方式促进资本存量的合理流动与优化配置。增量资本运营是指企业的投资。

狭义资本运营是指以资本急剧增值和市场控制力最大化为目标,以产权买卖和"以少控多"为策略,对企业和企业外部资本进行兼并、收购、重组、增值等一系列资本营运活动的总称。资本运营的总体目标是实现资本增值和市场控制力最大化。具体目标是加快资本增值,扩大资本规模,获取投资回报。提高企业的市场控制力和影响力,优化经营方向。狭义资本运营主要研究的是存量资本的配置,具体运营方式包括股票上市、企业、企业联合、资本互换、产权转让等。

1.2　资本运营相关理论综合

在资本运营理论研究过程中,有许多学者将它与其他经济学理论结合起来进行分析和研究。深刻分析资本运营产生的原因和作用的原理,从理论的高度掌握资本运营的精髓,有助于增强我们进行资本运营的自觉性,提高资本运营的技巧。

1.2.1　资本集中理论与企业资本运营

在19世纪上半叶,资本主义世界还没有出现过大规模的企业并购浪潮:但是,通过对资本主义生产方式和发展规模的深入分析,马克思非常敏锐地抓住了资本集中这一重大问题,并且建立了资本集中型论。在《资本沦》中.马克思首先论述了生产集中,并指出生产集中包括了资本积聚和资本集中。在文中,他还提到了"规模经济"、"所有权与经营权的分离"等。马克思关于资本集中的机制的理论论述,是完整的、有力的。即使在今天,这个由商品市场和经理市场所形成的竞争制度、股份公司制度、金融信用制度和股票市场等几个方面所形成的整体,也的确是资本得以流动、重组乃至集中的最重要的机制。

马克思的资本循环与周转理论强调资本的流动性,指出资本的生命在于运动,这正是资本运营的核心所在,资本运营是建立在资本充分流动的基础之上的,企业资本只有流动才能增值,资产闲置是资本最大的流失。因此,一方面,企业要通过兼并、收购等形式的产权重组.盘活沉淀、闲置、利用效率低下的资本存量,使资本不断流动到报酬率高的产品和产业上,通过流动获得增值的契机。另一方面,企业要缩短资本流动过程,加快资本由货币资本到生产资本,由生产资本到商品资本,再由商品资本到货币资本的形态转换过程,以实现资本的快速增值。同时在资本运动总公式中,也相应地反映了生产经营和资本运营的关系。

1.2.2　交易费用理论与企业资本运营

1937年,著名经济学家科斯在《企业的性质》一文中首次提出交易费用理论。该理论认为,企业和市场是两种可以相互替代的资源配置机制,由于存在有限理性。机会主义、不确定性与小数目条件使得市场交易费用高昂,为节约交易费用.企业作为代替市场的新型交易形式应运而生。交易费用决定了企业的存在，企业采取不同的组织方式最终目的也是为了节约交易费用。所谓交易费用是指企业用于寻找交易对象、订立合同、执行交易、洽谈交易、监督交易等方面的费用与支出，主要由搜索成本、谈判成本、签约成本，监督成本构成。企业运用收购、兼并、重组等资本运营方式，可以将市场内部化，消除由于市场的不确定性所带来的风险，从而降低交易费用。

交易费用理论与垂直兼并、混合兼并有着密切的关系。它很好地解释了企业垂直兼并、混合兼并的内在原因，并对原有理论作了补充和调整。

1.2.3　产权理论与企业资本运营

产权理论认为，资产的权利界定是市场交易的先决条件，明晰的产权界限是企业资本运营的客观基础。企业资本运营是建立在规范化的公司产权基础上，没有界定清晰的产权、规范的股权结构和合理有效的股权流动机制，真正的公司并购、重组等资本运营行为是难以产生和发展的。在清晰的产权界定基础上，企业资本运营行为有助于推动产权的合理流动，盘活存量资产，实现资产的价值型管理和优化重组，进而促进资源的科学配置与有效流动，实现资源配置的优化。同时，企业运用兼并、收购、重组等资本运营方式，推动公司产权的聚合与裂变，可以进一步促使公司产权明晰化。

产权理论要求产权必须明确.必须能够自由流动.这将从如下方面对资本运营产生推动作用。首先，产权的自由流动可以推动公司并购的社会化。其次，产权的自由流动可以推进企业资本运营市场化进程。第三，产权的白由流动有助于推动企业资本运营国际化。

1.2.4　规模经济理论与企业资本运营

企业通过兼并收购等资本运营方式，有助于推动企业获取规模经济效益，优化企业规模结构。有关资料的研究成果表明，一个企业通过兼并收购其他企业而形成的规模经济效应是非常明显的。西方发达国家大型跨国公司的成长经历表明：运用资本运营方式，有助于谋求规模经济效益。推动企业规模和经济效益的同步增长，进而推动本国经济的发展。通过企业的联合与兼并，日本在不到10年的时间内，实现了产业结构的优化与重组，获取了规模经济效益。在我国，企业小型化、分散化的特点极为明显.通过兼并、收购重组扩大企业规模，谋求规模经济效益对于我国企业的成长与发展更具有现实意义。

1.3　资本运营的核心——并购

1.3.1　概　念

所谓并购，即兼并与收购的总称，是一种通过转移公司所有权或控制权的方式实现企业资本扩张和业务发展的经营手段，是企业资本运营的重要方式。

并购的实质是一个企业取得另一个企业的财产、经营权或股份，并使一个企业直接或间接对另一个企业发生支配性的影响。并购是企业利用自身的各种有利条件，比如品牌、市场、资金、管理、文化等优势，让存量资产变成增量资产，使呆滞的资本运动起来，实现资本的增值。

并购的具体方式包括企业的合并、托管、兼并、收购、产权重组、产权交易、企业联合、企业拍卖、企业出售等具体方式。

1.3.2　西方并购理论的发展

并购理论来源于实践，并推动并购实践的发展；在研究西方公司并购史时，学者们从各种角度对并购活动进行了不同层面的经济学分析，从而形成多种并购理论。

(一) 效率理论(Efficiency Theory):

效率理论认为:公司有助十促使公司管理层效率改进,产生协同效应,进而提高整个社会的潜在效益。效率理论可以细分为管理协同效应理论、营运协同效应理论、财务协同效应理论、多角化经营理论与价值低估理论。

(二) 代理问题及管理主义者(Agency Problem and Managerism)

代理问题是由詹森和麦克林于1976年提出的,他们认为在代理过程中,由于存在着道德风险、逆向选择、不确定性等因素的作用而产生代理成本,这种成本主要包括:所有者与代理人订立契约成本、监督与控制代理人成本、限定代理人执行最佳或次佳决策所需的额外成本、剩余利润的损失。这一理论可以归纳为三点:并购可以减少代理成本;经理主义;负假说主义。

(三) 现金流量假说(Free Cash Flow Hypothesis)

自由现金流量假说源于代理问题。在公司并购活动中,自由现金流量酌减可以缓解公司所有者与经营者之间的冲突,所谓自由现金流量是指公司现金在支付了所有净现值(NPV) 为目的投资计划后所剩余的现金量。詹森(Jensen,1986年)认为,自由现金流量应完全交付股东,这将降低代理人的权力,同时再度进行投资计划所需的资金在资本市场上更新筹集将受到控制,由此可以降低代理成本,避免代理问题的产生。

(四) 市场势力理论(Market Power)

市场势力理论认为,并购活动的主要动因在于并购可以提高市场占有率、增加企业长期潜在获利的能力。但是,一些学者认为市场占有率的提高,并不代表规模经济或协同效应的实现。只有通过水平或垂直式收购整合,使市场占有份额上升的同时又能实现规模经济或协同效应,这一假说才能成立;反之如果市场占有率的提高建立在不经济的规模上,则收购可能会带来负效应。

(五) 财富再分配理论

财富再分配理论的核心观点为,由于公司兼并会引起公司利益相关者之间的利益再分配,兼并利益从债权人手中转到股东身上,或者由一般员工于中转到股东及消费者身上,所以公司股东会赞成这种对其有利的兼并活动。

(六) 市场垄断理论

由于企业购并等资本运营本身的特点所在,就是在产权理论形成以后,关于购并对市场力量影响的讨论依然在进行。从经济有益的一面来看,购并带来的好处也许是规模经济和范围经济。对此我们前面已作了很多的说明。从对社会经济不利的一面来看,购并活动有可能带来垄断。但是现在关于垄断也有人认为其有好的一面,或至少是不可避免的一面。因为垄断集中本身是竞争的产物。在现代经济中,由于竞争已从简单的价格竞争发展成为质量、技术、服务、产品类别等诸多方面立体的竞争,因此即使是大公司之间也很难就垄断达成什么共谋。此外,大公司和大企业在现代科技中的作用日益增大,这也是购并等资本运营活动对现代经济发展贡献之一。

除了以上各种理论之外,还有一种观点认为购并中获利一方的收益来源是对企业中其他利益主体的剥夺。如股东为企业内部人,而债权人为企业外部人,在信息方面股东有优势,因此股东有可能通过企业购并来提高股票的价值,而降低债券的价值,由此来对债券持有人进行剥夺。这就是所谓的再分配理论。另外,按照并购的分类不同,早期的理论还包括横向兼并理论、纵向兼并理论、混合兼并理论等,此后再做阐述。

购并活动是导致企业规模扩大的经济行为。在实际的资本运营活动中,也存在着通过出售和分立等方式来减小企业规模的活动。在分析这方面的活动时,也形成了关于公司分立的理论。几从分析中所使用的工具和方法来看,可以说都是我们在上面讲述企业购并理论时已经使用过,因此这里不打算对关于分立的理论进行论述。

基本上可以说,在产权进论形成以后,直到它在50年代— 60年代兴起,它与同时代兴起的信息经济学和博弈论结合在一起,对开阔人们的视野,提供新的分析工具等方面都有很大的作用。由此资本运营理论也大量地涌现出来。但总体上看,现代的资本运营理论大都还是一种假设或假说,还没有形成一个比较统一的理论体系。

1.3.3 并购效应

并购的效应包括:(1) 佯量资产的优化组合效应;(2) 资产与经营者的结合效应;(3) 经营机制的转换效应;(4) 劣质资产淘汰效应;(5) 产品升级换代效应;(6) 进入利润水平更高的行业。

1.3.4 并购方式

1. 按被并购对象所在行业分

(1) 横向购并,是指为了提高规模效益和市场占有率而在同一类产品的产销部门之间发生的并购行为。

(2) 纵向购并,是指为了业务的前向或后问的扩展而在生产或经营的各个相互衔接和密切联系的公司之间发生的并购行为。

(3) 混合购并,是指为了经营多元化和市场份额而发生的横向与纵问相结合的并购行为。

2. 按并购的动因分

(1) 规模型购并,通过扩大规模,减少生产成本和销售费用。

(2) 功能型购并,通过购并提高市场占有率,扩大市场份额。

(3) 组合型购并,通过并购实现多元化经营,减少风险。

(4) 产业型购并,通过购并实现生产经营一体化,扩大整体利润。

(5) 成就型购并,通过并购实现企业家的成就欲。

3. 按并购双方意愿分

(1) 协商型,又称善意型,即通过协商并达成协议的手段取得并购意思的一致。

(2) 强迫型,又可分为敌意型和恶意型,即一方通过非协商性的手段强行收购另一方。

4. 按并购后被并一方的法律状态分:

(1) 新设法人型,即并购双方都解散后成立一个新的法人。

(2) 吸收型,即其中一个法人解散而为另一个法人所吸收。

(3) 控股型,即并购双方都不解散,但一方为另一方所控股。

1.4 研究课题的意义

企业作为运用资本进行生产经营的单位,是资本生存、增值和获取收益的客观载体。企业对生产经营进行组织与管理,实质上是对资本进行运筹与规划,任何企业的生产经营都是根植于资本运作的基础之上,都必须借助于资本形式转换。在某种意义上,企业生产经营可以视为资本经营的实现形式。特别是我国加入WTO后,资本运营对于我国的经济、社会有着战略意义。

首先,资本运营将促进社会主义市场经济的确立和完善实质是要由行政机制配置资源转向市场配置资源,使资本机制得以生产并在资源配置中发挥主导作用。

其次,资本运营将推动想带企业制度的完善。

另外，资本运营思想的确立将推动企业家队伍的建设，促进企业经营理论的发展，提高我国企业的国际竞争力。

最后，资本运营为政府宏观调空提出了新的课题。

2　目前研究阶段的不足

长期以来，我国企业界一直重视生产经营，忽视资本运营。重视增量投资，忽视存量资本。重视内部交易型战略的运用，忽视外部交易型战略的实施，这些误区已经严重影响国民经济和企业的发展，已经不能适应经济发展的内在需求。社会的生产和再生产是离不开资本的。在现代市场经济中，资本是经济活动得以持续运行的标志，资本就像一块巨大的礁石，将社会各种生产要素吸引到它的周围。资本流向何处，何处的经济运行就会活跃起来，资本聚集在何处，何处的经济就会不断地走向繁荣。

在强调资本运营的同时，我们并不否认产品经营的重要性。事实上，资本经营并不排斥生产经营。在生产领域内的资本运营，必须通过生产经营进行转换。只有通过生产经营的途径，资本经营的目标才能最终得以实现。正是产品运营如此重要，有关生产经营的研究成果比较多，而对资本运营研究的深度和广度却很少，也正基于以上原因，笔者才将资本运营作为研究对象。

本文主要介绍资本运营国内外发展、趋势，以及资本运营的相关理论内容综述。重点分析和探讨资本运营过程中问题的解决途径。最后通过企业并购案例说明资本运营的过程及总结资本运营重点把握的要点和技巧。预期通过本文对整个资本运营在企业管理运营中的重要性、特点、操作、评价过程有一个深刻的认识，同时对企业资本运营的发展趋势做一展望。

参考文献：

[1] 肖胜萍，《资本运营》，中国纺织出版社，2002.2 第一版。

[2] 张铁男，《企业投资决策与资本运营》，2002.4，哈尔滨工程大学出版社。

【思考与训练】

针对所学专业，请同学们到图书馆查阅资料，编写一份与本专业有关的文献综述。

六、可行性研究报告

（一）可行性研究报告的概念

可行性研究报告是从事一种经济活动(投资)之前，双方要从经济、技术、生产、供销直到社会各种环境、法律等各种因素进行具体调查、研究、分析，确定有利和不利的因素、项目是否可行，估计成功率大小、经济效益和社会效果程度，为决策者和主管机关审批的上报文件。

（二）主要内容及写法

1. 总论，包括项目名称，利用外资方式，主办单位，主管部门，项目负责人，项目背景，项目具备的条件等。

2. 产品的生产与销售，包括产品名称、规格与性能、市场需求情况，生产规模的方案论证，横向配套计划，产品国产化问题及销售方式、价格，内外销售比例等。

3. 主要技术与设备的选择及其来源，包括采用技术、工艺、设备的比较选择，技术、设备来源及其条件与责任。

4. 选址定点方案，包括定点所具备条件(地理位置、气象、地质等自然条件，资源、能源、交通等现有条件及其具备的发展条件等)、所定厂址的优缺点及最后之选定结论。

5. 企业组织的设置与人员培训，包括组织机构与定员、人员投入计划与来源、培训计划及要求。

6. 环境保护内容。

7. 资金概算及其来源，包括合资各方的投资比例、资本构成及资金投入计划。

8. 项目实施的综合计划，包括项目实施进程及施工组织规划等。

9. 经济指标的计算分析，包括静态的财务指标分析和敏感性分析、外汇平衡分析等。

10. 综合评价结论。

例文

××麦芽有限公司扩建立仓可行性研究报告

××麦芽有限公司从1998年投产以来，业务蒸蒸日上，销售量稳步上升，但由于增加产量和提高质量的迫切要求，原有立仓的储量已不适应这一发展的需求，急需进行扩建。

一、扩建立仓原因

（一）外部原因

据市场调查，目前四川省啤酒年产量为××万吨，覆盖率不大，但啤酒毕竟是人们喜爱的营养饮料，随着人们生活水平的提高，估计今后的产量将不断上升，可达××万吨左右，与之相联系的共需要麦芽××万吨。而目前，全省只有××麦芽有限公司(年产××万吨)、××麦芽有限公司(年产××万吨)以及其他一些小型公司(加起来的总产时也只有××万吨)生产麦芽，尚有××万吨的缺口有待填补。另外，麦芽还有广阔的国际市场，仅美国2002年需求量就达××万吨。××麦芽有限公司所引进的是世界第一流的生产技术设备，质量有保证，生产费用低，价格有竞争力，只要公司以内涵发展为主，进一步提高麦芽质量，充分发展自有潜力，完全可以打入国际市场。因此，从效益的角度出发，扩建立仓是刻不容缓的。

（二）内部原因

1. 解决原料大麦早来无仓，迟来断粮的问题。

2. 稳定麦芽指标，提高麦芽质量。

3. 降低麦芽成本。

二、扩建立仓的个数

根据市场需求及历年来销售量，结合本公司的实际情况，扩建立仓数为××个。

三、扩建立仓的投资建设条件（略）

四、立仓扩建费用

立仓扩建资本××万元（土建费用××万元，设备费用××万元，不可预见费用××万元）；新增流动资金××万元；新增加维修人员××人（雇佣期为一个月），每年增加支出××万元，每年增加维修费用××万元。

五、效益分析

（一）主要财务数据预测

扩建立仓总投资××万元；项目寿命××年；产量以年产××万吨计，××年为××万吨；价格以国内市场价格为基础，但由于波动变化较大，现按2002年（正常生产年份）的销售平均价××元计算；新增销售收入（以2001年为基础）为××万元，××年累计为××万元；新增工商税（按××计提）正常生产年份（2002年）为××万元，××年累计为××万元；总成本正常生产年份（2002年）为××万元，其中固定成本××万元，可变成本××万元，单位成本比年产××降低了××万；新增利润正常生产年份（2002年）为××万元，××年累计为××万元，新增可供分配利润在2002年免所得税的情况下为××元/年，××年新增加可供分配利润为××万元。

（二）企业财务评估

1. 直接利益分析

年产麦芽××万吨利润率对比，年产××万吨比年产××万吨利润率上升×%，说明本项目的效益可观。投资回收期为两年；贷款偿还期，正常生产年份要追加流动资金××万元，主要由银行贷款解决，只要每年多付贷款利息××万元就可以保证长期使用这笔贷款，直到回收流动资金时可归还全部贷款。

2. 动态分析判断（略）

3. 盈亏平衡分析（略）

4. 其他因素影响（略）

5. 间接收益（论述社会效益，略）

六、风险分析

假如在其他因素不变的前提下，本项目的销售价格、投资额、建设期或成本发生依次变化，按×%折现率折现，净现值变化为：建设期增加一年，净现值从××万元下降到××万元；成本增加×%，净现值从××万元下降到××万元；销售价格下降×%，净现值从××万元下降到××万元。在以上各种不利因素的影响下，净现值会相应下降，但下降后的净现值仍远远大于零，说明本项目承受风险的能力大。

七、注意问题和建议（略）

八、结束语

【思考与训练】

请同学们为自己制定一个四年大学学习目标，并写一份可行性研究报告。

七、毕业论文开题报告

(一) 开题报告概念

开题报告是课题确定以后,对所开课题准备情况和研究计划做出的概括反应。解决的是“如何研究”的问题,从内容上说具有实施性。包括科研课题开题报告和毕业论文开题报告。

(二) 毕业论文开题报告的写法

毕业论文开题报告一般包括以下内容:

1. 标题。一般是选定毕业论文题目加“开题报告”构成。

2. 自然情况。包括学生姓名、学科专业、课题研究方向、导师姓名和职称。

3. 正文。包括:

(1) 选题的目的和意义。说明为设么选择这个课题,以及这个课题的学术价值和应用价值。

(2) 研究问题和基本思路。说明本人对学位论文的构想、设想和见解。

(3) 研究现状及突破。说明国内外本学科的前沿研究状况,以及课题的先进性和可预期性的创造性成果。

(4) 资料站有情况。介绍阅读参考文献和外文资料情况。

(5) 论文框架。阐述论文的基本结构以及内容要点。

(三) 开题报告的要求

开题报告要求作者对相关学科、专业领域的资料进行搜集、阅读整理,并获取全面而准确的学位文献体系后进行。杨就剩阅读论文、资料一般不少于30篇(其中外文资料不少于5篇),博士研究生一般不少于50篇(其中外文资料不少于10篇)。研究生的开题报告不少于3000字,博士生的开题报告不能少于5000字。

例文

毕业论文(设计)开题报告

1. 本课题的目的及研究意义

研究目的:

张爱玲与电影有过长期亲密的接触,在小说写作中创造性地化用了电影化技巧,使她的文字组合带有丰富的视像性和表现力。文本以恐怖电影的表现手法为切入口,对张爱玲中短篇小说出现的恐怖电影式镜头进行解析。试图更近距离地感受张爱玲艺术感觉的细微独特之处,并且在此基础上揭示张爱玲小说所蕴涵的悲剧感和死亡意识。

研究意义:

本文通过对张爱玲中短篇小说出现的恐怖电影式镜头进行解析,试图在体会张爱玲语言的“现代性”的基础上,尝试性地提出1种独特的审美方式,从不同的视角解读张爱玲小说的表现手法。

2. 本课题的国内外的研究现状

国内研究现状：

国内对张爱玲小说的电影化表现手法的研究主要从小说的电影画面感、电影造型、电影化技巧等角度切入，考察了张爱玲作品对电影艺术手法的借鉴技巧：

(1) 研究张爱玲小说的电影画面感：《犹在镜中——论张爱玲小说的电影感》(何蓓)等；

(2) 研究张爱玲小说的电影造型：《论张爱玲小说的电影化造型 》(何文茜)等；

(3) 研究张爱玲小说的电影化技巧：《张爱玲小说的电影化技巧》(何文茜)；《张爱玲小说的电影化倾向》(申载春)；《论张爱玲小说的电影手法》(张江元)；《张爱玲小说对电影手法的借鉴》(屈雅红)等；

(4) 研究张爱玲小说的死亡意识：《论张爱玲小说中的死亡意识》(李祥伟)等

国外研究现状：

海外研究对张爱玲的研究可以分为两个阶段"第 1 阶段 1957—1984 年夏志清，唐文标等人对她作品的介绍与评述""第 2 阶段 1985 年至今，辐射面波及北美等地的华文文学的影响研究分析和评价"。1995 年 9 月后，她在美国辞世后，海外学者多运用西方现代文艺理论来剖析。

3. 本课题的研究内容和方法

研究内容：

张爱玲的小说映照了 1 个阴阳不分、鬼气森森的世界，恐怖镜头繁复缤纷，在她的作品里以人拟鬼，她笔下的人物均飘荡在凄冷荒凉的宿命轨道上。本文尝试根据恐怖电影的表现手法，从场景造型、人物造型，以及道具造型等角度入手，对张爱玲小说中出现的恐怖镜头进行研究、阐释。更近距离地感受张爱玲艺术感觉的细微独特之处，并且在此基础上揭示张爱玲小说所蕴涵的悲剧感和死亡意识。

研究方法：

本文采用比较研究的方法，根据恐怖电影的表现手法，在学术界既有研究资料的基础上，从张爱玲小说、相关的研究书籍及其评论等出发，分析整理资料，从场景造型、人物造型以及道具造型等角度入手，对张爱玲小说当中出现的恐怖镜头进行研究、阐释。

4. 本课题的实行方案、进度及预期效果

方案、进度：

2006 年 11 月—2007 年 2 月初：收集资料。重读作品，确定论文题目，查阅相关资料。

2007 年 2 月—2007 年 3 月中旬：在老师的指导下，拟定写作提纲和开题报告。

2007 年 3 月—2007 年 4 月：论文修改。听取老师意见，撰写论文初稿，并交指导老师评审。

2007 年 4 月：定稿。

预期效果：

本文结合恐怖电影的表现手法，通过分析、比较、归纳等方法对张爱玲小说中出现的恐怖镜头进行阐释，尝试更近距离地感受张爱玲艺术感觉的细微独特之处，并且在此基础上揭示张爱玲小说所蕴涵的悲剧感和死亡意识。

5. 已查阅参考文献：

书籍：

1. 张爱玲,《张爱玲全集》[M]. 新疆:新疆人民出版社,2006年6月第1版。

2. 金宏达,《华丽影沉》[C]. 北京:文化艺术出版社,2003年1月第1版。……

学术论文:

1. 何文茜《张爱玲小说的电影化技巧》,石家庄师范专科学校学报,2003年第5卷第4期第51页。

2. 李祥伟《"丑"趣——论张爱玲小说中的死亡意象》,学术论坛,2005年第6期第140页。……

网络资料:

1.《恐怖情节心理分析》

2.《绽放在暗地里几个唯美的惊惶意象》

3. 陈文珊《女性·月亮·鬼气——试论《聊斋志异》对张爱玲小说创作的影响》

指导教师意见

指导教师:

年 月 日

院(系)审查意见

院系(公章):

年 月 日

(例文来源于《百度文库》)

【思考与训练】

1. 写作开题报告前要做好哪些准备?

2. 开题报告解决的是什么问题?

八、调查报告

不同类型的调查报告，具体内容有所不同。但基本写法是相通的。写好调查报告一是熟悉调查报告的结构特点；二要把握调查报告的写作程序。

一般来说，调查报告的内容大体有：标题、导语、概况介绍、资料统计、理性分析、总结和结论或对策、建议以及所附的材料等。由此形成的调查报告结构，就包括标题、导语、正文、结尾和落款。

（一）标　题

调查报告的标题有单标题和双标题两类。所谓单标题，就是一个标题。其中又有公文式标题和文章式标题两种。公文标题为“事由＋文种”构成，如《××省农村中学外语教学情况的调查报告》。文章式标题，如《××市的民办企业》；其二是标明作者通过调查所得到的观点的标题，如《调整农业政策，增加投入》。所谓双标题，就是两个标题，即一个正题、一个副题。如《为了造福子孙后代—××县封山育林调查报告》。

（二）导　语

导语又称引言。它是调查报告的前言，简洁明了地介绍有关调查的情况，或提出全文的引子，为正文写作做好铺垫。常见的导语有：① 简介式导语。对调查的课题、对象、时间、地点、方式、经过等作简明的介绍；② 概括式导语。对调查报告的内容（包括课题、对象、调查内容、调查结果和分析的结论等）作概括的说明；③ 交代式导语。即对课题产生的由来作简明的介绍和说明。

（三）正　文

正文是调查报告的主体。它对调查得来的事实和有关材料进行叙述，对所做出的分析、综合进行议论，对调查研究的结果和结论进行说明。正文的结构有不同的框架。①根据逻辑关系安排材料的框架有：纵式结构、横式结构、纵横式结构。这三种结构，以纵横式结构常为人们采用。② 按照内容表达的层次组成的框架有：“情况—成果—问题—建议”式结构，多用于反映基本情况的调查报告；“成果—具体做法—经验”式结构，多用于介绍经验的调查报告；“问题—原因—意见或建议”式结构，多用于揭露问题的调查报告等。

（四）结　尾

结尾的内容大多是调查者对问题的看法和建议，这是分析问题和解决问题的必然结果。调查报告的结尾方式主要有补充式、深化式、建议式、激发式等。

（五）落　款

调查报告的落款要写明调查者单位名称和个人姓名，以及完稿时间。如果标题下面已注明调查者，则落款时可省略。

例文

旅游服务市场调查报告

调查地点:——

调查方法:电话访问

调查时间:2007年2月底

被访者:18—60岁之间的城市居民

样本量:20

报告内容:

旅游已逐渐成为人们娱乐生活中不可缺少的一部分,人们除了能享受到旅游过程中的惬意与放松,其实更多的是对生活的体味。但随着旅游逐步深入生活,关于旅游的投诉也常见于报端。据最近的一次调查显示,五分之一的受访者对随团旅游表示不满意,不满意的原因主要来自导游和旅行社方面。对于没有随团出游的受访者,旅游费用以及旅行社的信誉仍是主要的影响因素。

该项调查于2007年2月底在——(地点)实施,调查采用电话访问的方法,共完成有效问卷20份,调查对象为年龄在18—60岁之间,家中有电话的居民。调查结果可以推论随团旅游:不满意

旅游服务一直以纷争不断而出名,从调查显示的结果看,人们对随团旅游的评价的确不高。在有随团旅游经验的受访者中,有五分之一的人对其最近一次随团旅游表示不满意,而表示满意的只有三分之一,近一半的受访者表示服务一般。

导致受访者不满意的主要原因是"导游未尽职责"和旅行社"降低等级标准"。这两项的比例均达到30.8%。其次是"擅自变更行程安排"占23.1%,和"配套设施不完善"占15.4%。

在整个旅游过程中,游客与旅行社的接触更多的在出游前期的报名环节。而在旅行途中,导游则很大成分上充当了旅行社的代表。游客对旅行社服务的不满意在得不到导游的妥善处理后,则很容易转化成对导游的不满。

还有费用和信誉:参团出游的主要障碍

也有很多人没有随团出游过。其中,有些人是由于"没有时间",而有些人是因为"费用较高"。还有一小部分的受访者表示不随团旅游是因为"对旅行社不信任"。从这一结果看,费用和旅行社的信誉问题是阻碍人们参团旅游的重要因素。

从分析看,家庭收入越高,有随团旅游经历的人所占比例越大。在家庭月收入低于2000元时,90%左右的人没有随团旅游的经历,而在家庭月收入达到5000元以上时,则超过一半的人有随团出游的经历。看来,尽管对旅行社而言,价格的可调节余地不太大,但普通工薪阶层对旅游费用的可支持能力依然有限。

或许在达到效益情况下,价格还可以适当调整,毕竟目前,降价仍是看家法宝。但对于信誉问题,树立起良好的形象,扭转人们心中已形成的观念则非短时间内即可达到的,因为人们更愿意接受与自己观念相近的意见。

(例文来源于《百度文库》)

【思考与训练】

某品牌手机为了解大学生对手机使用的情况,请你为其做一次市场调查,并写出市场调查报告。

九、工科院校毕业设计论文

(一) 工科院校毕业设计的概念

工科毕业设计论文也叫工科毕业设计报告，是工科在校大学生毕业前在专业指导老师指导下，选择某一课题，综合运用所学专业的基础知识、基本理论和基本技能，作出解决实际问题的设计，把设计内容形成书面文字，就是工科毕业设计报告。分为工艺设计和设备设计两种类型。

(二) 工科院校毕业设计的特点

1. 主观性和预测性。毕业设计报告是在校大学生所做，他们一般是通过试验和现场观察，取得一定认识后做出的设计，所以带有很大的主观性和预测性，它只是对工程设计方案作出的预想和推测。

2. 多用图式语言表达。设计很多地方需要预算，方案多用画图来表达。

3. 科学性和实用性较弱，设计者一般设计时间较短，也没有丰富的经验，所以不可能达到实际生产设计的要求，应届大学生完成此项工作的目的，只是为了体验并熟悉设计的过程，了解设计方法。

(三) 工科院校毕业设计的结构及写法

1. 封面见例文

2. 正文格式及写法(参照例文)如下：

3. 标题：××设计课题＋的设计(常用语)

　　如：××医疗器材销售系统的设计

　　　设计者＋指导教师

4. 摘要：是本设计内容的主要介绍。一般写法是简要背景＋“本文介绍了……”或“本文说明了……”

5. 关键词

和学术论文一样，是在设计报告中使用频率较高，能体现主要信息的词语，可来源于标题，也可以从正文中选取。词与词之间没有语法联系。一般关键词要选取 3～8 个。

6. 前言：题目来源＋设计目的＋设计范围＋设计意义

7. 设计内容：是设计的核心部分，包括原理介绍、本设计的具体技术内容、本设计采用的方法、实施过程和应用情况及性能指标或达到的技术经济指标、特点总结、优缺点的分析评价等。

不一定包括全部，视具体情况而定。

8. 参考文献。

9. 附录。

(四) 工科毕业设计报告的写作要求

1. 选题要难度适中。

2. 正文部分要体现独创设计内容，作为重点详写。

3. 图表绘制要清楚，包括主图和分图。

4. 表达上文字要准确规范。

例文

毕业设计(论文)

酒店管理系统

学生姓名：张军军

学历层次：本　科

所在系部：电气与信息学院

所学专业：计算机科学与技术

指导教师：赵洁红

教师职称：副教授

完成时间：2007年6月10日

毕业设计(论文)外文翻译

asp. net with Realization on web of Multimedia Database

asp. net 技术在 web 多媒体数据库上的实现

学生姓名： 张军军

学历层次： 本 科

所在系部： 电气与信息学院

所学专业： 计算机科学与技术

指导教师： 赵洁红

教师职称： 副教授

完成时间： 2007 年 6 月 10 日

摘　要

随着计算机技术的飞速发展，计算机在企业管理中应用的普及，以及市场的迫切需要，利用计算机实现数字化办公势在必行。为满足中小型酒店管理的需要，特开发此酒店管理系统(HMS)。本系统采用 Visual Studio. net 2005 作为前台开发工具，SQL Server 2000 作为后台数据库，开发高性能的浏览器/服务器(Browser/Server，简称 B/S)模式。在 Visual Studio. net 2005 中，通过最新的数据库访问技术 ADO. net 来访问数据库。

整个系统从符合操作简便、界面友好、灵活、实用、安全的要求出发，完成了酒店管理系统的全过程，包括基本信息管理、前台接待管理、酒店餐饮信息、网络用户在线订房信息处理、酒店员工信息管理、酒店房间管理和系统用户管理等过程。本系统设计思路新颖独特，实用性较强，而且也可用于其他常用管理信息系统的子系统。

本文主要从需求分析、概念结构设计、逻辑结构设计、数据库设计四个阶段阐述了整个系统的实现过程，并对系统的实现做了简要的介绍。

关键词：酒店管理系统(HMS)，Visual Studio. net 2005，SQL Server 2000，ado. net，B/S

(英文摘要略)

引　言

随着市场经济的进一步发展，人民生活水平的不断提高，计算机已成为我们学习和工作的得力助手。今天，计算机的价格已经十分低廉，性能却有了长足的进步，它以经被应用于许多的领域，计算机之所以如此流行的原因主要有以下几个方面：首先，计算机可以代替人工进行许多的复杂的劳动。其次，计算机可以大大的提高人们的工作效率。第三，计算机可以节省许多资源。第四，计算机可以使敏感文档更加安全。

人们不仅对物质生活要求很高，而且对精神生活的质量也不断提出要求。顾客需要的是方便快捷的服务，所以这就要求我们办事效率一定要提高，要急时应对顾客不断提出的需求。对于酒店这一行业，本身就是一种服务性行业，更应该朝着这个方向发展，但是，现在我们的服务还只是停留在人工处理阶段，比如当顾客要预定房间时，还要人工进行记账，这样需要很大的工作量，而且如果一旦账本丢了，那一切都不可收拾了，因为人工备份太浪费时间了；但是，如果是通过计算机来操作，那么这种情况就不会发生了，可以随时进行数据备份，这样就不会发生数据丢失了。这样大大提高了工作的效率和安全性，而且还急时保存了客户的资料。

所以，为了改善服务质量，吸引更多客户，满足顾客的不断变化的需求，开发了此酒店管理系统。

(设计正文)

1　酒店管理系统概述

……

1.1　系统实现中的开发技术

● 操作系统

当前，服务器操作系统平台两种：Unix 和 Windows NT。用户端的操作系统平台则为 Windows。考虑到系统的易用性、界面、安全性等方面，因为本系统采用模拟日常酒店管理系统的运行情况而设计的，所以客户端和服务器在一台机器上完成，操作系统平台采用了 windows 2000。

Windows 2000 Advanced Server 除具有 Windows 2000 Server 的所有功能和特性外，还提供了比之更强的特性和功能：……

● Web 服务器

作为企业信息系统的核心之一，Web Server 有许多产品可供选择。由于操作系统是 Windows 2000，故推荐采用微软公司的 IIS。

● 用户端软件

用户端的主要软件为 Web 浏览器，它是整个企业信息系统与用户的主要接口界面。目前广泛使用的浏览器产品有：Netscape Navigator 4.0 、Microsoft Internet Explorer 6.0 等。本系统采用 IE 6.0，它是目前最优秀的浏览器之一。

● 数据库系统

它是企业信息系统中事务管理的理软件。……

SQL Server 2000 是 Microsoft 公司最新开发的大型关系数据库库管理系统，具有非常强大的关系数据库创建、开发、设计及管理功能。

与以前的版本相比，SQL Server 2000 的特点体现……

● ADO. net 技术

ADO. NET 由 Microsoft ActiveX Data Objects (ADO)改进而来，它提供平台互用和可收缩的数据访问功能。……

使用 ADO. NET 的任何软件解决方案的中心都是数据集。……

附图：……

● Web 与数据库系统的接口

它是 Web 动态发表的主要技术。……

2　酒店管理需求分析

……

2.1　系统流程分析

所谓系统流程就是用户在使用系统时的工作过程。多用户系统的工作流程都是从用户登录模块开始，对用户的身份进行认证。身份认证可以分为以下两个过程：

☆ 确认用户是否是有效的系统用户。图 1.1 系统流程分析图：略

☆ 确定用户的类型。

2.2　系统功能需求

本系统根据不同用户对酒店的使用权，将其分为网络用户阅览、酒店服务员信息处理、管理员信息管理三个不同的级别：

(1) 系统为网上用户提供了酒店的详细情况的介绍以及用户可以在酒店享受到的服务内容。用户可以了解的酒店详情如下：

(2) 系统为酒店服务员工其提供的主要功能有：具体内容略

1) 房间信息处理具：体内容略

2) 酒店餐饮信息处理：具体内容略

(3) 系统为酒店管理员提供的主要功能有：具体内容略

2.3　系统特色

● 先进的技术平台：……

● 高可靠性、安全性……

● 扩充方便、配置灵活……

● 功能强大，全方位管理……

2.4 部分数据库需求

酒店管理系统需要提供信息的查询、保存、更新以及删除等功能。这就要求数据库能充分满足各种信息的输出和输入。通过对上述系统功能的分析,根据酒店管理系统的需求,总结出如下关于住宿的需求信息:具体内容略

3 系统规划

3.1 功能模块图

按照酒店管理系统的运作情况,系统分为用户浏览界面、服务人员界面、后台管理界面。系统总的功能模块如图(3-1)所示

其中主要子系统功能介绍如下:具体内容以及附图略

……

3.2 可行性研究:具体内容略

4 系统分析

系统分析的基本任务是:系统分析员和用户在一起,充分了解用户的需求,并把双方的理解用系统说明书表达出来,系统说明书审核通过之后将成为系统设计的依据和将来验收系统的依据。……

4.1 数据流程图

1. 房间管理: 图 4-1(1)(顶层数据流程图)略

2. 客户就餐数据流程图:图 4-2(2)(就餐数据流程图)略

3. 客户订房数据流程图:图 4-3(3)(住房数据流程图)略

4.2 数据字典

数据字典是关于数据的信息的集合,也就是对数据流程图中包含的所有元素的定义的集合。

下面给出本系统的主要数据元素的数据字典卡片:

图 4-3(1)员工信息 略　　图 4-3(2)客房类型信息 略

图 4-3(3) 客房基本信息　　图 4-3(4) 客房入住信息

……

5 系统设计

本系统采用两层架构。这样,Web 展示层的每个页面便可以直接对数据库进行访问,而不用过多地实现数据库连接和操作接口。这种架构开发和调试过程简单,但日后的维护相对繁琐。数据库是系统的最底层;数据访问模块包含在 Web 展示层中;Web 展示层通过数据访问模块访问数据库。数据访问模块一般封装数据库的查询、添加、更新、删除等操作,同时还为 Web 展示层提供访问数据库的接口。

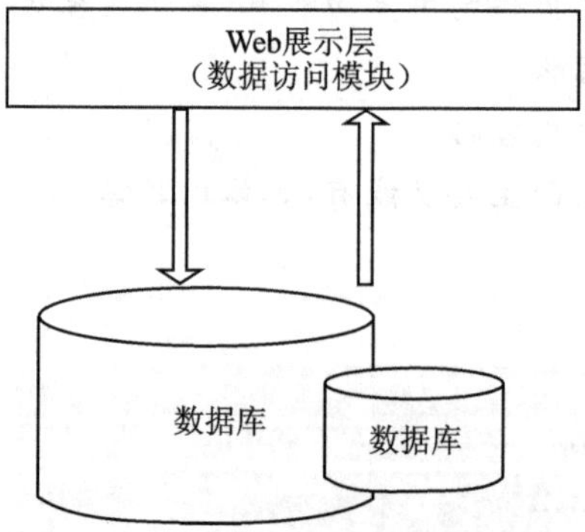

5.1　概念结构设计

5.2　逻辑结构设计

5.3　系统界面设计

6　酒店管理系统系统实施

6.1　程序流程图

6.2　数据库连接代码及存储过程

在数据库的连接中,考虑到数据库的安全性,同时为了减少代码的重用性,在 Web.Config 配置文件里面,进行如下的设置:

略

7. 系统测试及验收

略

8. 总结

9. 参考文献

10. 谢辞

11. 附录

【思考与训练】

1. 仔细体会毕业设计主体部分的要求。

2. 说说毕业设计的特点。

十、经济合同

(一) 经济合同的含义

1999年10月1日实施的《中华人民共和国合同法》第二条规定：合同是平等主体的自然人、法人、其他组织之间设立、变更、终止民事权利义务关系的协议。

(二) 经济合同的要素

主体：自然人、法人、其他组织

自然人：公民，依法享有民事权利承担民事义务的人。

法人：经国家认可，有独立的财产或独立的预算，具有民事权利能力和行为能力，依法独立享受民事权利和承担民事义务的组织。

内容：合同主体享有的权利和所承担的义务。

客体：合同主体的权利、义务所共同指向的事物。

自然人是指因出生而获得生命的人类个体。不仅包括公民还包括外国人，无国籍人。自然人和法人相对立，一个反映自然属性，一个反映法律拟制的人。我国民法在公民括号内写明自然人，说明在民事主体这一范畴，自然人等同于公民。

(三) 法人特点

法人是一种独立的社会组织。组织性是法人和公民的根本区别。

拥有独立的财产。

独立承担民事责任。法人的创立人和成员对法人的债务不负责任。

独立参加民事活动。内部机构不得以自己的名义对外活动。

(四) 经济合同的作用

合同是专业协作的纽带、横向经济联系的工具。

合同有利于加强企业经营管理。

(五) 订立经济合同的原则

平等原则

公平原则

诚实信用原则

合法原则

(六) 经济合同的分类

《合同法》规定有15种：买卖合同(购销合同)/供用电、水、气、热力合同/赠与合同/借款合同/租赁合同/融资租赁合同/承揽合同/建设工程合同/运输合同/技术合同/保管合同/仓储合同/委托合同/行纪合同/居间合同。

(七) 经济合同的形式

1. 表格式：简单明了，规范有序，适用于企业之间经常性的业务往来。

2. 条文式：偶尔签定合同的单位和个人使用，或内容不稳定的合同。

3. 表格条文结合式。

（八）经济合同的基本内容（必备条款）

当事人的名称或姓名和住所

标的

数量

质量

价款或酬金

履行期限

履行地点与方式

验收

结算方式

违约责任

解决争议的方法

（九）经济合同的结构与写法

1. 标题：合同的性质＋文种

《基本建设合同》、《粮食定购合同》

标题的下方应标明合同编号

在表格式合同中，签订日期和地点也可放在标题的右下方，与编号上下排列，用小一号字体。

2. 订立合同双方名称及代称

3. 正　文

(1) 引言：合同的开头，主要写目的和依据。

"为了……，根据……法律的规定，……双方经过充分协商，特订立本合同，以便共同遵守。"

引言可部分省略或全部省略

(2) 主体：指合同条款。

(3) 必备条款（标的，数量，质量，价款或酬金，履行期限，履行地点与方式，验收，结算方式，违约责任，解决争议的方法。）

(4) 其他条款

(5) 合同文本的份数及保存

"本合同一式四份，甲乙双方各执一份，副本两份，送双方上级主管机关存查。"

(6) 合同的有效期限：合同执行的起止日期。

"本合同有效期自××××年×月×日至××××年×月×日，过期作废。"

"本合同自双方代表签字，加盖双方公章或合同专用章即生效，至××后终止。"

(7) 附件说明：有附件，注明合同附件的效力。

"本合同附件、附表均为本合同的组成部分，且具有同等的法律效力。"

附件、附表均写在合同条款的最下方。

注明附件名称、序数和份数。

(8) 结　尾

落款:双方单位全称和法人姓名,加盖公章或合同专用章,双方代表签字。

如需审批,需写双方主管机关和签证机关的名称并加盖印章。

数额较大、周期较长的合同还要公证。

(9) 日期:签订合同日期。

(10) 附项:日期下写合同当事人的地址、邮编、电挂、电话、图文传真、银行账号等。

(十) 拟写合同的注意事项

格式要规范

条款要完备

文字要精确

例文

石油买卖合同格式

订立合同双方:

购货单位:____________________,以下简称甲方;

供货单位:____________________,以下简称乙方。

经甲乙双方充分协商,特订立本合同,以便共同遵守。

第一条 产品的名称、品种、规格和质量

1. 产品的名称、品种、规格:____________________。(应注明产品的牌号或商标)

2. 产品的技术标准(包括质量要求),按下列第( )项执行:

(1) 按国家标准执行;

(2) 按部颁标准执行;

(3) 由甲乙双方商定技术要求执行。

(在合同中必须写明执行的标准代号、编号和标准名称。对成套产品,合同中要明确规定附件的质量要求;对某些必须安装运转后才能发现内在质量缺陷的产品,除主管部门另有规定外,合同中应具体规定提出质量异议的条件和时间;实行抽 检验质量的产品,合同中应注明采用的抽样标准或抽验方法和比例;在商定技术条件后需要封存样品的,应当由当事人双方共同封存,分别保管,作检验的依据。)

第二条 产品的数量和计量单位、计量方法

1.产品的数量:____________________。

2.计量单位、计量方法:____________________。

……

3.产品交货数量的正负尾差、合理磅差和在途自然减(增)量规定及计算方法:________。

第三条 产品的包装标准和包装物的供应与回收____________________。

……

第四条 产品的交货单位、交货方法、运输方式、到货地点(包括专用线、码头)

1. 产品的交货单位：____________________。

2. 交货方法，按下列第( )项执行：

(1) 乙方送货；

(2) 乙方代运(乙方代办运输，应充分考虑甲方的要求，商定合理的运输路线和运输工具)；

(3) 甲方自提自运。

3. 运输方式：____________________。

4. 到货地点和接货单位(或接货人)____________________。

……

第五条 产品的交(提)货期限 ……

第六条 产品的价格与货款的结算

1. 产品的价格，按下列第( )项执行：

(1) 按甲乙双方的商定价格；

(2) 按照订立合同时履行地的市场价格；

(3) 按照国家定价履行。

(执行国家定价的，在合同规定的交货或提货期内，遇国家调整价格时，按交货时的价格执行。逾期交货的，遇价格上涨时，按原价执行；遇价格下降时，按新价执行。逾期提货或逾期付款的，遇价格上涨时，按新价格执行；遇价格下降时，按原价执行。由于逾期付款而发生调整价格的差价，由甲乙双方另行结算，不在原托收结算金额中冲抵。执行浮动价和协商定价的，按合同规定的价格执行。)

2. 产品货款的结算：产品的货款、实际支付的运杂费和其他费用的结算，按照中国人民银行结算办法的规定办理。

……

第七条 验收方法____________________。

(合同应明确规定：1. 验收时间；2. 验收手段；3. 验收标准；4. 由谁负责验收和试验；5. 在验收中发生纠纷后，由哪一级主管产品质量监督检查机构执行仲裁等)。

第八条 对产品提出异议的时间和办法

1. 甲方在验收中，如果发现产品的品种、型号、规格、花色和质量不合规定，应一面妥为保管，一面在 30 天内向乙方提出书面异议；在托收承付期内，甲方有权拒付不符合合同规定部分的货款。甲方怠于通知或者自标的物收到之日起过两年内未通知乙方的，视为产品合乎规定。

2. 甲方因使用、保管、保养不善等造成产品质量下降的，不得提出异议。

3. 乙方在接到甲方书面异议后，应在 10 天内(另有规定或当事人另行商定期限者除外)负责处理，否则，即视为默认甲方提出的异议和处理意见。

(甲方提出的书面异议中，应说明合同号、运单号、车或船号、发货和到货日期；说明不符合规定的产品名称、型号、规格、花色、标志、牌号、批号、合格证或质量保证书号、数量、包装、检验方法、检验情况和检验证明；提出不符合规定的产品的处理意见，以及当事人双方商定的必须说明的事项。)

第九条 乙方的违约责任

1. 乙方不能交货的，应向甲方偿付不能交货部分货款的__________%的违约金。

2. 乙方所交产品品种、型号、规格、花色、质量不符合规定的，如果甲方同意利用，应当按质论价；如果甲方不能利用的，应根据产品的具体情况，由乙方负责包换或包修，并承担修理、调换或退货而支付的实际费用。

3. 乙方因产品包装不符合合同规定，必须返修或重新包装的，乙方应负责返修或重新包装，并承担支付的费用。甲方不要求返修或重新包装而要求赔偿损失的，乙方应当偿付甲方该不合格包装物低于合格包装物的价值部分。因包装不符合规定造成货物损坏或灭失的，乙方应当负责赔偿。

……

第十条 甲方的违约责任

1. 甲方中途退货，应向乙方偿付退货部分货款__________%的违约金。

2. 甲方未按合同规定的时间和要求提供应交的技术资料或包装物的，除交货日期得顺延外，应比照中国人民银行有关延期付款的规定，按顺延交货部分货款计算，向乙方偿付顺延交货的违约金；如果不能提供的，按中途退货处理。

……

第十一条 不可抗力

甲乙双方的任何一方由于不可抗力的原因不能履行合同时，应及时向对方通报不能履行或不能完全履行的理由，以减轻可能给对方造成的损失，在取得有关机构证明以后，允许延期履行、部分履行或者不履行合同，并根据情况可部分或全部免予承担违约责任。

第十二条 其他__________________。

按本合同规定应该偿付的违约金、赔偿金、保管保养费和各种经济损失的，应当在明确责任后10天内，按银行规定的结算办法付清，否则按逾期付款处理。但任何一方不得自行扣发货物或扣付货款来充抵。

本合同如发生纠纷，当事人双方应当及时协商解决，协商不成时，任何一方均可请业务主管机关调解或者向仲裁委员会申请仲裁，也可以直接向人民法院起诉。

本合同自________年____月____日起生效，合同执行期内，甲乙双方均不得随意变更或解除合同。合同如有未尽事宜，须经双方共同协商，作出补充规定，补充规定与合同具有同等效力。本合同正本一式二份，甲乙双方各执一份；合同副本一式______份，分送甲乙双方的主管部门、银行（如经公证或签证，应送公证或签证机关）……等单位各留存一份。

购货单位（甲方）：____________（公章） 供货单位（乙方）：____________（公章）

法定代表人：________________（公章） 法定代表人：________________（盖章）

地址：__________________________ 地址：__________________________

开户银行：______________________ 开户银行：______________________

账号：__________________________ 账号：__________________________

电话：__________________________ 电话：__________________________

________年____月____日订

（例文来源于《百度文库》）

【思考与训练】

某电器公司委托某学校帮助培训一批电器销售员，请你为他们拟写一份委托培训合同。

十一、个人简历

一般来讲,个人简历的内容都应该包括:"本人基本情况"、"个人履历"、"能力和专长"、"求职意向"、"联系方式"等基本要素。

(一) 本人基本情况

包括:姓名、年龄(出生年月)、性别、籍贯、民族、学历、学位、政治面貌、学校、专业、身高、毕业时间等等。一般来说,本人基本情况 的介绍越详细越好,但也没有必要画蛇添足,一个内容要素用一两个关键词简明扼要地括说明一下就够了。

(二) 个人履历

主要是个人从高中阶段至就业前所获最高学历阶段之间的经历,应该前后年月相接。

(三) 本人的学习经历

主要列出大学阶段的主修、辅修与选修课科目及成绩,尤其是要体现 与你所谋求的职位有关的教育科目、专业知识。不必面面俱到(如果用人单位对你的大学大学成绩感兴趣,可以提供给他全面的成绩单,而用不着在求职简历中过多描述这些东西),要突出重点,有针对性。使你的学历、知识结构让用人单位感到与其招聘条件相吻合。

(四) 本人的实践、工作经历

主要突出大学阶段所担任的社会工作、职务,在各种实习机会当中担当的工作。对于参加过工作的研究生,突出自己在原先岗位上的业绩也是非常重要的。

(五) 本人的能力、性格评价

这种介绍要恰如其分,尽可能使你的专长、兴趣、性格与你所所谋求的职业特点、要求相吻合。事实上,"本人的学习经历"、"本人的实践、工作经历"同样在映证个人的能力、性格,因此,前后一定要相互照应。

(六) 求职意向

简短清晰,主要表明本人对哪些岗位、行业感兴趣及相关要求。

(七) 联系方式与备注

同封面所要突出的内容一样,一定要清楚地表明怎样才能找到你,区号、电话号码、手机号、E-mail 地址。我们有的毕业生喜欢频繁地变换手机、E-mail,当我们或用人单位需要和你取得联系的最关键时候,往往无法迅速找到你,我们感到遗憾的同时,恐怕最遗憾的应该是你。

例文

毕业生个人简历

姓　名：×××

性　别：男

出生日期：19××年××月××日

通讯地址：某省科技职业学院××××分院 手机：××××××××××

邮 编：×××

求职意向：销售部主管

一、在校学习的主要课程介绍

二、专业技能

三、实习经历

××年××月——××年××月在××年××月陶瓷销售市场实习。

实习期间非常热爱市场销售工作，有着十分饱满的创业激情。在半年从事陶瓷市场销售实习工作中积累了大量的实践经验和客户资源。与省内主要的二十多家陶瓷经销商建立了十分密切的联系，并在行业中拥有广泛的业务关系。能团结自己的同事一起取得优异的销售业绩。

四、教育经历

1996年9月—1999年7月某省科技职业学院国际经济与贸易专业大专学历。在校一直担任学生干部，工作认真负责，学习成绩优秀，多次被学院评为优秀学生干部，优秀团干，个人标兵等。

五、所获奖励

1999/06 某某学院 优秀学生干部称号

1998/10 某某学院 优秀团干，个人标兵称号

1997/10 某某学院 优秀团干称号

六、外语水平

可与外商进行日常常用语沟通，能阅读业务范围内常用术语。

七、电脑操作

熟练使用常用办公软件编辑业务文档，上网收发电子邮件。

八、自我评价

1. 本人性格开朗，为人诚实，兴趣广泛……

2. 做事认真，学习能力和自我动手能力强……

3. 工作积极主动，有强烈的事业心和责任感……

九、附件

各种奖励证书及其他相关证书复印件

【思考与训练】

假定自己准备去某电厂求职，请自拟一份个人简历。

参考文献

[1] 邢福义. 大学语文. 北京:中国人民大学出版社,2009.
[2] 马贺兰. 大学语文讲读. 上海:上海财经大学出版社,2009.
[3] 王步高. 大学语文. 南京:南京大学出版社,1999.
[4] 王步高. 大学语文. 南京:南京大学出版社,2008.
[5] 阙建华. 大学语文. 北京:清华大学出版社,2009.
[6] 钟露鑫. 大学实用语文. 北京:科学出版社,2009.
[7] 朱万曙. 大学语文. 北京:中国人民大学出版社,2009.
[8] 范增友. 应用写作. 长春:东北师范大学出版社,2005.
[9] 李道英. 中国古代文学作品选. 长春:东北师范大学出版社,1998.
[10] 袁行霈. 中国文学史. 北京:高等教育出版社,1999.
[11] 游国恩. 中国文学史. 北京:人民出版社,2004.
[12] 王力. 古代汉语. 北京:中华书局,2003.
[13] 萧涤非. 唐诗鉴赏辞典. 上海:上海辞书出版社,2004.
[14] 夏承焘. 宋词鉴赏辞典. 上海:上海辞书出版社,2004.
[15] 王芳智. 汉语口语学. 太原:山西教育出版社,1990.
[16] 赵曾. 实用口才自练. 北京:语文出版社,1998.
[17] 口语交际艺术. 外译版. 北京:中国林业出版社,2009.
[18] 段晓平. 普通话水平测试训练教程. 长春:吉林大学出版社,2009.
[19] 陈传万. 教师口语. 合肥:合肥工业大学出版社,2008.
[20] 张德实. 应用写作. 北京:高等教育出版社,2003.
[21] 漆永祥. 大学国文选本. 北京:北京大学出版社,2014.
[22] 曹颂今. 新编大学语文. 北京:科学出版社,2012.
[23] 张玉敏. 新编大学语文. 北京:中国传媒大学出版社,2011.
[24] 黎瑛. 大学语文. 2 版. 北京:中国人民大学出版社,2013.
[25] 徐中玉. 大学语文. 9 版. 上海:华东师范大学出版社,2007.

